高等职业教育"互联网＋"新形态一体化系列教材
城市轨道交通类高素质技术技能型人才培养教材

城市轨道交通概论

主　编◎操　杰　罗明玉　苏　培

副主编◎王青青　蒋五洋　刘　佳　李　月

华中科技大学出版社
http://press.hust.edu.cn
中国·武汉

图书在版编目(CIP)数据

城市轨道交通概论/操杰,罗明玉,苏培主编.—武汉:华中科技大学出版社,2023.5
ISBN 978-7-5680-9485-6

Ⅰ.①城…　Ⅱ.①操…　②罗…　③苏…　Ⅲ.①城市铁路－轨道交通－教材　Ⅳ.①U239.5

中国国家版本馆 CIP 数据核字(2023)第 082740 号

城市轨道交通概论　　　　　　　　　　　　　　　　　　操　杰　罗明玉　苏　培　主编
Chengshi Guidao Jiaotong Gailun

策划编辑:张　毅
责任编辑:白　慧
责任监印:朱　玢
出版发行:华中科技大学出版社(中国·武汉)　　　电话:(027)81321913
　　　　　武汉市东湖新技术开发区华工科技园　　　邮编:430223
录　　排:华中科技大学惠友文印中心
印　　刷:武汉市籍缘印刷厂
开　　本:787mm×1092mm　1/16
印　　张:18
字　　数:450 千字
版　　次:2023 年 5 月第 1 版第 1 次印刷
定　　价:52.00 元

前　言

　　城市轨道交通具有能耗低、污染少、速度快、安全准点等优点,深受人民群众欢迎。随着改革开放的深入和发展,城市轨道交通建设进入快速发展时期。截至 2022 年 12 月 31 日,中国内地累计有 55 个城市投运城轨交通线路,线路长度达到 10291.95 千米,其中地铁8012.85 千米,占比 77.86%。

　　城市轨道交通是集线路、车辆、供电、通信信号、自动售检票系统、运营管理等专业知识和技术设备于一体的综合系统。城市轨道交通有关专业学生需要对城市轨道交通设备和运输组织工作有一定程度的了解和掌握,以便正确理解本专业知识,更好地了解本专业与其他专业之间的关系,为在轨道交通运营企业工作做好准备。

　　本书参考行车调度员、行车值班员、值班站长、电动客车司机、线路工、信号工、通信工、车站机电设备检修工、车辆维修工等工种的岗位标准、鉴定要素细目表及城市轨道交通运输组织工作需要掌握的内容进行编写,主要内容包括城市轨道交通概述、城市轨道交通线路、城市轨道交通车站和车辆基地、城市轨道交通车辆、城市轨道交通供电系统、车站机电设备、城市轨道交通信号系统、城市轨道交通通信系统、城市轨道交通行车管理、城市轨道交通客运管理。

　　本书可以作为高职院校城市轨道交通专业学生教材或教学参考书,也可供轨道交通运营企业技术管理人员和各专业人员阅读和参考,还可作为本科相关专业的教材。

　　本书由武汉铁路职业技术学院操杰、罗明玉、苏培担任主编,济南工程职业技术学院王青青、武汉交通职业学院蒋五洋、山东交通职业学院刘佳、武汉铁路职业技术学院李月担任副主编,操杰负责全书的统稿工作。编写分工如下:第 1、10 章由苏培编写,第 2 章由刘佳编写,第 3、9 章由操杰编写,第 4 章由王青青编写,第 5、7 章由罗明玉编写,第 6 章由李月编写,第 8 章由蒋五洋编写。

　　本书在编写过程中参考和引用了国内外大量文献资料,在此谨向相关作者表示衷心感谢。由于编者水平有限,本书难免存在不足和疏漏之处,敬请各位读者批评指正。

编　者

目 录

第 1 章　城市轨道交通概述 ………………………………………………… 1

1.1　城市轨道交通分类及特性 …………………………………………… 1

1.2　城市轨道交通发展及现状 …………………………………………… 7

第 2 章　城市轨道交通线路 ……………………………………………… 16

2.1　概述 ……………………………………………………………… 16

2.2　路基与线路结构工程 ………………………………………………… 20

2.3　轨道 ……………………………………………………………… 27

2.4　线路平面与纵断面 …………………………………………………… 39

2.5　限界 ……………………………………………………………… 42

第 3 章　城市轨道交通车站和车辆基地 …………………………………… 46

3.1　城市轨道交通车站 …………………………………………………… 46

3.2　车站主要线路及折返站平面布置 ……………………………………… 51

3.3　城市轨道交通车站建筑基本构成 ……………………………………… 56

3.4　换乘方式及换乘站类型 ……………………………………………… 63

3.5　车辆基地 …………………………………………………………… 68

第 4 章　城市轨道交通车辆 ……………………………………………… 82

4.1　车辆编组及运行 …………………………………………………… 82

4.2　车辆机械 …………………………………………………………… 84

4.3　车辆电气 …………………………………………………………… 105

第 5 章　城市轨道交通供电系统 ………………………………………… 113

5.1　供电系统的组成及要求 ……………………………………………… 113

5.2　变配电系统 ………………………………………………………… 114

5.3　城市轨道交通电力监控系统 ………………………………………… 126

5.4　接触网 …………………………………………………………… 130

第 6 章　车站机电设备 …………………………………………………… 139

6.1　低压配电与照明系统 ………………………………………………… 139

6.2　自动售检票系统 …………………………………………………… 142

6.3　消防系统 …………………………………………………………… 154

6.4　环境控制系统 ……………………………………………………… 161

6.5　环境与设备监控系统 ………………………………………………… 166

6.6 站台门 ···························· 170

6.7 电梯系统 ························· 174

6.8 综合监控系统 ···················· 176

第 7 章 城市轨道交通信号系统 ··········· 182

7.1 城市轨道交通信号一般概念 ········ 182

7.2 信号基础设备 ···················· 184

7.3 联锁及联锁设备 ·················· 191

7.4 闭塞及闭塞设备 ·················· 198

7.5 正线信号系统 ···················· 204

第 8 章 城市轨道交通通信系统 ··········· 212

8.1 传输系统 ························· 212

8.2 电话系统 ························· 215

8.3 无线通信 ························· 220

8.4 视频监控系统 ···················· 227

8.5 广播系统 ························· 229

8.6 乘客导乘信息系统 ················ 232

第 9 章 城市轨道交通行车管理 ··········· 237

9.1 列车运行计划 ···················· 237

9.2 行车组织 ························· 245

9.3 乘务管理 ························· 252

第 10 章 城市轨道交通客运管理 ·········· 260

10.1 客运组织 ························ 260

10.2 客运服务 ························ 267

10.3 票务管理 ························ 273

参考文献 ······························ 282

第 1 章
城市轨道交通概述

📖 学习目标

1. 掌握城市轨道交通的定义和分类；
2. 掌握城市轨道交通特性；
3. 了解世界主要城市轨道交通发展现状；
4. 了解我国城市轨道交通发展现状。

📖 素质目标

1. 养成持续创新的专业意识；
2. 培养严谨的科学态度。

随着城市化的不断发展,机动化给城市带来了空前的交通压力,人类花费了巨大的代价寻求解决城市交通问题的出路。城市轨道交通作为城市公共交通的主要组成部分,因其运量大、快速、正点、低能耗、少污染、乘坐舒适方便等优点,已成为解决超大、特大城市交通问题的重要途径。

城市轨道交通经过百余年的发展,在机车车辆、自动控制、通信和信号技术方面有了很大的进步,很多方面代表和体现了当今高新科学技术发展的水平。与此同时,发达国家的经验表明,城市轨道交通是解决大城市交通问题的根本途径,发展城市轨道交通对于我国大城市可持续发展具有非常重要的意义。

1.1 城市轨道交通分类及特性

一、城市轨道交通的概念

城市轨道交通是指"通常以电能为动力,采取轮轨运输方式的快速大运量公共交通的总称"。在城市中使用车辆在固定导轨上运行并主要用于城市客运的交通系统均称为城市轨道交通。

"城市轨道交通"是一个包含范围较大的概念,一般而言,广义的城市轨道交通是指以轨道运输方式为主要技术特征、在城市公共客运交通系统中具有中等以上运量、主要为城市内公共客运服务的轨道交通系统。

随着轨道交通技术的发展,城市轨道交通成为城市公共交通的主干线和客流运送的大动脉,是一种在城市公共客运交通中起骨干作用的现代化立体交通系统。城市轨道交通是城市建设史上最大的公益性基础设施,对城市的全局和发展模式将产生深远的影响。城市公共交通的轨道化程度已成为一个城市现代化的重要标志之一。

随着中国城市的不断发展,城市交通拥堵问题越来越严重,城市轨道交通在城市生活中发挥着越来越重要的作用。城市轨道交通在我国经历了跨越式的发展,目前我国已经成为世界上最大的城市轨道交通建设市场。

二、城市轨道交通分类

城市轨道交通种类繁多,技术指标差异较大,世界各国的评价标准各不相同,并无严格的分类标准,不同的国家有不同的分类标准和方法。

按容量(运送能力),可分为高容量、大容量、中容量和小容量城市轨道交通系统;按导向方式,可分为轮轨导向和导向轨导向城市轨道交通系统;按线路架设方式,可分为地下、高架和地面城市轨道交通系统;按线路隔离程度,可分为全隔离、半隔离和不隔离城市轨道交通系统;按轨道材料,可分为钢轮钢轨城市轨道交通系统和橡胶轮混凝土轨道梁城市轨道交通系统;按牵引方式,可分为旋转式直流、交流电机牵引和直线电机牵引城市轨道交通系统;按运营组织方式,可分为传统城市轨道交通、区域快速轨道交通和市郊铁路。

根据我国 2007 年颁发的《城市公共交通分类标准》,城市轨道交通主要分为七类:地铁系统、轻轨系统、单轨交统、有轨电车、磁悬浮系统、自动导向轨道系统和市域快速轨道系统。

1. 地铁

地下铁道简称地铁(metro 或 underground railway 或 subway 或 tube,见图 1-1),是城市快速轨道交通的先驱。地铁是由电力牵引、轮轨导向、轴重相对较重、具有一定规模运量、按运行图行车,车辆编组在地下隧道内运行,或根据城市具体条件,在地面或高架线路上运行的快速轨道交通系统。

图 1-1　地铁

地铁技术水平要求较高,可靠性和安全性要求也高,因此有建设成本高、建设周期长的弊端,但同时具有运量大、安全、准时、节省能源、不污染环境、节省城市用地的优点。地铁适用于出行距离较长、客运量需求较大的城市中心区域。一般认为,人口超过百万的大城市应该考虑修建地铁。

2. 轻轨

轻轨(light rail transit,LRT)是在有轨电车的基础上改造发展起来的城市轨道交通系统,特点是在轨道上运行,荷载比铁路和地铁小。轻轨是个比较广泛的概念,公共交通国际联会(UITP)关于轻轨运营系统的解释文件中提到:轻轨是一种使用电力牵引、介于标准有轨电车和快运交通系统(包括地铁和城市铁路)之间、用于城市旅客运输的轨道交通系统。一般地,轻轨要求有至少40%的轨道与道路完全隔离,以避免拥挤(见图1-2),这也是它不同于有轨电车之处。

图1-2　轻轨

轻轨的最初定义是采用轻型轨道的城市交通系统。轻轨最早使用的是轻型钢轨,而如今的轻轨已采用与地铁相同质量的钢轨,所以目前国内外都以客运量或车辆轴重(每根轮轴传给轨道的压力)的大小来区分地铁和轻轨。轻轨现在指的是运量或车辆轴重稍小于地铁的轻型快速轨道交通。

3. 单轨交通

单轨交通也称作独轨(monorail)交通,是指通过单一轨道梁支撑车厢并提供导向作用而运行的轨道交通系统。其最大特点是采用一条大断面轨道并全部为高架线路,车体比承载轨道要宽。根据支撑方式的不同,单轨通常分为跨座式和悬挂式两种:跨座式单轨是车辆跨骑在轨道梁上行驶,轨道由预应力混凝土制作,车辆运行时走行轮在轨道上平面滚动,导向轮在轨道侧面滚动导向,如图1-3所示;悬挂式单轨是车辆悬挂在轨道梁下方行驶,轨道大多由箱形断面钢梁制作,车辆运行时走行轮沿轨道走行面滚动,导向轮沿轨道导向面滚动导向,如图1-4所示。

单轨与轮轨相比有很多突出的优点:单轨列车的走行轮采用特制的橡胶车轮,所以振动和噪声大为减少;两侧装有导向轮和稳定轮,控制列车转弯,运行稳定可靠。高架单轨轨道梁宽仅为85 cm,不需要很大空间,可适应复杂地形的要求,同时对日照和城市景观影响小。单轨交通占地少、造价低、建设工期短,它的工程建筑费用仅为地铁的1/3。

单轨交通也存在橡胶轮与轨道梁摩擦产生橡胶粉尘的现象,对环境有轻度污染,列车运行在此区间发生事故时救援比较困难。

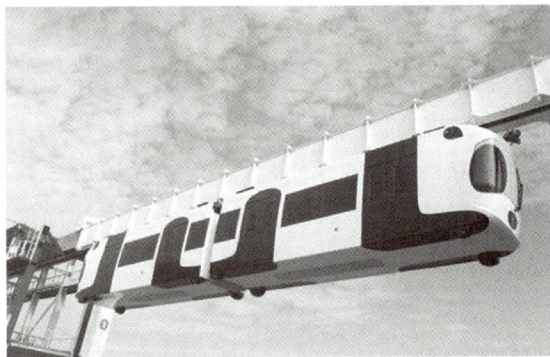

图1-3 跨座式单轨

图1-4 悬挂式单轨

4. 有轨电车

有轨电车(tram或streetcar)是使用电车牵引、轻轨导向、1~3辆编组运行在城市路面线路上的低运量轨道交通系统,如图1-5所示。有轨电车是在地面上与其他交通工具混行的轨道交通方式。由于旧式有轨电车存在运能小、挤占道路、噪声大等问题,二十世纪五六十年代时世界上各大城市纷纷拆除有轨电车线路。旧式的有轨电车已停止发展,基本上完成了它的历史使命。经改造后的现代有轨电车与性能较差的轻轨交通已很接近,只是车辆尺寸稍小一些,运营速度接近20 km/h,单向运能可达2万人次/时。

图1-5 有轨电车

5. 磁悬浮系统

磁悬浮系统(magnetic levitation for transportation)是一种靠磁悬浮力(即磁的吸力和排斥力)来推动列车运行的交通系统。磁悬浮列车主要由悬浮系统、推进系统和导向系统三大部分组成,尽管可以使用与磁力无关的推进系统,但在目前的绝大部分设计中,这三部分的功能均由磁力来完成。

由于磁悬浮列车轨道的磁力使列车悬浮在空中,行走时不需要接触地面,只受到来自空气的阻力,因此磁悬浮列车的最高速度可达每小时500 km以上,目前已成为高速、安全、舒适、节能、环保、维护简单、占地少的新一代交通运输工具(见图1-6)。

图 1-6　磁悬浮列车

6. 自动导向轨道系统

自动导向轨道系统(automated guideway transit，AGT)是一个模糊的概念，自动导向系统又称为新交通系统，不同国家和城市对此有不同的理解，目前还没有统一和严格的定义。广义上讲，AGT 是所有现代化新型公共交通方式的总称；狭义上的 AGT 则定义为由电气牵引，具有特殊导向、操作和转向方式的胶轮车辆，单车或数辆编组运行在专用轨道梁上的中小运量轨道运输系统，如图 1-7 所示。

图 1-7　自动导向轨道系统

AGT 车辆在线路上可自动运行，车站无人管理，完全由中央控制室的计算机集中控制，自动化水平高。AGT 与其他轨道交通有许多相同之处，最大的区别在于该系统除有走行轨外，还设有导向轨。AGT 的导向系统可分为中央导向方式和侧面导向方式，每种方式又可分为单用型和两用型。所谓单用型，是指车辆只能在导轨上运行；两用型则指车辆既可以在导轨上运行，又可以在一般道路上运行。

自动导向轨道系统最早出现在美国，当初是一种穿梭式往返运输乘客的短距离交通工具，曾被称为"水平电梯""空中巴士""快速交通"，在逐渐发展成一种城市客运交通工具后，一般称为"客运系统"。后来日本和法国又做了进一步的技术改造和发展，使其成为城市中的一种中运量客运交通系统。

我国的自动导向轨道系统目前处在起步阶段，天津市于 2007 年在滨海新区开通了全长

7.6 km 的亚洲首条胶轮导轨线路,北京市于 2008 年奥运会前开通了服务于首都机场 T3 航站楼的自动导向轨道系统,上海市也于 2009 年开通了胶轮导轨电车。

7. 市域快速轨道系统

市域快速轨道系统通常分为城市快速铁路和市郊铁路两部分。城市快速铁路是指运营在城市中心,包括近郊城市化地区的轨道系统,采用电气化线路,与地面交通的相交处大多采用立体交叉。市郊铁路是指建在城市郊区,把市区与郊区,尤其是与远郊联系起来的铁路。市郊铁路一般和干线铁路设有联络线,线路大多建在地面,部分建在地下或高架上。其运行特点接近干线铁路,只是服务对象不同。图 1-8 为台州市市域快速轨道交通 S1 线。

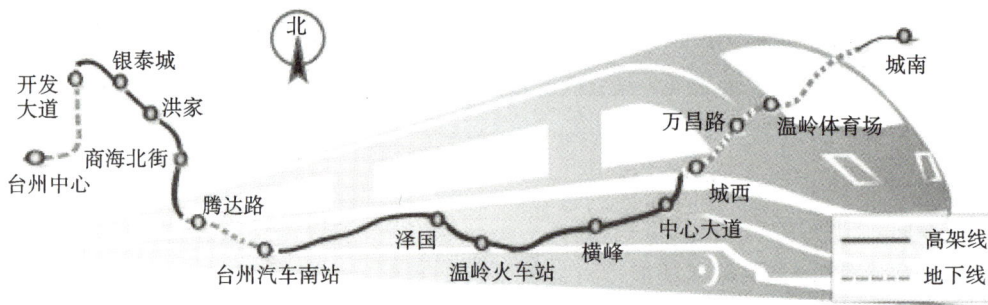

图 1-8 台州市市域快速轨道交通 S1 线

三、城市轨道交通特性

1. 城市轨道交通具有较大的运输能力

城市轨道交通由于高密度运转、列车行车时间间隔短、行车速度高、列车编组辆数多而具有较大的运输能力,单向高峰每小时的运输能力最大可达到 6 万～8 万人次(市郊铁道)。地铁可达到 3 万～6 万人次,甚至可达到 8 万人次;轻轨可达到 1 万～3 万人次,有轨电车能达到 1 万人次,可见城市轨道交通的运输能力远远超过公共汽车。据文献统计,地铁每千米线路年客运量可达 100 万人次以上,最高达到 1200 万人次,如莫斯科地铁、东京地铁、北京地铁等。此外,城市轨道交通能在短时间内输送较大的客流,据统计,在早高峰时,地铁 1 小时能通过全日客流的 17％～20％,3 小时能通过全日客流的 31％。

2. 城市轨道交通具有较高的准时性

城市轨道交通由于在专用行车道上运行,因此不受其他交通工具干扰,不产生线路堵塞现象并且不受气候影响,是全天候的交通工具,列车能按运行图运行,具有可信赖的准时性。

3. 城市轨道交通具有较高的速达性

与常规公共交通相比,城市轨道交通不受其他交通工具干扰,车辆有较高的运行速度和较高的启、制动加速度;多数车站采用高站台,列车停站时间短,上、下车迅速方便,而且方便换乘,从而可以使乘客较快地到达目的地,缩短了出行时间。

4. 城市轨道交通具有较高的舒适性

与常规公共交通相比,城市轨道车辆具有较好的运行特性,同时,其车辆、车站等装有空调、引导装置、自动售票等直接为乘客服务的设备,使城市轨道交通具有较好的乘车条件,且舒适性优于公共电车、公共汽车。

5. 城市轨道交通具有较高的安全性

城市轨道交通由于运行在专用轨道上,没有平交道口,不受其他交通工具干扰,并且有先进的通信信号设备,极少发生交通事故。

6. 城市轨道交通能充分利用地下和地上的空间

大城市地面拥挤、土地费用昂贵,而城市轨道交通由于对地下和地上空间进行了充分的利用开发,能有效缓解因汽车大量增加而造成的道路拥挤、堵塞现象,有利于城市空间的合理利用,特别是有利于缓解大城市中心区过于拥挤的状态,提高了土地利用价值,并能改善城市景观。

7. 城市轨道交通的系统运营费用较低,综合经济效益较高

城市轨道交通系统是电气牵引、轮轨导向、编组运行的封闭或半封闭系统,与常规道路交通系统的单车运行相比较,能节省运营所需的人工费用,而且能源消耗低。城市轨道交通车辆的使用年限比常规公交车辆长,其维修费、折旧费均较低。轨道交通系统的建成能够促进沿线地区经济的发展,使城市道路交通拥挤状况得到缓解,能改善城市布局、减少交通事故、减少乘车疲劳程度、提高劳动生产率,综合经济效益较高。

8. 城市轨道交通对环境污染小

城市轨道交通采用电气牵引,与公共汽车相比,它不会产生废气污染。城市轨道交通的发展还能减少公共汽车的数量,进一步减少了汽车的废气污染。同时,由于在线路和车辆上采用了各种降噪措施,一般不会对城市环境产生严重的噪声污染。

9. 城市轨道交通具有可持续发展性

由于城市轨道交通系统快捷、准时、舒适,将吸引原先乘用轿车和骑自行车的乘客,极大地缓解了道路交通给环境所造成的压力,如噪声、废气的排放和道路用地等,提高了道路安全性,在不损害人员流动的情况下有助于减少市中心的交通压力。大力发展城市轨道交通,对于优化城市结构、解决城市发展中面临的经济与社会矛盾、实现城市的可持续发展战略,具有特别重要的意义。

1.2 城市轨道交通发展及现状

一、城市轨道交通的由来

在城市发展的过程中,随着城市数量的不断增加和城市人口的急剧增长,出现了人类社会发展的大趋势——城市化。所谓城市化,是指人口由分散的农村向城市集中的社会进程。城市化初期,所有先进交通工具基本上是首先用于解决城际交通问题的,并进一步推进城市化进程。当城市规模扩大到只有利用交通工具才能保证城市经济生活的正常进行时,城市内部交通系统开始诞生,出现了相应的交通工具并逐渐有所发展。

城市交通是城市形成与发展的必然产物,是为城市服务的最重要的基础设施。城市交通作为城市经济发展的纽带和命脉,与城市的形成、发展和兴衰紧密相连。

虽然城市交通事业的发展有效地保障了城市的经济发展和社会进步,但是由于交通需求的过快增长,在城市化进程中不断地暴露出大量的问题,使城市的发展岌岌可危。

1. 交通拥堵

研究表明,城区交通流的速度每 10 年降低 5%,拥堵的严重性随城市规模增加而增加。交通拥堵不但增加了市民在出行过程中的时间、精力、财力消耗,而且使发生交通事故的可能性大大增加。如今,交通拥堵问题已经成为世界各个城市的"通病",如图 1-9 所示。

图 1-9　城市拥堵的交通

2. 环保问题

二氧化碳和臭氧是影响人类生存环境的两种主要污染物,城市空气的污染大多源于机动车的尾气排放。我国 600 多座城市,空气质量达到一级标准的不足 1%。同时,发达国家有 15% 的人口生活在 65 dB 以上的高噪声环境下,这些噪声主要来自交通,还有重型货车及夜间货物装卸引起的震动。

3. 土地消耗

交通设施骤然增加,必然会不同程度地影响城市原有建筑群。大批机动车辆涌上街道,不但增加了对道路的占有量,而且需要相应地建设大面积的停车场。诸此种种,均大量消耗土地,破坏城市景观。

4. 能源消耗

在多数发达国家,运输部门所用的能源占国家各行业总能耗 25% 以上,并且机动车排放大批的二氧化碳,导致全球变暖。

5. 城市分散化

机动车运输的发展造成了居民出行距离与出行时间的增加,从而使出行时间和空间更为分散;同时增加了人们对轿车的依赖,降低了公共交通发展的可能性。

优化城市结构,研发耗能少、有利于环保的交通工具,走可持续发展之路,是解决城市交通问题的有效途径和根本途径,也是 21 世纪世界城市交通发展的必然趋势。轨道交通很早就作为公共交通在城市中出现。从发达国家城市漫长的交通发展历史可以看出,只有发展大客运量的城市轨道交通系统,才能从根本上改善城市公共交通状况。

伦敦是世界上第一条地铁的诞生地。一条由英国律师皮尔逊提议并投资建设的地下城市铁路(metropolitan railway)于 1863 年 1 月 10 日正式通车运营,如图 1-10 所示。这条地铁从帕丁顿到弗灵顿,总长 6.5 km,其动力来源是向英国铁路公司租借的蒸汽机车。皮尔逊因此被誉为"地铁之父","Metro"也成了世界上绝大多数国家城市轨道交通的标志和代号。世界第一条地铁的诞生为人口密集的大都市如何发展公共交通提供了宝贵的经验。

图 1-10 伦敦第一条地铁

伦敦第一条地铁虽然线路仅长 6.5 km,但是开通第一年就运载了 950 万名乘客,为解决城市交通拥堵问题树立了成功典范。1879 年电力驱动的机车研制成功,使地下客运环境和服务条件得到了空前的改善,地铁建设显示出强大的生命力。世界上知名大都市和其他城市纷纷效仿伦敦修建地铁。至此,城市轨道交通彰显出巨大的优势,成为城市公共交通方式中的"新宠儿"。

二、城市轨道交通的发展及现状

(一)世界城市轨道交通的发展与现状

从许多国际化大都市的发展实践来看,轨道交通以其运量大、速度快的技术优势已成为城市交通结构中不可缺少的组成部分,它较好地解决了大、中城市交通日益增长的供需矛盾问题,满足城市化要求。与城市化进程的初级阶段、中级阶段和高级阶段相对应,城市交通的发展也分为初级、中级和高级三个阶段;相应地,作为城市交通主要组成部分的城市轨道交通,其发展经历了生成期、成长期和成熟期三个阶段。

1. 生成期的城市轨道交通

生成期在时间跨度上主要包括城市轨道交通的产生及发展的初期。大约二百年前,人类社会开始了城市化历程,城市交通问题的爆发推动了城市轨道交通的产生。

城市化初期,由工业技术进步所创造的所有先进交通工具基本上是首先用于解决城际交通问题的。当城市化发展到一定程度,城市规模扩大到只有利用交通工具才能保证城市经济生活的正常进行时,城市内部交通系统开始诞生,出现了相应的交通工具并逐渐有所发展。正是在这种背景下,1828 年在巴黎出现了一种可供 14 人乘坐的单行"公共马车",其以固定路线、固定价格、按固定站循环的方式运载乘客,是历史上第一条公共交通线,随后又演变成马拉轨道车,从而拉开了城市轨道交通发展的序幕。

巴黎的马拉轨道车问世后,世界上其他一些城市也纷纷仿效,城市轨道交通得到了初步发展。如1832年,纽约市建成了第一条马车铁道。城市轨道交通的出现,对于城市化过程而言虽然是一个渐变的过程,但由于城市内部交通问题在城市发展的历史中并不突出,其对于整个城市发展史而言,是一个具有爆发性的动态过程。

在生成期,城市轨道交通刚刚起步。受历史条件和物质技术条件的限制,生成期的城市轨道交通具有以下主要特点:

(1)轨道交通设计简单,技术装备水平低。生成期的城市轨道交通是建立在传统交通工具——马车的基础上的,其动力为畜力,运行路线固定在轨道上;承载能力较传统的马车有较大提高,但与现代城市轨道交通相比,不可同日而语。

(2)轨道交通在城市交通中所占份额有限。在生成期,城市内部交通问题虽然开始爆发,但主要是通过私人交通工具来解决的。同时,由于公共交通工具收费较高,普通市民往往难以承受,比如在1850年,巴黎、伦敦公共交通工具的乘客主要是中产阶级和上层人士,其票价相当于城市工人1小时的工资。

2. 成长期的城市轨道交通

工业革命以后,城市规划无不把城市交通放到了极为重要的地位,同时城市交通的侧重点从城市的外部交通逐渐转移到城市的内部交通特别是轨道交通上。先进的交通工具也随即从外部交通转移到内部交通中,比如,伦敦、巴黎、纽约、东京和柏林都曾把部分市际铁路改造为市郊铁路,甚至一度把蒸汽牵引方式引入城市内部交通之中。城市内部交通的组成成分中,城市轨道交通的比例也越来越大。这一过程是与城市化的步伐紧密相连的。

城市化要求城市交通系统的规模与城市发展的规模相适应。随着城市化进程的加快和城市规模的扩大,除了要保证城市内部人员的正常出行需要,并发展相应的城市客运交通工具以外,交通工具的规模即承运能力必须与城市本身的发展规模相适应。从马车、马拉轨道车向有轨电车、地铁方向的发展,不仅仅体现了交通工具的变革,还体现了承运能力的变革。

成长期的城市轨道交通系统已相当完备,在城市交通中所占的比例越来越大。进入成长期后,国外城市内部交通系统迅速发展,各国在很短时间里就把由工业革命带来的技术进步用到了城市交通系统中,尤其是市内交通部分。在交通工具的更新与改造方面,更是不遗余力。

轨道交通伴随着城市公共交通的发展而生成,它从一开始就以大众运输作为主要服务对象,并逐步成为城市公共交通结构中不可缺少的组成部分。其运行方式正好适应了城市化后城市客流对公共交通变化的需要。在以后近百年的时间里,许多大城市都把城市轨道交通作为城市公共交通系统的主体来对待。从一定程度上讲,轨道交通在现代城市交通的大众化中起着不可忽视的重要作用,其飞速发展是历史的一种必然趋势。

城市化的发展必然对城市轨道交通的发展提出各种新的要求。在轨道交通走向成长期的过程中出现的较重要的思想是,要求系统在硬件和软件方面不断地、尽快地研究和采用先进技术。

(1)硬件方面的特点。在硬件方面,先进技术的采用主要表现为城市轨道交通运输工具的更新与完善。工业革命驱动的城市化进程及现代城市的诞生,促使人与物针对城市空间运动流量的迅速扩大及在城市内部流量的增大。与城市经济功能及经济结构的完善、城市规模的扩大及人与物在城市内部空间运动流量的增加相对应,城市公共交通系统得到了迅速的发展与完善。交通运输工具迅速由传统向现代进化。对伦敦、纽约、柏林等城市的研究分析表明,城市轨道交通及其技术装备水平在成长期得到了前所未有的创新和发展。而轨道交通及公共交通系统的快速发展和日臻完善,反过来又极大地推动了城市化进程和现代城市社会与经济功能的进一步强化。

(2) 软件方面的特点。在软件方面,先进技术的采用主要表现为城市规划与城市交通布局及轨道交通网络的发展开始以先进的设计思想为指导。

3. 成熟期的城市轨道交通

和任何事物的变化规律一样,城市轨道交通也有一个发生、发展、成熟的过程,这其中除了技术因素的影响外,更重要的是社会因素的影响。第二次世界大战以后,世界各国的经济进入了一个新的发展期。在二战前城市化水平比较高的国家,在战争后迅速进入城市化发展比较成熟的阶段。而不少在二战前城市化水平并非很高的国家或地区,由于城市经济的飞跃发展也迅速达到了城市化比较成熟的阶段。由城市化发展与城市交通发展的紧密关系所决定,一些发达国家或地区的城市交通,特别是轨道交通的发展也进入了成熟期。

工业革命推动了城市化的进程,一些发达国家经过近一个世纪的加速发展后,先后于 21 世纪七八十年代进入稳定期。从总体上说,城市人口占总人口的比例达到 80% 左右就基本上处于城市化稳定阶段。这既标志着城市化发展已基本进入稳定成熟期,也标志着人与物向城市空间运动的规模流量达到了空前水平,同时市际交通与市内交通的规模也达到了空前水平。

促使城市轨道交通进入成熟期的原因是多方面的,但总的说来可归结为两个方面:一个方面是城市经济的进一步发展,并最终把城市化发展推向了成熟阶段;另一个方面是城市交通本身的进一步发展,不仅使城市对内与对外交通需求方面得到了进一步满足,而且在交通系统及运输手段革新方面也有了极大的发展和完善,从而推动了城市轨道交通的发展在一些发达城市进入成熟期。

处于成熟期高级阶段的轨道交通主要具有以下特征:

(1) 城市交通体系不再单一,更注重公交协调合作的作用,强调大小公交的衔接和一体化,大容量快速轨道交通与传统汽、电车地面交通两大类运输方式形成全方位、立体化、多层次的格局。城市客运交通是一个整体化的设计,轨道交通与公共汽车、电车在车站的衔接上非常紧密,使乘客换乘极其方便,促使更多的人使用公交而少用私人交通工具。

(2) 随着城市化发展速度变慢,人与物向城市空间运动的加速度也变小,使得人与物在城市空间中的运动量的增加量逐渐减少,空间运动规模不再扩大,这样,城市内部轨道交通的压力将得到一定程度的缓解。但是由城市分解和过度市郊化引起的市郊轨道交通问题开始逐渐突出。

(3) 城市轨道交通的发展使得人们对城市交通的地位有了新的认识,城市轨道交通从为城市居住、劳动、休息等功能服务的附属地位上升到与居住、劳动、休息同等重要的主要功能地位,并体现在城市规划与城市建设之中。

(4) 城市轨道交通的发展不再以满足数量上的需求为主要功能定位,而是将质量上的改进作为新的功能定位,从而使城市轨道向安全、快速、舒适、便捷的方向发展。这会促使城市的主要交通轴线呈带状分布的形式,使城市化进入一个新阶段,推进城市文明的进一步扩散;还会促使城市人口向城市周围地区移动,形成人口在城市中的均匀分布及城市功能和经济结构的优化。

(二)我国城市轨道交通的发展与现状

1. 我国城市轨道交通的发展历程

1)起步阶段

20 世纪 50 年代,我国开始筹备地铁建设,规划了北京地铁网络。1965—1976 年建设了北京地铁一期工程,当时地铁建设的指导思想更注重人防功能。随后建设了天津地铁(现已拆除重建)、哈尔滨人防隧道等工程。

2)开始建设阶段

从 20 世纪 80 年代末至 90 年代中期,以上海地铁 1 号线(21 km)、北京地铁复八线(13.6 km)、北京地铁 1 号线改造,广州地铁 1 号线(18.5 km)建设为标志,我国真正以交通为目的的地铁项目开始建设。随着上海、广州地铁项目的建设,大批城市包括沈阳、天津、南京、重庆、武汉、深圳、成都、青岛等开始上报建设轨道交通项目,纷纷要求国家进行审批。

3)调整整顿阶段

1995—1998 年,城市轨道交通建设发展迅猛,许多地方不考虑经济的承受能力和社会发展的需要,城市轨道交通建设带有很大的盲目性。针对工程造价很高、轨道交通车辆全部引进、大部分设备大量引进等问题,1995 年国务院办公厅 60 号文件通知,除上海地铁 2 号线项目外,所有地铁项目一律暂停审批,并要求做好发展规划和国产化工作。从 1995 到 1997 年,近 3 年时间内国家没有审批任何城市轨道交通项目。1997 年底开始,国家计委研究城市轨道设备国产化实施方案,提出将深圳地铁 1 号线(19.5 km)、上海明珠线(24.5 km)、广州地铁 2 号线(23 km)作为国产化依托项目,于 1998 年批复 3 个项目立项,轨道交通项目又开始启动。

4)蓬勃发展阶段

蓬勃发展阶段为 1999 年至今。一是随着国家积极财政政策的实施,国家从建设资金上给予有力支持;二是通过技术引进,国际先进制造企业同国内企业合作,实现了城市轨道交通车辆、设备本地化,使城市轨道交通建设造价大大降低。国家批准了深圳、上海、广州、重庆、武汉、南京、杭州、成都、哈尔滨等 10 多个城市的轨道交通项目开工建设,并投入 40 亿元国债资金予以支持,建设进入高速期。

根据国民经济和社会发展的需要,城市及城际轨道交通在未来十几年将处于网络规模扩展、完善结构、提高质量、快速扩充运输能力、不断提高装备水平的大发展时期。我国已建成几千千米城市和城际轨道交通系统,基本形成布局合理、功能完善、干支衔接、技术装备优良的城际、城市轨道交通网,实现城际客运专线、城市轻轨、城市地铁同铁路客运专线之间的有机衔接,方便旅客换乘,能更好地为广大群众服务。

2. 我国城市轨道交通的发展现状

我国的城市轨道交通从 1965 年开工建设,至今已有 50 多年历史。进入 20 世纪 90 年代后,随着我国经济体制改革的逐步深入,社会经济迅速发展,城市交通需求剧增,推动我国城市轨道交通进入高速发展时期。

截至 2022 年 12 月 31 日,中国内地累计有 55 个城市投运城轨交通线路超过一万千米,达到 10291.95 千米。在 10291.95 千米城轨交通运营线路中共有 9 种制式,其中,地铁 8012.85 千米,占比 77.86%。

三、城市轨道交通系统发展展望

1. 世界城市轨道交通发展趋势

自 19 世纪 60 年代伦敦建成世界第一条地铁以来,社会经济的发展和城市的发展带来了人口的剧烈膨胀,城市轨道交通使城市道路交通的运载能力提升到了一个更高的水平。各国在城市轨道交通的投资、建设、运营和监督管理等方面都经历了不同模式,走过了不同道路。在城市轨道交通的职能不断变化并逐步走向成熟和完善的过程中,其体现出以下四大发展趋势:

1) 投资主体的多元化

城市轨道交通系统的投资规模越来越大,为了解决资金问题和提高轨道交通建设的效率,很多城市轨道交通都由政府和社会资本共同投资。投资主体的多元化现已成为世界轨道交通的发展趋势。投资主体的多元化可以发挥各个投资主体的优势,同时不同的投资主体之间可以相互监督和约束,从而进一步提升城市轨道交通的运行效率。

2) 经营的市场化

很多城市充分发挥市场作用,以提高城市轨道交通的运行效率,在城市轨道交通运营上引入市场机制已经成为一种发展趋势。市场化的经营方式充分考虑到市场经济规律,避免垄断经营或者政府干预太多,能够根据市场信息做出较好的反应,最终提高城市轨道交通的运营效率。

3) 管理的法制化

很多城市对城市轨道交通实行全面法制化管理,以规范各方行为和维护各方利益,以法制化的管理手段来保障城市轨道交通持续、稳定和高效运行。城市轨道交通的全面法制化管理也是世界城市轨道交通的重要发展趋势。

4) 服务与管理的信息化

城市轨道交通的计算机控制与安全系统大大提高了城市轨道交通车辆的自动化运行程度,无人驾驶技术更是受到世界的广泛关注。城市轨道交通系统配备实时到发信息系统,向乘客及时提供列车到发信息;有轨电车系统则通过 GPS 定位技术优化运营模式;开发非接触式售票系统实现一体化联合售票,使现代公共交通体系更具吸引力。

2. 我国城市轨道交通的发展目标

我国的城市轨道交通已经进入一个快速发展的阶段。未来二十年,我国百万人口以上的大城市将兴起城市轨道交通建设热潮。

现代社会的特点是高度流动化,因而需要高质量、安全、舒适、准时、快速的交通工具来为城市提供交通服务。传统的公共汽、电车不能充分适应现代城市发展的需要,必须利用不同运力的交通工具来完成不同规模的运输任务。因此,大城市公共交通的发展应以大中运能的城市轨道交通为骨干客运手段,配合低运能的公共汽、电车方式,最终形成结构合理、运能与需求相匹配的公共交通网络体系。因此,我国城市轨道交通的发展目标如下:

(1) 便于城市居民出行,达到安全、舒适、快速和准时的目的。

(2) 缓解城市道路交通混乱局面,建立互不干扰的独立运行系统,产生足够的吸引力,使大量居民放弃自驾车出行而充分利用城市轨道交通客运系统,改善道路机动车与非机动车混行的状况。

（3）高水平的运营质量,能与其他公共客运方式相抗衡。

（4）促进土地有效利用及沿线土地开发,尽量减少轨道交通系统的占地面积,减小受地理条件制约的影响。

（5）节省能源,地铁和轻轨交通的动力主要是电能,比其他交通方式要节省很多能源,而且没有废气排放问题。

（6）现代化城市轨道交通系统是高新技术集中应用的典范,充分采用新技术、新工艺和新材料,通过这些高新技术的引进和消化,可以推动我国产业体系的革新和进步。

（7）我国城市人口众多,但经济实力还不强,每修建一条城市轨道交通线路都应本着经济而实用的原则,不能为追求高标准而脱离我国的国情。

（8）建立相对统一的城市轨道交通系统建设标准和技术标准。

思政案例

北京地铁发展历程

1965 年,中共中央书记处和国务院决定修建北京地下铁道。1969 年 10 月 1 日,北京地铁一期工程完工,以庆祝国庆节。这条线路长 23.6 千米,采用明挖填埋法施工,从西山苹果园到北京火车站,共有 17 座车站。1971 年 1 月 15 日,北京地铁一期工程开始试运营,线路由北京站至公主坟站。1976 年,北京地铁的运营权由军方交还,但由于大火等事故多次关闭。1981 年 9 月 11 日,北京地铁一期工程经国家批准正式验收,在试运营 10 年之后,北京地铁正式对外开放。1984 年 9 月 20 日,北京地铁二期工程开通运营。北京地铁 2 号线自复兴门至建国门,长 16.1 千米,有 12 座车站。1987 年 12 月 28 日,北京地铁一线和环线正式分开独立运行。2000 年 6 月 28 日,北京地铁 1 号线全线贯通运营。

2002 年 9 月 28 日,北京地铁 13 号线西段通车运营。

2003 年 1 月 28 日,北京地铁 13 号线东段通车运营。12 月 27 日,北京地铁八通线通车运营。

2007 年 10 月 7 日,北京地铁 5 号线通车运营。

2008 年 7 月 19 日,北京地铁 10 号线一期、8 号线一期(奥运支线,北土城站至森林公园南门站)、机场线同时开通试运营以迎接奥运会。8 月 8 日,北京地铁奥运支线开通。

2009 年 9 月 28 日,北京地铁 4 号线试运营。

2010 年 12 月 30 日,15 号线一期一段(望京西站至后沙峪站,望京东站暂缓开通)、昌平线一期、大兴线、房山线大部分线路等 5 条通向郊区新城的线路开通试运营。

2011 年 12 月 31 日,北京地铁 8 号线二期北段、北京地铁 9 号线南段、北京地铁 15 号线一期东段开通试运营。

2012 年 12 月 30 日,6 号线一期、8 号线二期南段大部分、9 号线北段和 10 号线二期大部分线路开通试运营。

2013 年 5 月 5 日,10 号线二期剩余段、14 号线西段开通运营,10 号线成环运营。

2013 年 12 月 28 日,8 号线二期南段剩余段以及昌平线与 8 号线联络线投入试运营。

2014 年 12 月 28 日,6 号线二期、7 号线、14 号线东段、15 号线一期三段开通运营。

2015 年 12 月 26 日,北京地铁 14 号线中段和昌平线二期等 2 条轨道新线投入试运营。

2016 年 12 月 31 日,16 号线北段开通试运营。在同一天,14 号线东段的朝阳公园站和 15 号线的望京东站同步开通。

2017 年 12 月 30 日,北京磁浮列车 S1 线、地铁燕房线和现代有轨电车西郊线开通运营。

2018 年 12 月 30 日,北京地铁 6 号线西延、8 号线三期、四期开通运营。

2019 年 9 月 26 日,大兴机场线一期开通运营。

2019 年 12 月 28 日,7 号线东延、八通线南延开通运营。

2019 年 12 月 28 日,7 号线双井站投入使用。

截至 2020 年 12 月,北京市轨道交通路网运营线路达 24 条,总里程 727 千米,车站 428 座(包括换乘站 64 座)。到 2025 年,北京地铁将形成有 30 条运营线路、总长 1177 千米的轨道交通网络。

通过北京地铁发展历程,我们能感受到中国城市轨道交通实现了跨越式发展,要培养国家荣誉感、民族自豪感和爱国情怀,坚定"四个自信",不忘初心,为努力成为中国城市轨道交通事业合格的接班人而努力。

复习思考题

1. 城市轨道交通具有什么技术经济特性?
2. 简述城市轨道交通分为哪几种类型。
3. 简述世界城市轨道交通的发展趋势。

第 2 章
城市轨道交通线路

供列车和机车车辆运行的线路称为轨道交通线路，简称线路。它是由路基、桥隧建筑物、轨道组成的一个整体工程结构，是列车和机车车辆运行的基础，直接承受车辆轮对传来的压力。

路基是轨道的基础，它直接承受上部轨道重量和轨道传来的机车车辆及其载荷的压力，并将其传递到大地。路基由路基本体、防护加固建筑物、排水设施组成。

轨道是用来引导机车车辆运行方向并直接承受车轮的巨大压力，使之传递、扩散到路基及桥隧建筑物上的整体工程结构。它由钢轨、轨枕、联结零件、道床、防爬设备和道岔等组成。

2.1 概　　述

一、线路敷设形式

城市轨道交通的线路敷设形式主要有地下线、地面线、高架线等。

1. 地下线

地下线常用于地下轨道交通系统，线路铺设于地下隧道中，是交通繁忙路段和市区繁华地段主要采用的线路敷设形式。地下线的优点是不占城市地面空间，与地面交通分离，基本不受气候影响。不足之处是投资大，施工技术高，防灾设施等设备要求高，线路改造调整与维护困难。地下线主要适用于市中心人口、建筑密集,土地价值高的地段。

2. 地面线

地面线是采用类似普通铁路的路基作为轨道基础的线路形式。地面线的优点是造价较低,施工简便,线路改造调整与维护容易。不足之处是占地面积大,易受气候影响,有一定的环境污染负效应(如噪声等)。地面线主要适用于城市边缘区或郊区。

3. 高架线

高架线设在高架工程结构物上,对地面交通无干扰,造价介于地下线与地面线之间,施工、维护、管理等方面较地下线方便。不足之处是占用一定的城市用地,受气候影响,有一定的环境污染负效应(如噪声、景观等)。高架线一般用于市区外建筑稀少及空间开阔的地段。

二、线路种类

城市轨道交通线路按其在运营中的作用分为正线、辅助线、车场线等。此外,出于地铁建设与运营的需要,地铁还应设置与国家铁路相联系的专用线。

1. 正线

正线是贯穿所有车站和区间,供列车日常运行的线路。正线可分为区间正线和车站正线。

城市轨道交通正线是独立运行的线路,一般按双线设计,采用上、下行分行,右侧单向行车制。南北向线路以由南向北为上行方向,由北向南为下行方向;东西向线路以由西向东为上行方向,由东向西为下行方向;环形线路以在外侧轨道线的运行方向为上行方向,在内侧轨道线运行为下行方向。

2. 辅助线

辅助线是为了保证正线运营而配置的线路,一般不行驶载客车辆,速度要求较低,故线路标准也较低。辅助线是轨道交通系统的重要组成部分,直接关系到系统运营组织的效率。辅助线包括折返线、渡线、联络线、停车线、出入段线、安全线等。

1)折返线

折返线是为列车正常运行中调头转线及夜间存车而设置的线路,一般设在线路两端的终点站或者准备开行折返列车的区间站,基本要求是满足列车折返运行能力的需要。折返线的形式很多,常见的有环形折返线、尽端折返线等,如图 2-1 所示。

2)渡线

渡线是在两平行线路之间设置的连接线路,其作用在于使两条平行线路上的车辆能够从一条线路转到另一条线路。渡线布置一般有三种,包括单渡线、八字渡线和交叉渡线,各种渡线特点如表 2-1 所示。

3)联络线

联络线是为沟通两条独立运营线路而设置的连接线,为两线车辆过线服务。联络线因连接的轨道交通线路往往不在同一个平面上,因此坡道坡度较大、曲线半径较小,要严格控制列车在联络线上的运行速度。联络线的形式如图 2-2 所示。通过联络线的跨线列车以不载客车辆为主。

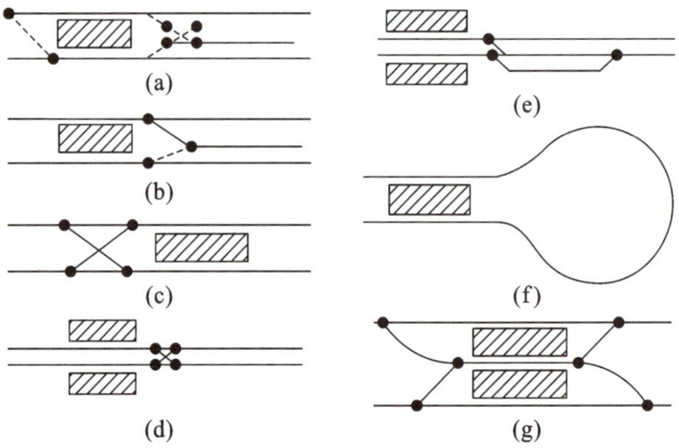

图 2-1　常见折返线形式示意图

表 2-1　流线形式表

名　称	图　示	说　明	特　点
单渡线		由 2 副道岔和 1 个直线段组成,在 2 条线路之间起沟通作用	• 应用最为广泛 • 除了可以实现折返作业外,还可用来沟通上下行正线或其他相邻线路,提高运营的灵活性
八字渡线		由 4 副单开道岔和 2 条直线段组成,可沟通 2 条线、4 个方向之间的直通进路	• 结构简单,使用和维修方便 • 一般分开设置在车站的两端,长度较长,往往由功能相同的交叉渡线所替代 • 可缩小线间距(如 9 号道岔交叉渡线所需的最小线间距为 4.6 m,八字渡线可缩减至 4.2 m)。一般条件下不在车站一端咽喉区设置,但为了节省工程量,也可酌情采用
交叉渡线		作用与八字渡线相同,但结构形式不同,由 4 组单开道岔、短轨段、1 组菱形交叉组成,长度比前者要缩短 50% 以上	在实现折返转线功能的基础上,可最大限度地缩短车站的长度,节省工程数量及费用,同时可提高线路使用的灵活性

　　联络线有单线联络线、双线联络线和联络渡线三种形式。作为临时运营正线使用的联络线一般采用双线联络线,分为正线平面交叉和立体交叉两种形式,这种联络线工程量大,造价高。

　　4)停车线

　　停车线主要用于故障列车待避、临时折返、临时停放或夜间停放列车,以减少故障列车

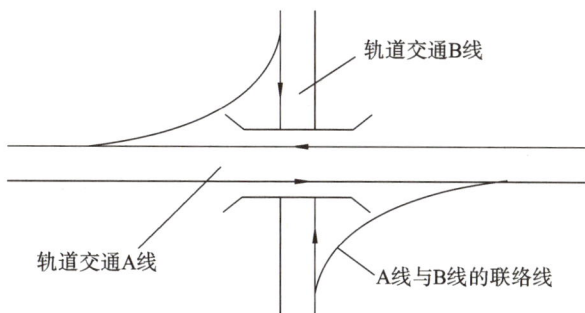

图 2-2 联络线

对正常行车的干扰,在出现线路局部阻塞时可用来组织临时交路。在车辆段,则拥有众多的专用停车线,供夜间停止运营后列车停放。需要进行检修作业的停车线设有地沟。

5）出入段线

出入段线是正线与车辆段间的连接线,是车辆段与正线之间的联络通道,一般分为出段线和入段线。出入段线可设计为双线或单线。车辆段和停车场应根据远期线路的通过能力和运营要求来确定设置双线还是单线。尽端式车辆段出入线宜采用双线,贯通式车辆段可在车辆段两端各设一条单线。停车场规模较小时,出入线可采用单线。当出入线与正线发生交叉时,宜采用立体交叉方式。

6）安全线

安全线作为列车运行进路隔开设备之一,其作用是防止列车未经允许进入另一列车已占用的进路(线路)而发生冲突,从而保证列车安全正常运行。

《地铁设计规范》中规定:在车辆段出入线、折返线、停车线和岔线(支线)上,当车辆段(场)出入线上的列车在进入正线前需要一度停车,且停车信号机至警冲标之间小于制动距离时,宜设安全线,如图 2-3 所示。

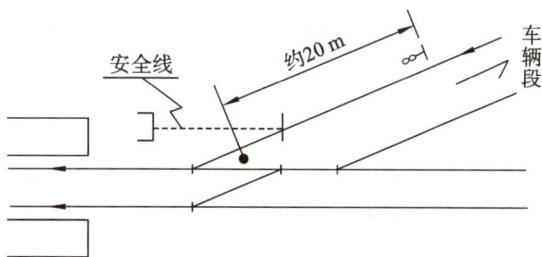

图 2-3 安全线示意图

3. 车场线

除了正线以外,每一条运营线路都设有一个车辆段,内部铺有若干线路,用于停运后列车入库停放以及试车、调车、转线等作业,这些线路统称为车场线。车场线主要有停车线、检修线、试车线、调车线、洗车线等。

城市轨道交通线路的整体布置基本模式如图 2-4 所示。

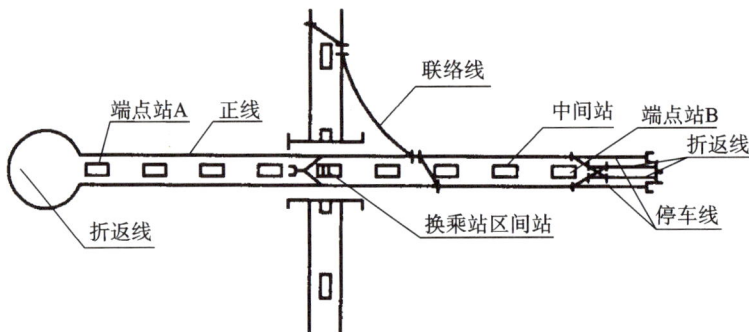

图 2-4　城市轨道交通线路的整体布置基本模式

2.2　路基与线路结构工程

一、路基

路基是轨道的基础,是轨道交通线路的重要组成部分。它直接承受轨道的重量,承受轨道传来的机车车辆及其载荷的压力。路基质量如何,对整个线路质量和行车安全有很大的影响。因此,路基必须填筑坚实,基床要强化处理,并经常保持干燥、稳固和完好状态,以保证轨道交通运输安全畅通。路基面的宽度应满足轨道铺设、附属构筑物设置及线路养护维修作业的需要。路基主要由路基本体、防护加固建筑物、排水设施三部分组成。

（一）路基本体

路基上铺设轨道的部分叫作路基本体。城市轨道交通线路的路基通常是经过开挖、填筑,或半填半挖而形成的。

路基按其横断面形式的不同,分为路堤、路堑两种基本形式,如图 2-5、图 2-6 所示。

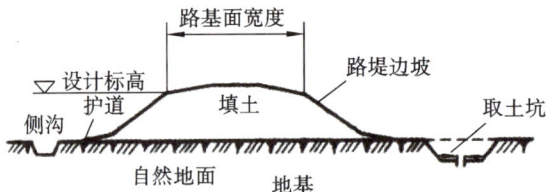

图 2-5　路堤组成示意图

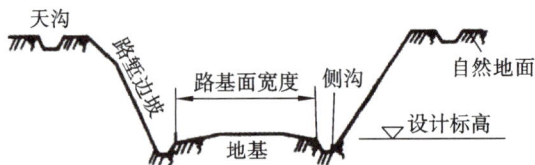

图 2-6　路堑组成示意图

路堤经填筑而成,由路基顶面、边坡、护道和取土坑(纵向排水沟)等组成。路堑经开挖而成,由路基顶面、侧沟、边坡、隔带、弃土堆、天沟(截水沟)等组成。

(二)防护加固建筑物

为保证路基的坚固稳实,对于易受自然因素作用而损坏的边坡,可选用水泥砂浆、干砌或浆砌片石护坡,还可以采用铺草皮或植树、喷浆或喷锚等坡面防护措施。在不良地质地段,为防止土坡坍塌、滑坡等,可以用挡土墙、抗滑桩等建筑物进行加固,使路基稳固可靠,确保运营畅通。路基坡面防护示意图如图2-7所示。

(a)浆砌片石护坡　　(b)铺草皮　　(c)挡土墙

图2-7 路基坡面防护示意图

(三)排水设施

路基是土石工程,最怕水的浸泡和冲刷。即使修建了坚固的防护设施,如果不把积水及时排出,路基便会松软、下沉,甚至毁坏,危及行车安全,后果不堪设想。

侵害路基的水分包括地面水和地下水两种。因此,排水设施也分地面排水设施和地下排水设施,如图2-8所示。各种排水设施要互相配合,形成排水网,使排水畅通。

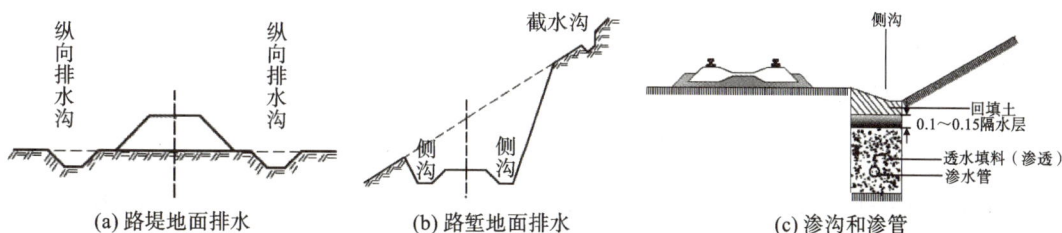

(a)路堤地面排水　　(b)路堑地面排水　　(c)渗沟和渗管

图2-8 排水设施示意图

二、线路结构工程

(一)隧道

1. 隧道结构

隧道是围护车辆、行人或各种专业设施通行的设备。城市轨道交通的隧道(图2-9)是连接地下车站并为轨道及相关设施、设备铺设提供必要空间的地下建筑物。当轨道铺设于隧道内部时,隧道既是轨道设施的下部建筑,又是轨道设施的围护建筑,使城市轨道线路完全处于封闭状态。

城市轨道交通隧道由洞身、衬砌、洞门和附属建筑物等组成。

图 2-9 隧道敞开段

1）洞身

洞身是隧道结构的主体部分，是列车通行的通道，其净空应符合国家规定的铁路隧道建筑限界的要求，其长度由两端洞门位置决定。

2）衬砌

衬砌是承受地层压力，维持岩（土）体稳定，阻止坑道周围地层变形的永久性支撑物。

3）洞门

洞门位于隧道出入口处，用来保护洞口土体和边坡稳定，排除仰坡流下的水。它由端墙、翼墙及端墙北部的排水系统组成。

4）附属建筑物

①连接上下行线路，安置抽水泵房的联络通道；

②为防止和排除隧道漏水或结冰而设置的排水沟和盲沟；

③为机车排出有害气体的通风设备；

④接触网、电缆槽、消防管道等。

2. 隧道分类

根据隧道的断面形状分，有矩形隧道、拱形隧道、圆形隧道、椭圆形隧道等多种隧道，其中最主要的是圆形隧道（图 2-10）和矩形隧道（图 2-11）两种。

通常，车站前后为矩形隧道，区间为圆形隧道。

圆形隧道内径一般为 5.5 m，由 6 块钢筋混凝土管片（图 2-12）装配成环。矩形隧道单线净断面一般为 4.3 m（宽）×5 m（高），双线净宽为 9.5～14.6 m，为现浇钢筋混凝土结构。

车站之间的隧道线路，通常采用高站位、低区间的方式。

地下隧道施工方法主要有明挖法、矿山法、盾构法等。其中明挖法主要应用于埋深较浅的地段，或隧道与地面衔接处的敞开段，盾构法通常用于各类土层或松软岩层中地下隧道的施工。

（二）高架结构

高架结构包括区间桥梁、高架车站中的轨道梁及其支撑结构。其一般应用于市区外建筑稀少及空间开阔的地段，沿道路的一侧或路中布置，具体设在路侧还是路中要根据规划和

图 2-10　圆形隧道

图 2-11　矩形隧道

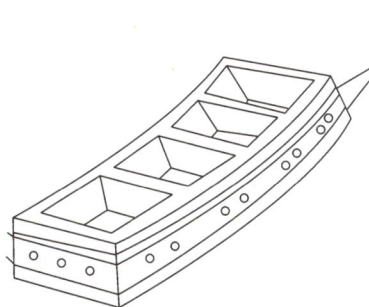

(a) 隧道管片

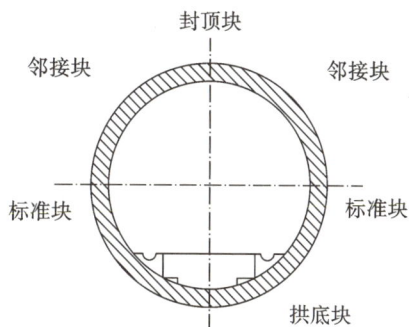

(b) 隧道管片装配示意图

图 2-12　圆形隧道管片

设站情况来决定。高架横梁断面形式如图 2-13 所示。

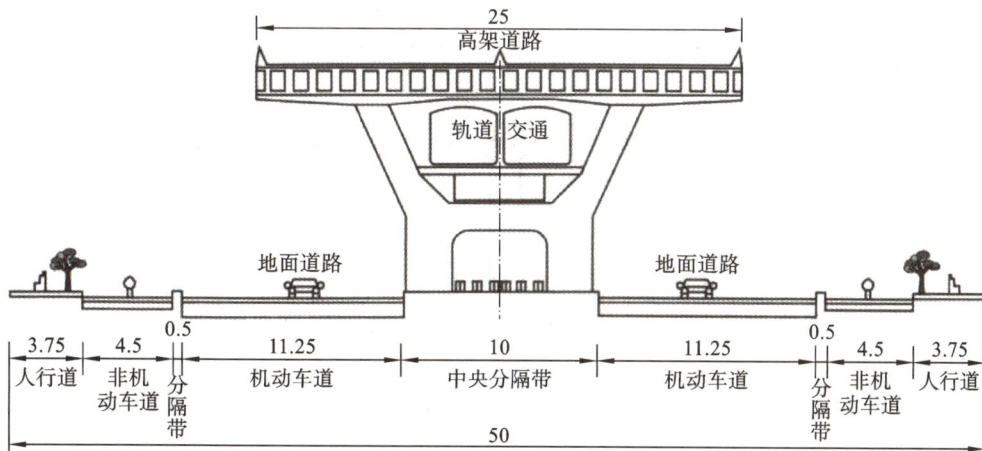

图 2-13　高架横梁断面形式示意图(单位:m)

城市中中、小跨度的桥梁多采用简支梁体系或连梁体系,在特殊地段也可采用其他结构体系。

1. 梁形结构

高架结构采用的梁形有箱形梁、板梁、T 形梁和下承式槽形梁等形式。

1）箱形梁

箱形梁简称箱梁,箱梁截面整体刚度大,景观效果好,梁底空间尺寸小,下部工程较少,是高架结构常用的形式。其断面形式主要有单室双箱(图 2-14)、单室单箱(图 2-15)及双室单箱(图 2-16)三种。

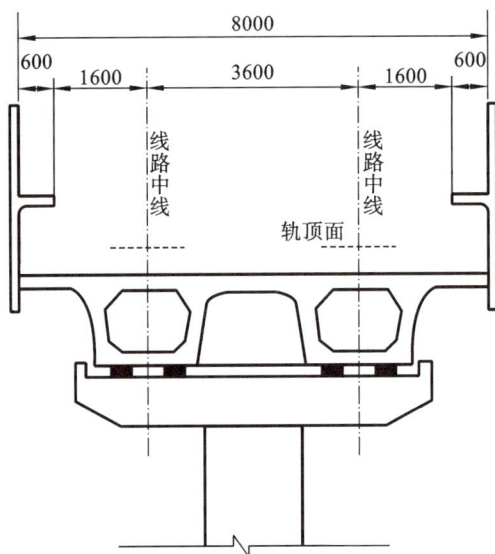

图 2-14　单室双箱图(单位:mm)

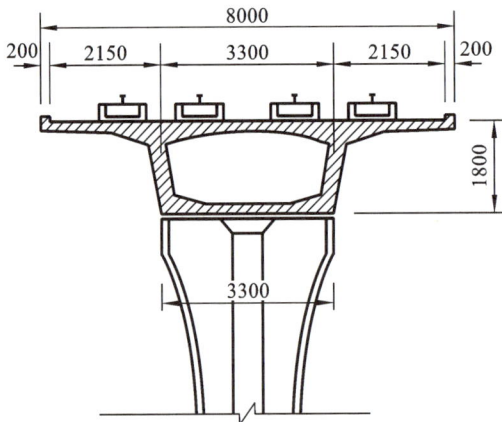

图 2-15　单室单箱图(单位:mm)

2）板梁

板梁结构建筑高度低,外形简洁,结构简单,便于安装施工。板梁断面主要有空心板(图 2-17)、低高度板(图 2-18)和异形板。空心板梁每跨可以根据桥面宽度采用 4～8 片梁拼装而成,低高度板梁采用两片拼装,异形板梁采用单片梁形式。

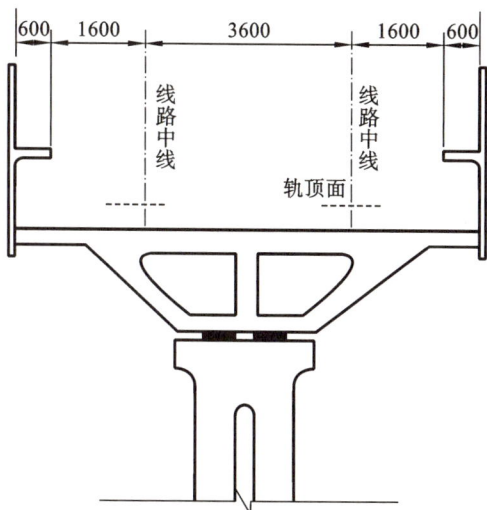

图 2-16　双室单箱图(单位:mm)

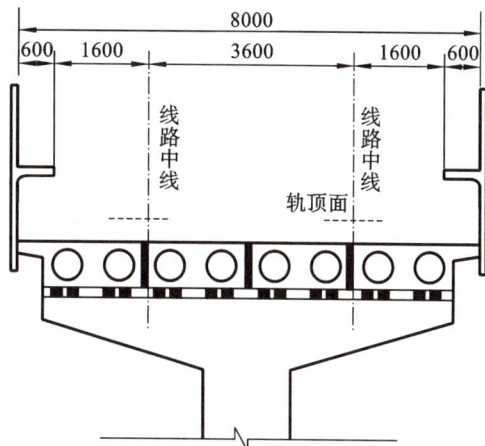

图 2-17　空心板梁结构(单位:mm)

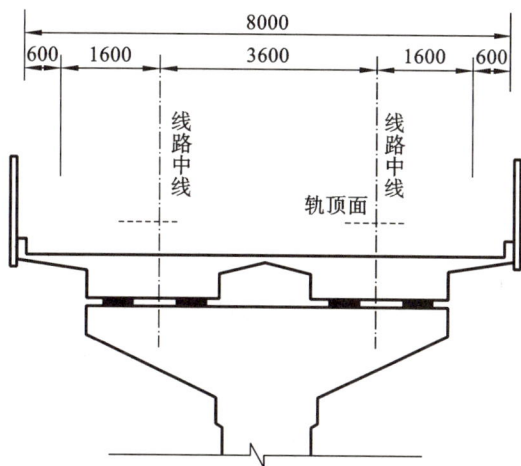

图 2-18　低高度板梁结构(单位:mm)

3)T 形梁

T 形梁(图 2-19)与箱形梁同属于肋式梁,主梁一般采用工厂或者现场预制,可提高质量,减少主梁尺寸,从而减轻整个桥梁自重。每跨梁由多片预制主梁相互联结组成,吊装质量小,构件容易修复或更换。同时,T 形截面又是最经济的桥梁截面形式,可以比箱梁减少25%左右的工程量,经济效果显著。

4)下承式槽形梁

下承式槽形梁结构(图 2-20)的建筑高度低,可用在跨越横向道路且建筑高度受限区段。该结构可降低线路标高,两侧主梁可作为电缆支架的基础并到声屏障的作用,截面综合利用率较高。

2. 墩台结构

桥墩形式及位置选择应遵循安全耐久的原则。可用于城市高架桥的桥墩形式有倒梯形

图 2-19　T 形梁结构(单位:mm)

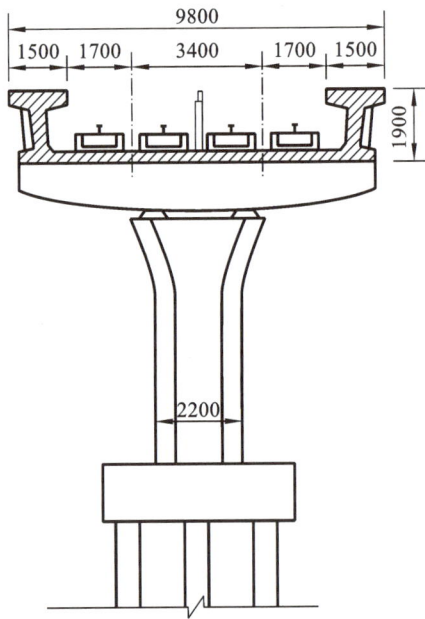

图 2-20　下承式槽形梁结构(单位:mm)

桥墩、"T"形桥墩、单柱式桥墩、双柱式桥墩和"Y"形桥墩等,如图 2-21 所示。

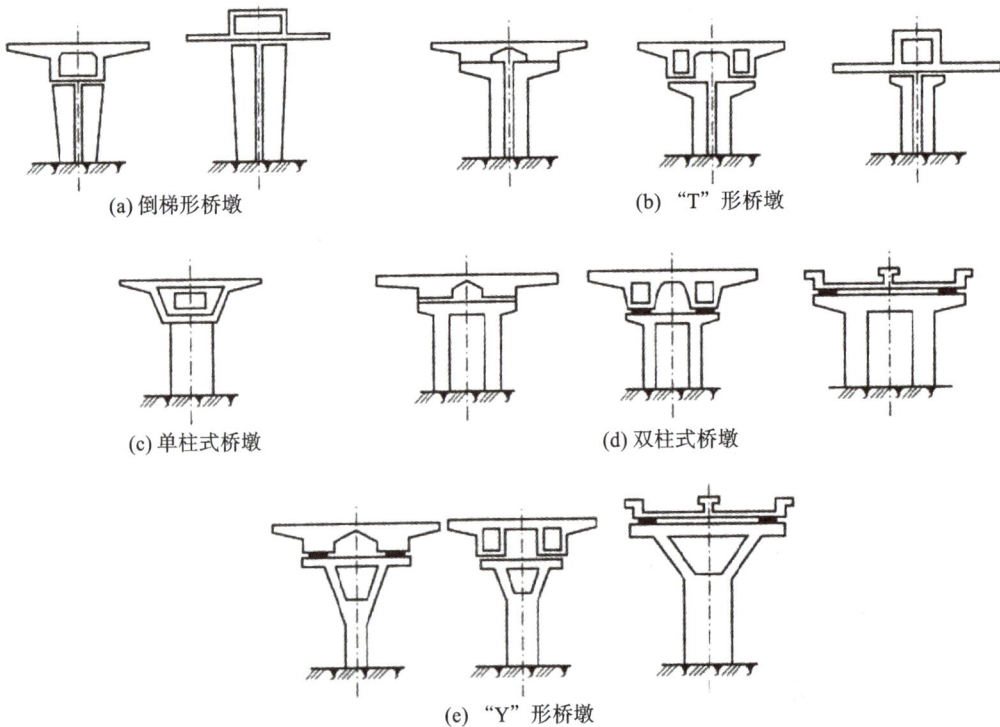

(a) 倒梯形桥墩

(b) "T"形桥墩

(c) 单柱式桥墩

(d) 双柱式桥墩

(e) "Y"形桥墩

图 2-21　桥墩形式示意图

（三）高架车站结构

按轨道梁与车站结构的布置形式,高架车站结构分为站桥分离式、站桥结合式和站桥合一式三种。

1. 站桥分离式

如图 2-22 所示,桥从车站穿过,与车站构件不发生任何关系。

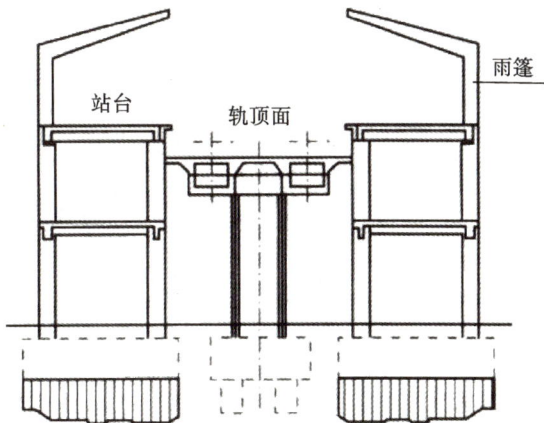

图 2-22　站桥分离式

2. 站桥结合式

如图 2-23 所示,行车道处设行车道梁,该梁简支在车站框架横梁上,支承点采取减振措施。

3. 站桥合一式

如图 2-24 所示,车站部分框架结构作为行车道,列车直接在框架梁板上行走。

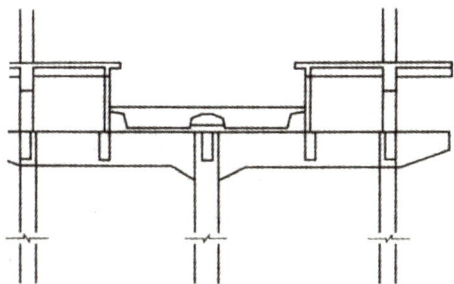

图 2-23　站桥结合式

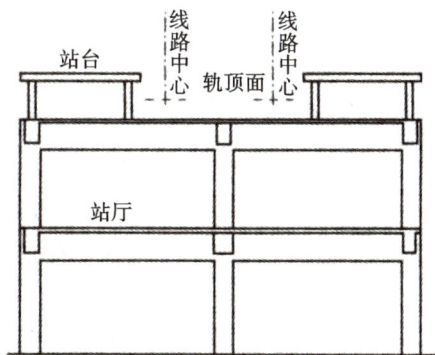

图 2-24　站桥合一式

2.3 轨　道

轨道交通线路路基上部由钢轨、轨枕、联结零件、道床、道岔及防爬设备组成的整体工程结构,称为轨道。

轨道铺设在路基之上,是列车运行的基础,它引导机车车辆的运行方向,直接承受机车车辆及其荷载的巨大压力。其构成如图 2-25 所示。

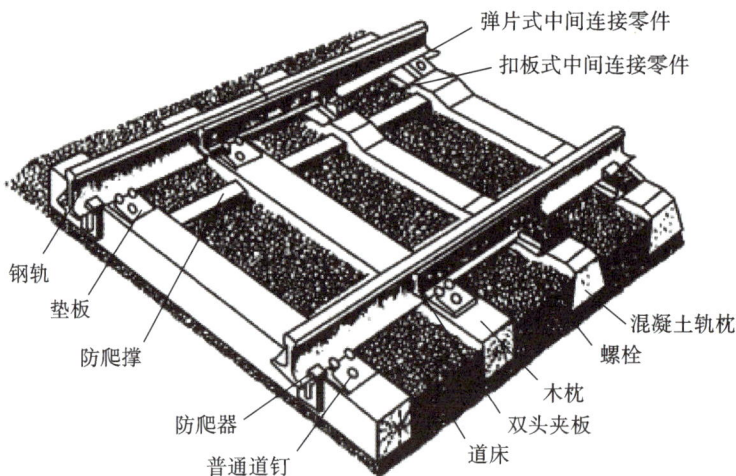

图 2-25 轨道的基本组成

轨道是一个整体性工程结构,经常处于列车运行的动力作用下,所以它的各组成部分均应具有足够的强度和稳定性,以保证列车按照规定的最高速度安全、平稳和不间断地运行。

列车的压力通过车轮首先作用在钢轨上,然后依次传递到轨枕、道床和路基(或桥隧建筑物)上。

一、钢轨

我国采用的是稳定性较好的宽底式钢轨,它的断面形状一般为"工"字形。钢轨由轨头、轨腰和轨底三部分组成,钢轨断面如图 2-26 所示。

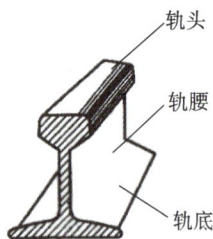

图 2-26 钢轨断面图

钢轨的功用是支承和引导机车车辆的车轮运行,并把车轮传来的压力传给轨枕,以及为车轮滚动提供阻力最小的接触面。此外,钢轨有为供电、信号电路提供回路的作用。

根据《地铁设计规范》要求:地铁正线及辅助线钢轨应依据近、远期客流量并经技术经济综合比较确定,宜采用 60 kg/m 钢轨,也可采用 50 kg/m 钢轨,车场线宜采用 50 kg/m 钢轨。钢轨应采用 25 m、12.5 m 标准轨以及标准缩短轨,接头应采用对接,曲线内股应采用现行标准的缩短轨,当采用缩短轨接头对接困难时可采用错接,但其错开距离不应小于 3 m。

二、轨枕

轨枕是钢轨的支座,它除承受钢轨传来的压力并将其传给道床以外,还起着保持钢轨位置和轨距的作用。因此,轨枕应具有一定的坚固性、弹性和耐久性,并且造价低廉,制作简单,铺设及养护方便。

按照制作材料的不同,轨枕有木枕和混凝土枕两种,如图 2-27 所示。木枕弹性好,形状简单,制造容易,重量轻,铺设、更换方便,它的主要缺点是要消耗大量的木材,而且使用寿命较短,经过防腐处理的木枕一般可用 15 年左右。混凝土枕使用寿命长,稳定性好,养护工作量小,加上材料来源广泛,所以得到了广泛的应用,其不仅可以节省大量木材,而且有利于提高轨道的强度和稳定性。

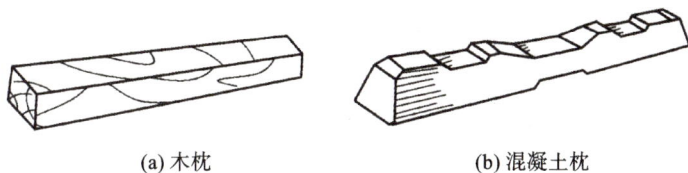

(a) 木枕   (b) 混凝土枕

图 2-27 轨枕

这两种轨枕主要用于停车场和地面线的碎石道床。城市轨道交通线路大多数铺设整体道床,根据其特点,在传统的木枕和混凝土枕的基础上又研制出短木枕、混凝土短枕、混凝土支撑块等。短木枕主要用于停车库内检查坑式整体道床。城市轨道交通正线线路大多采用混凝土短枕、混凝土支撑块和混凝土长枕。

三、联结零件

联结零件包括接头联结零件和中间联结零件两大类。

1. 接头联结零件

两根钢轨的末端用接头联结零件联结,即先用两块鱼尾板夹住钢轨,然后用螺栓拧紧,如图 2-28 所示。

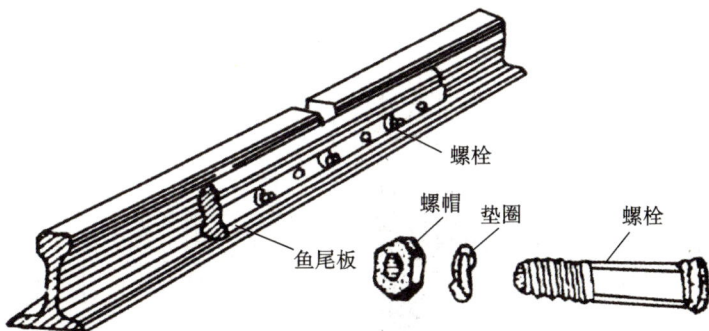

图 2-28 接头联结零件

鱼尾板是用来夹紧钢轨的。每块夹板都用 4 枚或 6 枚螺栓上紧,且为防止车轮在接头部位脱轨时切割全部螺栓,螺栓帽的位置在钢轨的内外侧相互交错。

目前,广泛采用的钢轨接头形式是悬接而又对接,如图 2-29、图 2-30 所示。悬接是指钢轨的接头正好处在两根轨枕之间,这种形式弹性较好;对接是指轨道上两股钢轨的接头恰好彼此相对,这样就可以避免错接时机车车辆通过时的左右摇摆。

城市轨道交通中已经大量采用无缝线路结构,钢轨接头联结零件数量大大减少,但在无缝线路的缓冲区、轨道电路的绝缘区、有道岔的线路区段,接头联结零件还是不能少的。

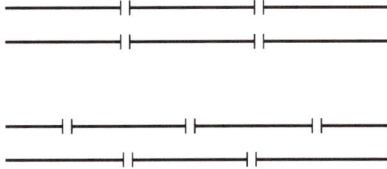

图 2-29　对接、错接示意图

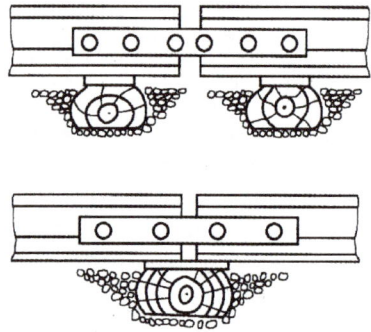

图 2-30　悬接、垫接示意图

2. 中间联结零件

中间联结零件又称轨枕扣件,其作用是将钢轨固定在轨枕上,并保持其稳固位置,防止钢轨做相对于轨枕的纵、横向移动。

中间联结零件分为混凝土轨枕用中间联结零件和木枕用中间联结零件两种。

我国混凝土轨枕用的中间联结零件,按其结构可分为 ω 形弹条扣件、扣板式扣件、弹片式扣件三种;按扣件本身弹性可分为刚性扣件和弹性扣件;按混凝土轨枕有无挡肩可分为有挡肩扣件和无挡肩扣件两种。

ω 形弹条扣件主要由 ω 形弹条、螺纹道钉、轨距挡板、挡板座及弹性垫板等组成,分为Ⅰ、Ⅱ、Ⅲ型三种。Ⅰ、Ⅱ型弹条扣件是有挡肩、有螺栓扣件,Ⅲ型弹条扣件是无挡肩、无螺栓扣件,一般用于有砟高速轨道结构。Ⅰ型弹条扣件如图 2-31 所示。

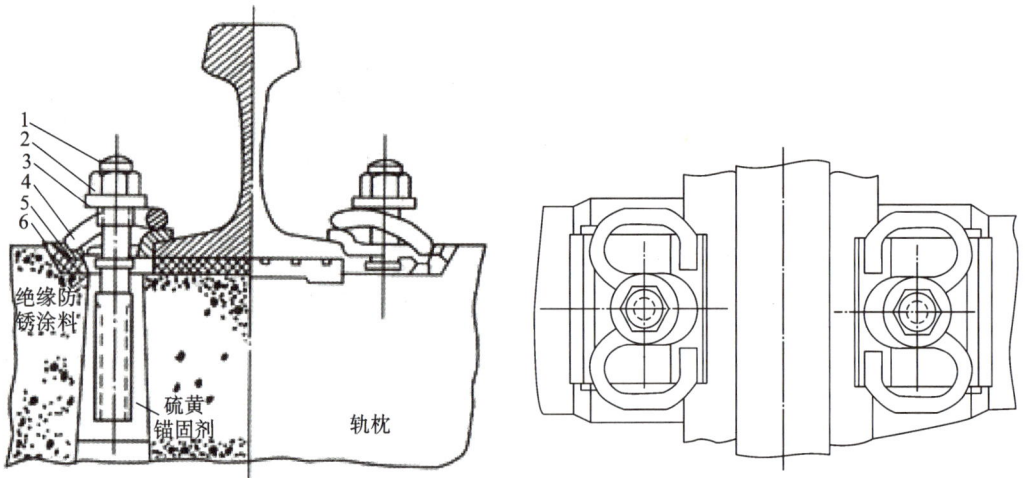

图 2-31　Ⅰ型弹条扣件

1—螺纹道钉;2—螺母;3—平垫圈;4—弹条;5—轨距挡板;6—挡板座

木枕用的中间联结零件包括道钉和垫板。其连接方式是先用道钉将垫板与枕木扣紧,再另用道钉将钢轨、垫板与木枕钉在一起,如图 2-32 所示。

图 2-32　木枕扣件

四、道床

道床是铺设在路基之上、轨枕之下的结构层,它主要有承受并传递载荷、稳定轨道结构的作用。道床从结构和形式上可以分为碎石道床和整体道床两种。

1. 碎石道床

1) 碎石道床的特点

碎石道床(图 2-33)结构简单,容易施工,减震、降噪性能好,造价低,但其轨道建筑高度较高,因此造成结构底板下降,加大隧道的净空,排水设施复杂,养护工作频繁,更换轨枕困难。道床作业时粉尘大,会危害工人健康。一般地面线及停车场道岔区域,采用木枕或钢筋混凝土枕的碎石道床。

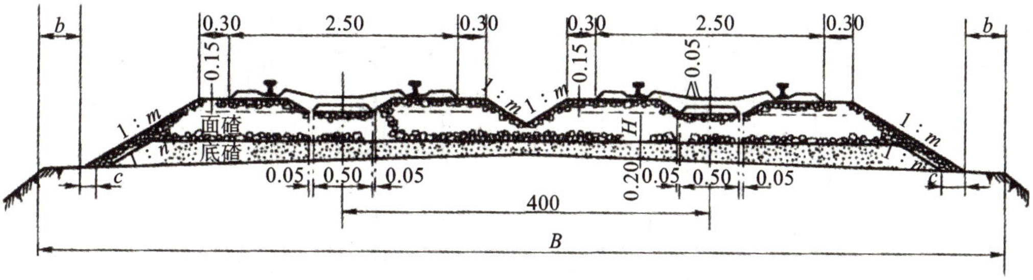

图 2-33　碎石道床(单位:mm)

2) 碎石道床的材料

碎石道床的材料有碎石、矿渣、筛选的卵石。城市轨道交通一般采用碎石,也有用粗砂或中砂作为道床垫层的。

3) 碎石道床的作用

①均匀地传递列车荷载至路基,保护路基;

②提供抵抗轨枕纵、横位移的阻力,保持轨道几何形位;

③具有排水功能;

④提供缓冲和减震;

⑤为轨道养护维修作业提供方便。

2．整体道床

整体道床也称为无砟道床,其特点是整体性好,坚固、稳定、耐久;轨道建筑高度小,减少隧道净空,轨道维修量小,适应地铁和轻轨运营时间长、维修时间短的特点。但其弹性差,列车运行引起的振动、噪音比较大,造价比较高,施工时间长。

整体道床主要有无枕式整体道床、轨枕式整体道床、弹性整体道床等类型。

1）无枕式整体道床

这类道床没有专门的轨枕,是将扣件预埋件直接埋设于钢筋混凝土道床、混凝土支撑块等混凝土结构内。无枕式整体道床多见于城市轨道高架线路和车场整体道床线路。

2）轨枕式整体道床

轨枕式整体道床可分为短枕式和长枕式两种。

短枕式整体道床(图 2-34)的短轨枕在工厂预制,其横断面为梯形,底部外露钢筋钩,用以加强道床混凝土的联结。此种道床稳定、耐久,结构简单,造价较低,施工容易,施工进度较快。

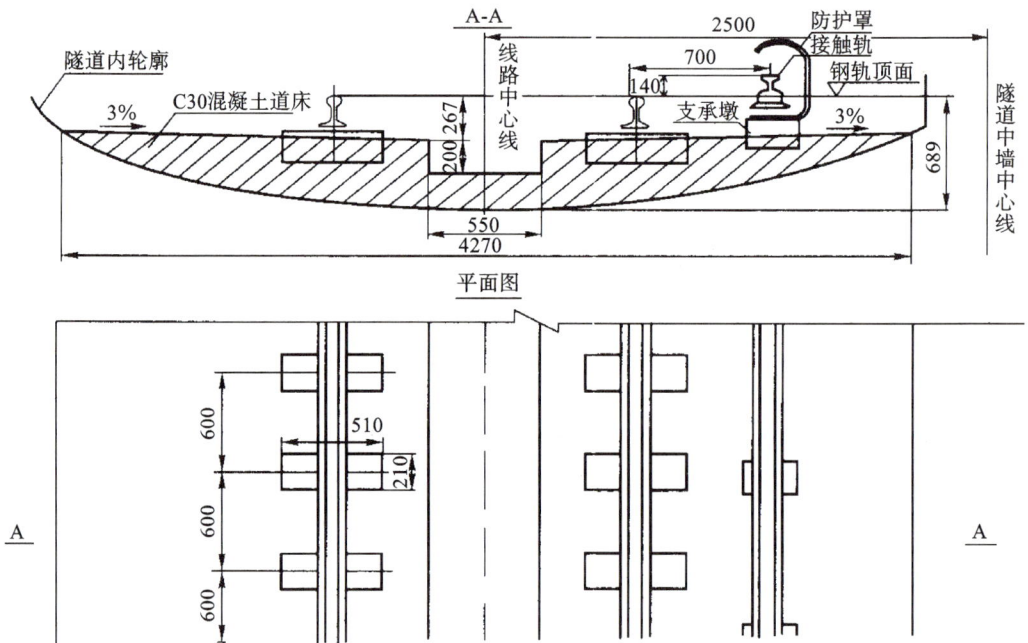

图 2-34　短枕式整体道床(单位:mm)

长枕式整体道床(图 2-35)的长轨枕一般预留圆孔,道床用纵向钢筋穿过,加强了长轨枕与道床之间的联结,使道床更坚固、稳定和整洁美观。此种道床适用于软土地基隧道,可采用轨排法施工,进度快,施工精度也容易得到保证。

3）弹性整体道床

目前国内主要铺设的弹性整体道床是浮置板式整体道床(图 2-36)。这种道床在浮置板下面及两侧设有橡胶垫,减震效果明显。但施工难度大,更换底部橡胶垫困难,造价较高。

五、道岔

道岔是轨道交通线路间连接或交叉设备的总称,可使机车车辆由一条线路转往或越过

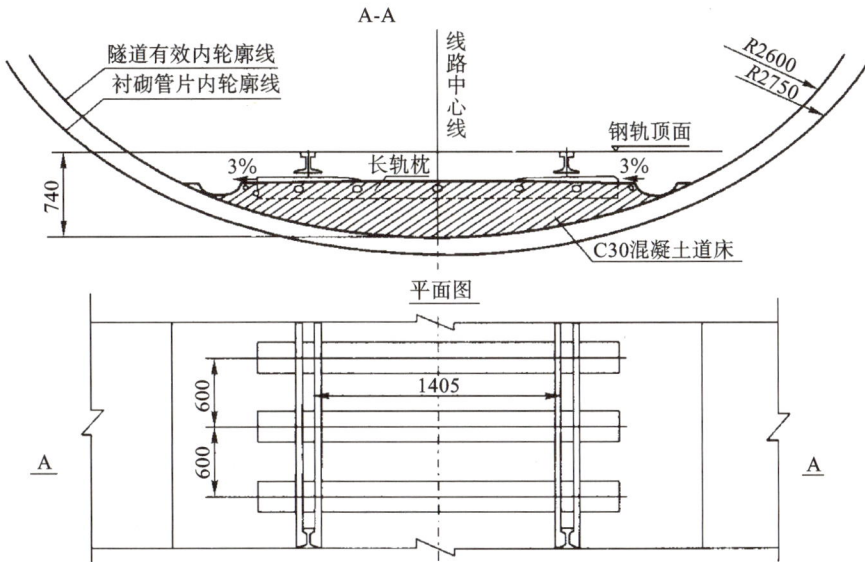

图 2-35　长枕式整体道床(单位:mm)

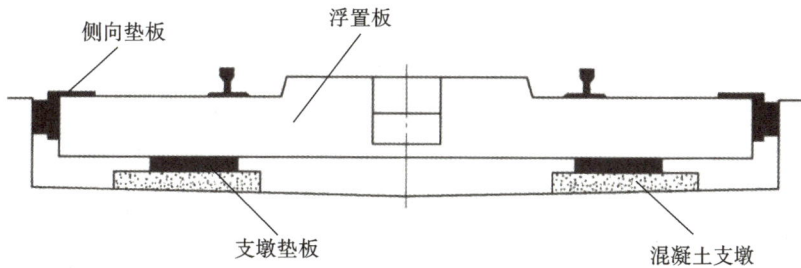

图 2-36　浮置板式整体道床

另一条线路,通常设在车站内,是轨道交通线路的一个重要组成部分。道岔结构复杂,零件较多,通过机车车辆频繁,技术标准要求高,是轨道设备的薄弱环节。

(一) 单开道岔

单开道岔是最常见、最简单的线路连接设备。这种道岔数量最多,占全部道岔数的90%以上,它由转辙器、连接部分、辙叉及护轨部分组成,如图 2-37 所示。

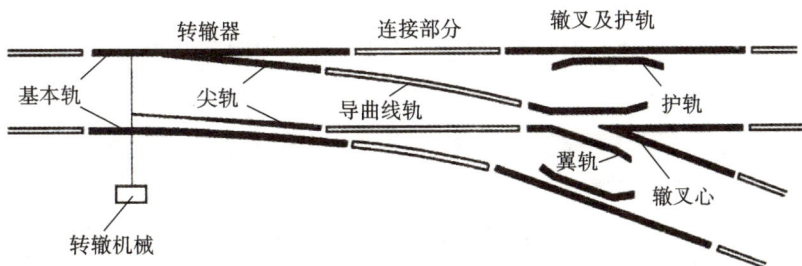

图 2-37　单开道岔

1. 转辙器

转辙器由两根尖轨、两根基本轨、跟端结构、联结零件和转辙机械组成。尖轨是转辙器的主要部件,通过连接杆与转辙机械相连,操作转辙机械可以改变尖轨的位置,确定道岔的开通方向。单开道岔的主线为直线,面向尖轨,侧线由主线向左、向右岔出,分为左开、右开两种形式。

2. 辙叉及护轨部分

辙叉及护轨部分由辙叉、护轨及联结零件等组成。

1)辙叉

辙叉设于道岔中两条线路相交处,由翼轨、心轨和联结零件等组成,如图 2-38 所示。

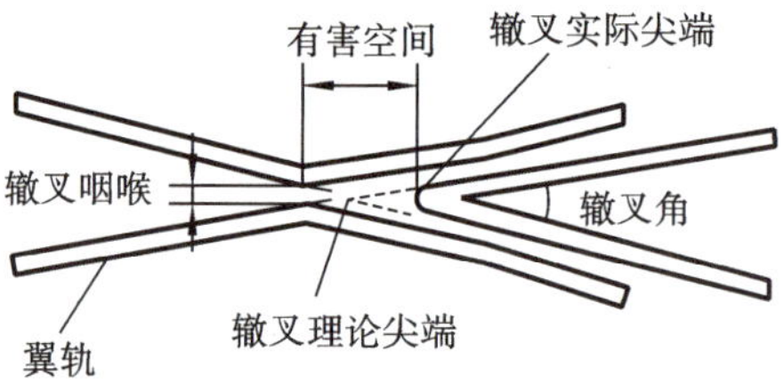

图 2-38 辙叉示意图

辙叉心轨两工作边所夹的角 α 称为辙叉角,其交点称为辙叉理论尖端。由于制造工艺的原因,实际上的辙叉尖端有 $6\sim8$ mm 的顶面宽度,叫作辙叉实际尖端。

两翼轨间的最小距离处称为辙叉咽喉。辙叉咽喉与辙叉实际尖端之间存在着一段轨线中断的间隙,叫作道岔的有害空间。

我国目前单开道岔上常用的辙叉有锰钢整铸式辙叉、钢轨组合式辙叉和可动心轨辙叉。可动心轨辙叉从根本上消灭了有害空间,使单开道岔的过岔速度得到提高,适应列车高速运行的要求。

2)护轨

当机车车辆通过道岔的有害空间时,轮缘有走错辙叉槽而引起脱轨的危险。为保证安全通行,通常在辙叉两侧相对应位置的基本轨内侧设置护轨,对车轮的运行方向实行强制性引导。

护轨必须与辙叉配合使用,其作用是保护辙叉尖端不被轮缘冲伤,控制车轮的运行方向,使之正常通过有害空间。

3. 连接部分

连接部分包括两根直轨和两根曲线轨。它把转辙器和辙叉及护轨部分连接起来,使之成为一组完整的道岔。

(二)对称道岔

对称道岔又称对称双开道岔,整个道岔对称于主线的中线或辙叉角的中分线,列车通过时无直向及侧向之分。它是单开道岔的一种特殊形式,其结构与单开道岔基本相同,只是连接部分没有直轨,只有导曲线轨,如图 2-39 所示。

(三)三开道岔

三开道岔是将一个道岔纳入另一个道岔内构成的。

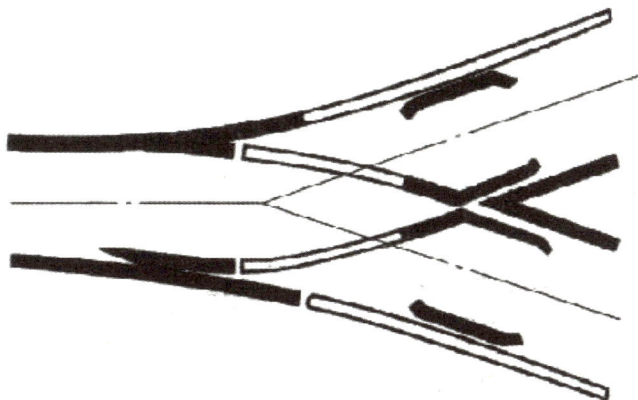

图 2-39　对称道岔

三开道岔的转辙器部分有两对尖轨(一长一短为一对),每对由一组转辙机控制其位置。辙叉及护轨部分有三副辙叉、四根护轨。连接部分有两根直轨、两对导曲线轨。

这种道岔的优点是长度较短,缺点是尖轨削弱较多,转辙器使用寿命短,同时两普通辙叉在主线内侧无法设置护轨,机车车辆沿主线无法高速运行。

(四)菱形交叉

一条线路与另一条线路在同一平面上相交,使机车车辆能跨越线路运行,交叉角小于90°的连接设备称为菱形交叉,如图 2-40 所示。

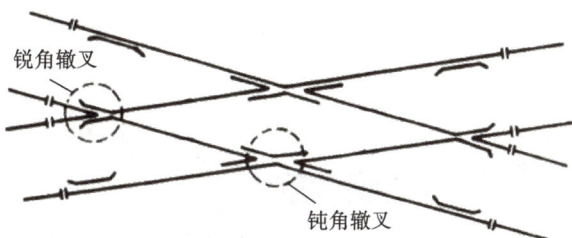

图 2-40　菱形交叉

菱形交叉由两个锐角辙叉和两个钝角辙叉组成,但没有转辙器,机车车辆只能在原来的线路上通过交叉后继续前进,而不能转线。

菱形交叉一般不单独使用,可与四副相同的单开道岔组成交叉渡线,如图 2-41 所示;也可以和四条曲钢轨组成复式交分道岔。

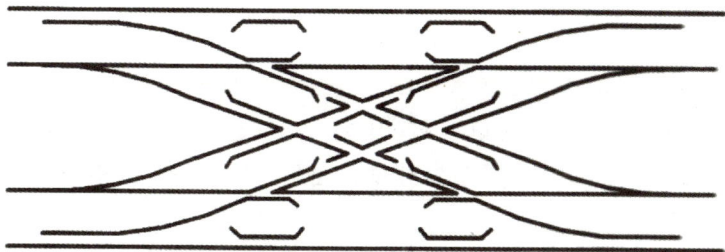

图 2-41　交叉渡线

（五）交分道岔

交分道岔分为单式和复式两种。在菱形交叉的一侧增添两副转辙器和一对连接曲线，即构成单式交分道岔；在菱形交叉的两侧各增添两副转辙器和一对连接曲线，则构成复式交分道岔，如图 2-42 所示。

复式交分道岔相当于两组对向布置的单开道岔，可以开通四个方向的八条通路。

普通交分道岔的四组辙叉都是固定型的，在两钝角辙叉处存在没有护轨的有害空间，如果辙叉号码较大，则机车车辆通过该处时有脱轨的可能。

活动心轨交分道岔采用了活动心轨钝角辙叉，因此从根本上消除了钝角辙叉在直通方向上的有害空间。

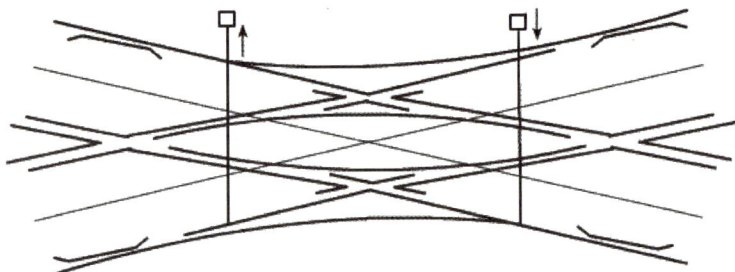

图 2-42　复式交分道岔

（六）道岔的辙叉号数

道岔的辙叉号数也称道岔号数，我国规定以道岔辙叉角的余切（即辙叉的跟端长和跟端支距的比值）来确定，如图 2-43 所示。

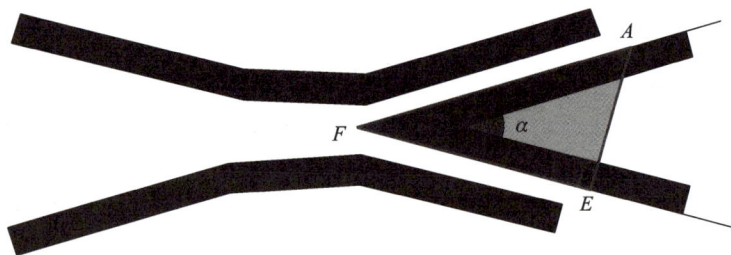

图 2-43　道岔号数计算示意图

$$N = \cot\alpha = FE/AE \tag{2-1}$$

式中：N——道岔号数；

FE——辙叉跟端长；

AE——辙叉跟端支距。

由此可见，道岔号数 N 与辙叉角 α 成反比关系。N 越大，α 角越小，导曲线半径也越大，机车车辆通过道岔时越平稳，允许的过岔速度也越高。所以逐步采用强度更高的大号码道岔对于行车是有利的。

（七）道岔对行车速度的影响

道岔是轨道的薄弱环节，当列车运行速度超过道岔的允许通过速度时，轻者会造成脱轨,严重者会引起列车颠覆。

道岔对行车速度的影响在于以下因素:

①道岔存在有害空间;

②尖轨和道岔结构不平顺;

③连接部分存在导曲线,在导曲线上不设缓和曲线和超高,对列车侧向过岔速度限制较大。

由于以上原因,机车车辆经过道岔时,列车运行速度会受到较大的影响。运营中常对列车侧向经过道岔时的速度加以限制。单开道岔侧向允许通过速度如表 2-2 所示。

表 2-2　某地铁 4 号线道岔类型及侧向允许通过速度

道岔类型	5 号道岔	9 号道岔	12 号道岔
尖轨类型	AT 弹性可弯尖轨	AT 弹性可弯尖轨	AT 弹性可弯尖轨
辙叉类型	高锰钢整铸	高锰钢整铸	高锰钢整铸
钢轨类型	50 kg/m	60 kg/m	60 kg/m
铺设位置	车辆段内道岔调车、车辆进出车辆段;共 49 组	正线、试车线及辅助线;全线 47 组,其中试车线 1 组,正线及辅助线 46 组	正线 W1406、W1408、W1410、W1412 道岔,共 4 组
侧向允许通过速度 /(km/h)	20	35	50

六、无缝线路

无缝线路是把许多根标准钢轨焊接起来的长钢轨线路。城市轨道交通正线无缝线路长度一般为 1500~2000 m,它减少了钢轨接头,减少了钢轨接头病害,达到了降低机车车辆及轨道维修费用的目的。

1. 无缝线路的种类

按钢轨受力情况,无缝线路可分为温度应力式和放散温度应力式两种。

1) 温度应力式

温度应力式为无缝线路的基本结构形式。温度应力式无缝线路铺设锁定后,长钢轨不能因轨温变化而自由伸缩,因而在钢轨内部产生温度力,其值随轨温变化而不同。这种形式的无缝线路结构简单,铺设维修方便,利于广泛应用。

目前城市轨道交通地面线和地下线基本上都采用这种类型的线路。

2) 放散温度应力式

放散温度应力式无缝线路分自动放散式和定期放散式两种。

每年春秋季节适当温度下,定期放散温度应力式无缝线路需更换不同长度的缓冲区钢轨,调节钢轨温度应力。其结构形式与温度应力式相同。

在温差较大的地区和特大桥梁上,为了减少和消除钢轨温度力对钢轨伸缩的影响,采用自动放散温度应力式无缝线路。自动放散温度应力式无缝线路是在焊接长钢轨间设置钢轨伸缩调节器,以释放温度力。

2. 桥上无缝线路

桥上无缝线路除受到列车荷载、温度力、制动力等的作用外,还受到由桥梁的伸缩或挠曲变形产生的梁轨相互作用力——纵向附加力的作用。纵向附加力增加了钢轨应力,并反作用于桥梁,并通过桥梁作用于墩台。桥上无缝线路一旦断裂,不仅危及行车安全,还将对桥跨结构施加断轨附加力,严重时造成车辆撞出护栏、冲下桥的严重后果。

为了减少和消除钢轨温度力对桥梁伸缩的影响,城市轨道交通高架桥上通常采用自动放散温度应力式无缝线路。自动放散温度应力式无缝线路是在焊接长钢轨间设置桥用钢轨伸缩调节器的无缝线路。

钢轨伸缩调节器又称温度调节器,它的作用是保证钢轨能在温度力和其他外力作用下自由伸缩,防止桥用钢轨伸缩而产生变形。

温度调节器由基本轨、尖轨、大垫板、轨撑和导向卡等组成。温度调节器按构造的平面形式不同可以分为三类:斜线型温度调节器、折线型温度调节器、曲线型温度调节器。城市轨道交通应用最广的是曲线型温度调节器,它有单向和双向两种(见图 2-44、图 2-45)。

图 2-44 单向曲线型温度调节器

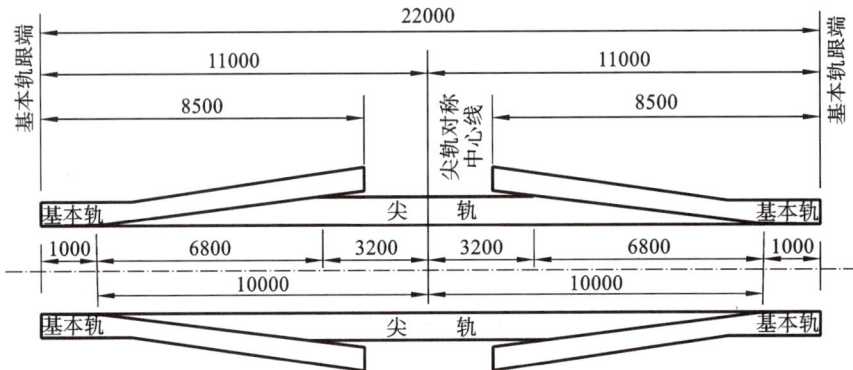

图 2-45 双向曲线型温度调节器

2.4 线路平面与纵断面

线路在空间的位置是用它的中心线来表示的。线路中心线在水平面的投影叫作线路平面,线路中心线在垂直面的投影叫作线路纵断面,垂直于线路中心线的横切面叫作线路横断面。

一、线路平面

线路平面能够表明线路的直、曲变化状态。线路平面由直线、圆曲线以及连接直线与圆曲线的缓和曲线组成。

1. 曲线

线路在转向处所设的曲线为圆曲线,其基本组成要素有曲线半径 R、曲线转角 α、曲线长度 L、切线长度 T,如图 2-46 所示。

曲线半径越大,行车速度越高,但工程量增加,工程费用变高。小半径曲线地段需要适当限速运行。当列车通过曲线地段时,为了提高运营安全性与乘车旅客的舒适性,在圆曲线地段应根据曲线半径和实测行车速度,在曲线外股钢轨合理设置超高 H,$H=11.8\,V^2/R$(V 为列车运行平均速度),曲线超高一经设定则不能任意调整,《地铁设计规范》规定曲线的最大超高值为 120 mm。

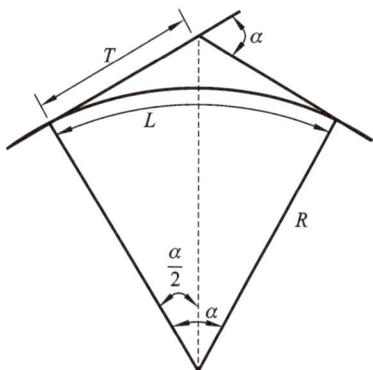

图 2-46　圆曲线要素

城市轨道交通曲线半径宜按照标准从大到小选用,最大不超过 3000 m,当曲线半径小于 400 m 时,轮轨磨损大、噪声大,应尽量少用。为了使列车按规定速度安全平稳运行,需要根据行车速度、车辆轮对有关尺寸等因素确定线路曲线的最小半径。线路曲线半径最小值是地铁主要技术标准之一,根据国家标准《地铁设计规范》,线路平面的最小曲线半径应符合表 2-3 的规定。

表 2-3　地铁或轻轨线路平面最小曲线半径

线　　路		一般情况/m		困难情况/m	
正线	$V \leqslant 80$ km/h	350	300	300	250
	80 km/h$<V\leqslant 100$ km/h	550	500	450	400
联络线、出入线		250	200	150	
车场线		150	110	110	

注:除同心圆曲线外,曲线半径应以 10 m 的倍数取值。

2. 缓和曲线

为保证列车安全运行,使线路平顺地由直线过渡到圆曲线或由圆曲线过渡到直线,避免离心力的突然产生和消除,常需要在直线与圆曲线之间设置一个曲率半径逐渐变化的曲线,这个曲线称为缓和曲线。图 2-47 所示为设有缓和曲线的线路。

缓和曲线的特征为：从缓和曲线所衔接的直线一端起，它的曲率半径 ρ 由无穷大逐渐减小到它所衔接的圆曲线半径 R。它可以使离心力逐渐增加或减小，不至于造成列车强烈的横向摇摆，这对改善运营条件、保证行车安全和平顺都有很大的作用。离心力变化示意图如图 2-48 所示。

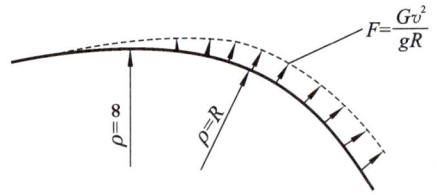

图 2-47　设有缓和曲线的线路　　　　图 2-48　离心力变化示意图

缓和曲线的长度对列车的安全性、平顺性有直接影响。缓和曲线太短，显然将不利于安全、平顺行车，但缓和曲线太长，又将给设置和养护带来困难。因此，缓和曲线的长度应根据曲线半径，结合该地段的行车速度和地形条件合理选用。有条件时，应尽量采用较长的缓和曲线，以便创造更有利的运营条件。

3. 夹直线

为保证列车运行平稳，两条相邻曲线间应设置一定长度的直线，称为夹直线。两相邻曲线转向相同时称为同向曲线；转向相反时，称为反向曲线。车辆运行在同向曲线上，因相邻曲线半径不同，超高高度不同，车体内倾斜度也不相同；车辆运行在反向曲线上，因两曲线超高方向不同，所以车体时而向左倾斜，时而向右倾斜。这两种情况都会造成车体摇晃、震动，夹直线愈短，摇晃、震动愈强烈。如图 2-49 所示。

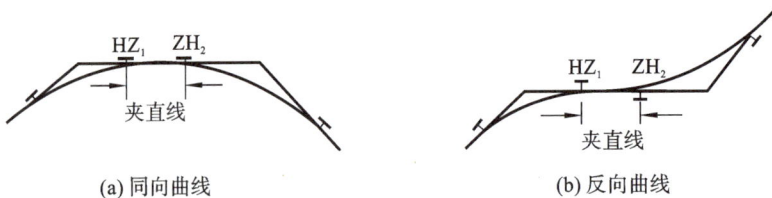

(a) 同向曲线　　　　　　　　　(b) 反向曲线

图 2-49　相邻曲线间夹直线段

为保证良好的运营条件，夹直线应尽量长些。特别是反向曲线间的夹直线应更长些，因为列车通过反向曲线时，其单位曲线附加阻力比单个曲线要大，影响运行中列车的稳定与安全。曲线间的夹直线设计应符合相关规定。

二、线路纵断面

线路中心线展直后在铅垂面上的投影叫线路的纵断面，它可表明线路的坡度变化。线路纵断面由平道、坡道及设于变坡点处的竖曲线组成。

1. 坡道的坡度

坡度是一段坡道两端点的高差 H 与水平距离 L 之比,用 $i‰$ 表示,如图 2-50 所示。

线路根据地形的变化,有上坡、下坡和平道。上、下坡是按列车运行方向来区分的,通常用"+"号表示上坡,用"−"号表示下坡,平道用"0"表示。

线路纵断面上坡度的变化点,叫变坡点。相邻变坡点间的距离,叫坡段长度。地铁或轻轨线路纵坡长度不宜小于远期列车长度,还应满足两相邻竖曲线间的夹直线长度不小于 50 m 的要求。

最大坡度也是地铁主要技术标准之一,《地铁设计规范》规定:正线的最大坡度不宜大于 30‰,困难地段可采用 35‰,联络线、出入线的最大坡度不宜大于 40‰。

2. 竖曲线

车辆经过变坡点时,将产生振动和竖向加速度,使旅客感到不舒适,同时由于坡度变化,车钩会产生一种附加应力,车辆经过凸凹地点时,相邻车辆处在不同坡道上,易产生车钩上下错移。为保证列车运行平稳,防止脱钩、断钩,应在相邻坡段间用一圆顺曲线连接,使列车顺利地由一个坡段过渡到另一个坡段,这个在纵断面上变坡点处所设的曲线,叫作竖曲线,如图 2-51 所示。

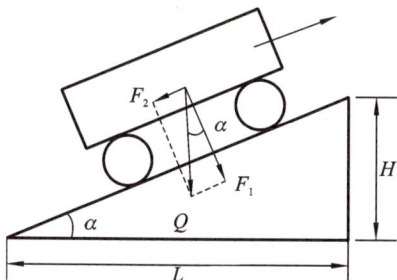

图 2-50　坡道坡度及坡道附加阻力示意图

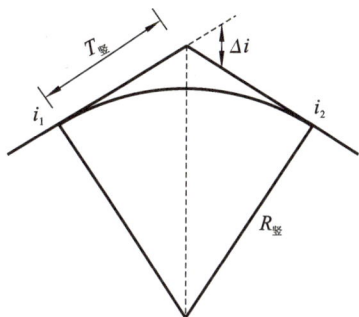

图 2-51　竖曲线

地铁或轻轨线路中,两相邻坡段的坡度代数差等于或大于 2‰ 时,应设竖曲线。竖曲线就是纵断面上的圆曲线,竖曲线的曲线半径要符合相关规定。

三、轨道平顺的技术标准

1. 直线地段轨道的标准轨距

我国规定直线地段轨道的标准轨距为 1435 mm,用道尺测量轨距的允许误差为 −2～+6 mm,轨距变化率不得大于 3‰。轮对宽度要略小于轨距,使轮缘与钢轨内侧保持必要的间隙,以利于在轨道上行驶的车辆轮对能顺利通过。轮对左右两车轮内侧面之间的距离加上两个轮缘厚度为轮对宽度。

2. 高低要求

直线地段两股钢轨顶面应保持同一高度,使两根钢轨负荷均匀;也允许有一定误差,可根据线路等级不同,分别不大于 4～6 mm。轨道在一段不太长的距离内不允许左右两轨高差交替变化,形成三角坑,以免引起列车剧烈摇晃,甚至引起脱轨事故。

轨道纵向的平顺情况称为高低,若高低不平,将增大列车通过时的冲击力,对轨道的破坏力增大。经过维修或大修的正线或到发线轨道,前后高低差用 10 m 弦量不得超过 4 mm。

轨道方向应远视顺直,若直线不直,方向不良,会造成列车蛇行运动。在无缝线路地段,还会诱发胀轨跑道。

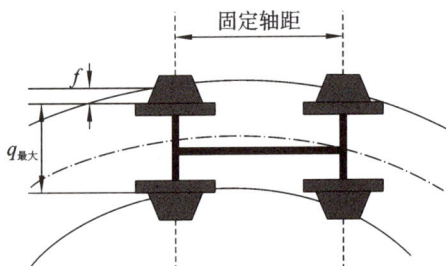

图 2-52 轨距加宽原因示意图

3. 曲线地段的轨距加宽和外轨超高

1）轨距加宽

机车车辆走行部中只能保持平行而不能做相对运动的车轴中心线间的最大距离,叫作固定轴距。由于机车车辆具有固定轴距,在曲线上运行时转向架的纵向中心线与曲线轨道中心线并不一致,可能引发转向架前一轮对的外侧车轮轮缘和后一轮对的内侧车轮轮缘挤压钢轨的情况,如图 2-52 所示,小半径曲线的轨距应适当加宽。

2）外轨超高

机车车辆在曲线上运行时,离心力的作用使曲线外轨承受了较大的压力,造成钢轨磨耗不均匀,并使旅客感到不舒适,严重时还可能造成列车颠覆事故。因此,通常要将曲线外轨轨枕下的道床加厚,即外轨抬高,使机车车辆内倾,利用车辆重力产生是向心分力平衡离心力的作用。这种外轨比内轨高出的部分称为外轨超高。

4. 轨向

钢轨工作边纵向的平顺程度叫作轨道方向,简称轨向。如果轨向的直线不直,曲线不圆顺,则会加剧车辆左右摇摆和振动,增加横向水平推力,产生车轮、钢轨的不正常磨耗,破坏轨距,影响列车运行的平稳性,对高速行车尤为不利。

为保证行车安全,必须定期检测轨向并及时纠正,满足直线轨向目视顺直,曲线轨向目视圆顺的要求。在直线地段通常用 10 m 弦绳沿钢轨头部内侧测量。

5. 高低

轨道上一股钢轨顶面纵向高低不平的现象,叫作前后高低,简称高低。当列车通过高低不平处时,冲击力增大,使道床变形加快,因此钢轨顶面要目视平顺。钢轨前后高低差通常用 10 m 弦绳测量最大矢度。

▶ 2.5 限　　界

一、限界的概念

限界的作用是确保机车车辆在城市轨道交通线路上的运行安全,防止机车车辆撞击邻近线路的建筑物和设备。一切建筑物,在任何情况下不得侵入轨道交通建筑限界;一切设备,在任何情况下不得侵入轨道交通设备限界;机车、车辆无论空、重状态,均不得超出机车、车辆限界。城市轨道交通限界包括车辆限界、设备限界、建筑限界、接触网(轨)限界。

1. 车辆限界

车辆限界是指机车车辆横断面不容许超越的最大轮廓尺寸。当机车车辆停留在平直轨道上,车体的纵向中心线和线路的纵向中心线重合时,机车车辆的任何部位在正常情况下(特殊情况除外)都不得超出车辆限界规定的尺寸。

车辆限界应根据车辆主要尺寸等有关参数,并考虑其静态和动态情况下所能达到的横向和竖向偏移量及偏转角度,按可能产生的最不利情况进行组合计算确定。

2. 设备限界

设备限界指邻近线路的设备(与机车车辆相互作用的设备除外)不得侵入的最小横断面尺寸轮廓。设备限界应根据车辆限界、轨道状态不良引起的车辆偏移量和倾斜量,以及适当的安全量等因素计算确定。

直线地段设备限界是在直线地段车辆限界外扩大一定安全间隙后形成的:车体肩部横向向外扩大 100 mm,边梁下端横向向外扩大 30 mm,接触轨横向向外扩大 185 mm,车体竖向加高 60 mm,受电弓竖向加高 50 mm,车下悬挂物下降 50 mm。转向架部件最低点设备限界离轨顶面净距:A 型车为 25 mm,B 型车为 15 mm。曲线地段设备限界应在直线地段设备限界基础上,按平面曲线不同半径、过超高或欠超高引起的横向和竖向偏移量,以及车辆、轨道参数等因素计算确定。

3. 建筑限界

建筑限界指邻近线路的建筑物不得侵入的最小横断面尺寸轮廓。区间直线地段各种类型的建筑限界与设备限界之间的间距,应能满足各种设备安装的要求。其他类型的隧道建筑限界,应按照《地铁设计规范》的要求进行加宽与加高。建筑限界是在设备限界的基础上,考虑了设备和管线安装尺寸后的最小有效断面,所有建筑物的任何突出部分均不得侵入。在宽度方向上,设备和设备限界之间应留出 20～50 mm 的安全间隙。当建筑限界侧面和顶面没有设备或管线时,建筑限界和设备限界之间的间隙不宜小于 200 mm;困难条件下不得小于 100 mm。

4. 接触网、接触轨限界

接触网、接触轨限界应根据受流器的偏移、倾斜和磨耗,接触轨安装误差,轨道偏差,电间隙等因素确定。

与铁路不同,由于城市轨道交通线路的车辆类型、运行速度不同,城市轨道交通限界目前没有统一的规定值。以某一地铁线路为例,其限界如图 2-53、图 2-54 所示。

二、线路间距

城市轨道交通线路一般设计为双线,为了尽可能减少土地占用,同时保证上下行列车的会让安全,在两条相邻线路之间要设置合理的间距。两条相邻线路中心线之间的距离叫作线路间距。

在区间线路的直线地段由于无停车作业,线路之间无建筑物和设备,其线路间距为两个车辆限界半宽与安全会车宽度(400 mm)之和。

曲线地段的线路间距则要根据直线地段线路间距进行适当加宽。

图 2-53　某地铁线路区间直线地段矩形隧道、设备及车辆限界

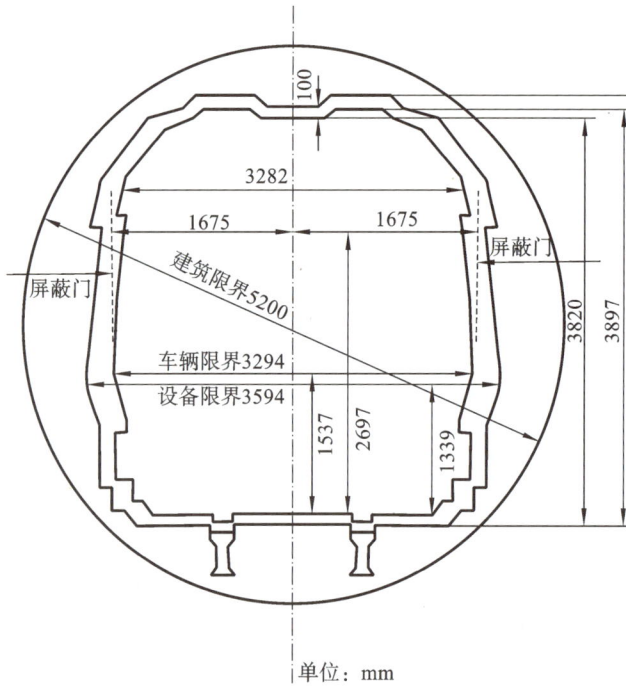

单位：mm

图 2-54　某地铁线路区间直线地段圆形隧道、设备及车辆限界

思政案例

最美劳动者——唐仁佑

轨道检测人员"昼伏夜出",乘客甚至不知道他们的存在,因此被称为轨道线上的"隐形人"。中铁二十五局一公司的"钢轨焊接专家"唐仁佑就是其中之一。

唐仁佑是重庆轨道环线的建设者之一,轨道环线建成通车后,他们并没有马上撤离,而是选择了继续"留守"。在轨道线上,别看都是钢轨、轨枕这些"大块头",但仍然要考"绣花功夫"。唐仁佑拿出道尺,测量轨距、水平,一点都不能马虎。虽然地铁隧道里亮着灯,但看不清的地方,还得打着电筒反复地检测;有的地方需要用轨距块仔细调距,即使是发现 1 毫米的误差,他也会调得"分毫不差"。"钢轨焊接专家"唐仁佑以前只是一名普普通通的线路工,从线路工到专家,他走过了 34 年的"奋斗路"。唐仁佑被评为公司"最美劳动者"。

让真人真事的再现帮助我们融入情境,思考劳动精神的可贵,激发我们的学习热情,从而启发我们形成正确的人生价值观和劳动价值观。

复习思考题

1. 城市轨道交通各级线路技术特征是什么?
2. 简述城市轨道交通线路种类。
3. 简述路基组成。
4. 简述城市轨道交通隧道组成。
5. 简述道床作用及种类。
6. 简述道岔作用及种类。
7. 简述线路平面组成。
8. 简述限界的作用及种类。

第3章
城市轨道交通车站和车辆基地

车站是乘客出行乘坐列车的始发、终到及换乘的地点，是客流集散的场所，也为列车运行提供管理、控制和通信的场所和设备。车辆基地（或车辆段）是车辆进行维修、保修等作业的地方。

3.1 城市轨道交通车站

车站是线路上供列车到、发、通过的分界点，保证行车安全和必要的通过能力，某些车站还提供折返、停车检修和临时待避等功能。车站也是客运部门办理客运业务和各工种联劳协作进行运输生产的基地。

一、城市轨道交通车站设计原则

1. 站址的选择

站址的选择应满足城市轨道交通线路设计及运营的要求，并且考虑城市公共交通组织和城市规划的要求。因此，需要城市轨道交通的主管部门、城建管理部门以及设计部门互相协调，使车站间距适宜。

2. 车站规模

车站规模指车站外形尺寸大小、层数和站房面积多少，它直接决定着车站的外形尺寸及整个车站的建筑面积等。决定车站规模的主要因素是客流量。可根据预测的近期和远期客流量来估算车站乘客的集散量和设备容量。

一般车站在高峰期 1 小时内集中了全日乘降人数的 10%～15%。但由于车站所在地区不同(如居民区、商业区等),其乘降人数的集中程度不相同,因此在规划时要充分做好预测工作,并考虑城市轨道交通启用后客流分布可能发生的变化。

3. 车站布置

车站布置要方便乘客使用,能组织乘客迅速进出站,并且要有良好的通风、照明、卫生、防火等设备条件,给旅客提供安全和舒适的乘降环境。

4. 建筑设计

地面、高架和地下车站所处的位置不同,其建筑设计应各具特色,因地制宜地考虑建筑风格,力求与城市景观相协调。在设计时,应力求规范化和标准化,充分采用新技术、新工艺和新材料。

二、车站的数量及其分布

1. 车站分布原则

(1) 应尽可能靠近大型客流集散点,为乘客提供方便的乘车条件;

(2) 在城市交通枢纽、地铁线路之间与其他轨道交会处设置车站,使之与道路网及公共交通网密切结合,为乘客创造良好的换乘条件;

(3) 应与城市建设密切结合,与旧城房屋改造和新区土地开发相结合;

(4) 尽量避开地质不良地段,尽可能减少对周围环境的干扰;

(5) 兼顾各车站间距离的均匀性。

2. 影响车站分布的因素

(1) 大型客流集散点的位置;

(2) 城市规模大小;

(3) 城区人口密度;

(4) 线路长度;

(5) 城市地貌及建筑物布局;

(6) 轨道交通路网及城市道路网状况;

(7) 对站间距离的要求。

3. 车站分布对市民出行时间的影响

车站数目的多少,直接影响市民的出行时间。车站多,市民步行到站距离短,节省步行时间,可以增加对短程乘客的吸引力;车站少,则提高了列车运行速度,减少了乘客在车内的时间,可以增加对线路两端乘客的吸引力。市民在选择出行交通工具时,把快捷省时条件排在第一位。例如对芝加哥市滨湖线的不同站间距的客流量进行比较,结果是大站距(1.6 km)比小站距(0.8 km)多吸引客流量 3%。

4. 车站分布比选

城市轨道交通车站造价高,车站数量对整个城市轨道交通的工程造价影响较大,在进行线路规划时,一般要做 2～3 个车站数量与分布方案的比选,比选时要分析乘客使用条件、运营条件、周围环境以及工程难度和造价等几个方面,通过全面、综合的评价,确定推荐方案。

三、车站的分类

按不同的角度,城市轨道交通车站可分为不同的种类。

1. 按车站空间位置分类

按车站的空间位置进行划分,城市轨道交通车站有地下站、地面站和高架站三种形式。

1)地下站

受地面建筑群的影响,轨道交通线路设置于地下,其车站也随之设置于地下,主要是为了节省地面空间(图3-1)。地下站一般由地面出入口、地下站厅及地下站台组成。地下站中站厅、站台不同层的车站较为常见。根据其埋深,又可分为浅埋式车站和深埋式车站两种。在造价方面比较,埋深越大的车站,造价越高。

图 3-1 地下站

2)地面站

地面站设置在地面层(图3-2)。由于地面站占用地面空间,容易造成轨道交通线路所经过的地面区域被分割,因此一般在城乡接合部采用此类型的车站,它最大的优点是造价很低。

3)高架站

高架站是轨道交通线路架空,置于高架桥梁的桥面的车站(图3-3)。除了线路和站台架空在地面上以外,高架站的站厅、办公用房、生产用房等通常设在地面上,一般位于线路和站台的下层,在结构上比较简单,造价大大低于地下站。

2. 按车站规模分类

车站规模主要指车站外形尺寸大小、层数及站房面积多少。

车站规模主要根据该站远期预测高峰小时客流量、所处的位置的重要性、站内设备和管理用房面积、列车编组长度及该地区远期发展规划等因素综合考虑确定。其中客流量大小是一个重要因素。

图 3-2　地面站

图 3-3　高架站

　　车站规模一般分为三个等级。在大城市中,车站规模按三个等级设置;在中等城市中,车站规模可以设为两个等级。客流量特别大,有特殊要求的车站,其规模等级可列为特级站。车站等级是车站设置相应机构和配备定员的基本依据之一。车站规模等级及适用范围见表 3-1。

表 3-1　车站规模等级及适用范围

规 模 等 级	日均客流量/人次	适 用 范 围
特等站	>5 万	客流量特别大,有特殊要求的车站

规 模 等 级	日均客流量/人次	适 用 范 围
一等站	3 万～5 万	适用于客流量大,地处市中心的大型商贸中心、大型交通枢纽中心、大型集会广场、大型工业区及位置重要的政治中心地区
二等站	1.5 万～3 万	适用于客流量较大,地处较繁华的商业区、中型交通枢纽中心、大中型文体中心、大型公园及游乐场、较大的居住区及工业区
三等站	<1.5 万	适用于客流量小,地处郊区的车站

3. 按运营特点分类

1）中间站

中间站功能单一,一般只供乘客乘降之用。车站配置上、下两正线,供上、下行列车停靠。轨道交通线网中的车站大多属于中间站。

2）换乘站

换乘站在城市轨道交通线网中起着重要作用,是位于两条及两条以上线路交叉点上的车站。每一线路有上、下行两正线,供列车停靠,但两条线的线路并不平面交叉,一般采取立体交叉。换乘站除供乘客乘降之用外,还供乘客由一条线路的列车换乘到另一条线路的列车上去。在设计换乘站时,应尽可能将换乘客流和到发客流分开。

换乘站按布置形式不同可分为平面换乘和竖向换乘。换乘车站的水平投影所分布的形式,一般有"十"字形、"T"形、"L"形换乘、平行换乘和通道换乘等。

3）区域站

区域站又称为折返站,是设在两种不同行车密度交界处的车站,兼有中间站的功能。这种车站一般除配置上、下行正线外,还配置有折返线,折返线根据折返量大小来配置。

4）枢纽站

枢纽站位于城市轨道交通线路分岔的地方,由此站分出另一条线路的车站。一般车站一条线路设置有上、下行两正线,其中一条正线可以在两个方向上接车和发车,接送两条线路上的乘客。

5）联运站

城市轨道交通有的线路上开行快、慢两种车辆,为了便于组织列车运行,车站内设有两种不同性质的列车线路,进行联运及客流换乘。一般在车站内设置快车上、下行正线,设置慢车上、下行正线,车站内共有四条正线。为了方便列车折返,一般还会在车站咽喉处设置渡线,供列车折返作业。

6）终点站

终点站是线路两端的车站,除供乘客上、下车外,还能供列车折返、停留和临时检修用。终点站一般设有多股停车线,一般根据停车数量和折返作业量大小设置相应数量的折返线和停车线。

各种车站图形如图 3-4 所示。

4. 按信号系统功能划分

按信号系统功能的不同,车站可分为联锁站和非联锁站。联锁站是指具有信号联锁设

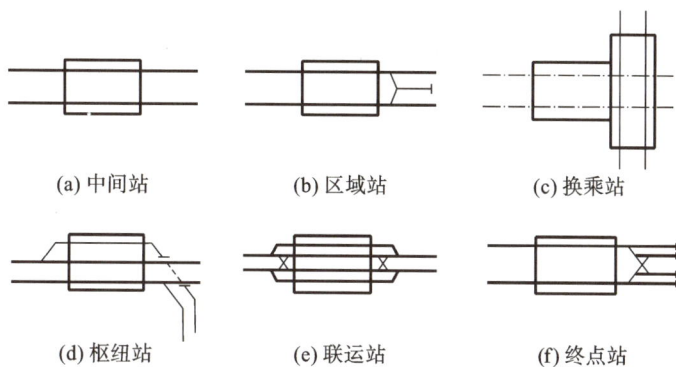

图 3-4　车站图形示意图

备,可以监控列车运行、排列列车进路以及对列车的运行进行控制的车站。联锁站通常有道岔,非联锁站通常无道岔。

此外,车站还可按车站施工方法分为明挖站、暗挖站;按车站结构横断面形式分为矩形断面车站、拱形断面车站和圆形断面车站等。

▶ 3.2　车站主要线路及折返站平面布置

一、停车线

1. 停车线的作用

停车线主要用于故障列车的临时停放,以减少故障列车对正常行车的干扰,并尽早按计划恢复列车运行。除了临时停放故障列车外,停车线还具有以下几方面的作用:

(1)用于线路发生局部严重事件时组织临时交路,避免局部故障造成全线停运。

(2)夜间进行线路和运行设备维修时,工程车辆可利用停车线灵活调度,及时折返,避免长距离绕行。

(3)对于某些客流分布不均匀、线路较长的市域轨道交通线路,设置一定数量的停车线,可满足快车与慢车混行时越行的需要。

(4)组织运力,以及时运送车站附近大型场所的客流。

2. 停车线的布置形式

按停车线与站台的位置关系,停车线可分为横列式和纵列式;按停车线与正线的衔接方式,停车线可分为尽头式和贯通式,其中贯通式可使列车从两端进出。

1)停车线的纵列式设置

纵列式停车线布置在车站的一端,与站台纵列,其布置形式如图 3-5 所示,有尽头式和贯通式之分。

纵列尽头式停车线往往与折返线结合布置,在车站一端设两条尽头线,其中折返线与存车线各一条。在使用上两者无严格区分,可以混用。

纵列贯通式停车线布置在车站的一端,可以贯通两条运行正线,双向接发列车、暂存列车等进出更方便。对于岛式车站,在尽头式停车线末端增设渡线,即可构成贯通式停车线。

纵列式停车线的优点:旅客乘降与列车技术作业位置相分离,便于列车检查与工程车存放;对于岛式车站,可利用车站两端"喇叭口"地形条件设置停车线,工程量增加不多。

纵列式停车线的缺点:一般而言,纵列式停车线的建设成本略高于横列式停车线;对于尽头式停车线,存放列车仅能从一端进出,不便于反方向列车出入停车线,不能采用故障列车牵引入停车线故障处理模式,作业灵活性较差。

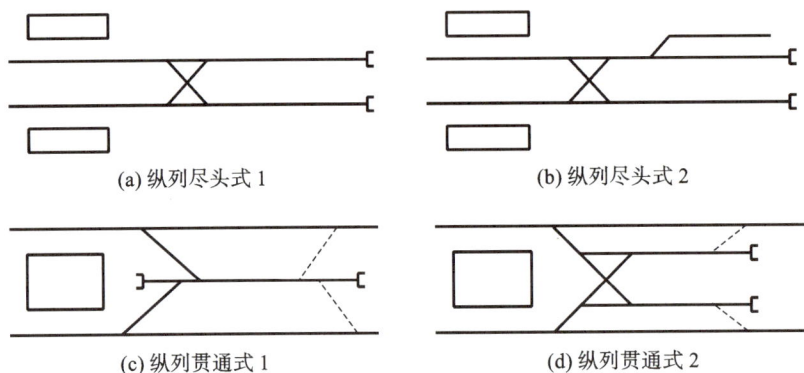

(a) 纵列尽头式 1　　　　　　　　(b) 纵列尽头式 2

(c) 纵列贯通式 1　　　　　　　　(d) 纵列贯通式 2

图 3-5　纵列式停车线布置示意图

2) 停车线的横列式设置

横列式停车线横列于站台,成平行布置,其布置形式如图 3-6 所示,有尽头式和贯通式之分。

横列尽头式停车线设于车站内侧或外侧,一般兼顾停车和折返功能。这种类型的停车线使用较少。

列车可从横列贯通式停车线两端进出,根据停车线与正线的位置关系,横列贯通式可以分为内侧式、外侧式和岛侧式。内侧贯通式双方向列车进出停车线都顺畅,进路灵活,使用方便。外侧贯通式有一个方向列车进出停车线不方便。岛侧式与内侧式的不同之处在于车站站台布置采用"两线夹两台"形式,停车线和正线均有站台,其优点是具有停车兼折返功能,特殊情况可当作折返线使用或在运营期间当作折返线使用,这种布置形式应用较多。

横列式停车线布置紧凑,相对于纵列式工程量较小;尤其是采用横列贯通式布置时,停车线连通上、下行正线,双方向列车进出停车线都顺畅,使用方便。但横列式停车线也容易造成车站横向距离宽,高架(或地下)车站建筑难度和工程费用增加;采用横列尽头式停车线时,列车进出需要折返走行,对正线行车有一定的干扰。

二、折返线

1. 站前折返线

站前折返指列车经由站前渡线折返,站前折返线如图 3-7 所示。

优点:站前折返时,列车空走少,折返时间较短,乘客能同时上下车,可缩短停站时间,减少费用。缺点:站前折返存在一定的进路交叉,对行车安全有一定威胁,客流量大时,可能会引起站台客流秩序的混乱。

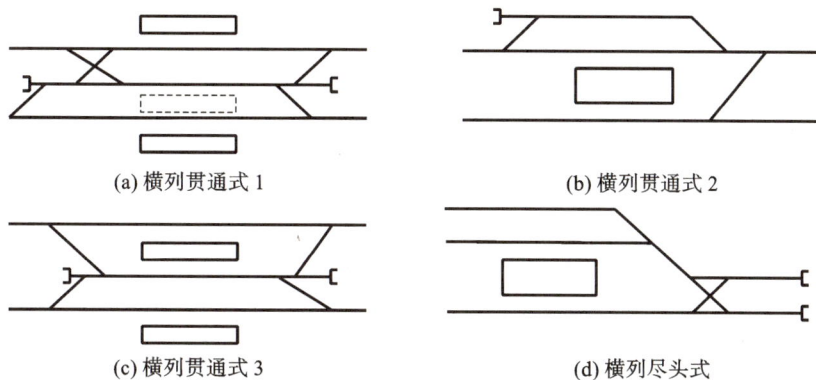

(a) 横列贯通式 1　　　　　　　　　(b) 横列贯通式 2

(c) 横列贯通式 3　　　　　　　　　(d) 横列尽头式

图 3-6　横列式停车线布置示意图

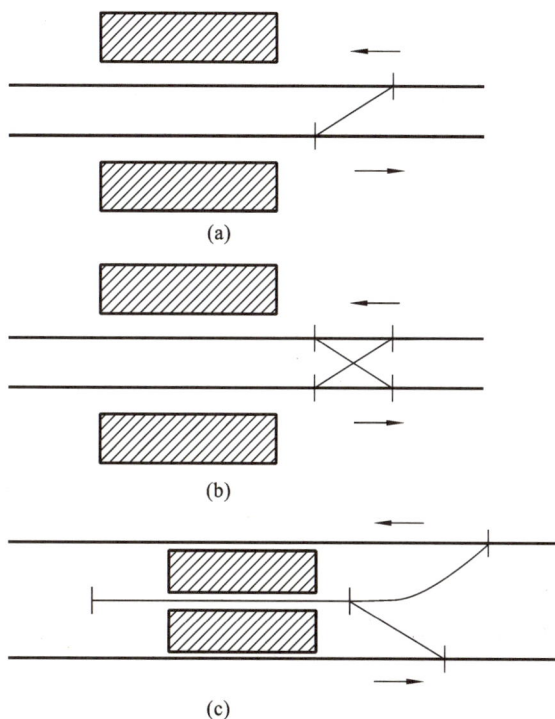

图 3-7　站前折返线

2. 站后折返线

站后折返线如图 3-8 所示。站后折返指列车由站后尽端折返线折返,可避免进路交叉。此外,列车还可采用经站后环线折返的方法。

站后折返安全性能好,站后列车进出站速度较高,有利于提高列车运行速度。站后折返的不足是列车折返时间较长。站后渡线方法则可为短交路提供方便;环形线折返设备可保证最大的通过能力,但施工量大,钢轨在曲线上的磨耗也大。一般说来,站后尽端折返线折返是最常见的站后折返方式。

3. 环形折返线

环形折返线俗称灯泡线,如图 3-9 所示。

图 3-8 站后折返线

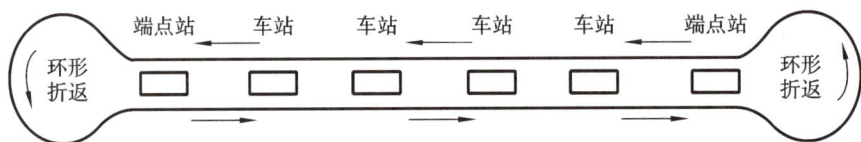

图 3-9 环形折返线

环形折返线是将端点折返作业转化为沿一个环形单线区段运行的作业,实质上取消了折返过程,变为区间运行,有利于列车运行速度发挥,消除了因折返作业而形成的线路通过能力限制条件,是一种对提高运营效率有利的折返方法。

环线折返的缺点在于环线占地面积较大,尤其是在地下修建时难度更大,投资较高;环线折返丧失了一端停车维护、保养、检查的机动线路,对车辆技术和运行组织要求较高;线路机动性下降,线路延伸可能性甚微,一般只适用于线路较短、线路延伸可能性较小且端点站在地面的情况。

三、折返站平面布置

折返站平面布置形式可以分为纵列式、横列式和混合式三种。按折返线衔接方式,折返线分为尽头式、贯通式。

1. 纵列式布置

纵列尽头式布置如图 3-10 所示,纵列贯通式布置如图 3-11 所示。

纵列式布置的特点是折返线设于车站列车到达方向的前端,与站台纵列布置。

优点:车站客运业务与列车折返作业分离,列车控制简单,作业顺畅;对于双折返线车站,其中一条折返线可用于暂时停放列车。

缺点:一般情况下工作量较横列式大,折返线结构复杂,远端道岔距离车站过远,不利于管理和维修。

2. 横列式布置

横列尽头式布置如图 3-12 所示,横列贯通式布置如图 3-13 所示。

横列式布置的特点是折返线与站台平行并列布置。

优点:横列贯通式折返线高于中间折返站时,折返列车与通过列车之间的干扰小;作业

图 3-10　纵列尽头式布置

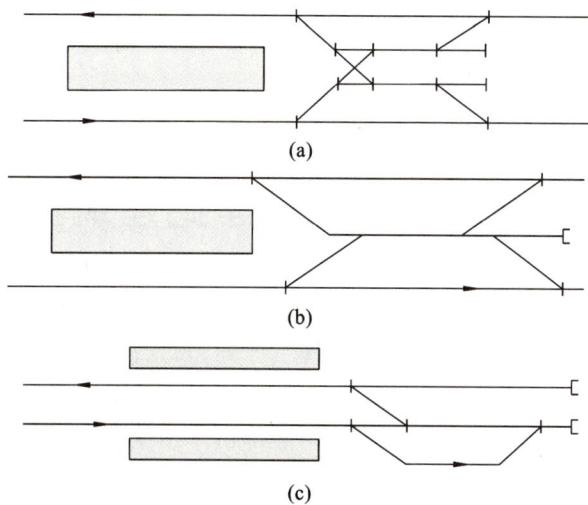

图 3-11　纵列贯通式布置

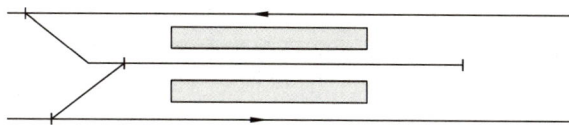

图 3-12　横列尽头式布置

图 3-13　横列贯通式布置

组织灵活,集列车到发、折返转向、越行待避等功能于一体;能够实现双向列车的折返作业,机动性强。

缺点:车站宽度较纵列式有所增加;因横列式折返站一般只设单折返线,对意外事件的应对能力较差。

3. 混合式布置

混合式布置如图 3-14 所示。

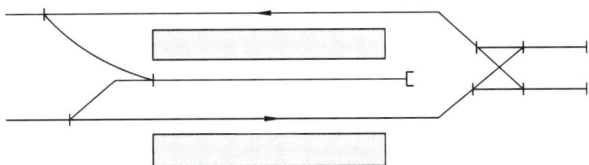

图 3-14　混合式布置

混合式布置兼具纵列式布置和横列式布置的特点。

优点:同时具有站前和站后两种折返方式,通过合理增设配线,形成接车转线、发车的平等进路,使两列(或以上)列车在站内能够平行完成折返作业,缩短列车折返时间,提高折返作业能力。

缺点:工程量较大。

▶ 3.3　城市轨道交通车站建筑基本构成

车站建筑主体结构主要由站台、站厅、设备用房、管理用房、辅助用房及列车运行空间等组成;车站的附属结构有出入口、通道、风亭等。此外,车站还设有自动化售检票设备、自动电梯和屏蔽门等设备。

对于城市轨道交通系统来说,各种车站一般都由车站主体(乘客活动区、车站办公区)、出入口及通道、通风道及风亭(仅地下车站)三大部分组成,如图 3-15 所示。

一、车站主体

车站主体作为列车的停车点,不仅要供乘客上下车、集散、候车,一般也是办理运营业务和设置运营设备的地方。车站主体根据功能可分为乘客活动区和车站办公区。

1. 乘客活动区

乘客活动区是直接为乘客提供服务的场所,可分为非付费区和付费区。

非付费区是乘客购票并正式进入车站前的活动区域,一般应有较宽敞的空间。站厅非付费区设置自动售票机、问讯处、公用电话、银行自动取款机等设施,可为乘客提供售票、检票、咨询等服务。

付费区是乘客进入进站闸机之后、上车之前活动的区域,一般包括站台、楼梯、自动扶梯、垂直电梯和候车座椅等。

2. 车站办公区

车站办公区是车站管理和服务人员办公、休息的主要场所。车站办公区内的建筑主要

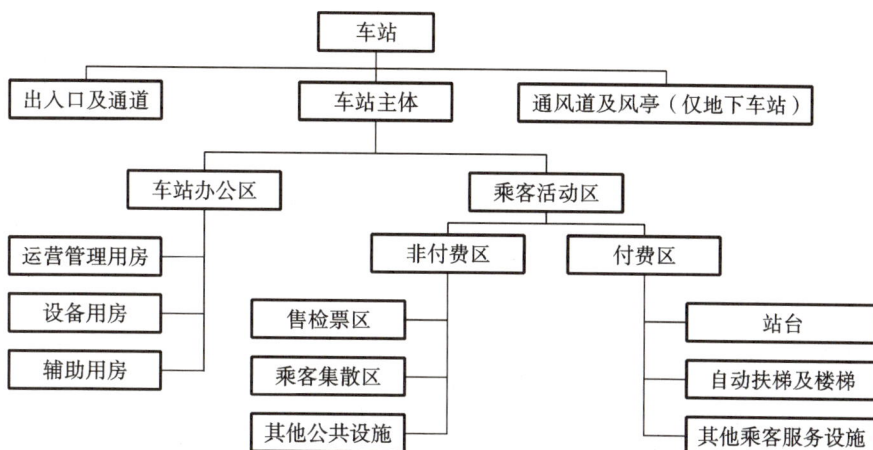

图 3-15　车站建筑基本结构

包括运营管理用房、设备用房和辅助用房。

1) 运营管理用房

运营管理用房是车站运营管理人员使用的办公用房,是直接或间接为列车运行和乘客服务的,主要包括车站控制室、票务室、站长室、会议室和保卫室等。

2) 设备用房

设备用房是为保证列车正常运行、保证车站内良好环境条件和在事故灾害情况下保障乘客安全所设置的用房。它直接或间接保障列车正常运行以及为乘客提供服务,可分为弱电设备房和强电设备房。

技术设备用房是整个车站运营的心脏所在,由于这些用房与乘客没有直接关系,因此一般布设在离乘客较远的地方。此类房间多用于摆放系统设备,工作人员并不长时间停留。

3) 辅助用房

辅助用房是为保证车站内部工作人员正常生活所设置的用房,是直接供站内工作人员使用的,主要包括卫生间、茶水间、更衣室、休息室等。

车站办公区应根据运营管理需要进行设置,在不同车站配置必要房间,尽可能减少用房面积,以降低车站投资。

3. 站厅

城市轨道交通站厅通常划分为付费区及非付费区两大区域。付费区是指乘客经购票、检票后方可进入的区域。非付费区也称免费区或者公用区,乘客可以在该区域自由通行。付费区与非付费区之间应隔开。付费区内设有通往站台层的楼梯、自动扶梯、补票处,在换乘车站,还需设置通向另一车站的换乘通道。非付费区内设有售票处、问讯处、公用电话等,必要时,可增设金融、邮电、服务业等机构。站厅层布局见图 3-16。

站厅的作用是将从车站出入口进入的乘客迅速、安全地引导至站台乘车,或将下车的乘客引导至车站出入口,离开车站。对乘客来说,站厅是上、下车的过渡空间,乘客一般要在站厅内办理购票、检票手续,因此,站厅内需要设置售票处、检票处、问讯处等为乘客服务的设施。同时,站厅层内设有轨道交通运营设备、管理用房和升降设备,起到组织和分配客流的作用。

图 3-16　车站站厅

（1）根据车站运营及合理组织客流线路的需要，将站厅划分成付费区和非付费区。一般采用不锈钢管材和钢化玻璃分隔带将付费区和非付费区分开。在两区分界线的交叉点上设置进、出站检票机。与乘客活动直接关联的设施（如售票、问讯处）一般布置在客流线路附近，而与乘车活动无直接关联的设施（如银行、公用电话）一般布置在非付费区死角位置等相对安静的环境。

（2）楼梯宽度、自动扶梯数量既要满足平时客流集散的需要，又要满足事故情况下紧急疏散的需要。出入口通道、售票口、检票口、楼梯、电梯的通过能力应相互协调匹配。

（3）站厅面积除考虑正常购票、检票和通行所需面积外，还需考虑乘客做短暂停留及特殊情况下紧急疏散等方面的需要，并留有适当余地。

站厅规模、建筑特征要根据城市规划与交通的要求确定，并与地面建筑相协调，还要各具特色，达到简洁、明快、开朗、流畅、富于时代感的效果。站厅面积根据高峰小时最大客流量及集散时间的要求计算确定。

4. 站台

站台（图 3-17）是最直接体现车站功能的层面，主要作用是供列车停靠和乘客候车、乘车及上、下车。站台层也有设备用房及管理用房，因站台直接与股道相接，一般不设辅助用房。

二、站台布置

站台是供列车停靠和乘客候车、乘车及上、下车的地方。

1. 站台形式

站台形式有岛式站台、侧式站台和混合式站台三种，如图 3-18 所示。

车站采用的站台形式绝大多数为岛式站台与侧式站台两种。两种站台的优缺点比较见表 3-2。

图 3-17　地铁站台

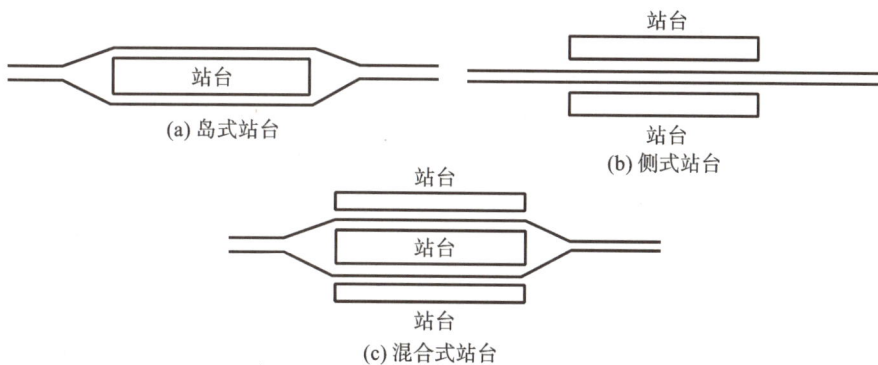

(a) 岛式站台

(b) 侧式站台

(c) 混合式站台

图 3-18　站台形式

表 3-2　岛式站台与侧式站台优缺点比较

项　　目	岛 式 站 台	侧 式 站 台
站台使用	站台面积利用率高,可调剂客流,乘客有乘错车的可能	站台面积利用率低,不能调剂客流,乘客不易乘错车
站台设置	站厅与站台需设在两个不同高度上,站厅跨过线路轨道	站厅与站台可以设在同一高度上,站厅可以不跨过线路轨道
站内管理	管理集中,联系方便	站厅分设时,管理分散,联系不方便
乘客中途折返	乘客中途改变乘车方向比较方便	乘客中途改变乘车方向不方便,需经过天桥或地道

续表

项　　目	岛 式 站 台	侧 式 站 台
改扩建难易性	改建扩建时,延长车站很困难,技术复杂	改建扩建时,延长车站比较容易
站内空间	站厅、站台空间宽阔完整	站厅分设时,空间分散,不及岛式车站宽阔
喇叭口设置	需设喇叭口	不设喇叭口
造价	较高	较低

2. 站台长度

站台长度根据远期列车长度确定,考虑到列车停车位置不准确和车站值班员、司机对确认信号的需要,站台长度一般还需预留 2～6 m。站台长度应为远期列车编组长度加上允许的停车不准确距离。

对于远期列车编组为 6～8 辆的轨道交通系统,站台长度一般为 130～180 米。

3. 站台宽度

站台有效宽度主要根据车站远期预测高峰小时客流量、列车运行间隔时间、结构横断面形式、站台形式、站房布置、楼梯及自动扶梯位置等因素综合考虑确定。同时,应扣除安全带及柱子、座椅等占用的宽度。确定站台宽度的主要依据是高峰小时客流量。在高峰小时内车站汇集了全日乘客人数的 10%～15%,同时在高峰小时内客流分布不均匀。

岛式站台宽度一般为 10～15 m,侧式站台宽度一般为 4～6 m。我国《地铁设计规范》(GB 50157—2013)中规定了车站站台的最小宽度尺寸,见表 3-3。

表 3-3　车站站台最小宽度尺寸

车站站台形式		站台最小宽度/m
岛式站台		8.0
多跨岛式车站的侧站台		2.0
无柱侧式车站的侧站台		3.5
有柱侧式车站的侧站台	柱外站台	2.0
	柱内站台	3.0

4. 站台高度

站台高度是指线路走行轨顶面至站台地面的高度,与车型有关。站台与车厢地板面同高,称为高站台;站台比车厢地板面低一、二个台阶,称为低站台。我国生产的轻轨列车,车厢地板面到轨顶面的高度为 950 mm,车辆第一踏面距轨面 650 mm,所以站台高度 900 mm 为高站台,650 mm 或 400 mm 为低站台。采用高站台时,考虑到车辆弹簧的挠度,在最大乘车效率时,车厢地板下沉的范围在 100 mm 以内,故高站台高度宜低于车厢地板面 50～100 mm。

5. 轨道中心到站台边缘距离

轨道中心到站台边缘的距离由车辆的建筑限界决定,还应考虑站台的施工误差,一般施工误差为 10 mm。针对样车,当车体宽为 2.6 m 时,把轨道中心到站台边缘的距离定为

1.4 m；当车站设在曲线上时，应适当加宽。

三、出入口及通道

1. 出入口

车站出入口的主要作用在于吸引和疏散客流。车站出入口宜设置在轨道交通沿线主要街道的交叉路口或广场附近，应尽量扩大服务半径，方便乘客。车站出入口布置应与主客流的方向一致，宜与过街天桥、过街地道、地下街、邻近公共建筑物相结合或连通，统一规划，同步或分期实施。

出入口应能比较快捷地联系室外地面空间和内部车站，它是车站的门户。其主要作用是供乘客换乘其他交通或在轨道交通之间进行换乘。

为方便乘客及疏散客流，车站出入口一般不少于两个，并能保证在规定时间内将车站内的全部人员疏散出去。

2. 通道

通道把站台、站厅和出入口连接起来，一般有斜坡式和阶梯式两种。

地下车站的出入口位置应根据车站所在位置的地形、地势等具体条件确定，并满足城市规划和交通的要求，可设在人行道上、街道拐角处、街道中心广场处、街心花园处、建筑物内和建筑物边。

地下车站的出入口及通道的数目应根据该地区的具体条件和客流量确定，并考虑紧急情况下，站台的乘客和停留列车内的乘客能够在 6 分钟内全部疏散出地下站并上到地面。

出入口及通道宽度应根据高峰小时客流量计算确定，宽度一般不小于 2 m，最小不得小于 1.5 m。地下通道净高一般为 2.5 m 左右。

3. 垂直交通设施

地下或高架车站需设置楼梯和自动扶梯（图 3-19）。站厅、通道和升降设备的通过能力应根据满足远期高峰客流的需要，适当留有余地的原则进行配备。

高架站和地下站与地面的联系必然通过垂直交通设施进行，天桥或地道跨线设施也需要垂直交通设施。垂直交通的设计要求位置适宜，路线便捷，宽度合理。

高架站的垂直交通布置通常有两种方式：一种为街道两侧布置垂直交通，经天桥进入高架车站，即天桥进出方式；另一种是利用桥下空间，由楼梯通向休息平台，再通向两侧高架站台或通向岛式站台，即桥下进出方式。

4. 跨线设施

由于城市轨道交通列车速度快、密度高，因此对整个线路封闭程度的要求较高。考虑到乘客候车安全，侧式站台上、下行线间应加防护栏杆隔开，所以有上下行越线问题。此外，岛式站台乘客进站和行人过街也有越线问题。

对地面站来说，除了客流量特别小的地面站，一般均需设跨线设施。地面站的跨线设施可以是天桥，也可以是地道。天桥方案较经济，施工方便，对交通干扰少，应优先采用。

地下站跨线设施可以在地下站内解决。

关于高架站的跨线设施，如果在高架桥上再设天桥，对于乘客来说会加重负担，安全感差，又占用较多高架站台面积，增加了高架站结构的复杂性，提高了造价，也影响景观。因此，通常应该尽量利用高架桥面以下的结构空间解决跨线问题，也可以在解决高架站的垂直

图 3-19　地铁自动扶梯

交通时，同时解决跨线问题。但要注意避开道路的交会路口，以满足道路上空的限高要求。

四、通风道及风亭(仅地下车站)

通风道及风亭是为了满足地下车站通风要求而设置的。由于地下车站四周封闭，空气不流通，客流量大，机电设备多，站内湿度较大，空气较为污浊，为了及时排除车站内的污浊空气，给乘客创造一个舒适的乘车环境，需在车站内设置通风与空调系统。

风亭(图 3-20)具有将地面的新鲜空气送入车站及隧道的作用。冷却塔(图 3-21)的作用则是将挟带废热的冷却水在塔内与空气进行热交换，使废热传输给空气并散入大气。风亭的位置应根据周边环境及城市规划要求进行合理布置。

图 3-20　风亭

图 3-21　冷却塔

3.4　换乘方式及换乘站类型

换乘站在城市轨道交通线网中起着重要作用,它位于城市轨道交通线路的交叉点或汇合点处,其功能是把线网中各独立运营的线路连接起来,为乘客换乘其他线路的列车创造方便条件。

一、换乘方式

根据乘客在换乘时所使用的换乘设施,换乘方式可以分为站台换乘、站厅换乘、通道换乘、站外换乘和组合式换乘几种类型,如图 3-22 所示。

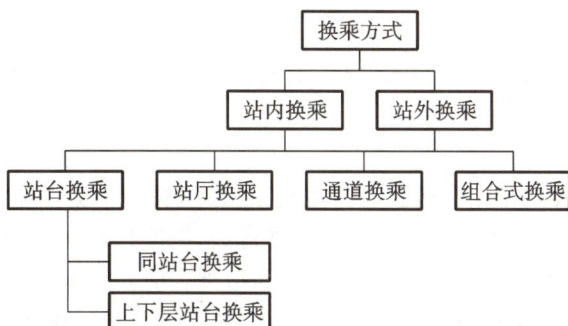

图 3-22　换乘方式

1. 站台换乘

1）同站台换乘

同站台换乘一般适用于两条平行交织的线路,且采用岛式站台的设计。两条不同线路的车辆分别停靠同一站台的两侧,乘客换乘时,由岛式站台的一侧下车,穿越站台至另一侧上车,即完成了转线换乘,换乘极为方便,如图 3-23 所示。

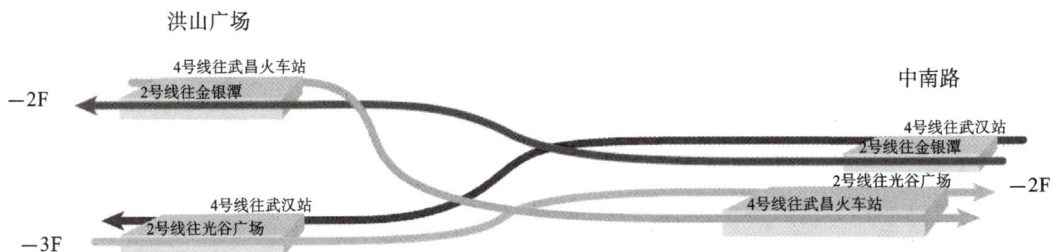

图 3-23　连续两站同站台换乘示意图

2）上、下层站台换乘

上、下层站台换乘是指乘客由一个站台通过楼梯或自动扶梯到另一个站台进行换乘。根据城市轨道交通线路交叉的情况及两车站的位置,可形成站台与站台之间的十字换乘、T形换乘、L形换乘和平行换乘的模式。

2. 站厅换乘

站厅换乘一般用于相交车站的换乘,设置两线或多线的共用站厅,或相互连通形成统一的换乘大厅。乘客下车后,无论是出站还是换乘,都必须经过站厅,再根据导向标志出站或进入另一个站台继续乘车。由于下车客流到站厅分流,减少了站台的客流交织,乘客行进速度快,在站台上的滞留时间减少,但换乘距离比站台换乘要长。若换乘过程中需要进出收费区,检票口的能力可能成为限制因素。图 3-24 为站厅换乘示意图。

3. 通道换乘

通道换乘是指在两个或几个单独设置车站之间设置联络通道等换乘设施,方便乘客完成换乘的换乘方式。通道可直接连接两个站台,这种方式换乘距离较近,换乘时间较短;通道还可连接两个站厅收费区,换乘距离相对较远,换乘时间较长。《城市轨道交通工程项目建设标准》(建标 104—2008)中规定:换乘距离不宜大于 250 米,换乘时间不宜大于 5 分钟。一般情况下,换乘通道长度不宜超过 100 米,换乘通道的宽度可根据客流状况加宽。这种换乘方式有利于两条线路工程分期实施,预留工程较少,后期线路位置调节有较大的灵活性。图 3-25 为通道换乘示意图。

4. 站外换乘

站外换乘是指乘客在车站付费区以外进行换乘,这种换乘方式往往是客观条件不允许或设计不当造成的,乘客换乘路线可分割为出站行走、站外行走和进站行走。在所有换乘方式中,站外换乘所需的换乘时间和换乘距离最长,给乘客的换乘带来很大不便,应尽量避免。对于轨道交通自身而言,站外换乘是缺乏线网规划造成的一种后遗症。

5. 组合式换乘

在换乘方式的实际应用中,往往采用两种或几种换乘方式相组合,以便使所有换乘方向的乘客均能实现换乘。组合式换乘可改善换乘条件,方便乘客使用。例如:同站台换乘方式

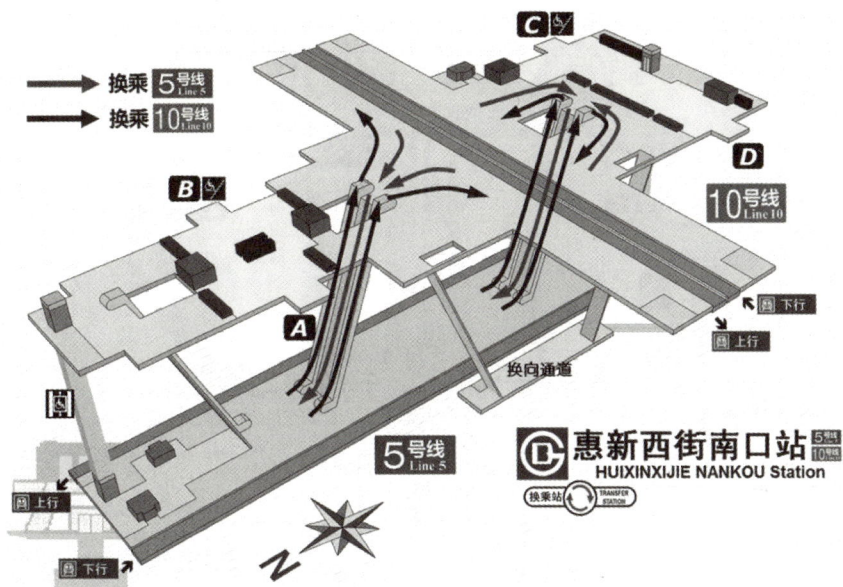

图 3-24　站厅换乘示意图

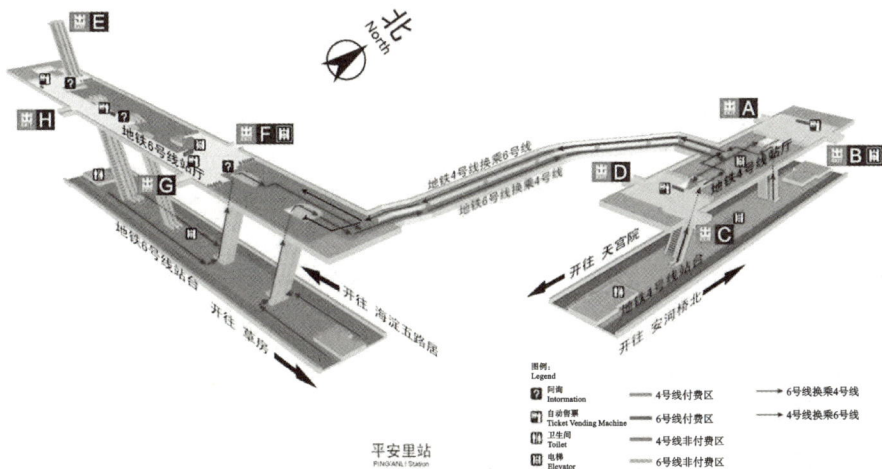

图 3-25　通道换乘示意图

辅以站厅或通道换乘方式，可使乘客在所有换乘方向都能较便利地换乘；站厅换乘方式辅以通道换乘方式，可以减少预留的工程量。组合式换乘可进一步提升换乘通过能力，同时具有比较大的灵活性，工程实施比较方便。图 3-26 所示为站台换乘辅以通道换乘示意图。

二、换乘站类型

换乘站的类型很多，通常有共线式、平行式、交叉式和叠置式等几种形式。

1. 共线式换乘站

两条运营线在某一段范围内设置成共线的形式，在这一范围内的所有车站均为共线站。

图 3-26　站台换乘辅以通道换乘示意图

在共线站之间换乘称为共线换乘(见图 3-27)。

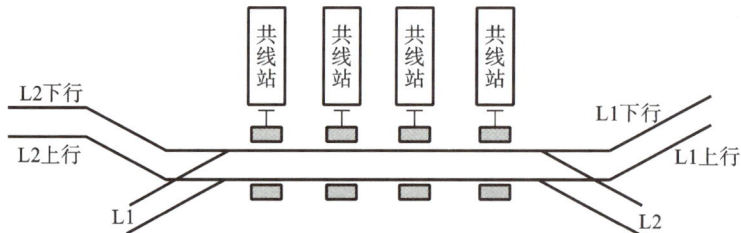

图 3-27　共线换乘示意图

　　共线换乘分为共线正向换乘与共线逆向换乘,其中有上行转上行、上行转下行、下行转上行、下行转下行四种换乘方式。

2. 平行式换乘站

　　两条运营线路在某一车站以接近于平行的位置关系交会,这两条线路的换乘站称为平行式换乘站(见图 3-28)。

　　平行换乘的车站,也可以将两条运营线的站内股道同样排列,有条件的还可以增加两条线路之间的联络渡线或存车线等,以提高车站的运行能力。

　　图 3-29 是平行换乘的变化,将两条运营线的站内线路穿插并列设置,形成三岛式的站台,这种方式无论是对乘客的换乘还是对两线之间的车辆调度都是十分有利的。

3. 交叉式换乘站

　　当城市轨道交通线路形成网络化的局面时,两线交叉或多线交叉的概率是极大的,这些线路之间的换乘站可以称为交叉式换乘站(见图 3-30)。

　　两线交叉的情况下,条件许可的应首先创造平行换乘的条件,也就是说,虽然两线的走向是交叉的形式,但可以通过线路平面方位的调整,于接近车站交会时将两条线路设置为接

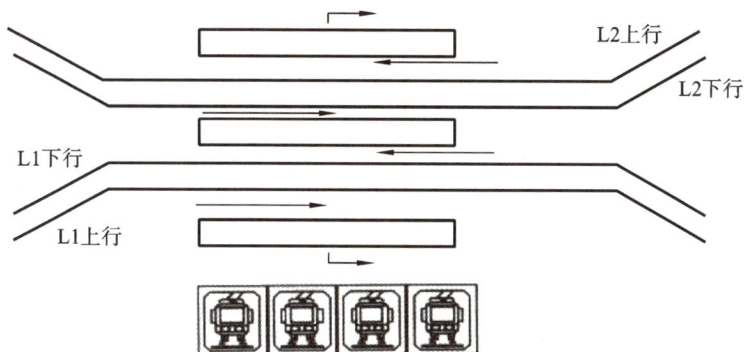

图 3-28　平行换乘示意图

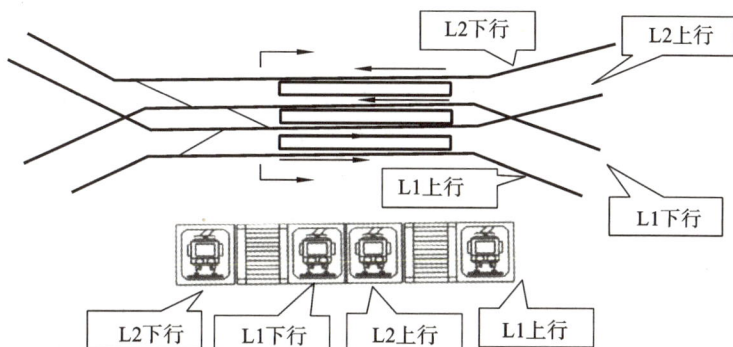

图 3-29　平行换乘的变化

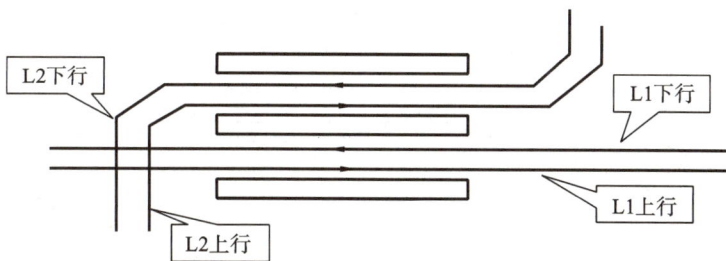

图 3-30　交叉式换乘站

近平行的形式,出站后再发生交叉,这样,两条线路之间的位置关系就由立体交叉转化为平行并列的形式。

4. 叠置式换乘站

在两条或多条运营线的交叉地段设置车站,一般设置为多层式的地下车站,这些线路之间的换乘站称为叠置式换乘站(见图 3-31)。

叠置式有两种情况,第一种是同层同线,第二种是同层异线。

1) 同层同线

同层同线是一条运营线的上行线和下行线全部设置于车站的上层,另一条运营线全部设置于车站的下层。通过楼层间电梯、通道、大厅等土建建筑作为换乘设施,在同一个车站

图 3-31　叠置式换乘站

的上、下层之间进行换乘（见图 3-26）。

2）同层异线

同层异线就是在同一层内含有两条运营线上、下行线路之中的任一条。也就是说，把每条运营线的上行线和下行线拆开，一条置于车站的上层，一条置于车站的下层。其目的是使不同的运营线在同一车站的同一层次、同一站台相逢，进一步改善乘客换乘条件。当然，不管如何改善，顺向、逆向换乘都不可能达到理想化状态。

3）叠置式换乘站的优化

从方便乘客换乘的角度出发，叠置式换乘站可以不断进行优化。

一条线路通过第一个车站时设置于上层，出站后经过下走道，到第二站时，改设于车站的下层，同时，另一条相对应的线路，在第一站时位于车站下层，到第二站时位于车站上层。这样，两条线路在相邻两个车站之间，通过改变高程而变换了空间层次。具体如图 3-32 所示。

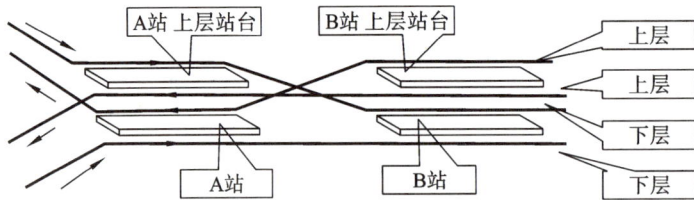

图 3-32　叠置式换乘站的优化示意图

这样的优化可以为乘客换乘带来更大的便利，根据上图，如果一个乘客在本站不能实现同站台换乘的话，到达下一站就必然可以实现同站台换乘的目的。但这种优化的方案是否能够实施还要取决于各种条件。

3.5　车辆基地

一、城市轨道交通车辆基地的功能

车辆基地以车辆运用、检修为主，但考虑到城市轨道交通系统管理需要及方便组织城轨交通各专业的维修工作,可以将工务、通信信号、机电设备等专业的维修工作与车辆基地一并考虑,这样有利于协调各专业接口,对各专业维修工作进行有效的协调管理,可以合理规划、统一使用场地和设备,节约土地和投资,同时有利于实现计算机网络和现代化管理。车辆基地根据功能和规模的不同可划分为停车场、车辆段。

1. 车辆段主要功能

车辆段除具有停车场的功能外,还是承担城市轨道交通车辆较大修程的场所。车辆段主要拥有以下功能:

(1) 承担所属线路的车辆停放、清洁、列检工作。

(2) 承担所在线路车辆的定修(年检)及以下车辆检查维修和临修工作。

(3) 承担所属线路和由多条联络线互相沟通的线路的车辆架修、大修工作。

(4) 承担车辆部件的检测、修理工作,满足车辆各修程对互换部件的需求。其维修能力的设置也可使其成为城市轨道交通网络的车辆部件维修点,为其他车辆段服务。

车辆段一般兼有综合检修基地的功能,是保障线路各系统正常运行的基地和管理部门。一般在停车场设置的各系统的维修工区,属综合检修基地管辖。

2. 车辆段设施

车辆段主要由列车停放区、车辆清洗区、检查和小修库、大修车站、机车库组成。图 3-33 所示为车辆段的典型布置形式及主要设备。

(1) 车辆段应有足够的停车场地,确保能够停放管辖线路的回段车辆。车辆段的位置应保证列车能够安全、便捷地进入正线运行,并应尽量避免车辆段出入线坡度过大、坡长过长。

(2) 车辆段内需要设检修车间。检修车间含架、定修库和月修库;列检作业在列检库或停车库(线)进行。检修车间内应设桥式起重机、架车设备、车轮镟削机床及存轮库;必要时应设不落轮镟床,转向架、电机、电器、制动机维修间,转向架等设备的清扫装置,单独设立的喷漆库和车辆配件库。

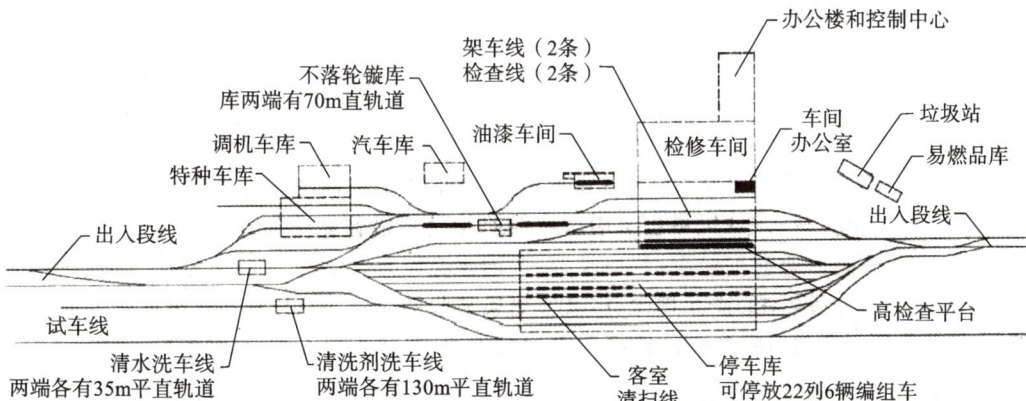

图 3-33　车辆段总体布局图

(3) 根据运营管理模式的要求,多数运营单位在车辆段内设运用车间,车间下辖乘务队、运转值班室、信号楼、乘务员备乘休息室、内燃轨道车班等。

(4) 车辆段内还应有设备维修车间,负责段内动力设施及通用设备维修。

(5) 车辆段应配置清洗设备,并设专用的车辆清扫线。

（6）车辆段内一般还设有为供电、通信信号、工务和站场建筑服务的维修管理单位。

（7）车辆段应设办公楼与其他服务设施，如培训场所、食堂、会议厅等。

二、车辆段平面布置形式

车辆段平面布置形式一般分为贯通式和尽端式。若停车库（或停车列检库）的两端通过出入段线与正线相连，称为贯通式车辆段（图 3-34）；若只有一端与正线相连，则称为尽端式车辆段（图 3-35）。

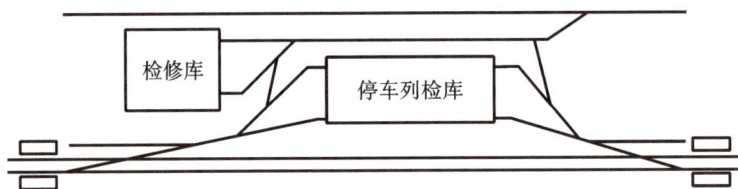

图 3-34　贯通式车辆段示意图

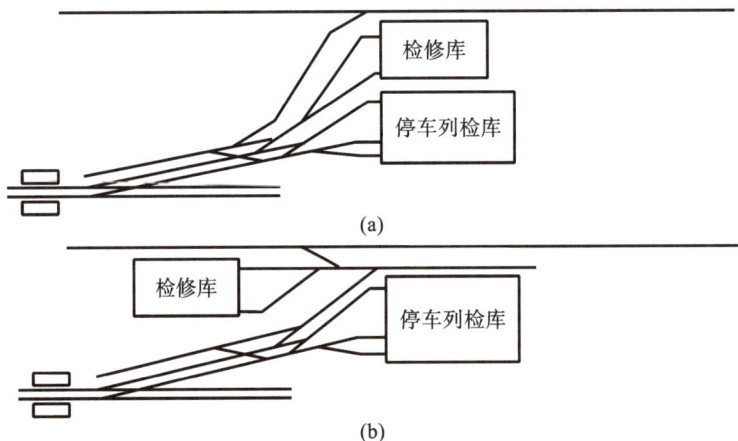

(a)

(b)

图 3-35　尽端式车辆段示意图

贯通式车辆段一般设在两个车站之间，出入段线分别与两个车站相接。这样的布置形式使车辆段可以通过两个车站收发车，方便列车调度，增加了行车组织的灵活性。但这种布置形式有两个咽喉区，占地面积较大，铺轨增加，工程造价相对较高。

尽端式车辆段占地面积较小，节省投资，段内走行距离短。根据停车列检库与检修库的相对位置的不同，尽端式车辆端又可分为并列式（图 3-35（a））和倒装式（图 3-35（b））。并列式车辆段停车列检库与检修库并排设置，占地宽度比倒装式大，车库朝向一致，调车方便；倒装式车辆段占地宽度介于贯通式和并列式之间，停车列检库与检修库相对布置，场内调车需走"之"字形，增加了调车工作量。

贯通式车辆段和尽端式车辆段各有特点，在实际设计中应结合规划位置的地形条件，因地制宜地进行布置。如北京地铁四惠车辆段、广州地铁芳村车辆段，因场址地形狭长，与正线相邻，两端有较好的接轨条件，所以采用了贯通式。而北京地铁 1 号线的古城车辆段、环线的太平湖车辆段以及上海地铁 2 号线的龙阳路停车场由于地形短宽，没有条件与两个车站接轨，采用了尽端式。尽端式比贯通式更能适应场地的状况，因此在设计中采用较多。

为了方便进出车,车辆段一般都与出入段线顺向布置。如果受场地与接轨站相对位置的限制,顺向布置有困难时,也可采用折角右置,但这种布置形式使得列车进出段时需折角运行,不太方便,所以只在不得已时才采用。

三、车辆段主要线路

车辆段根据生产需要一般设下列线路。

1. 出入段线

出入段线是连接城市轨道交通正线和车辆段的线路,分单线和双线。尽端式车辆段宜采用双线,贯通式车辆段可在两端各设一条单线。一般车辆段应有两条出入段线,以使进出车辆不互相干扰,或在信号、道岔等设备出现故障时,不至于影响正常运营。

1) 按与正线交叉方式分类

按与正线交叉方式分类,出入段线与正线的接轨方式有平交和立交两种形式。一般在满足运营需要的前提下,应尽量采用平交形式,以降低工程造价。

2) 按接轨点不同分类

出入段线与正线的接轨方式按接轨点不同可分为中部接轨与终端接轨,具体如图 3-36 所示。

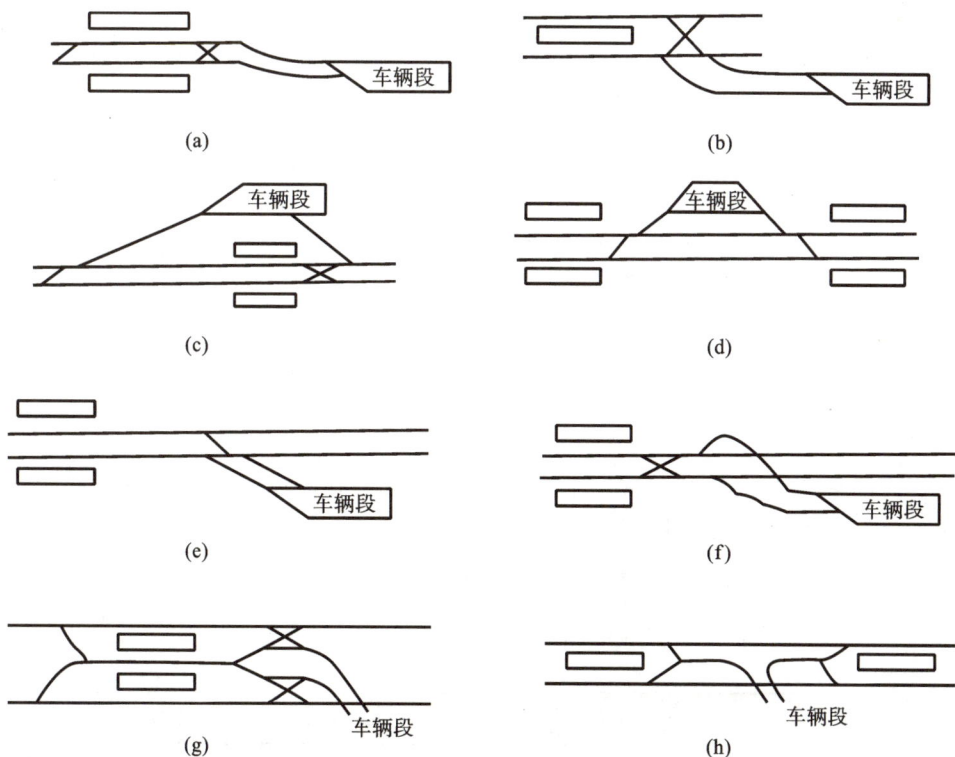

图 3-36 出入段线与正线的接轨形式

2. 停车线、列检线

停车线专门停放列车,不做检车作业,不设检查坑,线间距为 4.2～4.6 m。为了减少占地面积和道岔数量,一般每条线按停放两列车设计。列检线则用于车辆的日常检查,设有检查坑,股道数量一般为运用列车数的 30%,线间距为 4.6~5.0 m。

停车线和列检线单独设置的方式虽然增加了调车作业,但由于线间距小,可减少车库占地宽度和工程量。有的城市为了方便列检作业,在每条线上都设有检查坑,这样在列检时不需调车,但由于检查坑数量增多,工程造价也随之提高。

3. 月修线

列车运行一至两个月,需要更换某些零部件,牵引、制动系统也要进行检查、调试,这些工作需在月修线上进行,每条线都设检查坑,线间距 6.0 m。

4. 定修线

列车运行十万千米后要架车进行局部分解,对一些关键部件进行检测、修理。完成这些工作的专门线路称为定修线,数量根据检修台位确定,设有检查坑,线间距 7.0 m。

5. 架修线

列车运行三十万千米后,在架修线上进行架车解体,根据检修工作量确定线路数,线间距 7.5 m。

6. 洗车线

为保持车辆的清洁,列车运行一段时间要清洗外皮。洗车线的布置形式有三种基本形式。

1)贯通式

贯通式洗车线(见图 3-37)布置在入段线侧,停车列检库前咽喉区前部;应与入段线并联布置;应保证每列车均能入库,不得影响其他列车的进路。

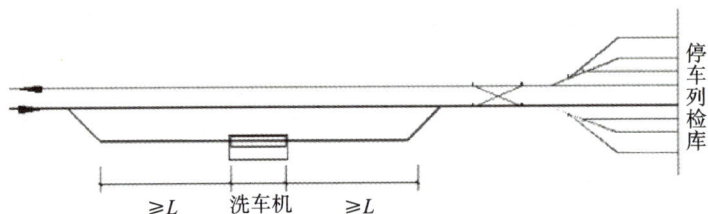

图 3-37　贯通式洗车线

2)尽头式

尽头式洗车线(见图 3-38)应在入段线上接入,宜布置在停车列检库侧;注意洗车作业时不影响其他作业和车场内道路的通行。

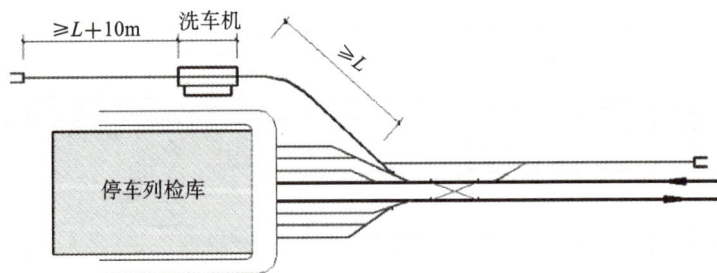

图 3-38　尽头式洗车线

3) 往复尽头式

往复尽头式洗车线(见图 3-39)两端接入断线,可布置在咽喉区侧;应保证两端牵出长列车长度。

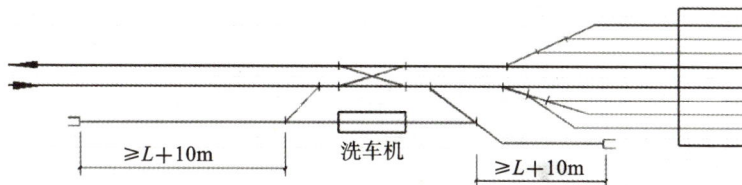

图 3-39　往复尽头式洗车线

将洗车线布置在咽喉区前端设计成贯通式,使用起来最方便,但占地过长。根据目前国内城市轨道交通车辆段所使用的自动洗车机的技术条件,要求洗车线前后各有一列车长的线路,且两端至少有一辆车长度的直线段。

7. 吹扫线

列车在进行月修以上的修理时,要将各部位的灰尘吹扫干净,因此要设吹扫线。为了不影响周围环境,吹扫线应尽量设在车辆段的下风方向。

8. 内燃机车库线

内燃机车库线停放、检修段内调车用的内燃机车,设有检查坑,线间距 5.0 m。

9. 牵出线

牵出线用于车辆段内调车作业,根据段内车库位置设 1～2 条。牵出线应与段内每一条线路都能连通。

10. 试车线

列车经定修、架修后要在试车线上进行动态调试,试车线一般设在段内靠近检修库一侧,以方便转线。试车线长度应满足远期列车最高运行速度的性能试验要求,在实际设计中由于用地限制,有些车辆段无法满足试车线长度要求,可以采用先在段内进行中低速试验,再到正线做高速试验的方法。

11. 调头线

列车长期运行,会产生轮缘偏磨,可利用调头线换边。调头线有回转线和三角线两种形式。应根据用地的具体情况选择。

12. 救援线

救援线用于停放救援列车,在城市轨道交通发生事故或灾害时进行抢救;一般设在咽喉区附近,并有适当的场地。

13. 地面铁路联络线

地面铁路联络线主要是为了解决材料、大型设备的运输和新车入段。一般在城市轨道交通线网中,只要有一个段与铁路接轨即可。

车辆段的线路数量和名称,按系统规模、车辆选型及定检种类的不同而有所变化,设计时应根据实际情况和工艺要求进行更改。

车辆段线路及信号示意图如图 3-40 所示。

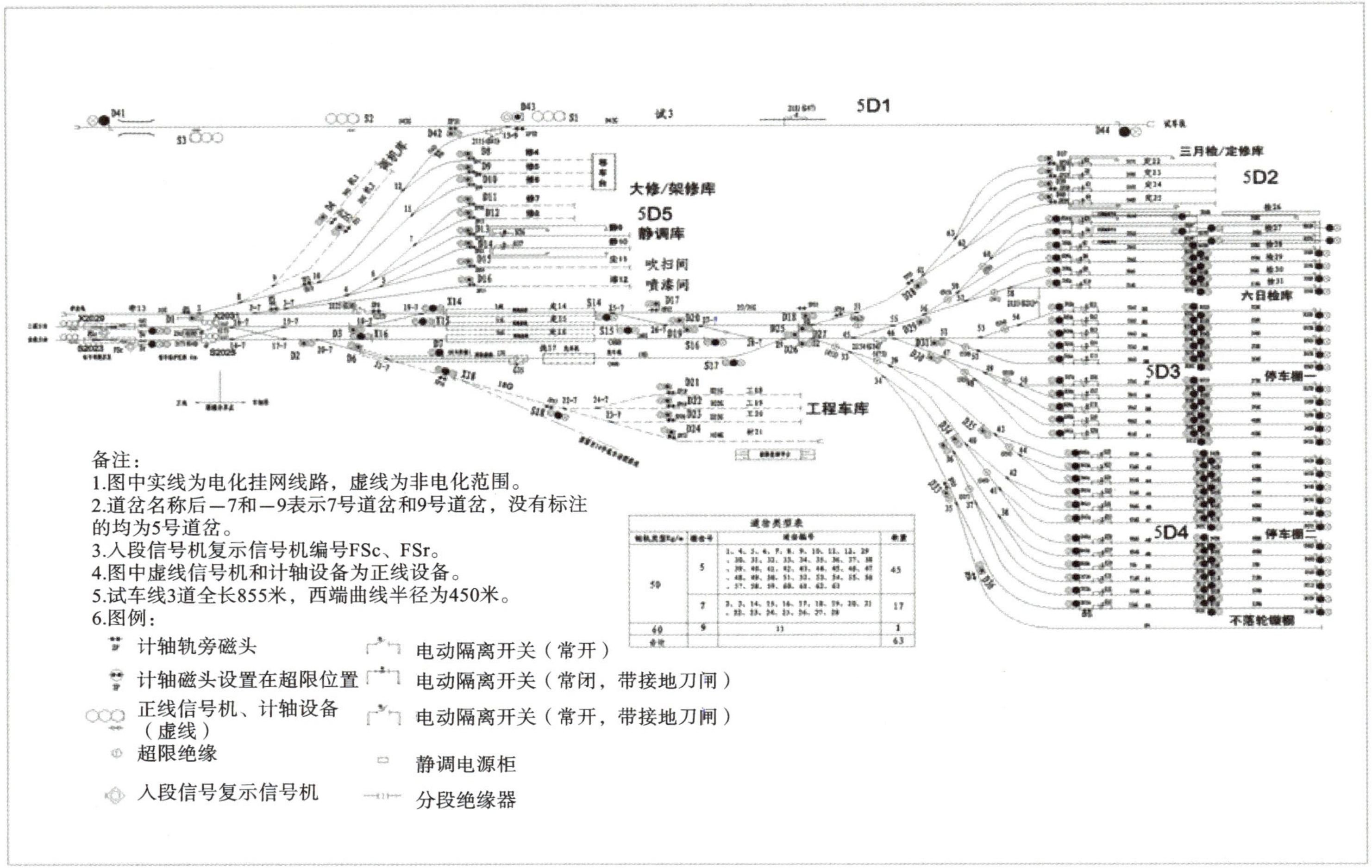
5D1
5D2
5D3
5D4
5D5
试3
三月检/定修库
大修/架修库
静调库
吹扫间
喷漆间
大日检库
停车棚一
停车棚二
不落轮镟棚
工程车库
备注：
1.图中实线为电化挂网线路，虚线为非电化范围。
2.道岔名称后—7和—9表示7号道岔和9号道岔，没有标注的均为5号道岔。
3.入段信号机复示信号机编号FSc、FSr。
4.图中虚线信号机和计轴设备为正线设备。
5.试车线3道全长855米，西端曲线半径为450米。
6.图例：
计轴轨旁磁头
计轴磁头设置在超限位置
正线信号机、计轴设备（虚线）
超限绝缘
入段信号复示信号机
电动隔离开关（常开）
电动隔离开关（常闭，带接地刀闸）
电动隔离开关（常开，带接地刀闸）
静调电源柜
分段绝缘器

图 3-40　G 市地铁 Y 车辆段线路、信号示意图

四、车辆段车间及其主要设备

1. 停车库及其附属车间

停车库兼有停车、整备、清扫、日常检查、司机出乘等多种功能,为实现这些功能,停车库除设有停车线外,还设有运用车间、运转值班室、司机待班室等司机出乘用房,还设有列车以及列车车载信号检修用房。由于列车价格昂贵,在城市轨道交通运行中占据着重要地位,因此在停车库中都设置有自动防灾报警设备,该设备和整个消防系统联系在一起。架空接触网或接触轨应进库,接触轨应加防护装置,每条库线两端和库外线之间及停车台位之间设置隔离开关,可以对每条停车线的接触网(接触轨)独立停、送电。每条停车线还应有接触网(接触轨)送电的信号显示和列车出、入库的音响报警装置。停车线兼做车辆列检线时,应有检查地沟。

城市轨道交通车辆除了由自动洗刷机洗刷外,对自动洗刷接触不到的部件应进行人工辅助洗刷,每日还要对列车室进行清扫、洗刷和定期消毒,这些工作在清扫库中进行。清扫库一般毗邻停车库,库内应设置上、下水及洗刷平台。

在停车库两端应有一段平直硬化地面,作为消防、运输通道,通道应该设置可动防护栏杆,平时封锁,仅在特殊情况下使用。

2. 检修库及其辅助车间

检修库及其辅助车间的平面布置主要取决于车辆的配属情况,车辆的修程、检修方式及其工艺流程,同时要综合考虑自然地形条件、工件运输线路以及安全、防火和环保要求等因素。

1) 双周、双月检库

双周、双月检都要在库内对列车的走行部、车体及车顶设备进行检查,为便于作业和保证安全,线路采用架空形式,除线路中间设置地沟外,在检修线两侧设有三层立体检修场地,底层地坪低于库内地坪(若轨面标高为±0.00 m,则底层地坪标高约为−1.00 m)。底层场地可以对走行部以及车体下布置的电气箱、制动单元、蓄电池进行检查,中间为标高+1.10 m左右的平台,可对车体、车门进行检查作业,车顶平台标高+3.50 m,主要对车辆顶部的受电弓、空调设备进行检修,车顶平台设有安全栏杆。双周、双月检库立体检修平台示意图如图 3-41 所示。

双周、双月检库根据作业的要求可设有悬臂吊,可以对需要进行拆、装作业的受电弓和空调设备进行吊装;还配置了液压升降车、蓄电池等电气箱搬运车等运输车辆。

为了对车辆进行双周、双月检、定修(年检),还应设置受电弓、空调装置、车载信号、试验设备等辅助工具以及备品工具间。

2) 定修库

定修库和周、月检库一样,线路采用架空形式,线路中间设置检修地沟,线路两侧设置三层检修场地,车库内设 2 t 起重机。车辆的定修和临修有时也可以在一个车库内进行,合并为定修、临修库,这时必须根据列车编组在库内设置架车机组,在列车解钩后可以同步架起一个单元的车辆。车库内设 10 t 起重机,可吊装车辆的大部件。定修库的辅助车间应和其他检修库统一考虑。

图 3-41 双周、双月检库立体检修平台

3）架修、大修库

架修、大修库的布置应根据车辆检修工艺流程确定。车辆设备和零部件的检修方式以互换修为主，作业流程根据实践情况，一般采用流水作业和定位修方式相结合。采用部件互换修可以减少列车的停库时间，并且可以合理地安排计划，做到均衡生产，避免因某一部件检修周期长而影响列车的整体检修进度。联合检修厂房内设置车辆的待修、修竣部件和备用部件的存放场地。

架修、大修库内的主要设备有地下式架车机、移车台、转向架、桥式起重机、公铁两用牵引车、必要的运输工具、工作平台等。图 3-42 为地下式架车机。

4）辅助检修车间及其设备

城市轨道交通车辆是一种涉及多种专业、极其复杂的设备，在对车辆进行架修、大修时，都要架车、分解，对部件进行检修。这些检修工作都在辅助检修车间内进行。这些辅助检修车间根据列车架修、大修的工艺流程，大部分都布置在检修主库的周围。

①转向架、轮对间。

转向架、轮对间通过轨道和转向架转盘架、大修库相连接，主要由转向架检修区、轮对检修区和轮对等零部件的存放区组成。

在转向架检修区对转向架进行分解，分解后的零部件被送到相应检修位置进行检修，恢

图 3-42　地下式架车机

复技术状态,然后进行组装。转向架检修区的主要设备有转向架冲洗机、转向架回转台、构架试验台、转向架综合试验台、地下式转向架托台以及减振器试验台、一系悬挂弹簧试验台等。

轮对间主要对轮对以及轴箱、轴承进行检修。轮对间主要设备有从轴颈上组装、拆卸轴承的感应加热器,组装车轮的轮对压装机,加工车轮内孔的立式车床,加工轴颈的轴颈磨床和加工轮对踏面的轮对车床等大型设备,还有对轴箱、轴承进行清洗和检查以及分解轴箱的感应加热器等设备。由于轮对的车轴承受循环应力,其破坏形式是疲劳破坏,应定期对其进行探伤,还要配置超声波及磁粉探伤设备。由于对轴承的检修工作专业性强,需要大量的设备和用地,但是每年的工作量很小,因此一般将轴承检修工作委托给社会专业单位。有条件的地方,也可以将探伤工作委托给社会专业单位。

转向架、轮对间要适应互换修方式,有足够的转向架、轮对及其他零部件的存放场地,还应配备相应的起重设备。

②电机间。

电机间是对车辆牵引电机、空气压缩机电机以及其他车辆设备(如制动电阻冷却风机等)的动力电机进行检修的辅助车间。电机间需要配备电机分解、检测、组装、试验的设备和必要的起重、运输设备。

电机间主要设备有牵引电机试验台、其他电机试验台、直流电机、整流器下刻机、点焊机、动平衡试验机等。

电机大修专业性强,检修量少,并且需要绕线、浸漆、烘干等设备,因此一般都委托专业工厂进行。

③电气、电子间。

电气间承担对车辆电气组件的检修作业,对列车的主控制器、主逆变器、辅助逆变器、各类高速开关、直流接触器等各种电器进行试验、检修、检验,装备有综合电气试验台、辅助逆变器试验台、高速开关试验台、主接触器试验台、速度传感器试验台等各类试验台,以及供电气测试的各种仪器仪表。

电子间主要对列车牵引、制动、空调等计算机控制系统的各类电子控制板进行检修作业。由于电子间的检修、测试对象都是精密的电子元件，因此电子间要求采取无尘、防静电、控制环境温度和湿度等措施，是一个环境要求很高的车间。

辅助车间还有车门、制动、车钩、受电弓、空调检修间等，相应的配备有车门试验台、制动试验台、阀类试验台、车钩试验台、受电弓试验台、空调试验台以及必要的检修设备。

上述辅助车间一般都布置在架修、大修主库的周围，可以使检修工艺流程合理、紧凑、简洁，缩短运输路程，提高工作效率。

3. 其他库房及车间

检修基地内有些库房及车间由于环境保护要求、劳动保护要求、检修的特殊要求等因素，或者是由于设施和检修基地的检修共同使用，要单独设置。

1）不落轮镟床库

城市轨道交通车辆转向架的轮对在运行中有时会出现踏面擦伤、剥离和轮缘磨耗的问题，达不到运行技术要求，需要及时镟削。使用不落轮镟床可以在不拆卸轮对的情况下直接对车辆的轮对踏面和轮缘即时进行镟削。运行实践说明，不落轮镟床是保证城市轨道交通车辆正常运行的重要设备，开始建设时就要对此做充分考虑。图 3-43 为 U2000 型不落轮镟床。

图 3-43　U2000 型不落轮镟床

不落轮镟床需要在温度、湿度得到控制的环境中使用，为减少投资，在库内为镟床单独设置隔离的环境空间。

不落轮镟床库及其前后一列车辆范围内的线路为平直线路。作业线的长度要满足列车所有车辆轮对镟削的要求，列车出入库和轮对的就位一般由专门的牵引设备承担。

2）列车洗刷库

列车洗刷库建在洗刷线的中部，库内设有自动洗刷机，可对列车端部和侧面进行化学洗涤剂和清水洗刷。在洗刷过程中,列车的行进可利用自身动力,也可用专设的小车带动。洗刷过程分为水喷淋、喷化学洗涤剂、刷洗等多道工序,在寒带地区还应有车体干燥工序。列车自动洗刷机如图 3-44 所示。

图 3-44　列车自动洗刷机

为避免列车洗刷作业影响其他线路的进路,洗刷机前后线路的长度都不应小于一列车辆的长度。

3）蓄电池间

蓄电池间主要对城市轨道交通车辆的碱性蓄电池进行充电和检修,也对各种运输车辆的酸性蓄电池进行充电和检修。蓄电池间要配置相应的试验、充电设备和通风、给排水及防腐设施。碱性蓄电池操作间和酸性蓄电池操作间应分开设置,防止酸气进入碱性蓄电池,酸、碱发生中和作用,影响蓄电池的质量。蓄电池间要单独设置,并布置在长年主导风向的下风侧,还要有防爆措施。

4）中心仓库

中心仓库承担城市轨道交通全线各专业所需机电设备、机具、工具、材料、备品备件的供应工作。其主要工作环节有采购、入库、仓储、发放。仓库中应有起重、运输等设备和设施,还应附有露天存放场和材料专用轨道线。还要设置专门的环控库房,存放对环境要求高的高精度配件。

对于易燃、易爆物品要单独设立危险品仓库,危险品仓库应单独设置在对周围建筑影响最小的位置,并与外界隔离,根据易爆、易燃物品的性质,要分不同房间分别存放,建筑物的通风、消防系统等要符合有关规定。有时为了减少与邻近建筑物之间的防火距离,危险品仓库也可设在半地下式或地下式的建筑内。

城市轨道交通设备配件种类繁多(仅车辆配件就有数千种),价值昂贵。仓库对物流的管理涉及社会流通领域和城市轨道交通内部生产流域。它既是各专业检修生产工艺的组成部分,与检修生产密不可分,要保证材料的供应;又有着非常强的“成本中心”的作用,材料、备件的消耗管理和物流本身对资源的占用和消耗都和检修成本有着直接关系。

随着现代物流技术、计算机信息管理技术和电子商务的发展,中心仓库采用自动化立体仓库仓储技术、建设"城市轨道交通自动化综合物流系统"成为可能。

自动化立体仓库主要由货物存储系统、货物存取和运输系统以及控制和管理三大系统组成,还有与之配套的供电系统、消防报警系统、网络通信系统等。

除此之外,根据需要还可设置调机(内燃机车)库、消防间、污水处理站、配电站、变电站、机械加工中心、汽车库等库房,它们的车间也需要单独设置。

五、综合维修中心

综合维修中心是车辆基地组成部分,是确保城市轨道交通系统正常运营的重要设施。综合维修中心应满足全线线路、路基、轨道、桥梁、涵洞、隧道、房屋建筑和道路等设施的维修、保养以及供电、通信、信号、机电设备和自动化设备的维修、检修工作的需要。

综合维修中心根据规模和工作范围可分为维修中心、维修工区和维修组三个等级。维修中心宜设于车辆段级的基地内,可分别在相关的停车场设维修工区或维修组。维修工区和维修组宜隶属于维修中心管理。

维修中心宜根据各专业的属性分设工务与建筑、供电、通信和信号、机电和自动化等车间。维修中心应根据各专业的作业内容配备必要的设备和轨道检测车、接触网检修车、磨轨车、轨道车及平板车等工作车辆,并应配备相应的线路和工程车库。

轨道检测车、接触网检修车、磨轨车和轨道车等大型工程车辆,应按资源共享原则配备,不重复设置。

思政案例

地铁车站售票员丢失票款事件

2019年4月17日22:30,××站B端客服中心售票员A君,在整理票款准备结账时发现,原放在票盒内已整理好的2800元票款不见了。经查看录像,发现票款是被一男子在20:57乘客服中心无人时,从客服中心玻璃间的缝隙伸手进去盗走的。当事员工A君票款管理防范意识不强,没有认真履行票务管理规定,离开客服中心时没有锁闭装钱的票盒,是导致此事件发生的主要原因。此外,车站客服中心设计存在隐患,乘客在客服中心无员工监管时,可以通过客服中心玻璃间空隙伸手进去拿到东西,是导致此事件发生的客观原因。

通过案例分析,启发学生树立安全意识,做好防盗措施。售票员在处理现金时,应将现金放在客服中心的BOM钱柜、上锁的票盒或抽屉中等乘客接触不到的地方,客服中心门应随时保持锁闭状态。注意点滴细节,不给他人盗走票款的机会。

复习思考题

1. 简述两相邻道岔常见的配列形式。

2. 简述车站线路连接形式。

3. 简述停车线的作用及布置形式。

4. 简述站前折返线优缺点。

5. 简述折返站布置方案。

6. 简述换乘站类型。

7. 简述城市轨道交通车站设计原则。

8. 简述城市轨道交通车站分类。

9. 简述城市轨道车站建筑主体结构。

10. 简述车辆段主要功能及设施。

11. 简述车辆段平面布置形式。

第4章 城市轨道交通车辆

📖 学习目标

1. 掌握城市轨道交通车辆编组；
2. 了解城市轨道交通车辆的走行装置；
3. 掌握城市轨道交通车辆车钩牵引缓冲连接装置；
4. 了解城市轨道交通车辆的车体结构；
5. 掌握城市轨道交通车辆的制动装置；
6. 了解城市轨道交通车辆电气系统。

📖 素质目标

1. 培养高度的安全和责任意识；
2. 养成严谨的科学态度。

城市轨道交通车辆是以列车编组形式,运送相当规模客流量的城市公共交通方式。由于车辆通常是由电力驱动的,因此直接称为电动列车。

电动列车是运载乘客的工具,应为乘客提供舒适、准时的运输服务,在城市轨道交通系统中有着至关重要的地位。

▶ 4.1 车辆编组及运行

作为运送乘客的运输工具,城市轨道交通车辆必须具有良好的牵引、制动性能,能快速启动和停止,以保证车辆运行安全、准时和快捷;同时要有良好的乘客服务设施,使乘客感到舒适和方便。

一、车辆编组

(一)车辆分类

城市轨道交通车辆按有、无动力可分为两类。

(1)动车:动车是带有牵引动力装置的车辆,又分为有受电弓的动车(Mp)和无受电弓的动车(M)。

(2)拖车:拖车是无牵引动力装置的车辆,又分为有驾驶室的拖车(Tc)和无驾驶室的拖车(T)。

（二）车辆的编组运行

按照预期的目的,将各独立的车辆连接起来成为一个运行体,就称为车辆编组。

车辆编组一般应考虑线路坡度、运营密度、站间距离、舒适度、安全可靠性、工程投资、客流大小等因素。例如:必须满足单向高峰小时断面客流量的需要;兼顾信号系统设备所能达到的行车密度(或行车间隔),即系统设计能力;既满足高峰时的客流要求,又能提高平时的车辆满载率,实现节能和降低运营成本;考虑编组对初、近、远期客流变化的适应能力;结合运行交路的设计,合理选择车辆编组,达到经济、合理、高效的目标。

1. 按照动车数量编组

根据列车编组中的动车数量,列车编组可分为全动车编组和动、拖混合编组两类。

全部由具有动力的车辆连接而成的列车,称为全动车编组列车。这种编组的优点是摘编方便、编组灵活,可以充分利用黏着作用,以发挥再生制动和电阻制动的作用,减少基础制动带来的粉尘污染。由于整车功率大,列车启动加速度和制动减速度得以提高,启动和制动时间得以缩短,有利于提高列车运行效率和兑现运行图。北京地铁就有全动车编组的列车。上海地铁在郊区线也采用全动车编组、运行速度高达 120 km/h 的列车。但是全动车编组列车的投资相对较高。

由具有动力的车辆和不具动力的拖车混合连接而成的列车,称为动、拖混合编组列车。这种编组形式虽然由于动车数量减少而降低了列车的整体功率,但启动和制动的加、减速度仍能满足客运量及行车间隔的要求。换言之,动车数量的减少是以能满足客运组织要求为前提的。动车数量的减少可以有效节省投资,降低运营成本和维修费用。一般动、拖混合编组采用"四动两拖"或者"六动两拖"连接方式。

上海、北京、广州等城市的轨道交通基本上都采用动、拖混编的列车编组方式。

2. 按照车厢数量编组

一组能独立运行的列车编组,至少应该包含满足客流的运载空间、足够的运行动力以及驾驶控制室、列车受流器、制动系统等单元。目前的城市轨道交通大都采用三节以上的编组。

多节编组时,无论采用八节编组、六节编组还是四节编组,带驾驶室的 Tc 车始终编在列车的两端,其他车型在列车中的位置可以互换。例如:六节编组的形式可以是 Tc-Mp-M-Mp-M-Tc,也可以是 Tc-Mp-M-M-Mp-Tc;八节编组的形式可以是 Tc-Mp-M-Mp-M-Mp-M-Tc,也可以是 Tc-Mp-M-M-Mp-Mp-M-Tc 等。

二、多车连挂运行

当某列电动列车在运营中因突发故障而无法自行运行时,一般需要由另一列完好的列车或特种车辆对其进行救援,以"顶"或"拖"的运行方式,使故障车辆脱离正线,以保证正线运营畅通,这种形式的连接就称为多车连挂。行车过程中突发故障时,多车连挂对尽快恢复正常运营是十分重要的。

（一）列车连挂运行

列车编组和连挂的前提是各车型间的电气、风管路、控制电缆和传递牵引力的车钩等尺寸相同,能可靠连接。在一条运营线路上运行多种车型的情况下,为了保证连挂后的运行功能正常,更需要确保相互连接的车钩的机械尺寸相同,电气触头设置相匹配。

为了保证连挂后列车的正常运行及运营安全,连挂后的列车运行控制只能在救援列车的任一司机室内进行,因此要求其余各个司机室的控制功能被锁闭。

连挂后的司机控制室应可同时对两列列车施加制动和进行制动释放作业,可以同时向两列列车进行客室广播和司机室通信。特别应注意的是,被救援故障列车的故障(包括紧急制动故障等)不应影响救援列车的正常运行。

连挂列车的牵引动力要求:在连挂运行时,一列空载的救援列车牵引一列超载的故障列车,仍能在线路最大坡道和最小供电电压条件下,实现牵引启动运行。

连挂列车的速度一般不应大于 5 km/h。

(二)特种车辆连挂运行

城市轨道交通系统中的特种车辆是用于地铁线路及供电设备施工、维修的牵引动力设备,主要完成正线的列车救援及站场内的列车编组、解体、转线、摘挂、取送等相关作业。

特种车辆的类型有以下两种。

1. 内燃机车(调车机)

内燃机车(图 4-1)牵引功率大,运行稳定性好,造型美观,操纵、维护方便,司乘条件好,安全防护设施齐全。其主要用于地铁列车、运输车辆及无动力轨道车辆的牵引、调车或救援作业,是理想的动力设备。

2. 轨道车

轨道车(图 4-2)运行稳定性好,造型美观,操纵轻便灵活,维护方便,司乘条件好,安全防护设施齐全,主要作为地铁线路及供电设备施工、维修的牵引动力设备,以及用于运输施工器材、人员等。

图 4-1　内燃机车

图 4-2　轨道车

▶ 4.2　车辆机械

不同形式的城市轨道交通车辆,车辆机械部分都由车体及内部设备、客室车门、转向架、车钩缓冲装置、制动装置、空调通风系统等部分组成。

一、车体

车体是城市轨道交通车辆最重要的组成部件之一,位于转向架上。车体的主要功能是运载乘客,承受和传递载荷,安装传动机构、电气设备和内部设施等。

(一)车体的特征

(1)电动列车一般采用四节、六节或八节编组,有头车(即带有司机室的车辆)、中间车或动车、拖车之分。

(2)为了增加载客量和利于乘客疏散,车厢内座位设置较少,车门多且开度大,内部服务于乘客的设备较简单。

(3)对重量限制较为严格,特别是高架轻轨,要求轴重小,以降低线路的工程投资。

(4)为了确保乘客的安全,对车体的防火、隔音、减振、隔热都有严格的要求。

(5)车体的外观和色彩应与城市景观相协调。

(二)车体的基本结构

车体结构按功能不同可分为车辆壳体、贯通道、紧急疏散门、车门、车窗、司机室和内部装饰等部分。

1. 车辆壳体

车辆壳体主要由底架、侧墙、端墙和车顶四大部件组成。它是从强度上保证乘客安全的主要部件,也是减轻车辆自重的关键部件。一般车体承载结构的重量占车辆自重的20%～25%。车辆自重的减轻,不仅可以节约制造材料,而且在相同的客流条件下可以降低牵引动力的消耗;也可以减小车辆走行部和线路的磨耗,延长轮对的使用寿命,从而带来巨大的经济效益。因此研究车体承载结构的轻量化具有很大的现实意义。

1)碳素钢车体

国内较早生产的地铁车辆的车体,基本都采用普通碳素钢型材构成骨架,外侧包薄钢板,构成一个全焊接的圆筒形薄壳结构(见图4-3),自重达10～13吨。普通碳素钢车体在使用中腐蚀情况十分严重,不仅降低了车身的强度,而且增加了维修工作量和维修成本。为了提高车体的耐腐蚀性,延长车体的使用寿命,从20世纪80年代开始采用含铜或镍、铬等合金元素的具有良好耐腐蚀性能的低合金钢(或称耐候钢)系列,可使车体自重减轻1～1.5吨(10%～15%);此外,在工艺上采取了一些防腐蚀措施,使车体的使用寿命有所延长,但仍不能完全满足减轻自重和防腐蚀的需要。

2)不锈钢车体

不锈钢车体如图4-4所示。不锈钢耐腐蚀性能较好,强度高,用这种材料制造车体,免除了车体内壁涂覆防腐涂料和表面油漆。不锈钢车体自重比普通碳素钢可以减轻1～2吨(10%～20%)。不锈钢车体的结构形式与碳素钢车体相似,在保证强度、刚度的前提下,板厚可以减薄,从而实现车体的薄壁化和轻量化。另外,为了克服薄板难以保证平整度的缺点以及满足刚度的需要,一般车顶板、侧墙板和底架都采用成型的波纹板制成。为了克服在高温焊接条件下不锈钢内部组织发生变化,进而产生晶间腐蚀而破裂的缺点,在焊缝集中的地方多采用点焊。

整体承载结构：在板梁式侧墙、端墙上固接由金属板、金属梁组焊接而成的车顶，使车体的底架、侧墙、端墙、车顶连接成一个整体，成为开口或闭口箱形结构，此时车体各部分结构均参与承受载荷，因而称这种结构为整体承载结构。

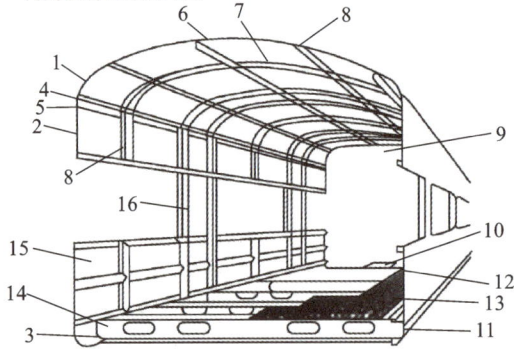

图 4-3　碳素钢车体

1—车顶；2—侧墙；3—底架；4—车顶边梁；5—侧墙上边梁；6—顶板；7—弯梁；8—纵向梁；9—车顶端部；10—牵引梁；11—边梁；12—枕梁；13—波纹地板；14—横梁；15—墙板；16—立柱

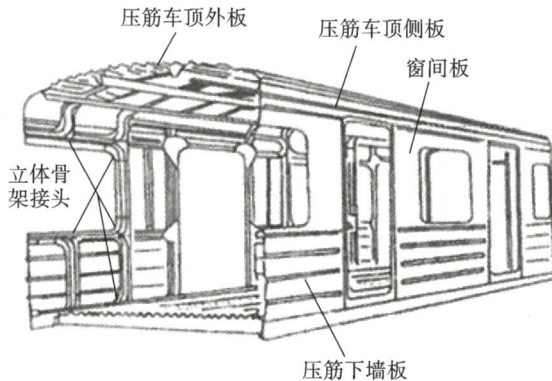

图 4-4　不锈钢车体

3）大型中空截面的挤压铝合金型材焊接车体

近代的高速列车、地铁车辆和轻轨车辆上开始采用铝合金车体。铝合金材料的比重仅为钢的 1/3，具有耐腐蚀且容易挤压成型的优点。但铝合金材料的弹性模量只有钢的 1/3，且强度和刚度小。另外，铝合金材料的可焊性较差，对焊接工艺和焊接工人的技术要求很高，焊接变形难以控制。因此，在铝合金车体结构设计中一般采用大型中空截面的挤压铝合金型材，以增大受力构件的弹性模量，弥补铝合金材料弹性模量小的缺陷，满足城市轨道交通车辆设计规范要求。与钢结构相比，大型中空截面的挤压铝合金型材在制造时大大减少了焊缝数量，焊接工作量减少 40%～60%，且焊接变形易于控制。因此，大型中空截面的挤压铝合金型材车体制造工艺简单，符合规范要求，并克服了铝合金材料本身的先天不足。

4）模块化结构车体

随着车体制造技术的发展，近几年来，国外研制出来一种称为模块化结构的车体。

模块化结构车体与整体焊接结构车体相比，最显著的特点就在于将模块化概念引入车体设计、制造与生产管理的各个环节之中。模块化车体设计是将整个车体分为若干个功能模块，如底架模块、侧墙模块、车顶模块和端墙模块，每个模块的制造内容不仅包括外壳的制造，而且包括内饰、布管、布线，并需要解决各模块之间的接口问题。各模块制造完成后再进行整车组装。每个模块的铝合金型材结构本身采用焊接，而各个模块之间的总成采用铆接或其他机械连接。

2. 贯通道

城市轨道交通车辆在编组成列车时，可采用贯通式或非贯通式连接方式。为了能自动调节车厢内的客流密度及空气质量，大部分城市轨道交通车辆采用贯通式连接，即在两节车辆的连接处设有贯通道，将两个车体的客室内部贯通为一体。贯通道主要由折篷、护墙板、过渡板和车顶板组成(图 4-5)。

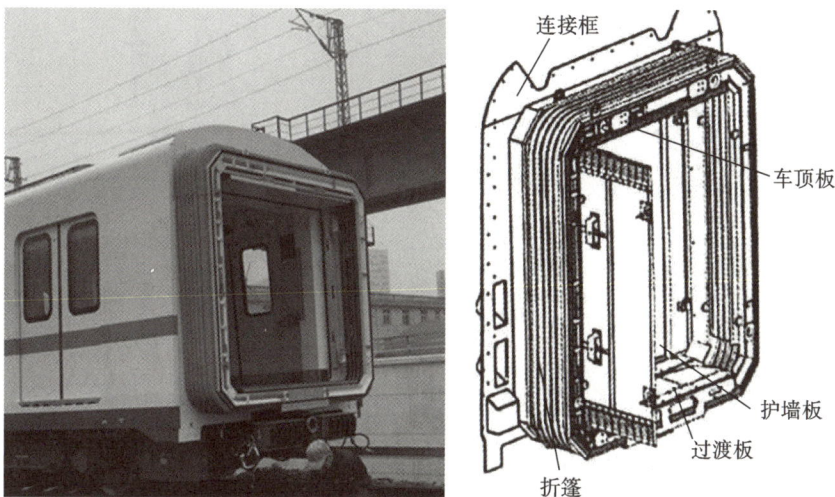

图 4-5　贯通道

折篷由一种带有纤维基底的特殊橡胶制成的材料和钢制框架铆接而成。护墙板和车顶板为贯通道的侧墙和顶板，其作用是使贯通道更美观，让人更有安全感。过渡板表面为弧形，由轧花不锈钢板制成。分别属于两个不同车体的过渡板之间背靠背地、平整地对接，能在列车启动和制动时自由伸缩，也能在列车通过曲线时自由旋转搭接。

3. 紧急疏散门

列车在隧道内运行时，一旦发生火灾或其他险性事故，必须紧急疏散车上的乘客。在隧道内运行的列车，在带驾驶室车辆(Tc 车)的前端设有紧急疏散门，在紧急情况下司机可打开紧急疏散门，将其向前放下到路基上，作为通向地面的踏板，以紧急疏散乘客。运行于地面或高架线路的列车可以不设紧急疏散门，万一发生险情，司机可以打开列车两侧的车门以疏散乘客。

打开紧急疏散门时，拉下手柄或使用摇柄均可解锁，一旦门锁开启，车门能自动倒向路基，门板成为连接车体地板与地面的斜梯(图 4-6)。紧急疏散门的两侧各有一组由数个铝合金杆和气弹簧相互铰接在一起的一头与车端相连、一头与门板相连的拉杆；由于气弹簧的缓冲作用，紧急疏散门倒下的速度不会过快，可防止车门装置损坏。门两侧的拉杆也组成了斜桥的栏杆和扶手。门板由铝合金板型材制成，表面涂有防滑漆，防止乘客滑倒。在车下也有开启紧急疏散门的门锁。

图 4-6 紧急疏散门打开后成为斜梯

4. 车窗

城市轨道交通车辆一般在两个客室车门之间设有一扇车窗,列车两侧分别均匀布置车窗。车窗的基本形式是完全密封且无法打开的。车窗玻璃为双层中空玻璃,具有良好的隔热、隔音性能。玻璃周边镶有环形氯丁橡胶条,玻璃借助环形氯丁橡胶条直接嵌入和装配在侧墙上,车窗无窗框。先进的城市轨道交通车辆由于采用模块化设计,大多采用连续式车窗,即两个客室车门之间的整个侧墙的上半部均为玻璃,起到装饰车体外部的作用。除车窗玻璃之外,其他部位的玻璃为黑色。黑色玻璃的内面为铝质窗间板,因此乘客在车内看到的是通常的内饰板,不能通过此处看到车外。

5. 司机室

司机室内的设备布置各有差异,但一般都遵循一定的规律。主驾驶台位于司机室前方的右侧,副驾驶台位于司机室前方的左侧。主驾驶台上设有牵引和制动手柄、相关仪表、指示灯、各种按钮和显示屏等。司机室的左右两侧墙设有侧门,一般为滑动内藏门。主、副驾驶台之间安装有紧急疏散门,司机室与客室之间隔墙的正当中设有通道门;在通道门至紧急疏散门之间无任何路障,紧急情况下可作为乘客疏散的通道。通道门的两侧安装有电器柜。主、副驾驶台的正前方各安装有一块约 12 mm 厚的挡风玻璃,在挡风玻璃外侧各装有一个气动刮雨器。司机室座椅是按人体工程学原理进行设计的,保证司机乘坐的舒适性。

6. 内部装饰

内部装饰一般是指车辆壳体以内的内墙板、内顶板及地板等零部件。内部装饰不仅要求具有良好的隔音、隔热性能,而且要求外表美观、色彩新颖,为乘客创造舒适、温馨的乘车环境。另外,内部装饰材料均应选用阻燃、少烟和低毒材料,以保证乘客安全。内部装饰设计要考虑与车辆壳体的连接关系和车内设备的安装方式并进行总体优化。近代城市轨道交通车辆车体内装饰的特点是颜色素雅、装修简洁、宽敞明亮。由于内饰板均嵌入固定框架内,因此车内基本无明钉。

7. 车体内部设备

1）客室座椅

客室座椅采用靠侧墙纵向布置的方式,一般在相邻两车门之间设置一长条座椅,车厢的两端为短座椅或无座椅。座椅框架采用铝合金、不锈钢或耐腐蚀钢制造,固定在地板上,靠背固定在侧墙上。座椅采用整体的高阻燃性玻璃钢材料制成,由橡胶垫减振,固定在框架上。客室座椅外形按人体工程学设计,长条座椅两端设安全挡板,每个座椅应能承受 100 kg的载荷。座椅下面安装有空气簧附加气室(贮气缸)、受电弓的升弓脚踏泵(仅 Mp 车配备)及灭火器等。

2）立柱及纵向扶手

客室内设有立柱及纵向扶手。在每节车厢的纵向中心线处,均匀设置了约 13 根立柱。立柱上端穿过天花板并与天花板吊架支座套接,下端与地板支座用螺纹法兰盘固定。在座椅的安全挡板处也设有立柱。同时,这些立柱上装有纵向水平扶手,车门附近设有擎天柱等。立柱与纵向扶手都是铝合金圆管型材,外表面经过阳极氧化处理。

二、车门

世界各国轨道交通车辆车门的结构和类型多种多样,但无论结构形式如何变化,车门都应满足城市轨道交通的特殊性。

（一）车门的类型

按照车门的运动轨迹以及与车体的安装方式的不同,车门可分为内藏对开式双滑门、外挂式移门、塞拉门和外摆式车门等四种。

1. 内藏对开式双滑门

内藏对开式双滑门简称内藏门,在车门开、关时,门叶在车辆侧墙的外墙板与内饰板之间的夹层内移动(图 4-7)。传动系统设于车厢内侧车门的顶部,装有导轮的车门可在导轨上移动,传动机构的钢丝绳、皮带或丝杠与车门相连接,气缸或电机驱动传动机构,从而实现车门的往复开/关动作。

2. 外挂式移门

外挂式移门与内藏对开式双滑门的主要区别在于车门和悬挂机构始终位于侧墙外侧(图 4-8)。外挂式移门传动机构的工作原理与内藏对开式双滑门完全相同。

3. 塞拉门

塞拉门在开启状态时,门叶贴靠在侧墙的外侧;在关闭状态时,门叶外表面与车体外墙成一平面(图 4-9)。这不仅使车辆外观美观,而且有利于减小车辆高速行驶时的空气阻力和降低空气涡流产生的噪声,也便于自动洗车装置对车体进行清洗。塞拉门的开/关动作是门叶借助车门上方安装的悬挂机构和导轨导向作用,由电动机驱动机械传动机构,使门叶沿着导轨滑移而实现的。

4. 外摆式车门

外摆式车门开门时通过转轴和摆杆使门叶向外摆出并靠在车体的外墙板上,门关闭后门叶外表面与车体成一平面。这种车门结构的特点为:在车门开启的过程中,门叶需要较大

图 4-7 内藏对开式双滑门

图 4-8 外挂式移门

的摆动空间。

（二）车门的组成

尽管车门类型多种多样，但基本上都由驱动系统、机械传动系统、门叶、电气控制系统四部分组成。其动作原理为：电气控制系统带动驱动系统动作，通过机械传动结构，带动门叶在上下导轨中同步反向移动，实现车门的开、关动作。

1. 驱动系统

驱动系统为车门动作提供动力来源，地铁和轻轨车辆的客室车门驱动系统有两种：一种为动力来源是直流或交流电动机的电控电动式驱动系统；一种为动力来源是驱动气缸的电控气动式驱动系统。

图 4-9 塞拉门

2. 机械传动系统

机械传动系统的作用是将驱动系统的运动传递至两扇门叶，带动门叶在上下导轨中移动。常用的传动结构有齿轮齿条传动、链轮链条传动、绳轮传动、左右丝杆传动。

3. 门叶

客室车门由左右两扇门叶组成。

4. 电气控制系统

每个客室车门电气控制系统均装有电子门控单元（EDCU），其与列车控制系统通信，根据来自列车控制系统的开、关门信号和来自车门机构上的显示车门关好、车门切除、紧急开门等行程开关的信号，处理与这个车门相关的全部指令，进行车门的控制、监视和开关。

（三）车门门体的结构

以电动塞拉门为例，车门各部分结构如图 4-10 所示，由门叶、驱动单元等组成。驱动单元包括导向支撑杆、驱动螺杆、驱动转臂、上导轨、下导轨、稳定轮、上部导向滚轮、下部转臂滚轮、下部关门止挡销、紧急开门装置、车门切除系统、驱动电机及电子门控单元等部件。

1. 门叶

客室车门的门叶由铝合金框、铝蜂窝芯及铝合金面板组成。铝合金面板四周折边后与铝合金框配装；铝蜂窝芯置于铝合金内、外面板之间，通过胶粘和热压后与铝合金内、外

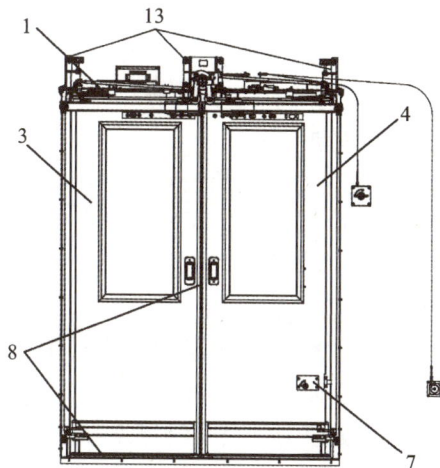

图 4-10 电动塞拉门的结构

面板及铝合金框成为一体。每扇门叶上装有门玻璃，门玻璃和门叶黏结固定，并与门叶表面

平齐。每扇门叶四周装有密封橡胶条,可以起到隔热、隔声的作用。门叶前边缘安装有密封橡胶条,也称为护指橡胶条,乘客一旦被夹可保护其免受伤害。每扇门叶前边缘上部与车门的驱动转臂相连接和固定。每扇门叶上只有一个驱动转臂,因此门叶开关的运动轨迹不是纯粹的直线,具有回转的动作。

2. 导向支撑杆

导向支撑杆的作用是承受驱动转臂和门叶的重量并保证门叶按纵向轨迹运动。

3. 驱动螺杆

驱动螺杆的一端安装有棘轮,通过棘轮和齿带接收马达的驱动力,并将此驱动力通过驱动转臂传递给两扇门叶。

4. 导轨和导向轮

上导轨固定在驱动单元的安装板上,位于车门顶部。两端的安装孔均为长圆孔,便于安装导轨时沿车体横断面方向调整。导轨安装后的横断面为倒 U 形。由于上部导向轮固定在门叶转臂上,从下方进入上导轨的倒 U 形槽内并沿导轨的轨迹滚动,因此上导轨决定了驱动转臂的运动轨迹,从而实现了门叶的塞拉运动。下导轨和下部转臂滚轮的作用是从下部将门叶拉紧,给出门叶下部运动的轨迹,避免门叶下部向车外飘出。

5. 稳定轮

在左右门框的上方均装有稳定轮,当车门关闭后,稳定轮与门叶上面外端的凹槽相啮合,向下压住门叶,避免门叶在列车运行过程中跳动。

6. 关门止挡销

每扇门叶前边缘下部装有关门止挡销,在门叶关闭时,止挡销进入门槛凹槽内,当门叶受挤时,关门止挡销抵在门槛上承受横向力。

7. 紧急开门装置

紧急开门装置用于城市轨道交通列车发生紧急状况时,允许乘客扳动手柄开门。其由内部紧急开门手柄、外部紧急开门装置、缆索、电磁制动单元组成。在紧急状况下,乘客手动操作紧急开门手柄,通过钢缆直接带动制动杠杆动作,使得两棘轮脱离,这时车门被打开。

8. 车门切除系统

每个车门均装有切除系统(切除锁)。在城市轨道交通列车运营过程中,如果车门出现故障又一时无法解决,这时可使用车门切除系统将故障车门锁闭并旁路。

9. 驱动电机

车门动力来自带齿轮的直流驱动电机。驱动电机的转矩、电流、转速及转动方向由电子门控单元(EDCU)控制,其允许电机给出的是稳定的电流和电压,以保证车门稳定可靠运行。

10. 电子门控单元

每个客室门均装有电子门控单元(EDCU),其与列车控制系统通信,根据来自列车控制系统(开门控制回路、关门控制回路、零速控制回路)的信号和来自车门机构上 S_1、S_2、S_3 行程开关的信号,处理与这个车门相关的全部指令,进行车门的控制、监视和开关。

三、转向架

转向架是支撑车体并引导车辆沿轨道运行的支撑走行装置,是车辆最重要的组成部件之一。转向架的结构及各部位的参数是否合理,直接影响车辆的运行品质、动力性能和行车安全。

（一）转向架的基本作用及要求

（1）支承车体,承受并传递车体与轮对之间的各种载荷及作用力,并使轴重均匀分配。

（2）保证在正常运动条件下,车体能可靠地坐落在转向架上,并通过轴承装置使车轮沿钢轨的滚动转化为车体沿线路的平动。

（3）保证车辆安全运行,能灵活地沿直线线路运行及顺利地通过曲线。

（4）转向架的结构要便于弹簧减振装置的安装,使转向架具有良好的减振特性,以缓和车辆和线路之间的相互作用,减小振动和冲击,减小动应力,提高车辆运行的平稳性和安全性。

（5）充分利用轮轨之间的黏着作用,传递牵引力和制动力。

（6）转向架是车辆的一个独立部件,在转向架与车体之间尽可能减少连接件,并要求结构简单,装拆方便、以便转向架独立制造和维修。

（7）转向架应便于安装牵引电机及传动装置,驱动车辆沿着钢轨运行。

（二）转向架的组成

由于车辆的用途、运行条件及要求不同,转向架结构各异、类型很多,但它们的基本组成和主要功能是相同的。城市轨道交通车辆转向架大部分采用无摇枕空气弹簧转向架,如图4-11 所示。

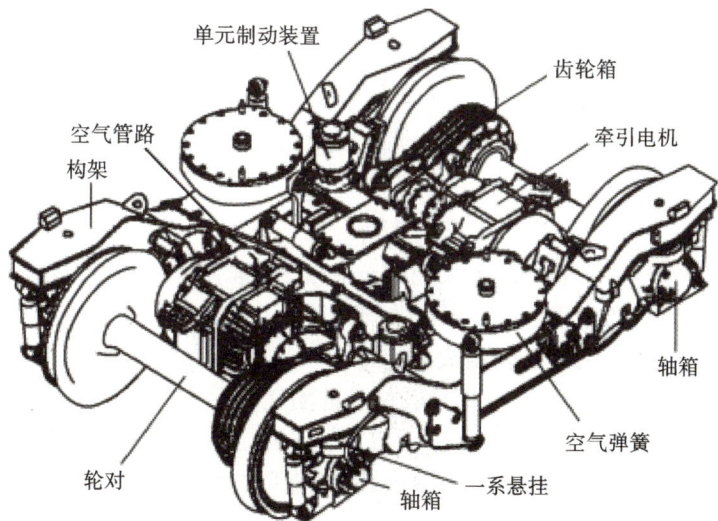

图 4-11　转向架示意图

1. 轮对、轴箱装置

轮对沿着钢轨滚动,除了传递车辆重量外,还传递轮轨之间的各种作用力,包括牵引力和制动力。轴箱装置是联系构架(或侧架)和轮对的活动关节,使轮对的滚动转化为车体沿轨道的平动。

1）轮对

轮对由一根车轴和两个相同的车轮组成,采用过盈配合使两者牢固地结合在一起。轮对是组成转向架的重要部件之一。

轮对承担车辆全部载荷,引导车辆沿着钢轨高速运行,同时承受着从车体、钢轨传来的各种力的作用。因此,轮对应具有足够的强度,以保证在允许的最高速度和最大载荷下安全运行。应在强度足够和保证一定使用寿命的前提下,使轮对重量最小,并具有一定的弹性,以减少轮对之间的作用力和磨耗。

2）轴箱

轴箱装置的作用是将轮对和构架联系在一起,使轮对沿钢轨的滚动转化为车体沿线路的平动,并把车辆的重量以及各种载荷传递给轮对,保证良好的润滑性能,减少磨耗,降低运行阻力,防止燃轴。一般城市轨道交通车辆轴箱采用铝合金材料制成,轴箱内安装有圆柱滚动轴承、圆锥滚动轴承、球面滚动轴承,滚动轴承与车轴之间实行过盈配合。在轴承的两侧还装有迷宫式密封圈,与箱体的迷宫槽配合使用可阻止润滑油脂外逸。

2. 弹性悬挂装置

为了提高车辆运行的平稳性,保证乘客的舒适度,车辆上必须设有弹簧减振装置。

弹簧减振装置按其作用的不同,大体可分为三类:第一类为主要起缓和冲击作用的弹簧装置,如空气弹簧;第二类是主要起衰减振动(消耗振动能量)作用的减振装置,如垂向、横向减振器;第三类是主要起弹性约束作用的定位装置,如轴箱定位装置,心盘与构架的纵、横向缓冲止挡等。

为了减少线路的不平顺和轮对运动对车体的各种动态影响(如垂向振动、横向振动和通过曲线等),在转向架上的轮对与构架(侧架)之间或者构架(侧架)与车体(摇枕)之间设有弹性悬挂装置,前者称为轴箱悬挂装置(又称第一系悬挂,简称一系悬挂),后者称为摇枕(中央)悬挂装置(又称第二系悬挂,简称二系悬挂)。

1）一系悬挂

城市轨道交通车辆一系悬挂装置采用螺旋弹簧、圆锥弹簧、人字形橡胶弹簧,以起到衰减垂向振动和轴箱定位的作用。人字形橡胶弹簧装设在构架与轮对之间,由四层橡胶、四层钢板及一层铝合金板通过硫化工艺制成。拖车和动车本身的自重不同,拖车和动车的人字形橡胶弹簧的刚度也不同,动车人字形橡胶弹簧的刚度略大于拖车。

2）二系悬挂

城市轨道交通车辆二系悬挂装置由空气弹簧、高度调整阀、液压减振器、横向橡胶缓冲挡、抗侧滚扭杆等组成。

空气弹簧采用无摇枕空气弹簧,下面与层叠橡胶弹簧相连,当空气弹簧气囊失效时(气囊破裂、泄漏等),层叠橡胶弹簧可以承受车辆载荷,防止车体倾斜引起车辆脱轨。

高度调整阀安装在车体与转向架之间,它通过调节空气弹簧橡胶囊内的压缩空气,来保证车辆地板面与轨面之间的距离。

垂向液压减振器设在车体和构架之间,横向液压减振器设在中心座和构架之间,分别用来衰减车辆垂向和横向的振动。

横向橡胶缓冲挡设在构架横梁中部的上方,用来限制车体和构架之间的横向位移。

抗侧滚扭杆横穿于构架的横梁中,由一根扭杆弹簧穿装在横梁中间,两端装有曲柄和连杆,并与车体相连。在车体发生侧滚振动时,转向架两侧的曲柄端部产生一对力偶,这个力偶使抗侧滚扭杆产生扭转变形,此时扭杆的抗扭弹性也产生一个反力偶,对车体的侧滚振动起着抑制作用。

3. 构架

构架(或侧架)是转向架的基础,它把转向架的零部件组成一个整体。构架承受和传递各种作用力及载荷,它的结构形状、尺寸大小都应满足各零部件的结构、形状及组装的要求,如应满足制动装置、弹簧减振装置、轴箱定位装置等的安装要求。

构架由压制成型的钢板焊接成 H 形全封闭箱形结构,具有质量轻、强度高、寿命长的特点。H 形构架的侧翼两端装有轴箱导框,可安装人字形橡胶弹簧,侧梁的中部为空气弹簧安装座。构架的两根横梁中部设有中心销座,外侧设有牵引电机安装座,下方设有牵引拉杆安装座,装在中心销座中的中心销将车体和转向架连接在一起,并由此传递牵引力和制动力。构架上还设有用来安装抗侧滚扭杆、单元制动机、高度调整阀调整拉杆及液压减振器的安装座。

4. 制动装置

城市轨道交通车辆基础制动装置采用踏面制动单元,安装在构架侧梁上,每台转向架上共有四个单元制动机,其中两个单元制动机带有弹簧制动功能,呈对角布置。

5. 中央牵引连接装置

中央牵引连接装置是车体与转向架的连接部件,其结构应能满足安全可靠地支承车体,并传递各种载荷和作用力,同时车体与转向架之间应能绕不变的旋转中心相对转动,以使车辆顺利通过曲线。一般转向架支承车体的方式有心盘集中承载、非心盘承载(或旁承承载)和心盘部分承载三种。

中央牵引连接装置设于转向架的中部,起着连接车体和转向架的作用,当经过曲线时彼此可以相对运动,并通过牵引拉杆传递牵引力和制动力。它由中心销、上心盘、下心盘、复合橡胶衬套、碗形垫等组成。中心销穿设在上心盘的中间并通过螺栓连接在固定的车体底架上,在中心销与下心盘之间装有复合橡胶衬套,在安装复合橡胶衬套时,要注意将碗形垫上的两个销轴与中心销下部的销孔对准,并使它与下心盘之间有合适的张紧力。相对于中心销呈斜对称配置的两个牵引拉杆,其一端与心盘相连,另一端与转向架相连,牵引杆的连接孔内也设有橡胶缓冲套。为限制车体与转向架之间的横向位移,在下心盘与构架之间还装有橡胶横向止挡。

6. 牵引传动装置

该装置仅限于安装在动车转向架上,它使牵引电机的扭矩转化为轮对或车轮上的转矩,利用轮轨之间的黏着作用,驱动车辆沿着钢轨运行。

牵引电机完全悬挂在转向架里,并用螺栓固定在构架的中心横梁上,通过橡胶联轴节或双齿面联轴节将扭矩传递给两级减速齿轮,齿轮减速箱为半悬挂式。这种结构能承受电机与减速齿轮间相应的垂向、横向、纵向及锥向错位。

四、车钩缓冲装置

车钩缓冲装置是城市轨道交通车辆最基本的也是最重要的部件之一。它用来连接列车中的各车辆,使它们彼此之间保持一定的距离,并且传递和缓和列车在运行中或在调车时所产生的纵向力或冲击力。

(一)车钩缓冲装置的类型

城市轨道交通车辆的车钩缓冲装置共分三种:全自动车钩、半自动车钩和半永久车钩。

1. 全自动车钩

全自动车钩可以实现机械、气路、电气回路的自动连接。

2. 半自动车钩

半自动车钩的机械连接、气路连接结构及作用基本与全自动车钩相同,但是电气回路需要人工手动连接。

3. 半永久车钩

半永久车钩的机械、气路、电气回路的连接都需要人工手动操作,一般只有在架修以上作业时才进行分解。

(二)车钩缓冲装置的组成

城市轨道交通车辆车钩缓冲装置一般由钩头、缓冲装置、对中装置、钩尾冲击座四部分组成,下面以全自动车钩为例进行介绍,全自动车钩结构如图 4-12 所示。

图 4-12　全自动车钩结构图

1. 钩头

钩头如图 4-13 所示,它由机械钩头、电气连接箱和气路连接器三部分组成。

1)机械钩头

机械钩头由壳体、芯轴、钩舌板、钩舌板连杆、钩舌弹簧、钩舌定位杆(或称棘爪)及弹簧、撞块及弹簧和解钩气缸组成。壳体的前部一半为凸锥体,另一半为凹锥孔,连接时相邻两个车钩的凸锥体和凹锥孔相互插入,

固定在心轴上的钩舌板在钩舌板弹簧的作用下,可绕心轴转动并带动钩舌板连杆动作实现连挂。解钩有气动解钩和人工解钩两种方式。

2)电气连接箱

在机械车钩的两侧或上下为电气连接箱,其中一个为动力电源,另一个为信号电源。全

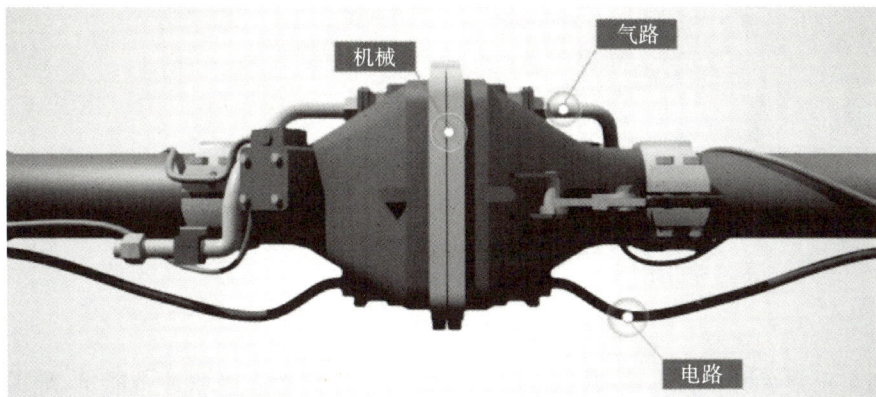

图 4-13　钩头示意图

自动车钩的电气连接箱随机械钩头的芯轴转动,带动顶端的凸轮一起转动。凸轮顶动二位五通阀,使压缩空气通向电气箱合拢的气缸充气,从而使活塞杆伸出并通过杠杆及弹簧,使电气箱迅速合上。半自动车钩两侧的电气箱则是通过人工转动齿轮,然后由齿轮带动齿条进行直线运动,从而带动杠杆和弹簧,使电气箱合上。

3）气路连接器

气路连接器设在车钩法兰下边的中间,分设两个弹簧阀,当一方弹簧阀的阀芯管压迫另一方的阀芯时,阀被打开,使总风管和解钩风管接通。而一旦一方的风管撤离,也就是两钩头的法兰面分离,则阀芯在弹簧力的作用下将阀关闭。气路连接器使风管的接通和断开随车钩的连挂和解钩自动进行。

2. 缓冲装置

缓冲装置用来缓和列车在运行中由牵引力的变化或在启动、制动及调车连挂时车辆相互碰撞而引起的纵向冲击和振动。缓冲装置有耗散和衰减车辆之间的冲击和振动的功能,从而减轻对车体结构的破坏作用,提高列车运行的平稳性和舒适度。

缓冲装置分为可再生缓冲器和不可再生缓冲器两种类型。可再生缓冲器有环弹簧缓冲器、橡胶缓冲器、弹性胶泥缓冲器等,不可再生缓冲器有压溃管等。

1）双作用环弹簧缓冲器

双作用环弹簧缓冲器如图 4-14 所示。当车钩受冲击时,牵引杆推动弹簧座向后挤压环弹簧;当车钩受牵拉时,拧紧在牵引杆后端的顶紧螺母带动弹簧座向前挤压环弹簧。所以不论车钩受冲击或牵拉,环弹簧均受压缩作用,由于内、外环弹簧相互接触的接触面均做成 V形锥面,受压缩作用相互挤压时,外环扩张,内环压缩,这样就产生了轴向变形,起到缓冲的作用。同时内、外环弹簧接触面产生相对滑动,摩擦力做功消耗了部分冲击能量。

2）橡胶缓冲器＋压溃管

该缓冲装置的特点是橡胶缓冲器中的橡胶弹簧块可承受剪切力,因而减振效果好,而且磨损少,体积小,维护简便。由于可以双向受力并配有行程限制块,所以橡胶弹簧块使用寿命长。压溃管通过钢管的永久变形来吸收能量,因其特性曲线具有矩形特征线,因而可以最大限度地吸收冲击力。压溃管属于不可再生缓冲器,当压溃管的变形部位超过规定的标准时,必须进行更换。因此橡胶缓冲器＋压溃管可以形成最佳的组合。

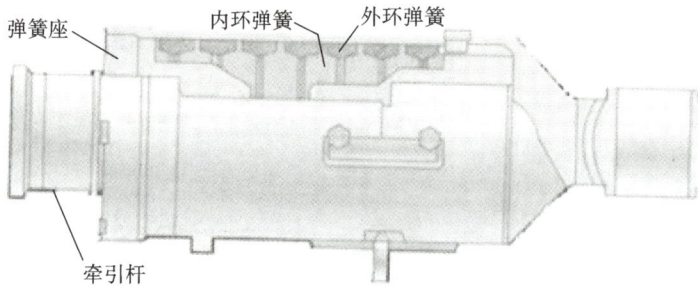

图 4-14 双作用环弹簧缓冲器

在列车正常牵引和制动时,通过橡胶缓冲器的橡胶变形来吸收冲击能量,如图 4-15 所示。在列车相撞时,橡胶缓冲器不能充分吸收撞击能量,此时通过压溃管的变形来最大限度地吸收冲击能量,压溃管如图 4-16 所示。

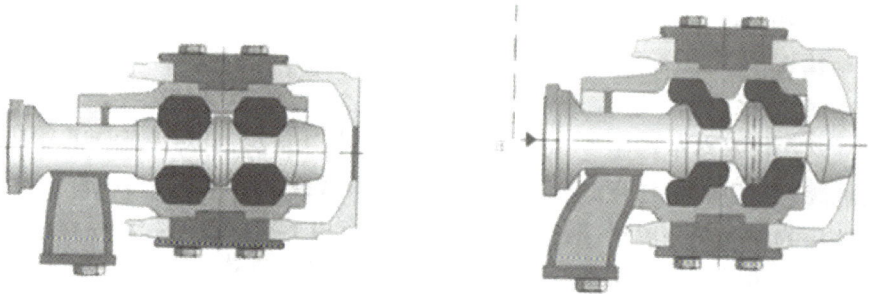

图 4-15 橡胶缓冲器

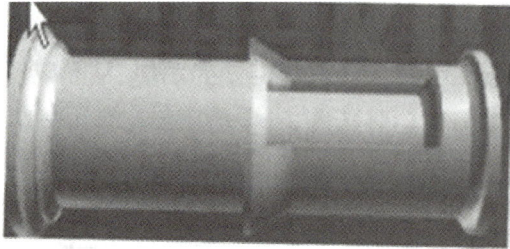

图 4-16 压溃管

3)液压缓冲器

液压缓冲器是一种可恢复的能量吸收装置,车钩在发生撞击时,缓冲器内部的活塞杆作用于活塞,使压力油通过活塞和缸体内壁的间隙流动,从而吸收冲击能量,其相对速度越快,吸收能量越多。

3. 对中装置

车钩对中装置分为水平对中装置和垂向对中装置。水平对中就是使车钩缓冲装置的中心线与车体中心线在一个垂直平面内,以便使两个钩头对准对方车钩的钩坑。水平对中大都采用气动对中装置,如图 4-17 所示。气动对中装置安装在钩尾座的下方,左、右各设有一个对中气缸,一个能旋转的凸轮板依靠两个销轴安装在对中装置部件内的中心轴上,它的活塞头部安有一个水平滚轮,当气缸充气活塞向外伸出时,能自动嵌入固定在球铰座下方的一块呈桃子形的凸轮板左、右的两个缺口内,从而达到使车钩自动对中的目的。

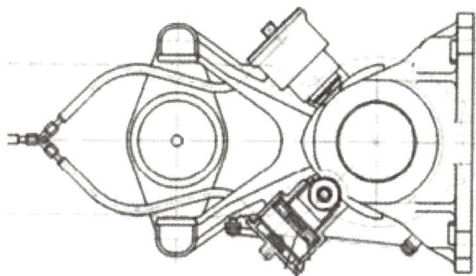

图 4-17　气动对中装置

4. 钩尾冲击座

钩尾冲击座通过过载保护螺栓与车体牵引梁紧密结合,它用鼓形套筒来避免超过许用值的载荷加载到车体上。

五、制动装置

制动装置是保证列车安全运行所必不可少的装置。为了使运行中的列车能迅速减速或停车,必须对其施加制动;列车在下坡道上运行时,也应该对其实施制动;同时为避免停放的车辆因重力和风力作用而溜走,也需要对其施加停放制动。

(一)制动类型

按动能转移方式,制动方式分为机械(摩擦)制动和动力(电)制动。

1. 摩擦制动

摩擦制动方式中,列车的动能通过摩擦转变为热能,常用的有闸瓦制动、盘形制动和磁轨制动。

1)闸瓦制动

闸瓦制动又称踏面制动,是最常用的一种制动方式。制动时,用某种材料制成的瓦状制动块(闸瓦)紧压滚动着的车轮踏面,通过闸瓦与车轮踏面的机械摩擦将列车的动能转变为热能消散于大气,并产生制动力。

2)盘形制动

盘形制动有轴盘式制动和轮盘式制动之分。制动时,制动缸通过制动夹钳使闸片夹紧制动盘,使闸片和制动盘之间产生摩擦,把列车的动能转化为热能消散于大气,并产生制动力。一般来说,盘形制动可以得到比闸瓦制动大得多的制动功率。

3)磁轨制动

在转向构架侧梁下安装有电磁铁,电磁铁下设有磨耗板,制动时将电磁铁放下,使磨耗板和钢轨吸合,列车的动能通过磨耗板和钢轨的摩擦转化为热能,最终消散于大气中。磁轨制动能得到较大的制动力,但由于对钢轨的损伤比较大,因此常作为高速列车紧急制动的一种补充制动手段。

2. 动力(电)制动

动力制动是在制动时将牵引电机转变为发电机,使列车动能转变为电能的一种制动方式。城市轨道交通车辆采用的主要形式有电阻制动和再生制动。

1）电阻制动

电阻制动是将发电机输出的电能加于电阻器中,使电阻器发热,即将电能转变为热能,热能靠风扇强迫通风而消散于大气中。电阻制动能提供稳定的制动力,但在列车底架下需要较大的空间安装电阻箱。

2）再生制动

再生制动是制动时将列车的动能通过电动机(将电动机转接成发电机)转化成电能,反馈至电网上供其他列车应用(其电压高于网压时)。再生制动既节约能源,又减少了制动时对环境的污染,且基本上无磨耗,因此是一种较为理想的制动方式。

（二）制动方式及程序

1. 制动方式

制动方式分类如图 4-18 所示。

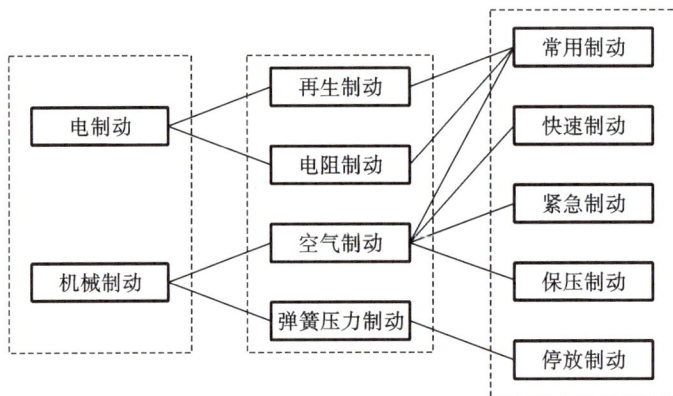

图 4-18　制动方式分类

1）停放制动

列车断电停放时,制动缸压力会因管路泄漏且无压力空气补充而逐步下降到零,所以停放制动不同于一般的充气-制动、排气-缓解,它是通过弹簧作用力而产生制动效果,能满足列车较长时间断电停放的要求。停放制动由弹簧施加,弹簧制动力可保证 AW3 超员载荷列车停于 4% 的坡道上。停放制动除可充气缓解外,还附加有手动紧急缓解的功能。

2）紧急制动

列车设计有一个“失电制动,得电缓解”的紧急空气制动系统,贯穿整个列车的 DC 110V 连续电源线控制制动系统的缓解,线路一旦断开,所有车立即实施紧急制动。紧急制动可不经过制动微处理器控制单元的控制,直接使制动控制单元(BCU)中的紧急电磁阀失电而产生。

3）快速制动

当主控制器手柄移到“快速制动”位时,列车将实施减速度与紧急制动相同的快速制动。

4）常用制动

在常用制动模式下,电制动和空气(摩擦)制动一般都处于激活状态。一般情况下(车载 AW2 以下,速度 8 km/h(可调)以上),电制动完全能满足车辆制动要求,当电制动力不能满足制动要求时,空气制动能够迅速、平滑地补充,实现混合制动的作用。

5)保压制动

保压制动是为防止车辆在停车前的前冲而使车辆平稳停车的一种制动方式,它是电子微处理器制动控制单元内部设定的执行程序。

2. 制动程序

城市轨道交通车辆一般采用再生制动、电阻制动和摩擦(闸瓦)制动三种制动方式。它们分别为第一、第二和第三优先级制动。

在城市轨道交通车辆制动过程中,车辆首先应充分利用电制动,电制动由列车的动车承担。动车产生的电制动力不仅供自身制动使用,而且要承担拖住拖车的任务。在电制动初期,动车的电动机转变为发电机,将列车制动产生的动能,变成直流电,输送回第三轨(或接触网)和供给本列车的辅助系统,这时发生的是再生制动。

如果列车所在的供电区段上没有其他列车处于牵引状态,而辅助系统的用电量不能完全消耗再生的电能,电荷就会在电容上集聚。当电荷聚集到一定程度时,制动斩波器开始工作,将多余的电能送到制动电阻上消耗掉。这个过程称为电阻制动。

随着列车速度的下降,其电制动力也不断减弱,当列车速度降低至一定的大小时,电制动已不能满足制动的要求,这时电制动力将逐渐被切除,所有的制动力改由空气制动产生。同时列车进入停放制动的程序。

(三)城市轨道交通车辆空气制动系统的组成

1. 供气系统

空气制动所需的压缩空气由车辆的供气系统供给。供气系统主要由空气压缩机、干燥过滤器、压力控制装置和管路组成。由空气压缩机产生的压缩空气通过干燥过滤器,进入主风管和主风缸。主风管压缩空气除用于空气制动外,还向雨刮器、受电弓升弓风缸、客室车门驱动风缸、转向架空气弹簧、车钩风缸以及风喇叭等气动装置供气。

2. 制动电子控制单元(EBCU)

制动电子控制单元根据输入的制动命令、电制动施加与否的信号、车体负载信号、空气制动实际值的反馈信号,输出电-气模拟转换和防滑控制的电信号,控制各种电磁空气阀,根据制动要求和空气制动施加的实际情况,不断地调整制动缸的压力。传统的制动控制系统采用车控式,即一个制动电子控制单元控制同一节车的两台转向架。新型的制动控制系统采用架控式,即同一节车安装两套制动控制单元,每套制动控制单元控制一台转向架,这样当一个制动控制单元出现故障时,只有一台转向架上的空气制动失效,减小了对车辆产生的影响。新型的制动控制系统具有制动精确度高、故障率低、维护工作量小等优点,有可能成为未来应用于城市轨道交通车辆上的主要制动控制系统。

3. 制动控制单元(BCU)

制动控制单元是空气制动的核心,主要由模拟转换阀、紧急电磁阀、负载限压阀(称重阀)、中继阀(均衡阀)、载荷压力传感器、压力开关等元件组成。制动控制单元采用模块化设计,所有的元件都安装在一个铝合金集成板上,如图 4-19 所示,A 为模拟转换阀,C 为限压阀,D 为中继阀,E 为紧急电磁阀,F 为压力传感器,H 为压力开关,J、K、L、M、N 为测试接头,R 为储风缸压力,P 为负载压力,T 为制动缸压力。模块化结构便于从车上拆卸和更换,维修检查时不会影响车辆的运行。

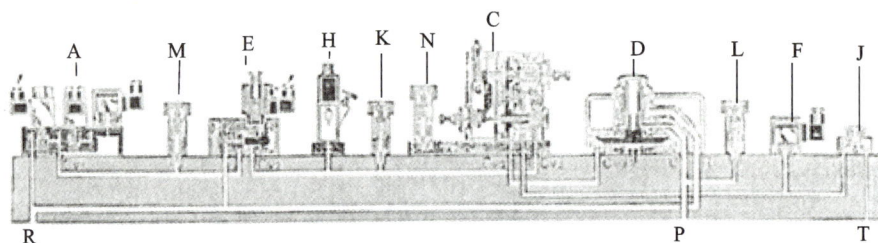

图 4-19　制动控制单元示意图

　　制动控制单元的主要作用是将电子制动控制单元(EBCU)发出的制动指令电信号通过模拟转换阀 A 转换成与之成比例的预控制压力 Cv,这个预控制压力受到限压阀 C 和防冲动检测装置的检测和限制,再通过中继阀 D,连通制动储风缸与制动缸的通路,并控制进入制动缸的压力,最后使制动缸获得符合制动指令的空气制动压力。

　　制动控制单元工作流程如图 4-20 所示。

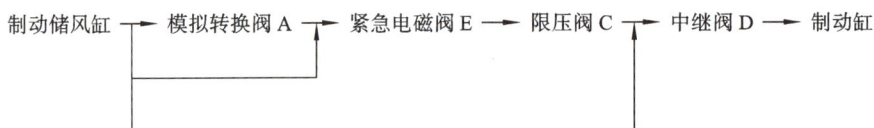

图 4-20　制动控制单元工作流程

　　1) 常用制动

　　当有制动需求时,电子制动控制单元(EBCU)使模拟转换阀 A 的充气电磁阀通电,制动储风缸对 BCU 的 Cv 压力腔充气,直到压力上升到和制动需求相一致为止。对于制动时的每个变化(制动或缓解),在常用制动时,模拟转换阀的 Cv 压力会根据相应的模拟变化量变化。因中继阀 D 直接和制动储风缸相连,具有很高的容气量,可以瞬时把与 Cv 压力相对应的压缩空气充入制动缸。

　　2) 紧急制动

　　在紧急制动时,紧急电磁阀 E 断电,压力端口打开,这样储风缸压力 R 就从制动储风缸直接流入与负载相关的限压阀 C 和中继阀 D,产生一个和负载相当的紧急制动。由于紧急制动时模拟转换阀 A 被切断,负载电信号丢失,因此需要由紧急电磁阀 E 和中继阀 D 之间的限压阀 C 来确保预控压力不会超过设定值。

　　3) 制动缓解

　　如果没有制动需求(缓解位),电子制动控制单元(EBCU)使模拟转换阀 A 的排气电磁阀通电。制动控制单元 BCU 的空气压力预腔(Cv1 和 Cv2)排气,和 Cv 压力对应的制动缸的压力也经中继阀 D 的排气口被排出。

　　4. 基础制动单元

　　空气制动的基础制动为单元制动机,一种为 PC7Y 型单元制动机,另一种为带停放制动的 PC7Y/F 型单元制动机。压缩空气从气管进入制动缸,推动活塞向下行进,同时活塞向缸底行进,活塞弹簧受到压缩,活塞的导向管带动杠杆围绕安装在壳体上的销轴转动,而杠杆的另一端带动间隙调整器向车轮方向推动闸瓦托及闸瓦行进,最终使闸瓦紧贴在车轮踏面上,产生制动力。缓解时,制动控制单元(BCU)中的中继阀将闸缸中的压缩空气排到大气中去,这时闸瓦及闸瓦托上所受到的推力被撤除,活塞弹簧及闸瓦托吊杆上端头的扭簧的反弹作用使闸瓦与活塞复位。图 4-21 为 PC7Y/F 型单元制动机示意图。

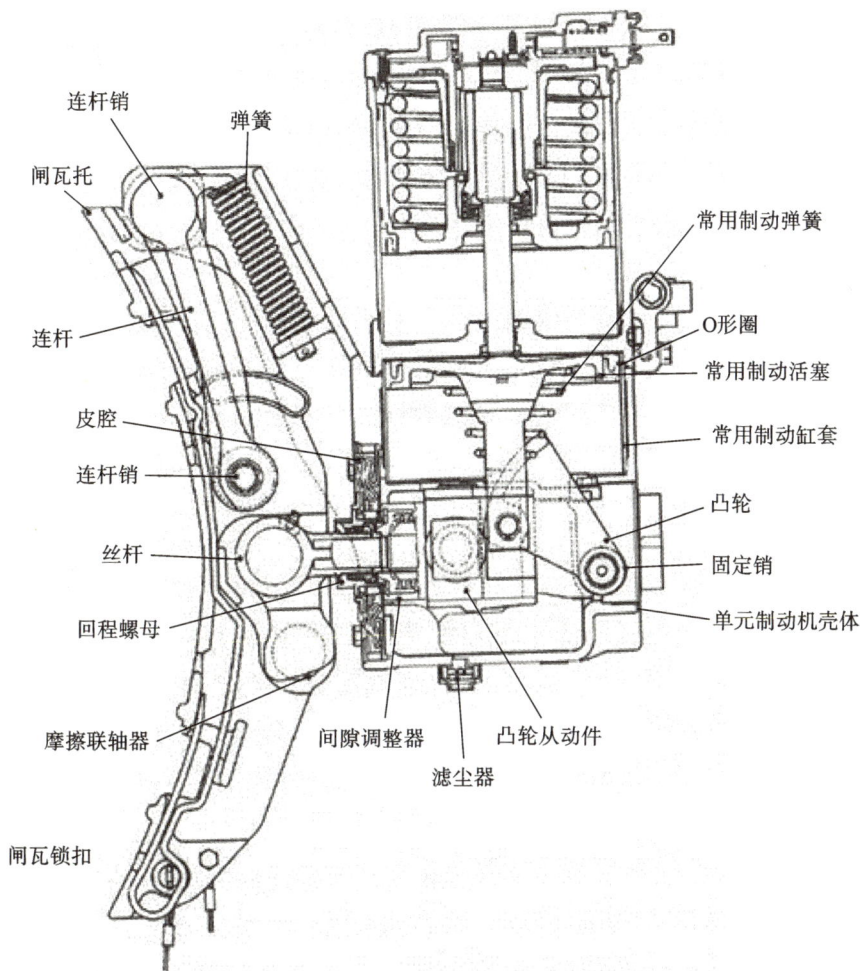

图 4-21　PC7Y/F 型单元制动机

六、空调通风系统

城市轨道交通的运输任务是运送短途乘客,这就要求客室内清洁卫生,而且具备舒适的环境条件。

(一)空调通风系统的组成

1. 通风系统

通风系统一般是指机械强迫通风,由离心式通风机、可调式进风口、滤尘装置、主送风道、支送风道、回风道、废排风道等组成。

2. 空气冷却系统

车辆空调主要采用蒸汽压缩式制冷设备,由压缩机、冷凝器、蒸发器、膨胀节流阀或毛细管节流装置四大部件组成,并辅以冷凝风机、送风风机、储液筒或气液分离器、压力继电器、干燥过滤器等部件,组成一个完整的空气冷却系统。车内外的空气经过制冷机组的蒸发器降温除湿后,由离心式通风机送入送风道,以保证夏季客室内空气的温度维持在规定的范围内。

3. 空气加热系统

空气加热系统一般对进入车内的空气进行预热和对客室内的热损失进行补偿,在冬季,由通风机吸入车内的空气必须经过预热处理,而且由于冬季客室内的热损失较大,因此必须加设取暖装置,以补偿客室内的热损失,从而保证冬季车内空气的温度维持在规定的范围内。目前大多数车辆空调中采用的加热装置为电加热器。

4. 空气加湿系统

空气加湿系统用来调节客室内空气的相对湿度。

5. 调节和控制系统

为使上述设备运行达到规定的要求,在车内设置了调节和控制系统,可以实现人工控制、自动控制和集中统一控制。

(二)空调通风系统的原理

1. 集中式单元空调机组

六节编组电动列车分为两个单元,每节车辆上都设有两台集中式单元空调机组,分别位于每节车辆车顶的两端。

为了使车辆的外形轮廓不超出车辆静态限界,在车顶两端设计了两个专用于安装空调机组的凹坑,并在安装空调机组的机座上安装橡胶衬垫,以减小空调机组间的振动影响。

2. 空调系统的启动与监控

空调系统都是由设在每节车辆电气柜中的空调控制单元来实施自动控制、自动调节及本单元制冷压缩机的顺序启动的,以免多台压缩机同时启动,启动电流过大,导致辅助逆变器因负载过大而损坏。

空调系统的电源由车辆辅助逆变器提供。其中 Tc 车的逆变器提供控制系统的电源,Mp 车的辅助逆变器承担各一个单元的空调机组的电源;而每节车的另一个单元的空调机组由 M 车的逆变器供电,这样可避免因一个逆变器故障而造成单节车的空调机组全部停机。另外,电动列车每节车辆或每台空调还设有一台紧急逆变器,在 1500 V 直流供电中断时,将列车蓄电池直流电源逆变成三相交流电,以供列车 45 min 的紧急通风使用。

3. 单元空调机组制冷系统循环原理

在单元空调机组制冷系统中,由压缩机压缩成高温高压的 R407C 蒸汽进入风冷冷凝器,经外界空气强制冷却,冷凝成高压常温液体,然后进入毛细管节流降压,变成低温低压液体,进入蒸发器,吸收流过蒸发器的空气的热量,蒸发成低压蒸汽,被压缩机吸入,完成一个制冷循环。压缩机不断工作,达到连续制冷的效果。图 4-22 为列车单元空调机组制冷系统循环原理图。

4. 车辆客室气流组织

城市轨道交通车辆客室气流组织主要考虑气流、风速及温度的均匀性,要满足乘客对舒适度的要求。因此,客室的送风口应贯穿整个车厢,并且要求乘客停留区从地板以上 1.2 m(座位区)到 1.7 m(站立区)处所测得的风速平均值为 (0.5 ± 0.15) m/s。在上述高度测得的最高风速应不超过 0.7 m/s。

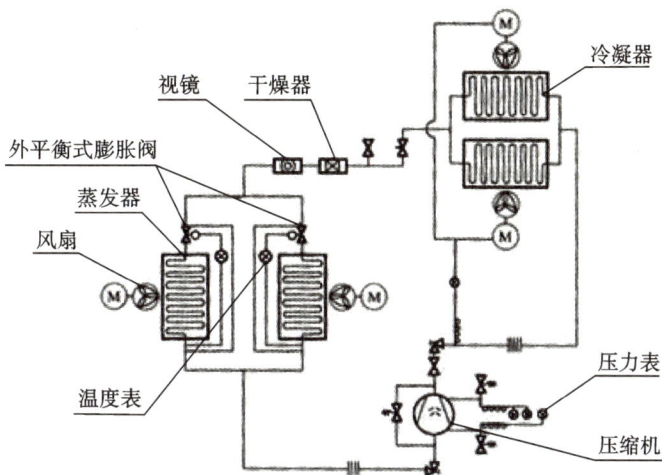

图 4-22　列车单元空调机组制冷系统循环原理图

4.3　车辆电气

城市轨道交通车辆电气部分包括牵引系统、辅助供电系统和列车控制系统。

一、牵引系统(主电路)

车辆电气牵引系统包括车辆上的受流器和各种电气牵引设备及其控制电路,它是电传动车辆上高电压、大电流、大功率的动力电路。

牵引系统的作用:在牵引工况时,将变电所传递的电能转变为车辆牵引所需的牵引力;在电制动工况时,将车辆的动能转化为电制动力,实现电能的转换和传递。

(一)牵引系统的形式及特点

电气牵引系统有直流电气牵引系统和交流电气牵引系统两种。

1. 直流电气牵引系统

随着电子技术的发展,直流电气牵引系统的控制方式发展为微机控制的斩波调压变速方式。斩波调压控制使用先进的大功率门极可关断晶闸管(gate turn-off thyristor,GTO),利用晶闸管的导通和关断把直流电压转换成方波,用以调整直流电机的端电压。斩波调压变速方式的主要优点是:GTO 取消了换流装置,体积和重量均有减少,并可实现无级调整,使车辆平稳启动和制动;将车辆的动能转化为电能,存储在电抗器,再反馈到电网,只有在电网不能吸收再生电能时,才由电阻消耗电能,节约能量;电机的电流波动小,提高黏着能力;结构简单,便于检修。目前欧洲、加拿大、日本、上海(DC01 型)直流电机电动列车均采用这种传动控制方式。

2. 交流电气牵引系统

交流电气牵引系统采用异步电动机和直线电机两种电机。

直线电机(线性电机)将传统的旋转电机的定子和转子展开成直线状,转变旋转运动方式为直线运动方式。它使车辆从传统的依赖摩擦的接触驱动方式中解放出来。采用直线电机的车辆，取消了传统的旋转电机从旋转运动转换成直线运动所必不可少的一系列机械减速传动机构，从而能达到降低噪声、减轻重量的效果。由于直线电机采用径向转向架，其过急弯的能力较强，可以实现隧道截面的小型化，降低建设成本。此外，直线电机的爬坡能力较强。直线电机轨道交通系统成为21世纪理想的新型城市交通系统，目前直线电机车辆已在加拿大的温哥华、多伦多，美国的底特律，日本的大阪，中国的广州等城市的轨道交通中获得应用（图4-23）。

图 4-23　直线电机车辆（广州地铁 6 号线）

（二）牵引系统的主要电气设备

1. 受流装置

受流装置是接受供电的装置。一般城市轨道交通车辆采用直流 1500 V 和直流 750 V 供电。

直流 1500 V 供电采用架空线接触网式，车辆采用受电弓（图4-24）受流。由于直流 1500 V供电方式的电流小而线路压降低，能量损失少，同时会减少整个牵引系统的电流容量，因此很多城市轨道交通车辆都采用直流 1500 V 接触网供电的受流方式。

直流 750 V 供电方式一般采用第三轨供电，在车辆的转向架上装有受流器（集电靴），如图 4-25 所示。其接触方式分为上部受流和下部受流。上部受流即车载受流器的滑块与第三供电轨上部接触滑行（如北京地铁 13 号线）；下部受流即车载受流器的滑块与第三供电轨的下部接触（如武汉地铁 1 号线）。

2. 高速断路器（高速开关）

在正常情况下，高速断路器能闭合或断开线路接触网经受电弓提供电能的电路，以达到断电、供电和转换电路的目的。当电网或车辆主电路出现不正常的情况（如短路、过压、欠压）时，能自动地把负载从电网上断开。因为这些不正常的情况将危及司机、检修人员和乘客的安全或设备的正常运行，甚至会引起人身伤亡事故或造成电气火灾，为了防止事故扩大，要求高速断路器动作迅速、可靠，并具有足够的断流容量。

图 4-24 受电弓示意图

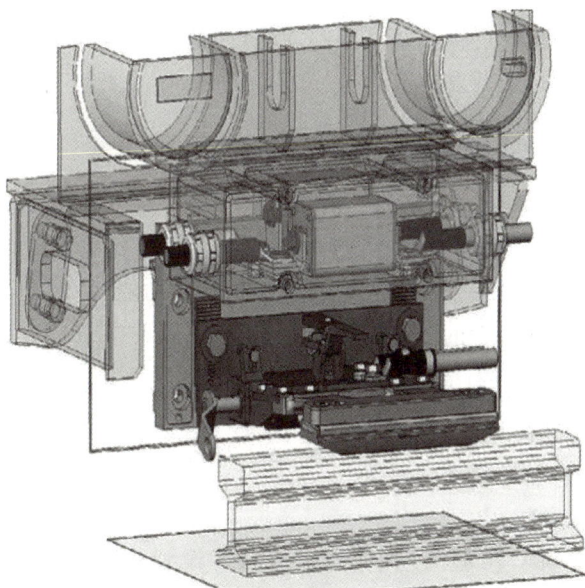

图 4-25 集电靴示意图

3. 牵引电机

每节车辆安装有四台牵引电机。牵引电机有直流牵引电机和交流牵引电机两种。直流牵引电机具有启动性能好、调速范围宽、过载能力强、功率利用充分、运行较可靠的优点,一直作为各种城市轨道交通车辆的主要牵引动力。但由于直流牵引电机必须通过换向器才能工作,结构复杂、体积大、重量大、维修工作量大,因此逐渐被三相异步牵引电机(交流牵引电机)所取代。

4. 变流设备

按城市轨道交通车辆的供电性质和牵引电机的种类不同,变流设备有"直流—直流"和"直流—交流"两种形式。"直流—直流"变流设备采用斩波器进行调压,它具有线路简单、能耗小、无级调压、车辆启动平稳的优点。采用斩波器调节的电动列车易于实现自动控制并可实现直流电机的再生制动,且从牵引状态转换到再生制动状态极为方便。"直流—交流"变流设备采用牵引逆变器,通过调压调频(VVVF)技术,能在调节频率的同时相应调节电机的端电压,可以满足列车在启动加速阶段和运行状态下不同牵引性能的调速要求。

5. 制动电阻

采用模块化设计的制动电阻用于城市轨道车辆的电阻制动,承担电机电流中不能再生的部分制动电流,该电阻应有充分的容量来承受持续工作状态下100%的制动负载,其中带状电阻条通过制动电流时,以发热的方式将能量传递出去。制动电阻除要求有良好的热容量、耐振动外,还要求能防腐蚀,在高温下不生成氧化层。

(三)牵引系统的工作原理

由受电弓(滑块)将接触网的1500 V(750 V)电源引入牵引系统,逆变电路的三个相模块组成的逆变桥进行VVVF(调压调频)变换,在牵引时将直流电逆变成三相交流电,供牵引电机启动、加速;滤波电路可平抑逆变和斩波造成的电网电压及电流的波动并减少谐波。电制动时,电机工作在发电状态,将动能转变为电能,由逆变桥将三相交流电整流为直流电,通过受电弓送至电网,实施再生反馈制动。当不能进行再生制动时,通过制动斩波器将电能消耗在制动电阻上,转化为热能散发。

二、辅助供电系统(辅助电路)

随着城市轨道交通车辆的不断更新,人们对乘车安全性、舒适性提出了新的要求,辅助供电系统的功能也日益增加。由逆变器、蓄电池及相应的部件组成的辅助供电系统为辅助设备提供电源,它的工作状态正常与否直接影响整列车的功能,特别是当数辆车发生辅助系统故障时,将引起列车运营能力的下降,导致整个运行线路的中断。

(一)辅助供电系统的组成

辅助供电系统主要由辅助逆变器、蓄电池、中压(380 V)总线、低压(110 V)总线、控制器、断路器、继电器、接触器等组成。

1. 直流高压电的传输

辅助系统由1500 V DC接触网供电,经受电弓传输到列车总线,在线网电压正常情况下,受电弓将高压直流电通过列车总线同时传输给每节车的辅助逆变器。每节车的辅助逆变器处于并联工作状态,这样即使只有一只受电弓工作,所有逆变器都能正常工作,每个辅助逆变器是由接触网提供的1500 V DC列车线经二极管供电的。在线网电压小于1100 V DC的情况下,为了避免逆变器在不正常情况下工作,此时逆变器将停止工作,当线网电压上升至大于1100 V DC并持续3秒钟以上时,逆变器重新启动工作。

当电动列车在检修时需做某些测试工作,如空调试验等,考虑到工作时的人身安全,此时1500 V DC接触网断电,采用车间外接电源供电,车间外接电源只有在受电弓落弓条件下才能接通负载而得电。它们之间的联锁由所有受电弓落弓继电器完成,或由高压电源开关来选择电源(受电弓或车间电源插座)。

2. 中压总线(380 V AC)和低压总线(110 V DC)

在列车内负载是在交叉的AC网络间分配的,整列车一半的AC负载由两个AC网络中的一个供电,当一个 AC 网络发生故障时,由它提供电源的一些重要的 AC 负载会自动切换至另一 AC 网络,保证这些 AC 负载能继续工作(如牵引箱的通风冷却风机等)。

3. DC/AC 逆变器

DC 网络的电源是由带充电设备的 AC/DC 蓄电池充电器通过二极管来提供的。蓄电池充电器内的 AC/DC 变换器提供蓄电池充电和 DC 电源。

(二)辅助供电系统的负载

1. 辅助逆变器

电动列车辅助逆变器(DBU)系统主要由每节车的逆变器并联组成,向空调、照明、蓄电池充电、设备冷却风机、直流电压设备提供电源,如图 4-26 所示。

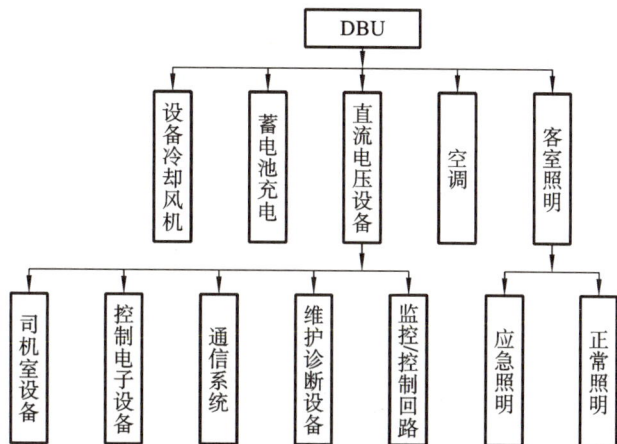

图 4-26　辅助逆变器系统负载示意图

为了保证在某台逆变器发生故障时,列车仍能可靠运行,在负载分配上采取以下措施:

将整列车的辅助逆变器按其负载的性质分成两组供电系统。一组供电系统为整列车的空调提供电源,这组供电系统由整列车中的几台辅助逆变器并联组成,分别为本单元每节车辆的一台通风空调(每节车有两台通风空调)提供电源,这样当一台逆变器发生故障时,能保证在每一节车辆上有一台通风空调能正常工作。

另一组供电系统由剩余的几台(一般为两台)辅助逆变器组成,它为整列车除空调外的其他设备提供电源。

上述供电网络是中压供电系统中一种常用的供电模式,然而这种供电模式在原有列车中的应用已不能完全满足现有的要求。当辅助逆变器出现故障时,相关供电区域的负载设备都将无法工作。

2. 蓄电池组

城市轨道交通车辆设置蓄电池组,为列车的启动及紧急状况(无高压电源)时车的直流负载提供电源。

三、列车控制系统(控制电路)

城市轨道交通车辆及其主要系统都采用微机进行自动控制。微机控制系统具有自我监控和诊断功能,能够针对列车主要设备的运行和故障状态自动进行信息采集、记录和显示,以满足维修和故障分析的需要。

（一）工作原理

城市轨道交通车辆的控制电路是低电压小功率电路，分为有接点的直流电路和无接点的电子电路。直流控制电路由主控制器、继电器、电气控制的低压部分以及联锁接点组成；无接点的电子电路由微机及各种电子单元组成，如列车牵引控制单元、制动控制单元、空调控制单元等。

（二）组成及作用

控制电路的作用是控制牵引系统与辅助系统各电气设备的动作，通过司机或检修人员控制车辆的运行。主电路、辅助电路、控制电路在电气设备方面互相隔离，分别设置在操纵台和各种设备箱、电气柜中，但又通过电磁或机械传动等方式，互相联系、互相配合动作，形成完整统一的车辆电气系统，以实现整列列车的正常运行。

1. 主电路控制

主控制器（图4-27）控制主电路，通过司机控制主控制器的手柄和操纵按钮，控制线路中相关的继电器得电或失电，使相对应的主电路接触器动作，从而控制牵引电机的运转，实现牵引、制动等工况。另外，控制电路中还有许多监控回路，检测列车各工况下的参数，并及时切断主电路中相关的触点，起到保护作用。

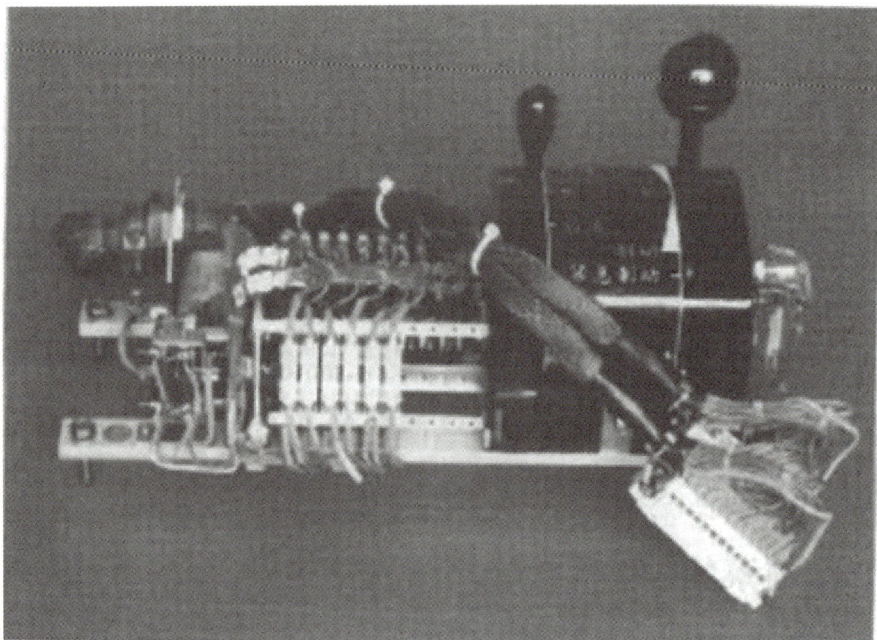

图 4-27　主控制器设备示意图

2. 辅助电路控制

辅助电路控制系统主要是围绕逆变器从启动到输出的工作过程来工作的，在逆变器出现故障或欠压等情况下，采用联锁的方式，将逆变器、蓄电池组或备用电源进行切换，使整个系统在可靠的工况下工作。

3. 列车照明控制

列车照明系统包括客室照明和司机室照明、设备照明、头尾灯等。当列车处于启动状态且主控制器钥匙打开时,司机可以通过操作驾驶台上的客室照明按钮,或其他照明的旋转按钮来开启或关闭照明系统。

4. 车钩监控

列车各车辆的连接是通过位于各车辆两端的车钩来完成的。司机通过操作驾驶台上的解钩和连挂旋钮来控制解钩电磁阀的通电和断电,进行列车的连挂和分解。车钩电气连接器通过触点连接或电缆传递信号电源和动力电源,形成一个回路来对列车进行控制和监控。对于一些非常重要的列车导线(如制动指令、开关门信号等),一般采用双回路冗余方式,以保证电气连接的可靠性。

5. 空调控制

空调控制是指通过空调控制单元(ACU)对空调压缩机、空调冷凝风扇和通风风扇等进行控制,来监控和调节客室的温度及通风量。

6. 车门控制

客室车门的开、关动作,由司机按压驾驶室左、右侧壁上的开关门按钮完成。该按钮带车门状态指示灯,能让司机了解客室车门当前所处的开关状态。门控系统采用继电器控制的方法,完成整个控制过程。一旦车门发生故障,司机室故障显示屏上会及时显示故障车门的部位,以便司机尽快做出反应,及时处理。列车门控系统还具备与列车控制系统的监控保护联锁功能,即在列车行驶过程中不能打开车门。在车门处于打开状态或门控系统出现故障时,列车将不能启动及行驶。在列车行驶途中若有紧急状况,有人拉下客室内的紧急拉手时,列车会施加紧急制动。

7. 列车运行自动控制

ATC 系统的车载信号系统将收到的列车运行目标速度信息或目标距离信息送至系统处理 CPU,实现列车运行自动控制;另外,列车超速控制器的 CPU 接收来自系统处理 CPU 的限制速度信息和来自速度传感器的列车实际信息,如果列车实际速度超出 ATP 限速,出现超速状态,在自动运行模式下,列车将自动调整速度,在人工模式下,由司机采取减速措施,以确保列车安全运行。

当列车在 ATO 模式下运行时,不仅可以实现列车运行速度的自动调整,而且可以实现列车在车站的程序定位停车控制。当列车到达定位停车点时,由超速 CPU 进行零速检测,零速检测信息返送至系统处理器,确认列车在定位停车点已经停稳后,由车站 ATP 子系统自动传送车门控制信息,司机看到该信息后,可以开启列车门;与此同时,由列车 ATC 系统向站台屏蔽门控制系统传送开启与列车编组相对应的屏蔽门信息。

思政案例

"95 后"女孩刘晓燕是一名勤奋钻研的"职场工匠"。她是中国铁路兰州局集团有限公司兰州西车辆段的一名轮轴装修工。

工作中的刘晓燕很拼。一套铁路货车轴承重达 30 多千克,有 14 个关键部位的尺寸限度需要精确测量,即使比头发丝还细的裂纹也不能放过。为确保精准检测,刘晓燕从源头学起,学习车辆构造、原理、检修方法,掌握故障发生规律;学规章规程、工艺流程,苦练检测本领。为了彻底学懂弄通,她把滚子、保持架、密封座等十几个轴承零件的 70 多个检修限度全部熟记,将轴承检修工作中存在的难点问题、不明白的测量细节、不清楚的选配环节逐一记录下来,虚心向师傅请教……

雏燕展翅,不负芳华。2018 年 10 月份,在铁路车辆专业货车检修岗位职业技能竞赛中,刘晓燕被授予全路技术能手称号。

复习思考题

1. 简述车辆分类。
2. 简述车体的特征。
3. 简述车体的基本结构。
4. 简述车门的类型。
5. 简述车门的组成。
6. 简述转向架的基本作用及要求。
7. 简述城市轨道交通车辆的车钩缓冲装置种类。
8. 简述制动装置的组成。
9. 简述牵引系统的形式及特点。

第 5 章
城市轨道交通供电系统

📖 **学习目标**

1. 掌握城市轨道供电系统组成；
2. 掌握城市轨道交通变配电系统；
3. 了解城市轨道交通电力监控系统；
4. 掌握城市轨道交通接触网结构形式。

📖 **素质目标**

1. 培养高度的安全和责任意识；
2. 培养团队合作意识；
3. 养成严谨的科学态度。

城市轨道交通供电系统是城市轨道交通的重要组成部分，它不但为列车提供牵引动力，而且为城市轨道交通运营服务的辅助设施，如照明、通风、空调、排水、通信、信号、防灾报警、自动扶梯等设备提供电力。城市轨道交通供电系统是确保城市轨道交通正常运营的重要设施。

▶ 5.1 供电系统的组成及要求

一、供电系统的组成

城市轨道交通供电系统由主变电站、牵引变电站、降压变电站、馈电线、接触网、走行轨、回流线、迷流防护系统和远动系统等部分组成。

主变电站将市电网的三相 110 kV 电压降为 35 kV 的电压，配送给轨道交通线路的牵引变电站和中心降压变电站。牵引变电站将交流电压整流、变换成 1500 V 直流电，再经馈电线输送到接触网，提供给电动列车作为牵引电源。中心降压变电站经动力变压器将电压降至 10 kV 后，以两路电源配送到各个降压变电站，降压变电站将电压降至 0.4 kV，配送给各车站用户。电力远动系统对变电站内的供电设备进行实时监控和数据采集。

二、供电系统的基本要求

（一）供电系统必须可靠

城市轨道交通供电系统必须具有高度的可靠性，为此，各变电站采用两路进线，并互为备用；设计电源容量时应为发展留有余地；应选用先进、可靠的电气设备，采用模块化的计算机控制系统，实现实时监控、调度自动化的运行模式；以专人定时巡视检查为辅助手段。

（二）供电系统必须满足不同用户的需求

城市轨道交通系统内各用电单位对供电有不同的需求，为了满足各单位的用电要求，首先对供电负荷进行分类。

1. 按供电对象的重要性分类

按供电对象的重要性，将供电负荷分成三级，即一级负荷、二级负荷和三级负荷。

2. 按用户负荷变化及用途分类

1）负荷变化不大的低压交直流供电

此类负荷要求有很高的供电可靠性和良好的供电质量。

2）负荷变化大的直流供电

此类负荷对供电、供电设备的可靠性要求高，用电量随客运高峰和低谷的变化而变化，是城市轨道交通供电系统中的主要负荷，而且是直流负荷。在夜间列车停运时，负荷为零。

3）负荷变化大的交流供电

此类负荷多为低压负荷，如车站电梯和自动扶梯等。这些负荷在客运时段是用电高峰，在列车停运时段是用电低谷。此外，必须向通信、信号设备提供 24 小时不间断的供电。

4）夜间用电

停车场的车辆维修作业区等属于夜间用电用户。白天绝大部分的电动列车都在正线运行，列车检修处于用电低谷，而在夜间客运终止，回库列车的检修作业处于用电高峰时段。

5）非重要用户

车站商业等不直接影响运营质量的用户，尽管其用电量较大，但这些用户与列车运营没有直接关系，我们将这些用户归为非重要用户。

综上所述，城市轨道交通供电系统中的用电设备，必须依据不同用电需求区别对待，即重要的一级负荷采取两路电源供电，并能自动切换。二级负荷也采用两路电源进线，再分片、分区供电。三级负荷采用一路电源供电，在供电紧张时，停止三级负荷供电。只有这样，才能满足和保障用户的用电要求，实现城市轨道交通的正常运营。

▌ 5.2 变配电系统

一、供电方式

我国城市轨道交通供电系统的供电方式有集中供电、分散供电和混合供电。

（一）集中供电

集中供电方式是指在线路的适中站位，根据总容量要求设主变电所，由发电厂或城市电网区域变电所以高压（如 110 kV）向主变电所供电，经降压并在沿线结合牵引变电所、降压变电所进线形成 35(33)kV 或 10 kV 中压环网，由环网供沿线设置的牵引变电所经降压整流为直流电（如 750 V 或 1500 V），从而对电动列车供电。各车站机电设备则由降压变电所降压为 380/220 V 进行供电。为了便于城市轨道交通供电系统的统一管理,提高自身供电的可靠性和灵活性,城市轨道交通供电系统目前多采用集中供电方式。

(二) 分散供电

分散供电方式是指不设主变电所,而直接由城市电网区域变电所的 35(33)kV 或 10 kV 中压输电线直接向城市轨道交通沿线设置的牵引变电所、降压变电所供电并形成环网。采用这种方式的前提是城市电网比较发达,在有关车站附近有符合可靠性要求的供电电源。其中压网络的电压等级应与城市电网相一致。在这种方式下,可设置电源开闭所,并可与车站变电所合建。

(三) 混合供电

混合供电是指对一条轨道交通线路的供电,一部分采用集中供电,另一部分采用分散供电。

二、主变电站

城市轨道交通供电系统采用集中供电模式时,首先需要对来自电网的高压电进行降压,使之符合设备要求。负责进行电压变换的场所就是变电站。

变电站(substation)是电力系统中变换电压、接受和分配电能、控制电流的流向和调整电压的电力设施,它通过降压变压器把电网和用户联系起来。变电站可以通、断用户电能的供路,改变或调整电压,是输电和配电的集结点。

城市轨道交通变电站有五种类型,即主变电站、牵引变电站、中心降压变电站、降压变电站和混合变电站(将牵引变电站和降压变电站合建在一起就称为混合变电站)。

(一) 主变电站的作用

主变电站(简称主变)将城市电网提供的 110 kV 三相交流电压降至 35 kV,然后配送到城市轨道交通沿线的各个牵引变电站和中心降压变电站。主变承担着城市轨道交通所有用户的供电,一旦主变因故失电,将直接影响一、二级负荷的供电。所以主变设有两路以上的进线电源。

(二) 主变电站的主要设备及其作用

1. 110 kV 开关

开关是通、断电路的重要设备。主变两路 110 kV 进线,每路设有三台 110 kV 开关:两台设在进线侧,其中一台称为进线开关,作为从市网引入 110 kV 电源的开关,另一台是其备用开关;设于主变侧的开关称为主变压器开关,通过它将 110 kV 电压送入主变压器。110 kV 开关接线图如图 5-1 所示,图 5-2 是合成了三台 110 kV 开关设备的实物图片。

2. 主变压器

主变压器将 110 kV 的交流电降至 35 kV 交流电。当市网电压发生波动时,通过设置于主变压器的有载调压开关及时调整输出电压,保证输出电压的稳定。图 5-3 为有载调压开关控制箱的实物照片。

3. 35 kV 开关

经主变压器降压后输出的 35 kV 电压,通过 35 kV 母线被配送至各个牵引变电站和中心降压变电站。35 kV 开关就是负责通、断该电路的开关装置,有分段开关、进线开关(或称

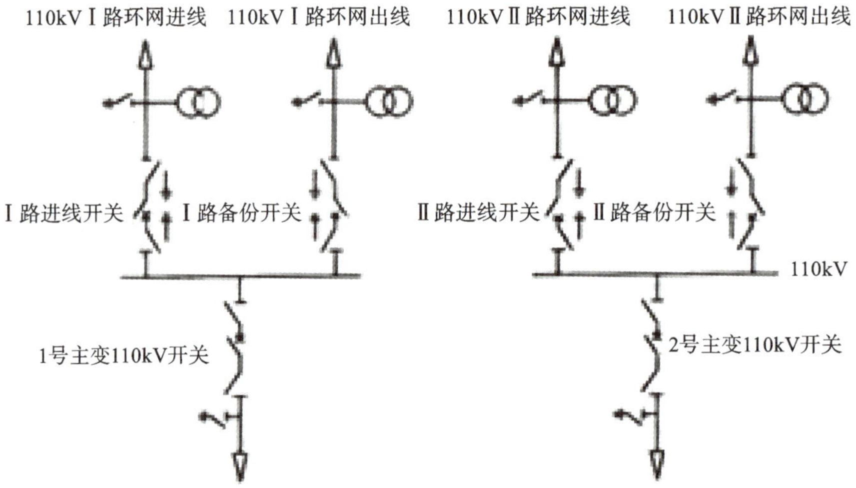

图 5-1 110 kV 开关接线示意图

图 5-2 110 kV 开关设备示意图

母线进线开关)和出线开关(或称馈线开关)三类。当某一段母线失电后,通过分段开关可将另一段没有失电的母线的电源提供给失电母线,恢复其所辖负荷的 35 kV 供电。进线开关和出线开关分别负责通、断 350 kV 变压器的输入或输出线路。

4. 闸刀

闸刀(也称为隔离开关)也是开关设备的一种形式,负责接通或切断所接入的电路,完成设备的倒闸操作。闸刀可分为隔离闸刀、接地闸刀、负荷开关等。

隔离闸刀一般安装在设备的两端。与电源相连一侧的隔离闸刀,能使设备与高压电源之间构成电气隔离,便于设备的安全检修。

接地闸刀的作用是在检修时保证检修设备可靠接地,保证检修人员和设备的安全。

5. 自动监控设备

变电站自动监控设备用于对变电站电气设备的监测和控制,并能对其进行远程控制和数据采集。

6. 直流电源设备

所有变电站都设有为监控设备提供直流电源的直流屏,正常情况下直流屏将变电站提供的交流电转化为稳定的直流电,该直流电也可作为蓄电池的浮充电源。当变电站两路交流电源都失电时,直流屏自动将输出切换至蓄电池,由蓄电池放电,为监控设备、车站应急照明及紧急疏散标志等提供不间断直流电源。所以,不间断供电电源都应具有自动切换功能,在两路交流电失电后,能有 1～2 h 的直流供电,以便赢得故障抢修、乘客疏散或事故处置时间。图 5-4 和图 5-5 所示为变电站直流屏和蓄电池实物照片。

图 5-3　有载调压开关控制箱　　　图 5-4　变电站直流屏　　　图 5-5　变电站蓄电池

(三) 主变电站的接线方式及运行

主变电站的接线方式对供电系统运行的可靠性、变电所电气设备的选择、继电保护装置的配置等有直接影响,因此在满足供电可靠性和电能质量的前提下,接线方式应力求简单、清晰、操作简便,并满足经济性要求。

1. 输入端 110 kV 的接线方式

为确保供电的可靠性及电力调度的灵活性,主变电站的电源采用两路不同源的 110 kV 电源进路。主变电站 110 kV 进线端接线方式一般有两类,分别为环进、环出线路变压器组接线方式和线路变压器组接线方式。环进、环出线路变压器组接线方式见图 5-1;线路变压器组接线方式见图 5-6。

2. 输出端 35 kV 的接线方式

引入的两路 110 kV 电源降压到 35 kV 后,经 35 kV 母线,将输出配送到下辖的各牵引变电站和中心降压变电站;35 kV 输出端一般采用单母线分段的接线方式,经 35 kV 馈线开关,直接配电给各牵引变电站和中心降压变电站。

3. 主变电站的运行

1) 正常运行

从城市电网输入的两路 110 kV 电源分别输出到两台主变压器,主变压器输出的 35 kV 电源,通过 I/II 段母线上的馈线开关输出到下级牵引变电站和中心降压变电站。

正常运行时,35 kV 分段开关处于备用状态。当 110 kV 一路电源失电时,35 kV 分段开关将自动闭合,切换到另一路电源,确保供电正常。

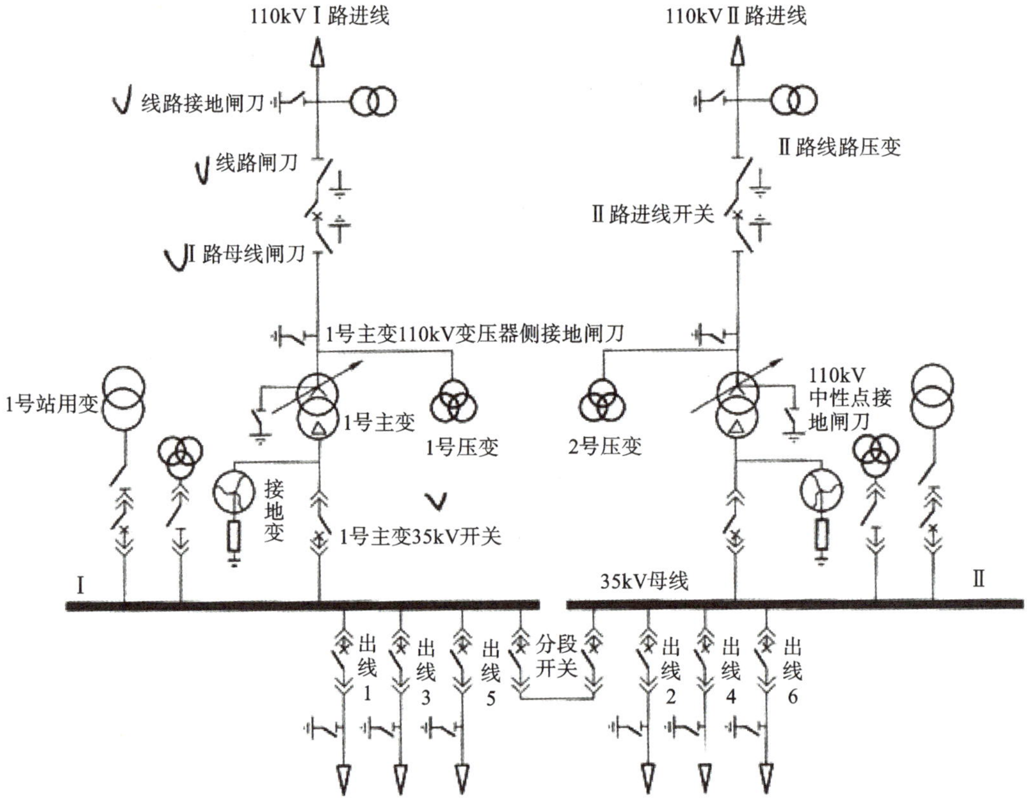

图 5-6　线路变压器组接线方式

2) 非正常运行

当输入端两路 110 kV 电源的其中一路失电,或一台主变压器不能正常工作时,可能出现自动切换和跨区供电两种非正常运行状况:

①自动切换。断开故障进路或故障主变压器的输出端,然后 35 kV 分段开关的断路器以自动或手动方式切换到另一台主变压器的输出端,继续承担失电区域内的牵引变电站和中心降压变电站供电。

②跨区供电。当 35 kV 分段开关不能合闸,自动装置退出时,为确保原管辖区域内牵引变电站和中心降压变电站的供电,改由相邻的主变电站通过 35 kV 环网分断处的两台联络开关,将其 35 kV 电源送至本站 35 kV Ⅰ 或 Ⅱ 母线,通过母线上的馈线开关,实现跨区域供电。本站的另一路电源通过分段开关作为后备电源。

三、牵引变电站

(一) 牵引电力制式

牵引供电的制式有直流制和交流制两种。我国电气化铁路的牵引供电一般采用单相工频(50 Hz)25 kV 交流供电电压。

城市轨道交通的站间距离短,周围环境狭窄,绝缘安全距离小,接触网电压不能选得很高;但考虑到电压损耗,接触网电压又不能太低,采用直流供电较为妥当。因此城市轨道交通几乎都采用直流供电制式。

城市轨道交通基本都采用交流传动电动车组,牵引控制方式为 VVVF(变频变压调速)逆变器控制,牵引电机为交流异步电机。与直流传动系统相比,交流传动实现了牵引系统的小型化、轻量化,且维修作业量显著减少;电能再生率达 35% 左右,节电效果显著。因此,VVVF 交流传动系统成为城市轨道交通车辆发展的趋势。

国际电工委员会(IEC)推荐的城市电气化交通电压标准为 750 V(600 V)、1500 V DC、3000 V AC 三种。不同的年代,城市轨道交通的电力制式不尽相同,所以直流供电电压等级很多,但集中在 550~1500 V。表 5-1 为世界各国运营里程超过 100 km 的城市轨道交通供电电压等级和受电方式比较。

表 5-1　部分国外城市轨道交通供电和受电一览表

城市	直流(DC)供电电压:伏(V)							受电方式		
	600	625	650	750	780	825	1500	三轨	四轨	架空线
纽约	✓	✓	✓					✓		
伦敦	✓							✓	✓	
巴黎				✓			✓	✓		✓
莫斯科						✓		✓		
东京	✓						✓	✓		✓
芝加哥	✓							✓		
墨西哥				✓						✓
柏林	✓				✓			✓		
首尔							✓	✓		
马德里	✓									✓
华盛顿				✓				✓		
斯德哥尔摩		✓		✓				✓		
大阪				✓				✓		✓

通常城市轨道交通牵引系统有三种受电方式。

(1)架空线受电方式是电流通过架空线向列车供电,电流经过"架空线—列车电动机—走行轨—回流线—变电站整流器负极",构成一个完整的回路。

(2)三轨受电方式是除两条列车轮轨之外,还有一条受电轨。电流经过"第三轨(或称受电轨)—列车电动机—行走轨—回流线—变电站整流器负极",这样构成一个完整的回路。

(3)四轨受电方式是除两条列车轮轨之外,还有一条受电轨和一条回流轨。电流经过"第三轨(或称受电轨)—列车电动机—回流轨—回流线—变电站整流器负极",构成一个完整的回路。而一些使用橡胶车轮的列车(巴黎地铁的部分列车)因回流电流不能经走行轨流回变电站整流器负极,只能增加一条回流轨。这种受电方式的优点是牵引供电的可靠性相对较高,避免了对轨道交通信号系统的干扰。

三轨和四轨受电系统的优点是建造成本较低,环境对它影响小,带电轨比架空线更适合小半径轮轨弯道,不妨碍城市景观。缺点是乘客、行人和检修人员有触电的危险;因为电压不能太高,只能适应短距离乘客运输;列车速度不高。

我国城市交通系统中,直流 600 V 仅用于无轨电车的供电。北京、武汉等城市的地铁采用 750 V 直流供电。上海、广州、深圳等其他城市的城市轨道交通都采用 1500 V 直流供电。

（二）牵引变电站的作用

为电动列车提供直流牵引电源,进行降压、整流的场所,就是牵引变电站,它是向电动列车提供直流牵引电源的重要设施。城市轨道交通电动列车都从接触网或专用的供电线(俗称第三轨或供电轨)获取直流牵引电源。由于主变电站输出的是 35 kV 交流电,因此需将此高压交流电降压、整流,变换成适合电动列车使用的直流电源。为确保电动列车的可靠供电,通常每三座车站的两个区间需要设置一座牵引变电站。

（三）牵引变电站的主要设备及其作用

1. 35 kV 开关

每个牵引变电站一般设有四台 35 kV 开关,包括一台进线开关、一台联络开关和两台整流变压器开关。

进线开关设置于从主变电站输入的电路中,用于通、断 35 kV 电源进路。联络开关作为备用电源开关,可将本站或邻站电源引入或送出。两台整流变压器开关分别将 35 kV 电源送入两台整流变压器。图 5-7 为牵引变电站 35 kV 开关柜的外形图。

2. 整流变压器

将 35 kV 电压的三相交流电降到供给整流所需电压的设备,称为整流变压器。为实现可靠供电,每个牵引变电站应设置两台整流变压器,图 5-8 为整流变压器的外形图。

3. 整流器

整流器是将交流电压变换为直流 1500 V 电压的整流设备。牵引变电站应设两台整流器,以确保供电可靠。在整流器柜的下部设有正、负极的输出端,如图 5-9 所示。

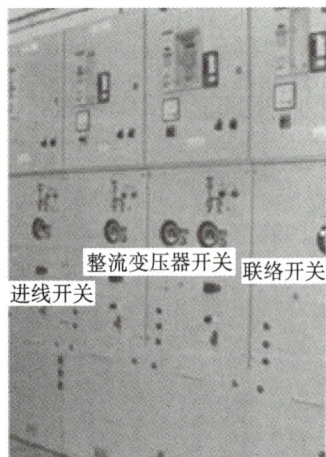

图 5-7　35 kV 开关柜　　　图 5-8　整流变压器　　　图 5-9　整流器柜

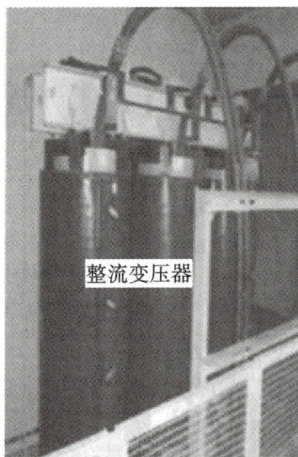

4. 正极闸刀

正极闸刀布置在整流器正极端与正极母线之间,接通或断开 1500 V 直流的对外输出电路,通常有两台,如图 5-10 所示。

5. 负极闸刀

电动列车电机的回流电流经钢轨、回流箱、回流电缆、负极闸刀等，流回至整流器负极端。负极闸刀就是负责接通或断开回流电路的设备，通常有两台，如图 5-11 所示。

图 5-10 正极闸刀

图 5-11 负极闸刀

（四）牵引变电站的接线方式及运行

1. 输入端 35 kV 的接线方式

牵引变电站输入的是两路 35 kV 电源，采用单母线环进环出的接线方式，如图 5-12 所示，其中一路进线电源从主变电站 35 kV 输出端引入；另一路进线电源由相邻牵引变电站的 35 kV 联络开关引入。

通过各牵引站的另一路电源联络线的连接，能够形成整个牵引变电站 35 kV 输入端的环网供电系统，可以最大限度地保证牵引变电站工作正常，由此也实现了两座主变电站之间的互相支援。

两台 35 kV 整流变压器组接于同一段母线上，整流变压器将 35 kV 电压降至 1.22 kV，分别送至 1♯、2♯ 整流器，再经两个整流器的输出端，分别接入正极闸刀和负极闸刀。整流器正、负闸刀闭合时，为 1500 V 直流母线供电。

2. 输出端 1500 V 直流母线的接线方式

1500 V 直流母线是单母线接线形式，正母线引出四台直流高速开关及接触网隔离闸刀，分别接至线路上、下行的接触网；负母线经回流柜和回流线接至钢轨（走行轨）。电动列车从接触网上通过受电弓引入直流 1500 V 电源，经控制设备送入列车电动机，又经列车的车轮，将回流电送入运行的钢轨，再经回流线和负母线，将回流电送入牵引变电站整流器的负极端，这样构成一个完整的电路。

3. 牵引变电站的运行

1）正常运行

从主变电站 35 kV 输出端引入的电源，送至 35 kV 母线，通过 35 kV 整流变压器，将降

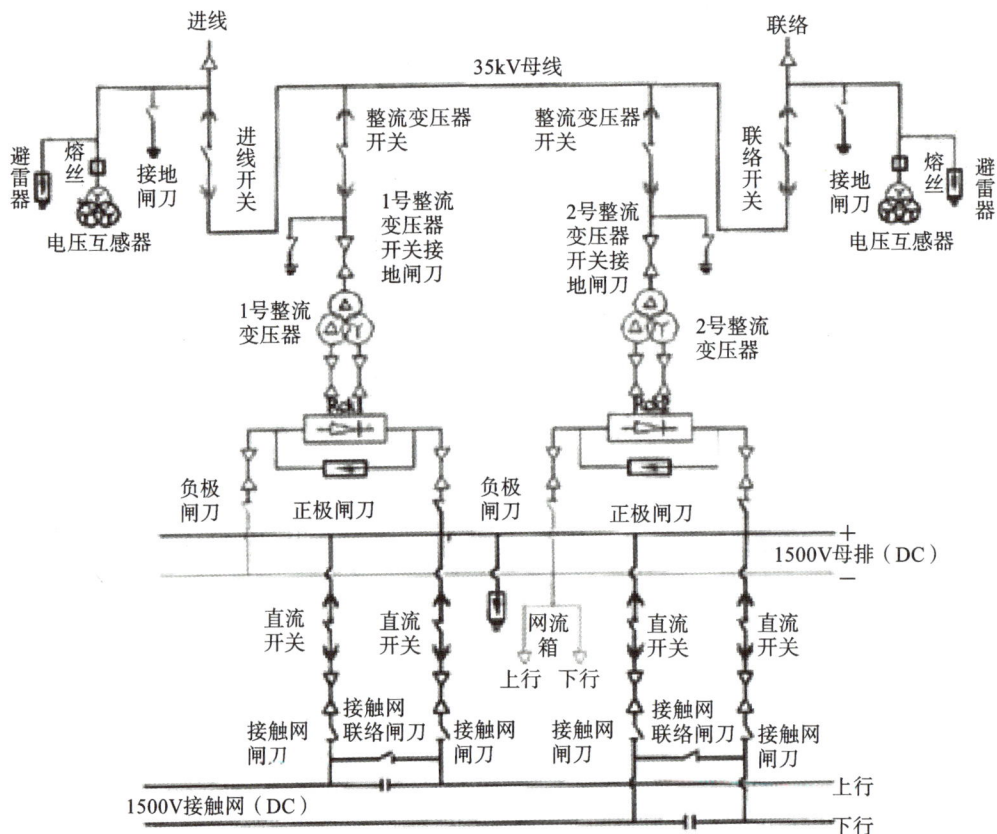

图 5-12　牵引站一次接线图

压后的电流送至整流器,经整流器的正极闸刀,将 1500 V 直流电送至直流母线,最后通过四台直流高速开关和接触网隔离闸刀向接触网供电。

2)非正常运行方式

当牵引变电站发生故障,不能对外输出 1500 V 直流电时,可以采用相邻牵引变电站向本区间接触网供电的临时应急措施,保证电动列车的正常运行。通过操作接触网联络闸刀或直流高速开关可以实现该方案。

四、中心降压变电站

(一)中心降压变电站的作用

除电动列车的牵引电源外,其他设备和设施所需电源均由中心降压变电站提供。中心降压变电站从主变电站引入两路电源,经动力变压器将电压降至 10 kV 后,再将两路电源配送到降压变电站。中心降压变电站输入和输出电路都采用互为备用的冗余两路设计。

(二)中心降压站的主要设备及其作用

1. 35 kV 开关

中心降压变电站的 35 kV 开关位于主变电站输出的 35 kV 电源与动力变压器之间,通过它可以接通和断开动力变压器的输入电源。

2．动力变压器

动力变压器是将交流电压从 35 kV 降至 10 kV 的设备。动力变压器与牵引变压器在变压要求方面基本相同,区别在于输出电压不同。

3．10 kV 开关

将动力变压器降压后得到的 10 kV 电压配送到各个降压变电站前,必须通过 10 kV 开关,以接通或断开 10 kV 电源输出电路。

4．10 kV 分段开关

10 kV 分段开关是 10 kV I/Ⅱ段母线的自动切换开关,当突发故障时,分段开关能自动切换到未失电的母线,以保证供电的可靠。当然,分段开关也有人工切换功能。

（三）中心降压变电站的接线方式及运行

1．输入端 35 kV 的接线方式

一般每条城市轨道交通线路设置 2～3 座中心降压变电站。中心降压变电站有两路 35 kV 电源,属于线路变压器组接线方式。如图 5-13 所示,分别从主变电站的母线上输入 35 kV 电源,通过 10 kV 分段开关,可以实现互为备用的功能。

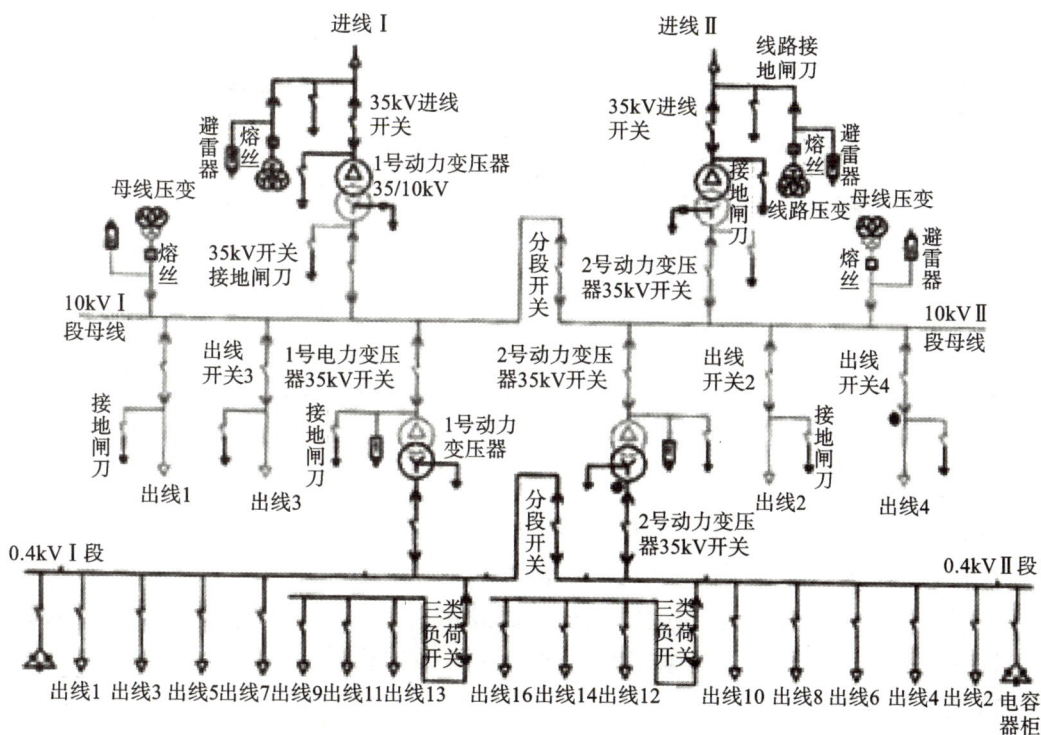

图 5-13　输入端 35 kV 的接线方式

2．输出端 10 kV 的接线方式

中心降压变电站的 10 kV 母线采用单母线分段的接线方式,动力变压器输出的 10 kV 以环接方式提供给各降压站 10 kV 母线,将各个中心降压变电站的输出端与各降压站头尾相连,构成 10 kV 的环网供电系统。图 5-14 是 10 kV 环网和 35 kV 环网的连接方式示意图。

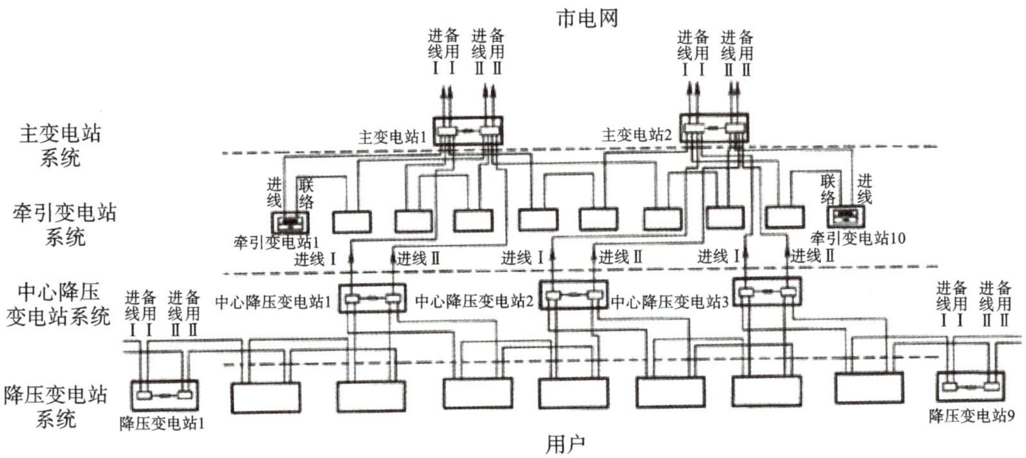

市电网

图 5-14　10 kV 环网和 35 kV 环网连接方式示意图

3. 中心降压变电站的运行

正常运行时,中心降压变电站两路 35 kV 进线开关合闸受电,分别将引入的电源送至动力变压器,经降压至 10 kV 后,送至 10 kV 的母线,经由 10 kV 母线的出线开关,将电源配送给各个降压变电站。

非正常运行时,通过 10 kV 分段断路器的通、断操作,两路 35 kV 电源可以实现互为备用的功能。当一台动力变压器因故退出运行或一路 35 kV 电源失电时,10 kV 分段断路器以自动或手动合闸,由另一台动力变压器为本站供电区域内的所有车站用户供电。

五、降压变电站

(一) 降压变电站的作用

从中心降压变电站输出的 10 kV 电源,必须经进一步降压后再输出到不同的供电用户。

(二) 降压变电站的主要设备及其作用

1. 10 kV 开关

降压变电站设有七台 10 kV 开关,其中 I / II 段母线有 10 kV 进线开关各一台,10 kV 联络开关各一台;变压器有 10 kV 开关各一台,10 kV 分段开关一台。

I / II 路 10 kV 进线开关从中心降压变电站或邻站接收电源;10 kV 联络开关将电源转送至邻站;变压器 10 kV 开关将电压送入各自的降压变压器。

2. 电力变压器

电力变压器是将电压从 10 kV 降至 0.4 kV 的设备。

3. 0.4 kV 开关

降压变电站的 0.4 kV 开关,包括变压器 0.4 kV 开关、0.4 kV 三类负荷开关、0.4 kV 馈线开关和 0.4 kV 分段开关。变压器 0.4 kV 开关将电压送入 0.4 kV 母线。

0.4 kV 三类负荷开关与 0.4 kV 母线相连,向三类负荷供电;0.4 kV 馈线开关与 0.4 kV 母线相连,向各类重要负荷供电;0.4 kV 分段开关是 0.4 kV I / II 段母线的自动切换开关,当突发故障时,分段开关能自动切换到未失电的母线,以保证供电的可靠,分段开关也有人工切换功能。

（三）降压变电站的接线方式及运行

1. 输入端 10 kV 的接线方式

图 5-15 所示为降压变电站一次接线图。降压变电站输出 10 kV 交流电,采用单母线分段"环进环出"接线方式,中心降压站或相邻降压站的 10 kV 电压从进线开关引入降压变电站,同时,通过联络开关将 10 kV 电压送至相邻降压站 Ⅰ/Ⅱ 段,这就构成了 10 kV 环网供电系统。

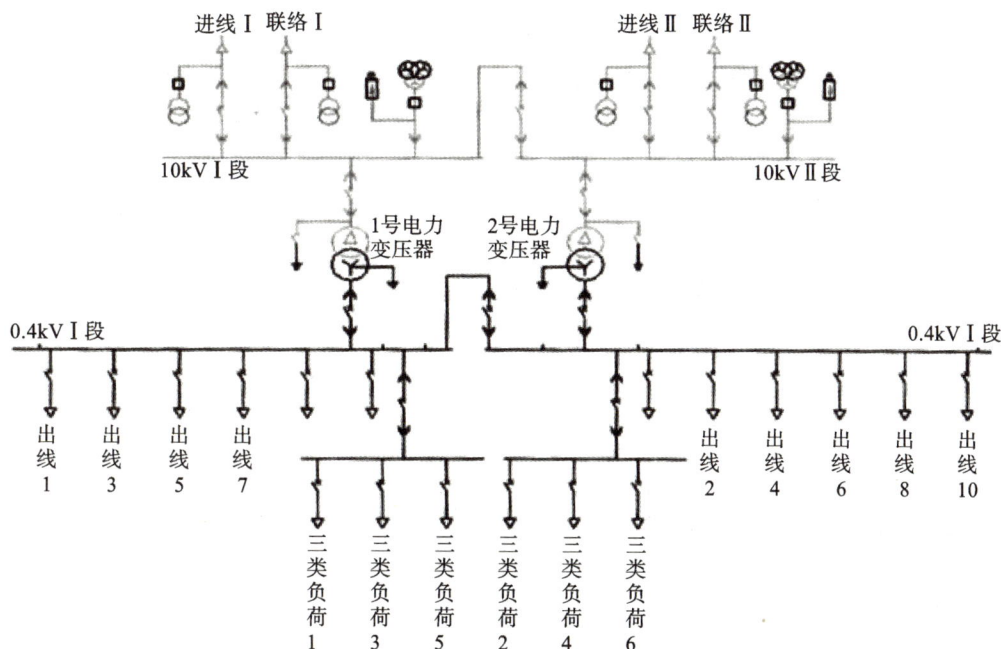

图 5-15　降压站一次接线图

电力变压器将 10 kV 电压降至 0.4 kV 后,经开关将电压送至 0.4 kV 母线。

2. 输出端 0.4 kV 的接线方式

降压变电站采用单母线分段接线方式,输出 0.4 kV 交流电。

3. 降压变电站的运行

正常运行时,中心降压变电站的两路 10 kV 电源作为电力变压器的输入,电力变压器将电源降压至 0.4 kV,输出至 Ⅰ/Ⅱ 段母线,经母线出线开关,将 0.4 kV 电源配送给各车站用户。

与中心降压变电站输出端的 10 kV 开关不同,降压变电站输入端的 10 kV 分段开关没有自动合闸功能,需要人工进行倒闸操作。

正常运行时,降压变电站 0.4 kV 分段断路器处于分闸位置,当其中一路电源出现故障时,0.4 kV 分段断路器自动合闸,由另一路电源供电给用户。同时 0.4 kV 三类负荷开关自动切断不重要的三类负荷。

▶ 5.3 城市轨道交通电力监控系统

电力监控系统(supervisory control and data acquisition system,SCADA 系统)又称数据采集与监视控制系统。电力监控系统由主站监控系统、子站系统和通信系统构成。其中主站监控系统设在控制中心(OCC),子站系统设在各个变电站,通信系统将主站和子站联系起来。图 5-16 所示为电力监控系统的基本构成。

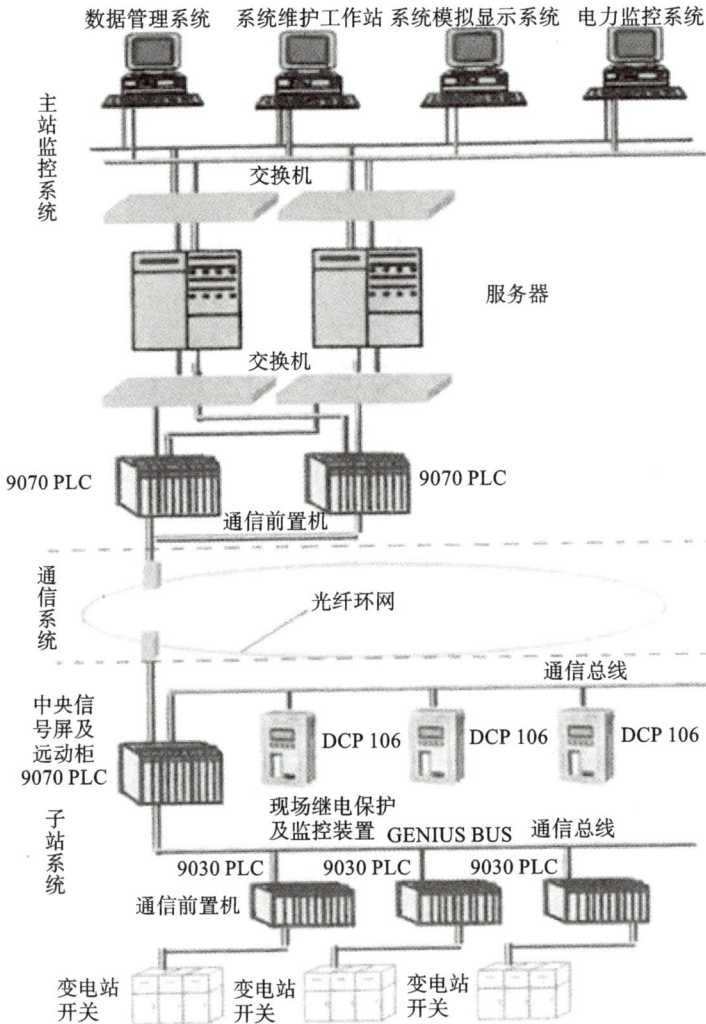

图 5-16　电力监控系统的基本构成

一、电力监控系统的基本任务

（1）通过电力监控系统,实现控制中心(OCC)对供电系统的集中管理和调度、实时控制及数据采集。

（2）及时掌握和处理供电系统的各种事故、报警事件。

（3）对系统的各种运行数据进行归档和统计。

二、电力监控系统的特点

1. 遥控

遥控是指控制中心调度员对远方变电站的被控对象（如开关等）进行远程操作控制。遥控对象包括主变电站、中心降压变电站、牵引变电站、降压变电站内 10 kV 以上等级的断路器、负荷开关及电动隔离开关，还有牵引变电站的直流断路器、正极闸刀、接触网闸刀，变压器的有载调压开关等。

2. 遥测

遥测是指将变电站的被测对象传送到控制中心。遥测对象包括变电站进线电压、电流、功率、电能、直流母线电压等。

3. 遥信

遥信是指将变电站的监视对象传送到控制中心。遥信对象包括断路器的故障跳闸信号，变压器、整流器的故障信号、电源系统故障信号，钢轨电位限制装置的动作信号、预告警信号等。

4. 遥调

遥调是指控制中心对远方变电站的被控对象（如变压器的输出电压等）的工作状态和参数进行调整与控制。

5. 遥视

遥视是指对供电设备的关键部位进行视频监视，如对油浸式变压器、GIS 组合电气设备的内部闪络、击穿等情况的视频监视。

三、主站监控系统的功能及设备

（一）主站监控系统功能

（1）实现对被控对象的遥控，控制方式分选点式、选站式和选线式三种；

（2）实现对供电系统设备运行状态的实时监视和故障报警；

（3）实现对供电系统中主要运行参数的遥测；

（4）控制中心大屏幕实时显示各变电站的断路器、负荷开关及系统隔离开关的位置状态；

（5）实现运行和故障信息的记录和打印，以及电能统计等日报、月报的制表打印；

（6）实现供电系统的自检功能；

（7）实现系统维护功能；

（8）实现主/备冗余通道的切换功能。

（二）主站监控系统设备

主站监控系统设备有控制计算机、计算机冗余网络系统、人机接口设备、打印记录设备、显示屏幕及显示控制服务器、数据传输及数据处理设备等。

四、数据通信系统的主要设备及功能

(一)数据通信系统主要设备

由于电力监控系统传输的数据量不是很大,城市轨道交通通信系统的传输子系统足以承担电力监控系统的数据通信任务,在这种情况下,电力监控系统可以不单独设置数据通信设备,而是由通信系统的传输子系统完成数据处理和数据传输。数据通信系统的主要设备有通信前置服务器、路由器、调制解调器、光通信线路等。

(二)通信系统主要功能

(1)监控数据传输;

(2)数据处理;

(3)根据通信协议连接电力监控设备。

五、子站系统功能和主要设备

(一)子站系统功能

(1)接收主站远程控制命令;

(2)变电站现场数据的采集,数据包括数字量、开关状态等;

(3)变电站现场数据的传输;

(4)可以脱离控制中心,独立监控变电站设备。

(二)子站系统主要设备

1. 运动终端

运动终端包括数据输入/输出模块、数据通信部分、电源部分三个部分。数据输入/输出(I/O)模块把现场仪表输入的电信号转化成数字信息,传送到控制中心;另外,把控制中心发送来的控制信息转化成电信号,输送到执行机构,以完成控制过程。

2. 变电站自动化设备

变电站自动化设备包括检测机构和自动化执行机构。检测机构把被测设备的数据和状态信号转化成电信号,再转化成电量数据、数字信号,以供进行进一步处理。执行机构完成控制过程,根据数据输入/输出模块输出的电信号,执行相应的动作。当发生故障时自动执行机构自动进行切换、保护动作、闭锁等。

3. 变电站自动化设备功能

(1)控制电源的自动切换;

(2)重合闸的程序控制;

(3)继电保护;

(4)变电设备的自动控制;

(5)变电设备位置、故障、跳闸、预告警等信号的显示和发送;

(6)各种运行参数的测量;

(7)供电设备的安全联锁;

(8)控制装置的故障自检。

六、电力调度

在电力运行的网络化模式中,由于某些电站处于电网负荷的枢纽中心,一旦发生故障,将对整个城市轨道交通电网的运行造成巨大的影响。这就对城市轨道交通的电力调度及电力运行提出了更高的要求。

城市轨道交通电网调度所是对电网运行和事故抢修进行组织、指挥、指导和协调的机构,它设有值班主任调度和电力调度。在值班主任调度的领导下,电力调度与行车调度、环控调度、客运调度共同协作配合,保障行车安全。现场运行人员必须服从电力调度的指挥。

(一)电力调度的日常任务

(1)实时监控电力系统安全运行情况,保障其连续供电的可靠性。

电力调度以电网监控系统和变电站自动化装置为技术支撑,以计算机显示和远动系统为实施平台,对城市轨道交通供电系统进行实时监控和电力调度。

(2)监督指挥电力系统的设备运行和倒闸操作。

在电力系统正常运行的模式下,其供电能力能够最大限度地满足各类用电设备的额定需求。电力调度应该严格按照电力调度规程指挥倒闸操作和电力系统运行方式的调整,严格按照供电设备运行规程,对系统运行参数、继电保护的整定值做出调整。

(3)迅速、果断而正确地处置供电设备的故障。

当供电设备发生故障时,电力调度应在第一时间内做出反应,迅速、果断而正确地处置故障。将发生故障的设备从系统中隔离,迅速恢复供电。电力调度在值班期间要严肃认真、集中精神,密切监视系统运行情况,做好事故预想,迅速、正确地处理事故,完成调度值班工作。

(4)电网电压和继电保护定值管理。

系统电压是电能质量的重要指标之一,电压质量对供电系统的安全稳定、经济运行和用户产品质量等有直接的影响,也是判别系统运行是否在正常范围内的一个标准。各级电力调度人员必须加强对系统各级运行电压和继电保护定值的管理,并按调度管辖范围分工负责。

(5)变电所、接触网检修管理。

根据设备检修施工的相关规定,审核各单位上报的检修计划,落实检修施工作业前的安全措施,确定停电范围。

(6)倒闸操作管理。

(7)变电站自动化装置管理。

(8)事故处理管理。

(9)接触网安全管理。

(二)电力调度的新线管理

审核城市轨道交通电力系统内新建和扩建变、配电工程规划,电力调度要对工程设计、运行方式提出合理意见。

▶ 5.4 接 触 网

城市轨道交通列车运行过程中，电能从牵引变电所经馈电线送到接触网，再从接触网通过列车的受电器送到电动列车，最后经过走行轨道、回流线流回到牵引变电所，如图 5-17 所示。由接触网、馈电线、轨道和回流线组成的供电网络称为牵引网。接触网是牵引网中最主要的组成部分，其通过与受电器可靠的直接滑动接触，而将电能不断地传送到电动列车，保持电动列车的正常运行。

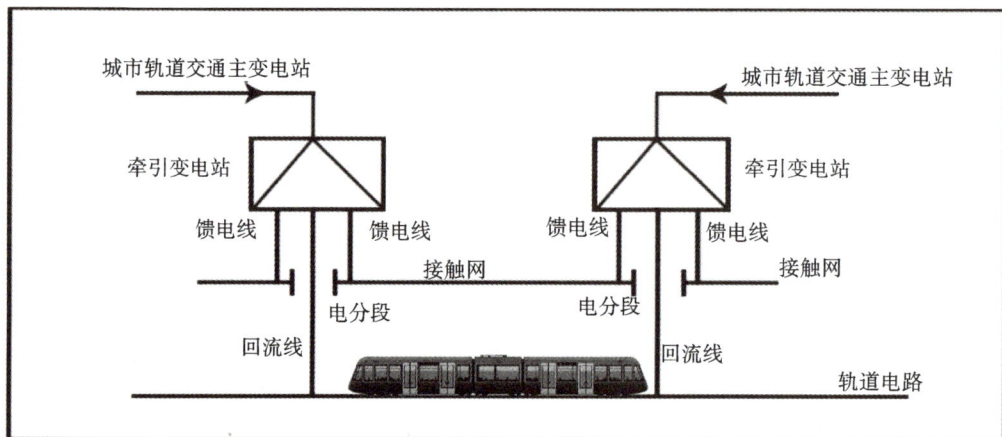

1.牵引变电站是供给轨道交通一定区段内牵引电能的变电站。
2.接触网是经过电动列车的受电器向电动列车供给电能的导电网。
3.回流线是用以供牵引电流返回牵引变电站的导线。
4.馈电线是从牵引变电站向接触网输送牵引电能的导线。
5.为便于检修和缩小事故范围，将接触网分成若干段，称为电分段。
6.轨道电路是利用走行轨作为牵引电流回流的电路。

图 5-17　牵引供电系统

一、基本要求

接触网是一种既无备用又易损耗的供电装置，还受环境和气候条件的影响，一旦发生故障，整个供电区间将中断供电，使在其间运行的电动列车因失去电能供给而停运。因此，接触网应满足以下基本要求：

（1）在恶劣的气候条件下机械结构具有稳定性。

（2）设备及零件具有较强的耐磨性和抗腐蚀能力。

（3）设备结构简单，零部件互换性强，便于维护、抢修。

（4）电动列车受流器与接触网直接接触滑行面，保持平滑过渡，无突变。

二、结构形式及悬挂类型

接触网按结构形式可分为架空式和接触轨式两大类型。

（一）架空式接触网

架空式接触网将线索或导电排及零部件进行可靠连接，把导电体、支持装置、绝缘元件、电气设备等连接成一个能传递电能且有支持功能，同时具备相应强度的整体系统，以确保牵引电流的不间断供给。

架空式接触网在地面与地下隧道内的架设方法是不同的。隧道架空式接触网分为柔性悬挂接触网与刚性悬挂接触网。柔性悬挂接触网采用弹性支架、链形悬挂形式；刚性悬挂接触网采用刚性汇流排悬挂形式。地面架空式接触网采用腕臂与软（硬）横跨相结合的悬挂形式。

1. 柔性悬挂

柔性悬挂又分为地面架空式和隧道架空式。

1）地面架空式接触网

地面架空式接触网主要由接触悬挂装置、支持装置、定位装置、支柱和基础等组成，如图 5-18 所示。

图 5-18　地面架空式接触网

①接触悬挂装置。其作用是直接供给电动列车电流，使列车正常运行。与电动列车受电弓直接接触的是接触线。接触悬挂方式很多，地面段主要有简单链形悬挂、简单悬挂。简单链形悬挂包括承力索、吊弦、接触线，简单悬挂包括吊索、接触线。

②支持装置。支持装置用以支持接触悬挂并将其负荷传给支柱或其他建筑物的机构，包括腕臂、拉杆和绝缘子。腕臂安装在支柱上，用以支持接触悬挂，对地绝缘，并起传递负荷的作用；腕臂通过旋转底座固定。

③定位装置。定位装置包括定位器和定位管。定位装置固定接触线的位置，保证接触线在受电弓滑板运行轨迹范围内，并将接触线水平负荷传给支持装置。接触线固定在定位器的定位线夹上，定位器装配在定位管上。

④支柱和基础。支柱是接触网中最基本、应用最广泛的支撑设备,承受接触悬挂装置、支持装置、定位装置的负荷,并将接触悬挂固定在规定高度。

2)隧道架空式接触网

遂道架空式接触网的悬挂方式与地面架空式接触网有所不同。一方面,隧道内不能立支柱,支持装置直接设置在洞顶或洞壁上;另一方面,必须考虑隧道断面、净空高度、带电体对接地体的绝缘距离、导线的弛度等因素的限制。根据隧道断面和净空高度的不同,接触悬挂有多种不同的方式。只有合理选择和确定悬挂方式,才能充分利用有限的净空高度来改善接触网的工作性能。

①弹性支架形式。

弹性支架形式如图 5-19 所示,是指两根(或几根)相互平行的接触线直接固定在支持装置上,支持装置采用弹性元件的悬挂方式。隧道架空式接触网一般采用简单弹性悬挂。安装在绝缘子上的馈电线通过电连接线与接触线连接,使装在弹性支架上的接触线受电,弹性元件一端与弹性支座相连,弹性支座固定安装在隧道洞顶一侧。弹性元件可用来调整接触线相对走行轨道面的高度,弹性支座通过弹性元件使接触线与受电弓之间保持足够的弹性,保证它们之间接触良好。

图 5-19 弹性支架形式

②链形悬挂形式。

在隧道内,车辆限界、带电体与接地体的绝缘距离和安装误差等因素对接触悬挂高度有影响,在有限的净空高度内,欲使悬挂高度降低,可通过缩短接触线的跨距和减小弛度来调整。在有条件采用简单链形悬挂的隧道内,也可采用简单锥形悬挂,以增加弹性,用具有张力补偿作用的装置实现张力补偿,以减小弛度及其变化。

2. 刚性悬挂

刚性悬挂如图 5-20 所示,是指固定的导电体受流过程中在受电弓或集电靴的作用下基本不变形。汇流排是刚性悬挂的关键部件,刚性悬挂接触网将传统的接触线夹装在汇流排中,用汇流排取代了承力索和馈线,并靠它自身的刚性保持接触线的固定位置,使接触线不因重力而产生较大弛度。刚性悬挂主要由铝合金汇流排、接触线、绝缘元件和悬挂装置组成,一般用于隧道段。这种悬挂方式根据线路通过能力和电流量的大小,又有单接触线式和双接触线式两种。根据铝合金汇流排截面的不同,又分为"T"形与"Ⅱ"形两种,我国目前采用"Ⅱ"形。"Ⅱ"形结构汇流排包括标准型汇流排、汇流排终端及刚柔过渡元件。一段汇流排之间用汇流排中间接头连接,构成刚性悬挂每一个锚段,锚段长度一般为 200~250 m。刚柔过渡元件用于刚性悬挂与柔性悬挂过渡处,其作用是保证两种悬挂方式的平滑、顺畅过渡。

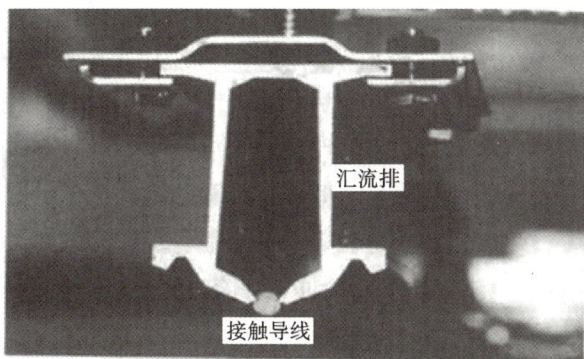

图 5-20　刚性悬挂

刚性悬挂接触线一般采用银铜导线,与柔性接触悬挂所采用的接触线相同。刚性悬挂最大的优点在于可以取消柔性悬挂中的承力索和辅助馈线,使接触网的结构变得简单紧凑,极大地方便了运营管理和维修。

城市轨道交通接触网供电一般为直流电压 1500 V 或 750 V。同等条件下,直流 1500 V 供电相对于直流 750 V 供电可以减少牵引变电站的数量,从而降低供电系统的造价。但随着牵引网供电电压的提高,抬高了回流轨的对地电位,对杂散电流腐蚀防护等提出了更高要求。

（二）接触轨式接触网

在城市轨道交通牵引供电系统中,直流 750 V 供电一般采用接触轨(第三轨)。它的优点是隧道净空高度低、结构简单、造价低,缺点是防火方面安全性差,与架空式接触网难以衔接,如图 5-21 和图 5-22 所示。

图 5-21　用第三轨的轨道交通线路

图 5-22　接触轨特写

接触轨系统主要由接触轨、接触轨支架或绝缘子、绝缘防护罩、弯头、连接板、膨胀接头、锚结、隔离开关、电缆等主要零部件构成。其中接触轨、弯头、连接板、膨胀接头、锚结一般由接触轨厂家配套提供。

接触轨按与受流靴接触方式的不同可分为上摩式、下摩式和侧摩式三种。

（1）上摩式接触轨安装在专用绝缘子上，工字形轨底朝下，接触靴自上与之接触受电。上摩式接触轨的优点是固定方便，缺点是接触靴在其上面滑行，无法加防护罩。

（2）下摩式接触轨如图 5-23 所示，它底朝上，由绝缘体紧固在弓形肩架上，肩架固定装在轨枕一侧。下摩式接触轨的优点是可以加装防护罩，对工作人员较为安全。

接触轨单位制造长度一般为 15 m。当线路的曲线半径大于 190 m 时，钢铝复合轨可以在施工现场直接打弯；当线路的曲线半径小于或等于 190 m 时，钢铝复合轨则要在工厂加工预弯。

（3）正线接触轨一般布置在车辆行车方向的左侧，在道岔区等个别地段布置在车辆行车方向的右侧。在道岔区，为避免车辆通过时受流器与接触轨相撞，接触轨需断轨。

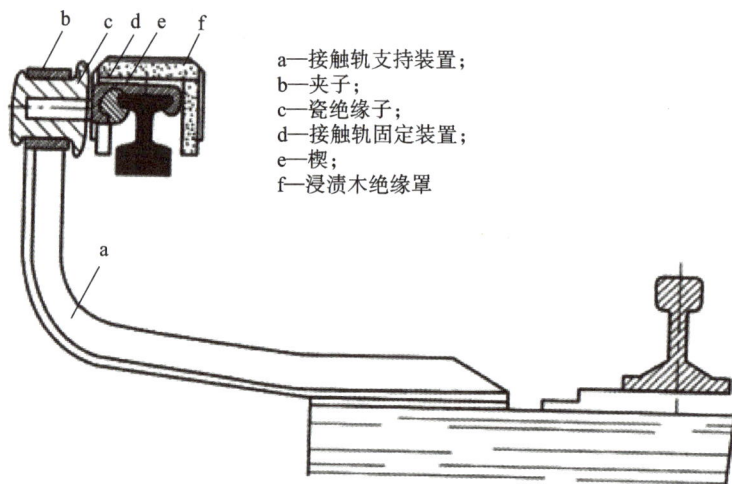

a—接触轨支持装置；
b—夹子；
c—瓷绝缘子；
d—接触轨固定装置；
e—楔；
f—浸渍木绝缘罩

图 5-23 下摩式接触轨

三、接触网供电方式与分段

（一）接触网供电方式

牵引变电所通过接触网向电动列车供电，接触网在每个牵引变电所附近断开，分成两个供电区段。每个牵引变电所仅对其两侧的区段供电，如图 5-24 所示。供电距离越长，牵引电流在接触网上的电压降越大，使末端电压过低及接触网上电能损耗过大；供电距离过短，牵引变电所数目增多，投资增加。供电距离以及接触线截面等与接触网供电方式有关。

牵引变电所向接触网供电有单边供电和双边供电两种方式。每个供电区段称为一个供电臂，如电动列车只从所在供电臂上的一个牵引变电所获得电能，这种供电方式称为单边供电。单边供电时，若有故障，故障范围较小，牵引变电所内的馈线保护装置也较简单。但电动列车所需牵引电流全部由一边流过牵引网，牵引网电压降和电能损耗较大。如一个供电

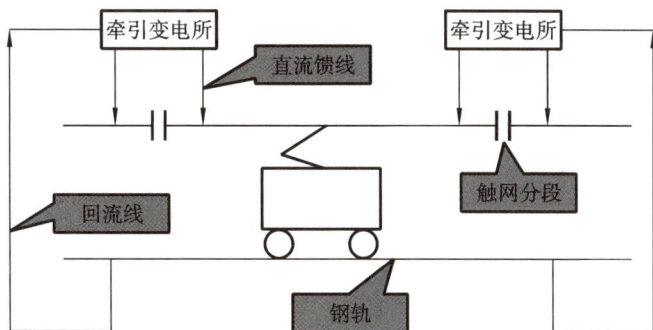

图 5-24　牵引变电所区段供电

臂同时从相邻两个牵引变电所获得电源,则称为双边供电。双边供电时,牵引电流按比例由两边流过牵引网,牵引网电压降和电能损耗相对就小,但有故障时,故障涉及范围较大,馈线保护装置较复杂。单边供电和双边供电都是正常供电方式。正常双边供电时,牵引变电所馈线开关内设置双边联跳保护装置。一旦接触网发生短路故障,靠近短路故障点的牵引变电所执行保护动作,馈线开关迅速跳闸,与此同时联动跳开另一侧牵引变电所的相应馈线开关,及时切除故障。当某一牵引变电所故障时,该故障所退出运行,此时该区段接触网就改为单边供电;或可通过闭合故障牵引变电所所处接触网的联络隔离闸刀,实施越区供电,此时称为大双边供电,两座牵引变电所的馈线开关仍有联跳功能。

在越区供电方式下运行,供电区域扩大,牵引变电所的负荷增大,线路损耗增大,因此要视情况适当减少同时处在该供电区段的电动列车数,而一旦接触网发生短路故障,其保护装置灵敏度降低。因此,越区供电只是在牵引变电所故障情况下采用的一种特殊供电方式。

(二) 接触网电分段

电分段是在纵向或横向将接触网从电气连接上相互分开的装置。接触网电分段是保证供电可靠性和灵活性的一种措施。电分段处设隔离开关,被分段接触网可以根据需要,通过隔离开关进行分段和联络,如图 5-25 所示。当某段接触网发生故障或进行检修时,只需打开相应区段隔离开关,就可使故障或检修停电范围缩小,同时不影响其他各区段接触网的正常供电。接触网沿线路方向的分段称为纵向电分段,线路与线路之间的分段称为横向电分段,如折返线的电分段等。纵向电分段一般采用电动控制,横向电分段一般采用手动控制。

为了保证工作人员的作业方便及人身安全,将接触网在电的方面分成独立的区段。分段绝缘器是用以实现电分段的专用绝缘装置,如图 5-26 所示,一般设在车站、渡线、存车线、车场等地。

分段绝缘器的结构既能保证供电的分段,又能使受电弓平滑地通过该设备。分段绝缘器大多应配合隔离开关使用,以便使分段绝缘器两端的接触网在开关闭合时都能带电。当隔离开关打开时,独立的区段中则没有电,便于在该独立区段中进行停电作业。设置隔离开关可增加接触网供电的灵活性和可靠性。地铁接触网上采用双刀头隔离开关和四刀头隔离开关,分为轻型和重型两种。

(三) 接触网机械分段

为满足供电和机械方面的需求,将接触网分成许多独立的分段,这些独立的分段称为锚

图 5-25　绝缘锚段与隔离开关

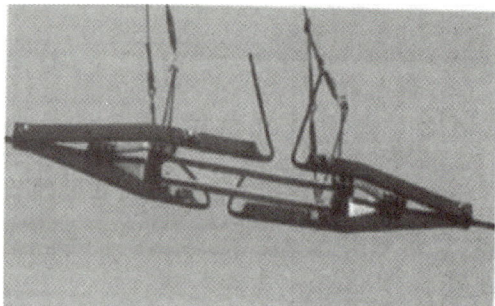

图 5-26　分段绝缘器

段。锚段的主要作用是缩小事故范围,便于架设张力补偿装置,缩小因检修而停电的范围。相邻两个锚段的衔接部分称为锚段关节,如图 5-27 所示。在锚段关节,两个锚段的接触导线有一段是平行的,且有一段(或一点)是等高的,使受电弓从一个锚段平滑地过渡到另一个锚段。锚段关节按其用途分为绝缘锚段关节和非绝缘锚段关节。绝缘锚段关节不仅起机械分段作用,还起电分段作用,通常由四个跨距和隔离开关组成。非绝缘锚段关节只起机械作用,通常由三个跨距组成。在锚段关节的转换柱处,同时有两组接触悬挂相互转换,其中由下锚转为工作状态的接触悬挂称为工作支,由工作状态转为下锚的接触悬挂称为非工作支。非工作支在工作支的上方。

为了缩小事故范围和防止锚段两端负荷失去平衡而滑向一端,在锚段中心对接触线进行固定,这种悬挂结构称为中心锚结,如图 5-28 所示。

图 5-27　刚性非绝缘锚段关节

图 5-28　刚性中心锚结

四、迷流及其防护

城市轨道交通电动列车通常采用直流电驱动,也就是牵引变电站输出的直流电经接触网或供电轨输入列车的直流电机,再由列车车轮经钢轨回到牵引变电站,构成完整的直流电路。然而,流经钢轨的电流除了流回牵引变电站外,还有一部分电流会从轨道向周围的地面流散出去。这种"失散的电流"就是"迷流",它会不断地、缓慢地腐蚀建筑物结构中的钢筋、预埋件等金属物体,因此迷流对城市轨道交通车站等建筑物构成了巨大危害。我们必须予以足够重视,采取各种措施进行防护。

（一）地下迷流的产生与危害

在直流牵引供电系统中,电路以架空式接触网或第三轨为馈电线,以走行轨为回流线。实际上电动列车在运行时,牵引电流并非全部由走行轨流回变电所,总有一部分回流电在通过走行钢轨时流入大地,再由大地流回走行轨或牵引变电所,这种杂散电流由于分布在地面以下,也常称为地下迷流。

为防止形成迷流,在走行轨与轨枕间铺设了绝缘垫,但尘土、雨水、绝缘材料自身性能和大地导电性等因素都使得地下迷流的产生不可避免。图 5-29 是回流电杂散流入大地并在某地重新流回走行轨和牵引变电所的示意图。

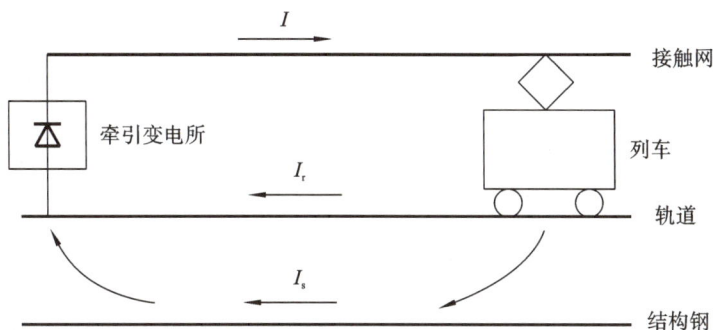

图 5-29　迷流示意图

如果在走行轨附近埋有地下金属管道、电缆和其他任何金属结构件,地下迷流中的相当一部分就会从这些金属结构件上流过,造成电腐蚀。

（二）减少迷流的方法

从杂散电流产生的原因可以找到治理的方向,即"堵—排—限"的方法。

1."堵"——减少杂散电流

适当限制供电区段长度,降低供电区段内的负荷和走行轨电位;设置走行轨均流线和走行轨电位限制器,降低走行轨电位;直流供电设备和回流走行轨采用绝缘安装等,以上措施都可以有效减少杂散电流。

2."排"——设置杂散电流收集网,逐层屏蔽

利用道床内的结构钢筋,形成第一道屏蔽网,防止杂散电流向道床外部泄漏;使隧道结构钢筋连通,形成第二道屏蔽网,既可保护隧道自身免受腐蚀,又可防止杂散电流向隧道外部泄漏,危及市政公共设施。此外,可在牵引变电所内设置排流装置,构成排流通路。

3."限"——限制迷流

提高走行轨道与大地之间的绝缘程度,减少迷流的产生。在走行轨道与混凝土轨枕之间、紧固用螺栓与混凝土轨枕之间、扣件与混凝土轨枕之间采取绝缘措施,使每千米轨道对迷流收集网的泄漏电阻值大于 10 Ω。

停车场由于列车集中度高,客观上导致走行轨回流电流大,使得对道床的泄漏电阻较低和杂散电流分布区段较大,需要设置单向导通装置,限制杂散电流的扩散。

为防止隧道内的金属管线和其他金属设施受到电腐蚀,可在材质选择和增强对地绝缘等方面采取措施,限制杂散电流向其泄漏。

思政案例

接触网事故

接触网 A 班在车辆段配合机电检修作业，需在 B1 区两端挂接地线。甲接到电力调度命令后和乙去挂地线，为节省时间，甲、乙各自单独挂一组接地线。甲用验电器验明无电后，立即挂上接地线；另一端的乙贪图方便，问知甲已验明无电后，便直接挂接地线，当乙将地线的上端头靠近接触线时，立刻听见"砰"的一声响，同时出现火光。经现场确认，乙越过分段绝缘器，将地线错挂到带电的 A1 区接触网上，造成 A1 区短路跳闸。

原因分析：①违反安全操作规程，简化作业流程。乙在得知甲验明无电的情况下，自认为接触网已停电，可以节省验电环节，将接地线错挂到带电的接触网上，造成事故，严重违反了安全工作规程。②未执行"一人操作，一人监护"制度。甲和乙两人为贪快省事，各自去挂一组接地线。乙走错位置，越过分段绝缘器，将接地线挂到了带电的接触网上。

通过案例分析，应认识到安全警钟日日鸣，平安大道天天行。我们应提高危机意识和忧患意识，培养良好的岗位安全意识和职业素质，熟练掌握各类规章规则，严格执行工作程序、工作规范、工作标准和安全操作规程，将突发事件带来的负面影响降到最低。

复习思考题

1. 简述供电系统的组成。
2. 简述受电与供电方式。
3. 简述牵引变电站的运行。
4. 简述中心降压站的作用。
5. 简述中心降压变电站的接线方式及其运行。
6. 简述电力监控系统的基本任务。
7. 简述电力调度的日常任务。
8. 简述接触网的结构类型。
9. 简述接触网供电方式与分段。
10. 简述地下迷流的产生与危害。

第6章
车站机电设备

学习目标

1. 掌握各种车站机电设备的功能和作用;
2. 了解各种车站机电设备的组成;
3. 能够识别各种车站机电设备的名称;
4. 了解火灾工况下车站机电设备各子系统的联动;
5. 了解各种车站机电设备系统的发展情况。

素质目标

1. 培养高度的安全和责任意识;
2. 培养团队合作意识;
3. 养成严谨的科学态度。

为确保乘客能够安全、迅速、便捷地进出车站,城市轨道交通车站必须设置车站照明系统、通风系统、防灾报警系统、给水排水系统和电梯系统等设备设施。

6.1 低压配电与照明系统

一、低压配电系统

车站低压配电系统主要为车站管辖内通风空调系统、消防联动设备、给排水设备、自动扶梯、照明设备、站台门系统等提供电源。

(一)系统组成

车站低压配电系统采用 380 V 三相五线制、220 V 单相三线制方式供电,范围包括站台层、站厅层和设备及管理用房的环控、给排水、消防、电梯、自动扶梯、自动售检票及通信、信号、站控室等系统动力设备的供配电和车站环控室所供配电设备的电控控制。

(二)负荷分类

车站低压配电系统的用电负荷根据不同的用途和重要性分为一、二、三级。

一级负荷:站厅照明、站台照明、应急照明、FAS/BAS、通信系统、信号系统、AFC 设备、消防水泵、风机、废水泵、洞口雨水泵、区间主排水泵、敞口排水泵、气体消防电源、兼做紧急疏散的自动扶梯、区间电动阀、射流风机、防火卷帘门等。

二级负荷:管理用房照明、污水泵、集水泵、电梯、自动扶梯、普通风机、区间维修电源等。

三级负荷:冷水机组及辅助设备、广告照明、清洁设备、电热设备。

(三)供电方式

车站低压配电系统根据设备用电的重要性可分为车站降压站直接供电和由环控电控室供电。

由降压站直接供电的一级负荷设备,降压站低压配电柜两段母线各馈出一路电源到设备电源切换箱,经电源切换箱实现双电源末端切换后,再馈出到用电设备。两路电源正常时,一路工作,一路备用;当一路失电后,另一路自动切合。

由降压站直接供电的二级负荷设备,降压站低压配电柜一段母线馈出一路电源到设备电源配电箱,再馈出到用电设备。当降压站该段母线失电后,母线分段开关自动合闸,由另一段母线继续供电。

由降压站直接供电的三级负荷设备,降压站低压配电柜其中一段母线馈出一路电源至附近设备的电源箱,再馈出到用电设备。当降压站任何一段母线失电或故障时,均联跳中断降压站直接供电的三类负荷设备。

车站站台、站厅两端设有配电室,由降压站供电的一、二级负荷设备,各引一路电源到电源进线柜,电源进线柜设有自动联锁装置,当降压站一段母线失电时,另一路自动投入,保证在任何情况下总有一个进线柜在合闸状态。车站低压配电方式如图6-1所示。

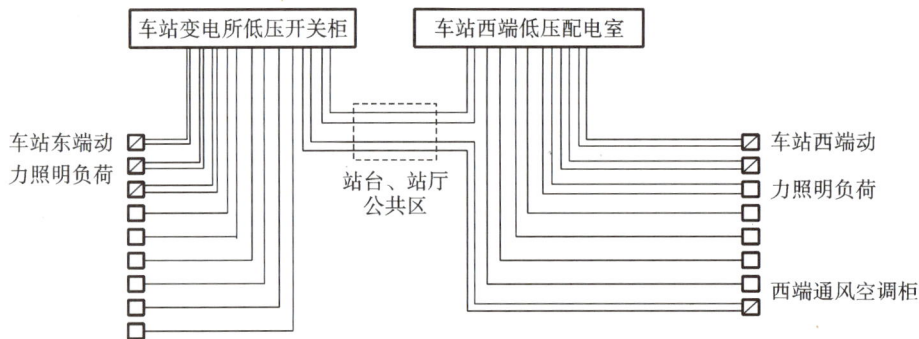

图 6-1　车站低压配电方式示意图

对于由环控电控室供电的三级负荷设备,采用单母线连接形式,当该母线失压或出现故障时,中断供电。

(四)动力供电

(1)通信信号系统、防灾报警系统、废水泵、自动售检票系统、隧道风机、区间射流风机、区间排水泵及变电所自用电设备等的供电自成系统,从变电所0.4 kV低压柜直接馈出。

(2)动力设备配电主要采用放射式配电。供电系统采用380/220 V三相五线制(TN-S),区间的动力检修电源类似(间隔100米,容量15 kW,每路只用一组,设漏电保护开关,密闭防水)。

(3)动力设备的供电。

① 空调通风大系统(组合式空调机组、回排风机)设就地控制箱。就地控制箱电源引自空调通风电控室,并将就地控制箱开/关控制及显示信号送至电控室相应抽屉柜上。

② 空调水系统(冷水泵、冷却循环水泵、冷却塔)与空调通风小系统不设就地控制箱,在电控室内控制,设就地检修按钮箱。

③ 组合风阀根据设备安装位置,相对集中设置若干个配电、控制回路,由电控室提供电源,并将就地控制箱开/关控制及显示信号送至电控室相应抽屉柜上。

④ 冷水机组(三级负荷)由降压变电所直接供电,并将开/关控制及显示信号送至电控室。

⑤ 控制方式:动力设备采用就地控制和集中控制两种控制方式,集中控制为在车站综合控制室由微机实现对风机、水泵、空调等设备的控制与监视。

⑥ 启动方式:一般设备采用直接启动方式,大型设备采用降压启动或软启动的方式。

(4) 安全保护及接地系统:低压 TN-S 接地系统采用联合接地体,动力照明系统为 380/220 V 三相五线制配线,由 400 V 开关柜室的低压配电柜相应回路引来。

二、照明系统

(一) 系统组成

车站照明系统采用 380 V 三相五线制、220 V 单相三线制方式供电。系统涉及范围为车站降压站变压器后的照明设备、设施及线路,包括站台层、站厅层公共区的一般照明、节电照明(包括站名牌标示照明)、事故照明(包括疏散诱导指示照明)、广告照明,设备及管理用房的一般照明、事故照明,出入口的疏散诱导指示照明、一般照明与事故照明,电缆廊道的一般照明及区间隧道的一般照明、事故照明。

(二) 负荷划分

根据车站照明要求,照明系统负荷分三个等级:一般照明、节电照明、事故照明、疏散诱导指示照明为一级负荷;一般照明和各类指示牌为二级负荷;广告照明为三级负荷。

(三) 供电方式

车站照明供电主要根据各部位功能需求,按不同的区域分片分类供电。照明供电采用放射式和树干式相结合的方式。

地下车站一级照明负荷电源,分别从降压站两段母线上各自馈出一路电源和照明配电室控制箱相连,以交叉供电方式向车站站厅、站台及设备用房供电。事故照明由直流配电柜馈出至照明配电室中的事故照明配电箱后供电。站台、站厅和出入口的诱导指示照明由车站照明配电箱配出单独回路供电。广告照明及其他各类照明(除区间照明外)的供电回路均由照明配电室馈出。区间照明的供电方式同事故照明。

高架车站一般照明、设备用房照明电源是分别在降压站两段母线上各自馈出一路电源和照明配电室照明总控制箱相连,由总控制箱馈出电源到照明配电箱配出。事故照明由降压站直流配电柜馈出至照明配电室中的事故照明配电箱后供电。站台、站厅和出入口的诱导指示照明由车站照明配电箱配出单独回路供电。广告照明电源直接由车站降压站三级负荷母线柜馈出一路至照明配电室的广告照明配电箱后配出。

正常时事故照明由 380V/220 V 的交流电源供电。当交流回路失电后,直流配电柜自动切换装置自动切换为蓄电池 220 V 直流电源供电。当交流电恢复后,自动切换装置恢复到交流电向外供电状态。

(四)控制方式

车站照明控制可分为就地控制和车站控制室遥控两种方式。

1. 就地控制

就地控制分为集中控制和分散控制。设备及管理用房采用分散控制,进门处设有就地开关箱或盒,可以控制相应设备及管理用房的一般照明。照明配电室内设有相应照明场所的照明配电箱,可在室内集中控制相应场所的一般照明、事故照明和广告照明。

2. 车站控制室遥控

车站控制室设有一般照明控制盘,通过按钮控制降压站内照明柜,可以实现对站台、站厅一般照明、节电照明和区间隧道照明的集中控制。

正常情况下,下级配电开关均全部合闸,通过车站控制室遥控方式,实现对车站场所的照明控制。只有需要局部变动照明状态时,才能对下级配电开关进行相应的调整。

▶ 6.2 自动售检票系统

一、AFC 系统概述

自动售检票系统(automatic fare collection system)简称 AFC 系统,是基于计算机、通信网络、自动控制、自动识别、精密机械和传动等技术,实现城市轨道交通售票、检票、计费、收费、统计、清分、管理等全过程的机电一体化、自动化和信息化系统。

(一)AFC 系统作用及优势

AFC 系统是目前世界轨道交通中广泛采用的一种票务管理模式。它将采集到的信息和数据进行存储、计算和分析,达到随时查看数据、及时了解运营情况、妥善管理的目的。AFC 系统采用全封闭的运行方式,通过高度安全、可靠、保密性能良好的自动售检票计算机网络系统,完成城市轨道交通运营中的售票、检票、计费、收费、统计等票务运营的全过程、多任务自动化管理。

自动售检票与人工售检票相比,具有以下优点:

(1)有利于提升城市轨道交通行业的社会形象和服务区域形象。

(2)有利于提高运营管理水平,保障票务收益。

(3)有利于落实管理责任,保证交易数据和票务信息的安全。

(4)有利于简化操作,方便出行,提高乘客的出行效率。

(5)有利于提供准确的客流及票务统计分析数据。

(6)有利于减少现金交易、人工记账及统计工作,提高准确率和效率。

(二)AFC 系统基本架构及功能

1. 基本架构

目前国内城市轨道交通 AFC 系统一般具有五层架构,如图 6-2 所示。

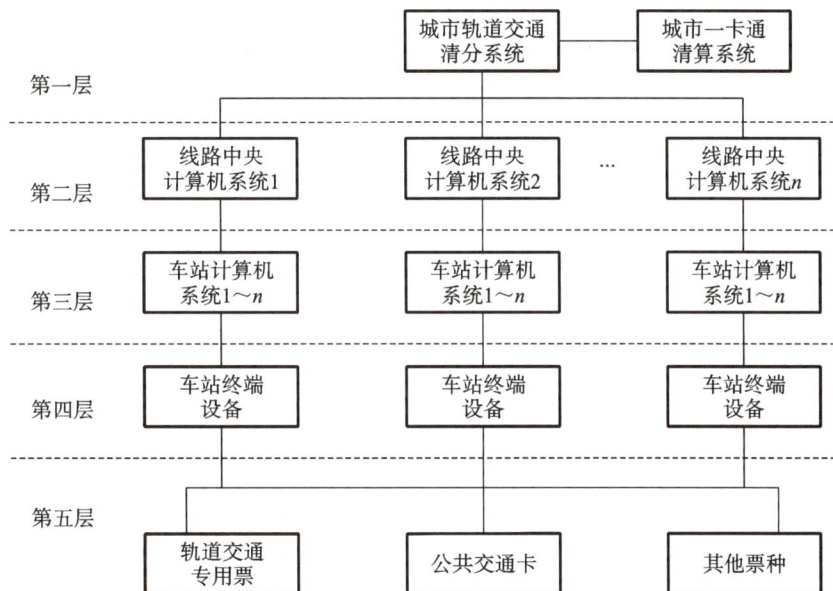

图 6-2　城市轨道交通 AFC 系统总体架构示意图

第一层，城市轨道交通清分系统；第二层，线路中央计算机系统组成的线路中央层；第三层，车站计算机系统组成的车站层；第四层，由车站终端设备组成；第五层，由车票组成。

层次结构是按照全封闭的运行方式，以计程、计时收费模式为基础，采用非接触式 IC 卡为车票介质的组成原则，根据各层次设备和子系统各自的功能、管理职能和所处的位置进行划分的。AFC 系统采用城市轨道交通清分中心、线路中央和车站三级管理模式。

2. 系统功能

1）清分系统

清分系统是用于发行和管理轨道交通车票，对不同线路的票、款进行结算，并具有与城市其他公共交通卡进行清算分账等功能的系统，是实现城市轨道交通联网收费系统的核心。其主要功能如下：

①设置和下发运行参数、票价表、黑名单及车票调配信息；

②对运营模式进行管理；

③向城市公共交通清算系统上传"一卡通"车票的原始数据，接收和处理系统下发的黑名单、对账等数据；

④具备客流统计、收益清分、对系统设备状态进行监视等功能；

⑤对采集的数据进行处理，定期统计、清分和对账；

⑥管理系统时钟同步和系统密钥；

⑦接收和处理线路中央计算机系统上传的各种交易数据；

⑧灾备系统具备系统级或数据级的异地备份功能。

2）线路中央计算机系统

线路中央计算机系统是用于管理和控制城市轨道交通线路自动售检票系统的计算机系统。其主要功能如下：

①接收、发送城市轨道交通清分中心的运行参数、票价表、交易结算数据、账务清分数

据、黑名单及车票调配信息；

②对运营模式进行管理；

③向清分系统上传各种原始交易数据、客流监视数据、设备状态数据，接收并转发清分系统的各种指令、安全认证数据等；

④接收车站计算机系统上传的车站终端设备的数据，包括设备状态数据、车票交易数据、设备维修数据等；

⑤向车站计算机系统和车站售检票设备下传运行参数、运营模式、安全认证数据及黑名单等；

⑥对所采集数据的类型和用途进行批量处理，以满足系统监控、运营管理及运营部门决策分析的需要；

⑦对系统中运行参数的设置和更新进行管理。

3）车站计算机系统

车站计算机系统是用于车站票务处理、运营管理的计算机系统。其主要功能如下：

①接收线路中央计算机系统下发的运行参数、运营模式、安全认证数据及黑名单等，并下发给车站终端设备；

②采集车站终端设备的原始交易数据和设备状态数据，并上传给线路中央计算机系统；

③监视和控制车站终端设备；

④完成车站票务管理工作，自动处理当天所有数据和文件，并能生成定期的统计报告。

4）车站终端设备

车站终端设备主要包括自动售票机、闸机、半自动售票机、自动增值机、自动验票机、便携式验票机等。其主要功能如下：

①进行车票发售、进出站检票、充值、验票分析等车票交易处理；

②接收车站计算机下发的命令、参数、黑名单、运营模式等；

③存储所有的交易数据并上传到车站计算机系统；

④能独立运行，具有良好的人机界面、操作方法和相对统一的步骤。

5）车票

车票是乘客所持的车费支付媒介，是携带票务信息的乘车凭证。

车票按使用性质分为单程票、储值票、许可票或特种票三大类，按车票的构造原理分为纸质车票、磁卡车票、IC 卡车票等。

（1）纸质车票。

纸质车票有普通纸票和条形码纸票。普通纸票是将车票的所有信息直接印制在车票上，由票务人员视读确认。条形码纸票是将车票相关信息通过条形码编码存储，由条形码扫描仪完成信息识别。

（2）磁卡车票。

磁卡车票是指在基质上设置磁记录区域，通过磁性载体记录有关信息，由磁卡读写设备获取相关信息，信息是可修改的。磁卡车票有单程磁卡和储值磁卡。

（3）IC 卡车票。

IC 卡分为接触式 IC 卡和非接触式 IC 卡，IC 卡车票是将车票所有信息储存在车票的集成电路中，由智能卡读写设备获取相关信息，信息存储量大且可修改。

二、AFC 系统组成

（一）闸机

1. 闸机的作用

闸机（automatic gate machine, AGM）是自动售检票系统中实现乘客自助进出站检票交易（在非付费区和付费区间通行）的设备。

闸机安装于车站付费区与非付费区的交界处，进站闸机和出站闸机共同形成车站站厅层付费区与非付费区之间的分隔线，用于实现乘客自助进出站检票。对有效车票，闸机通道阻挡装置释放，允许乘客进出站。

2. 闸机的分类

闸机（AGM）按功能不同可分为进站闸机、出站闸机及双向闸机；按照阻挡装置类型的不同，闸机可分为三杆式（见图 6-3）、扇门式（见图 6-4）、拍打门式（见图 6-5）；按照通道宽度不同，闸机可分为普通闸机和宽通道闸机两种类型。

| 图 6-3　三杆式闸机 | 图 6-4　扇门式闸机 | 图 6-5　拍打门式闸机 |

在被用作进站或出站闸机时，闸机入口端显示允许通过标志，闸机出口端显示禁止通行标志；在被用作双向闸机时，当闸机一端有乘客使用时，在乘客未通过前，另一端拒收车票并显示禁止使用标志，直至乘客通过。双向闸机既可完成进站检票也可完成出站检票，在非付费区和付费区可分别按照进站和出站的处理规则，完成双向检票通行功能。

3. 闸机的主要功能

闸机能对乘客所持的车票进行检验，对持有效车票的乘客放行，对持问题车票的乘客进行限制并指示其到客服中心，即在乘客进入付费区时检查车票的合法性，并记录进入时的地点和时间，在乘客离开付费区时检查车票的合法性、进站信息的合法性及在付费区内的停留时间，并根据进入位置和离开位置计算乘客本次旅程的费用，完成车票扣款操作。闸机的基本功能主要有：

（1）自动对车票进行有效性检验，对有效车票进行相应处理后放行乘客，对无效车票拒绝放行；

（2）对车票处理结果给出明确的提示信息；

（3）对通道的通行状态给出明确的指示；

（4）对特殊车票的使用给出明确的提示；

（5）对需要回收的车票执行回收操作；

（6）对各部件的工作状态进行自动监测，并向车站计算机系统上报工作状态；

（7）接收车站计算机系统下发的参数和控制命令，并执行相应的操作；

（8）存储并上传交易信息；

（9）具有进/出站客流记录、扣除车费记录、黑名单使用记录以及信息输出功能；

（10）接收紧急按钮信号并控制设备的操作。

4．闸机的外部结构

扇门式闸机的大部分区域均采用对称设计形式。主要人机界面位于斜面上，可适应大多数乘客的需要，使用简单，而且便于查看。闸机两端采用斜角设计，自然形成引导通道。外壳的乘客接近端部位不存在任何突出角，在发生事故时可最大限度地降低伤害。

扇门式闸机的外部结构包括以下部分：扇门、票卡读写器、乘客显示器、警示灯、方向指示器、投票口、退票口和通道传感器（见图6-6）。

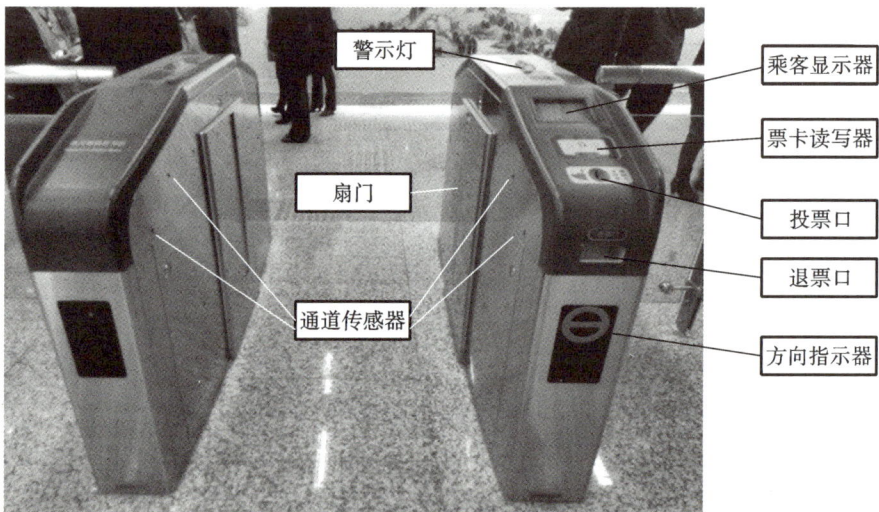

图 6-6　扇门式闸机的外部结构

5．闸机的内部结构

扇门式闸机的内部结构如图6-7所示。

扇门式闸机主要模块的功能如表6-1所示。

6．闸机的工作方式

闸机的工作方式主要有运行状态、关闭状态、故障状态和维护状态四种。

1）运行状态

运行状态包括正常运营和降级运营两种。

（1）正常运营。

此时，闸机显示允许使用的提示信息，在读/写车票的位置有明显的指示，以提示乘客检票。车票有效性检查以车票上的数据及当前系统参数为依据，系统参数可通过上级 AFC 系统设置。闸机不能同时处理两张及两张以上的车票。

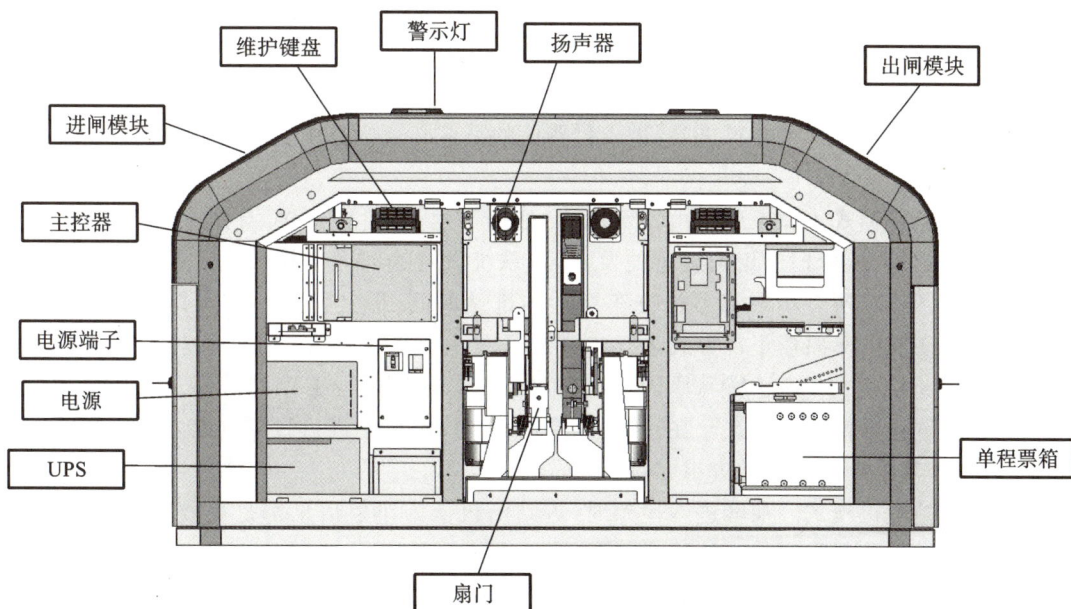

图 6-7　扇门式闸机的内部结构

表 6-1　扇门式闸机主要模块的功能

模 块 名 称	功　　能
主控器	控制设备模块的动作,保存产生的数据并与 SC 进行通信
维护键盘	提供运营和维护相关的功能
进闸模块	储值票和单程票的处理模块
出闸模块	读写储值票并回收单程票
扇门	与车票处理及通道传感器进行联动,根据电子控制装置的信号打开或关闭扇门,控制乘客进出闸
电源	提供 AGM 内部所需的 AC 及 DC 电流
UPS	考虑无法预测的停电、不稳定电源供应,起到预备电源的作用
警示灯、扬声器	通过警示灯的不同颜色或闪烁方式、扬声器的不同警示声音,向乘客和管理人员提示当前发生的不同情况
单程票箱	存放乘客出闸时回收的单程票

　　闸机允许持有效车票的乘客在规定时间内通过,并打开闸门(出站闸机包括回收单程票)。若超过规定时间乘客仍不通过闸机,则取消其通过合法性。

　　持无效车票的乘客通过出站闸机时,闸门关闭(持单程票通行的乘客,其无效的单程票将被退出),并提示乘客到票务处理机处理。对非法通过行为将予以声光报警。

（2）降级运营。

①列车故障模式。当城市轨道交通列车出现运营故障，部分车站暂时中止运营服务时，暂停服务的车站需要将 AFC 系统设备设置到列车故障模式。在列车故障模式下，暂停服务的车站进站闸机不允许乘客再进站，进入付费区的乘客必须全部中止乘行，离开暂停服务的车站。

②时间免检模式。如果出现由特殊原因（如列车延误、时钟错误）导致大量持票乘客超时无法出站的情况，可根据相关规定的要求，将系统设置为时间免检模式。在"时间免检模式"下，出站闸机对所有车票将不检查车票上的进站时间，但是仍然检查车票的票值、进站码、日期等，所有的车票按正常方式进行扣费处理。

③日期免检模式。由于特殊原因，部分车票过期，根据运行工作的需要及相关规定，要求将系统设置为日期免检模式。在"日期免检模式"下，闸机不进行日期判断，允许过期的车票继续使用，其余处理同正常进出方式。

④进出站免检模式。乘客进站检票时，进站闸机认为车票信息都是有效的，都放行，以便让乘客迅速进站。乘客出站检票时，若车票无进站信息，默认进站地点是设置了进出站免检模式的车站，并以此为依据进行扣费；若大于两个车站设置为该模式，出站闸机对单程票以外的其他车票，按最低票价或次数计费。

⑤车费免检模式。如果某个车站因特殊情况而临时关闭，导致列车只能越过该车站后才停车，在这种情况下，根据相关规定的要求，系统将把前方站设置为车费免检模式。在设置了"车费免检模式"的情况下，出站闸机不检查单程票的票值，其余处理同正常进出方式。

⑥紧急放行模式。当车站发生火灾等紧急情况时，将系统设置为紧急放行模式。此状态下闸机不检查车票，乘客不使用车票就可通过闸机迅速离开车站。同时乘客显示器显示紧急放行信息，所有在付费区的闸机通行状态指示器闪烁显示允许通行标志，所有进站闸机通行状态指示器闪烁显示禁止通行标志。当发生紧急情况时，可通过以下三种方式将闸机设置为紧急放行模式：通过上级 AFC 系统、通过车站控制室的紧急按钮或闸机本地控制。

2）关闭状态

每月运营结束后，车站计算机系统直接下达命令，将系统设置为关闭状态。

在关闭状态下，闸机退出运行状态，禁止检票处理，乘客显示器显示"关闭服务"信息，通道阻挡装置关闭，导向指示器显示"禁止通行"标志。但闸机仍保持与车站计算机的通信连接状态，车站计算机仍可监控处于关闭状态的闸机。此时禁止乘客进出站，三杆闸机的转杆被锁定（处于阻挡状态），门式闸机关闭闸门。同时闸机拒绝读/写和回收车票，单程票投入进票口后直接从退票口掉出。

3）故障状态

闸机各模块具备在运行过程中自动探测自身故障并报告给设备主控计算机的功能。当闸机检测到故障发生时，向车站计算机报告故障信息，同时根据故障等级将设备关闭或降低服务等级继续服务。

4）维护状态

此工作方式下禁止乘客通行。闸机只接受用于测试和维修的测试票，不接受乘客使用的各种车票。闸机通行状态指示器显示禁止通行的标志。

（二）自动售票机

1. 定义及作用

自动售票机（ticket vending machine，TVM）设置在非付费区，用于乘客自助购买轨道交通单程票及储值票/一卡通。

自动售票机支持乘客使用纸币或硬币以及混合的方式购买单程票，并可以通过一次交易发售多张车票，也具有对一卡通或轨道交通专用储值票充值的功能。

自动售票机具有将系统设定参数范围内的单程票进行分拣并回收的功能，对将要发售的单程票进行检测，对符合发售条件的单程票赋值发售，对系统设定需回收的单程票分拣并回收到废票箱或回收箱。

自动售票机具有自检功能，若发现与售票或充值有关的部件发生故障时，将进入相应的运营模式，并在维护单元报告故障原因。自动售票机将操作的售票、充值、维护等主要操作过程记录到日志中，并上传到 SC。

2. 外部结构

如图 6-8 所示，新型触屏式自动售票机具备触摸屏及状态显示器，用于显示轨道交通线路及票价、操作提示等信息。乘客操作显示屏标有操作流程，在纸币投币口、硬币投币口、取票口有明显提示。自动售票机暂停使用时也有明确的提示。

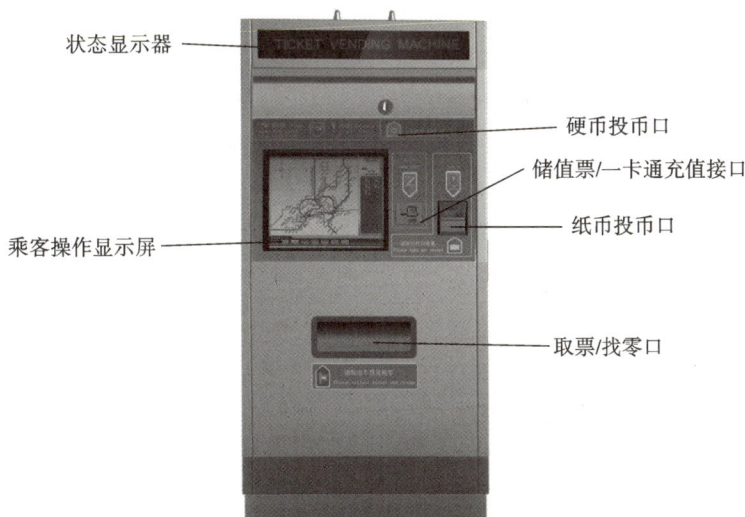

图 6-8　自动售票机外部结构图

TVM 外部各部件功能如表 6-2 所示。

表 6-2　TVM 外部各部件功能

部　件	功　能
状态显示器	显示自动售票机的状态
乘客操作显示屏	显示轨道交通线路图及购票、充值按钮，乘客可触摸操作购票或充值
硬币投币口	从此口接收乘客为购票投入的硬币
储值票/一卡通充值接口	从此口插入储值票或一卡通，为乘客提供充值服务

部　件	功　能
纸币投币口	从此口接收乘客为购票或充值投入的纸币
取票/找零口	从此口领取车票及零钱

3. 内部结构

TVM 内部结构模块如图 6-9 所示。

TVM 内部结构各模块功能如表 6-3 所示。

表 6-3　TVM 内部结构各模块功能

产 品 名 称	功　能
主控器	对设备中各模块的运行进行控制,保存各种数据,并通过与 SC 之间的通信来处理数据
纸币模块	接收纸币、鉴别假币,将通过鉴别的纸币保存到纸币钱箱内,对未通过鉴别的纸币做退币处理或进行临时保存
纸币钱箱支架/纸币钱箱	用于回收纸币并将其堆叠存放
硬币模块/硬币图像识别器	硬币模块具有接收硬币、临时保存硬币及找零等功能;硬币图像识别器可识别真假硬币
单程票发售模块	在单程票中记录发行信息,将单程票排放到取票口
储值票卡模块	接收和处理轨道交通储值票充值信息
打印机	可以输出和阅读清算之后的、与发售业务相关的资料
硬币钱箱座/硬币钱箱	运营结束后或者需要时,清空硬币模块,设备补充的找零硬币剩余及硬币模块接收的硬币都会掉入硬币钱箱存放
废票箱	对发生发行错误的车票进行保管
单程票回收箱	运营结束后或者需要时,清空单程票发售模块,设备补充的单程票剩余都会掉入单程票回收箱存放
不间断电源	考虑无法预测的停电、不稳定电源供应,起到预备电源的作用
电源	供应 TVM 所需的稳定的 AC 及 DC 电力
交流接线模块	与外部 AC 电源直接连接,为内部电源安全供应 AC 电源,或者将电源进行切断
维修面板	执行各模块的维修相关业务
维修灯	在维修操作时点亮使用
门锁	有效安全地保护 TVM

4. 运行模式

TVM 可运行在多种模式下,这些模式的参数设置可以通过 SC 下达,也可以由 TVM 根据模块的状态而进行自动调整。TVM 运行模式分为三大类。

1）正常服务模式

正常服务模式是指 TVM 运行时能提供所有设计要求的服务。

门传感器

主控器

硬币模块

储值票卡模块

硬币图像识别器

纸币模块

单程票发售模块

纸币钱箱支架/纸币钱箱

硬币模块

电源

打印机

废票箱

不间断电源

交流接线模块

硬币钱箱座/硬币钱箱

单程票回收箱

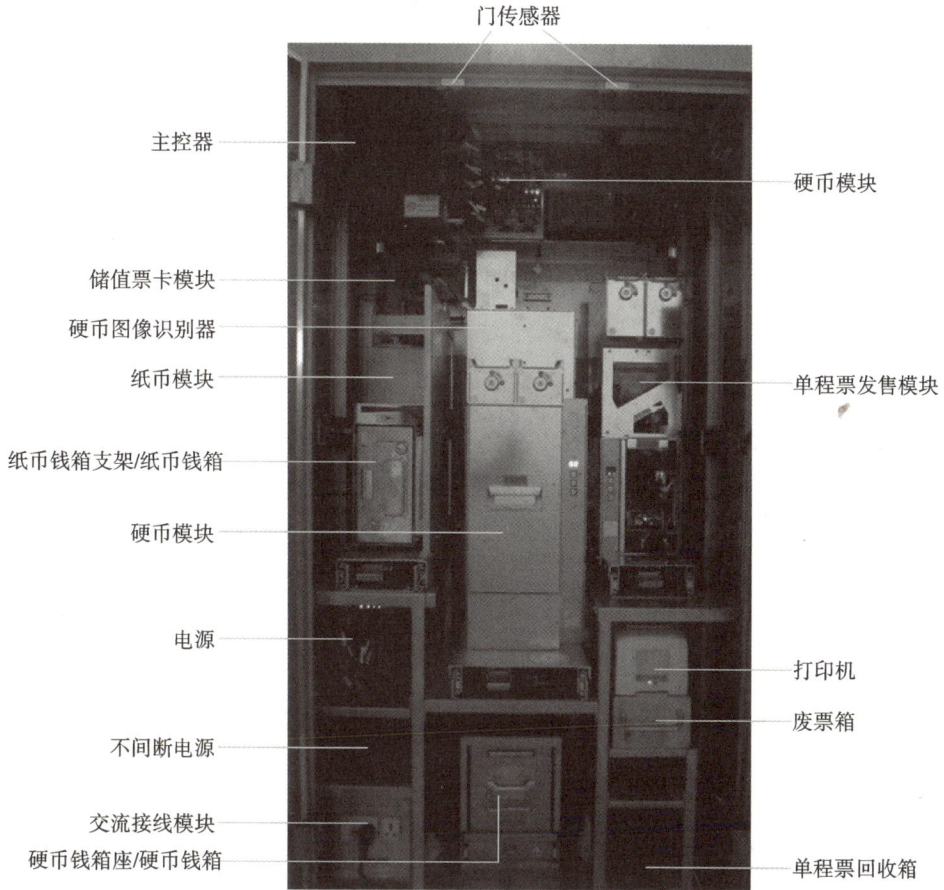

(a) 自动售票机内部结构图

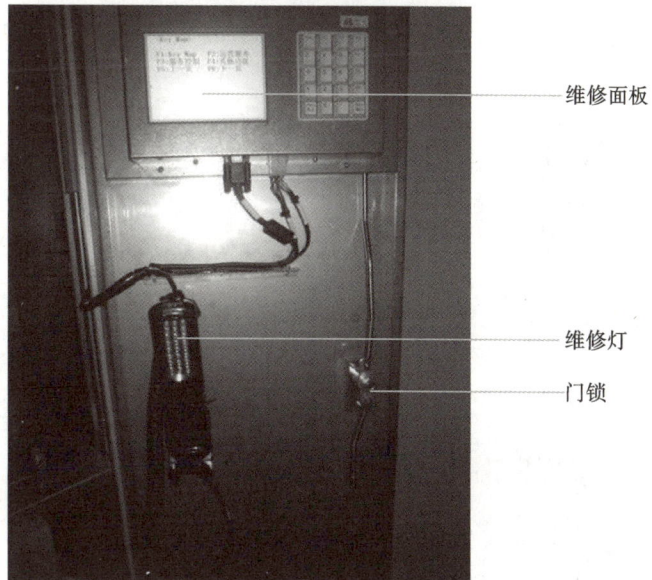

维修面板

维修灯

门锁

(b) 自动售票机侧门图

图 6-9　TVM 内部结构模块

2）停止服务模式

TVM在运行过程中如有某一模块发生故障,软件会屏蔽这一模块提供的相应功能,并尝试自动切换到限制服务模式,如没有与之匹配的限制服务功能,TVM将进入停止服务模式。

以下条件将导致TVM切换到停止服务模式:

①储值票/一卡通模块和单程票发售模块同时不可用或发生故障。

②储值票/一卡通模块、硬币模块和纸币模块同时不可用或发生故障。

如果预留的银行卡模块对储值票/一卡通进行充值的功能启用,因为涉及与银行主机的联网交易,当SC与银行主机通信网络发生故障时,充值功能将不可用。

3）限制服务模式

限制服务模式包含以下子模式:

①仅售票模式:储值票/一卡通模块不可用或发生故障。

②仅硬币购票模式:纸币模块和储值票/一卡通模块不可用或发生故障。

③仅纸币购票模式:硬币模块和储值票/一卡通模块不可用或发生故障。

④无找零模式:找零模块不可用或发生故障。

⑤仅充值模式:纸币模块、硬币模块或单程票发售模块不可用或发生故障。

（三）半自动售票机

1. 定义

半自动售票机(booking office machine,BOM)也叫票房售票机,它设于轨道交通车站客服中心,其安装位置一般可兼顾付费区和非付费区的乘客,如图6-10所示。售票员使用半自动售票机处理轨道交通专用车票和城市"一卡通"。

图6-10　半自动售票机

2. 构成

半自动售票机的构成见图 6-11。

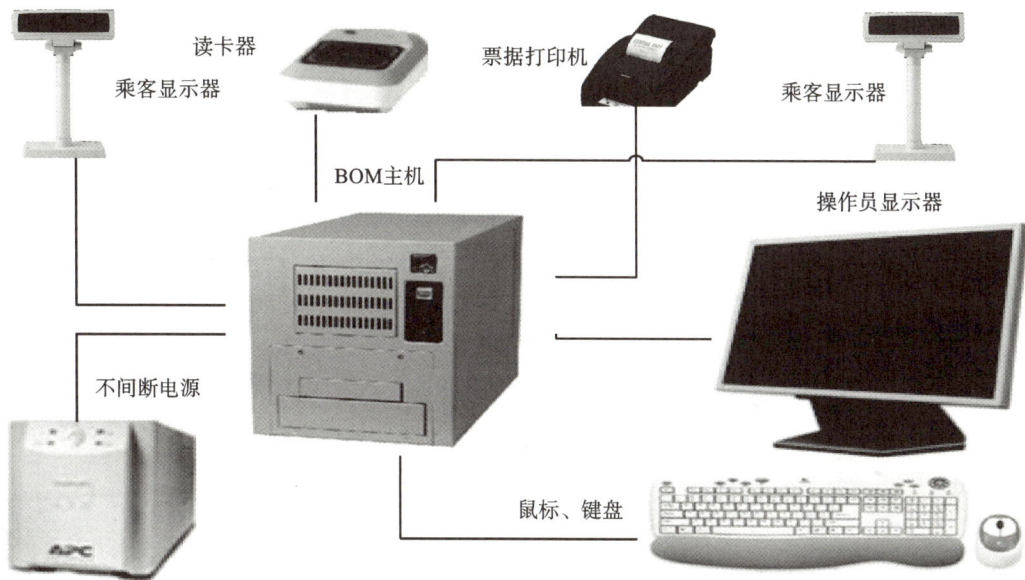

图 6-11　半自动售票机的构成

3. 主要功能

BOM 通常由售票员及以上级别的员工操作，其主要功能是：

（1）对票卡进行分析、发售、充值、更新、激活、延期、退款、查询、解锁等处理。

（2）向乘客发售单程票和储值票。

（3）处理非即时退款。

（4）处理车站乘客事务，记录票务行政处理。

（5）所有操作员的班次信息和收益信息都会即时上传到车站计算机，这些数据文件都会入库和生成报表，车站计算机同样会把需要更新的参数下传到本站所有 BOM。

（6）为车站运营部门提供相关信息服务，BOM 将自动按照系统设置要求定时将相关资料上传到车站计算机，以便车站管理部门进行分析、统计，提高轨道交通运营的整体服务品质和效率。

（四）车站计算机

1. 定义及作用

自动售检票车站计算机系统（station computer，SC）设置在车站控制室及票务室，由 SC 服务器、SC 工作站、SC 激光打印机及备用电源 UPS 构成，用于完成客流监控、设备管理、设备控制及车票管理、收益管理等工作。

2. 结构及功能

SC 设备的结构见图 6-12。

SC 系统主要有票务管理和监控管理两大功能。

（1）票务管理功能主要体现在：配置票务系统的系统参数；完成车站票、款的管理，完成和 LCC 票、款管理的接口；完成对售票员结算、设备收益统计、车站收益统计的管理；定时生

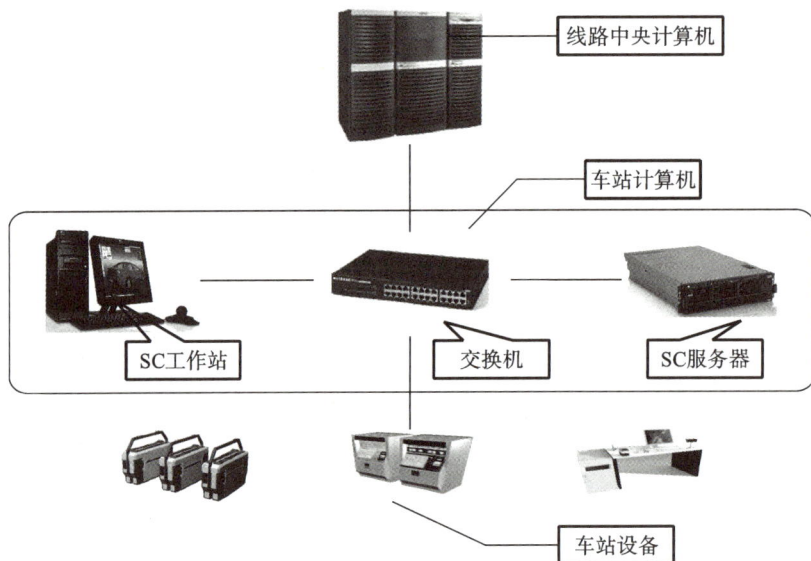

图 6-12　SC 设备的结构图

成车站收益报表，能查询车站报表。

（2）监控管理功能主要体现在：完成 SLE 数据采集及采集过程中异常的处理，将数据上传 LCC；完成对 SLE 的监视与控制，设备监视主要包括状态监视和客流监视；下发运营管理模式给站内终端设备 SLE。

6.3　消 防 系 统

一、火灾自动报警系统(FAS)

火灾自动报警系统简称 FAS(fire alarm system)，其主要通过在城市轨道交通车站、主变电站及车辆段库房等建筑内按规范设置感烟、感温或红外线等探测器对火灾进行监测，将火灾报警信息传送到车站及控制中心，并自动联动防灾系统设备运行，达到火灾预警及防灾救灾的目的。

（一）火灾自动报警系统功能

FAS 有中央和车站两级监控。

1. 中央级 FAS 的功能

（1）接收、显示并储存全线主要火灾报警设备的运行状态；

（2）接收由车站级设备传送的各探测点的火灾报警信号，显示报警部位及自动记录；

（3）自动或人工手动确认火灾报警；

（4）根据火灾发生的实际情况，自动选择预定的解决方案，向各消防控制室发出消防救灾指令和安全疏散命令；

（5）图形控制中心 PC 机通过无线发射台及时向市消防局 119 无线报警台进行火灾报

警,向消防部门通报灾情;

（6）接收主时钟的信息,使 FAS 系统时钟与主时钟同步。

2. 车站级 FAS 的功能

（1）监视车站及所辖区间消防设备的运行状态;

（2）接收车站及所辖区间火灾报警或重要系统、设备的报警,并显示报警部位;

（3）向消防指挥中心报告灾情,接收消防指挥中心发出的消防救灾指令和安全疏散命令;

（4）通过车站级的消防联动控制接口向机电设备监控系统(EMCS)发出救灾模式指令,由 EMCS 系统启动消防联动设备;

（5）通过消防广播系统和闭路电视监视系统对乘客进行安全疏散引导。

（二）火灾自动报警系统组成

1. 图形控制中心系统

图形控制中心系统配置两台计算机,分别为监控管理操作终端和历史资料存档管理操作终端,监控管理操作终端采用高质量、高性能的个人计算机(PC)或高性能工业级计算机,历史资料存档管理操作终端采用高性能、高容量的计算机,用于历史资料的存储备份。图形控制中心系统可以以图形和文本两种方式处理事件,能对事件进行合理分类及过滤筛选;可以通过对事件存储文件的分析,了解何时发生何事,便于分析事件发生原因。

2. 车站级火灾自动报警系统

在城市轨道交通系统各主要建筑的消防控制室设置一台 FACP 盘,FACP 盘配置先进的微处理器、液晶显示器(LCD)和紧急供电装置。微处理器有强大的事件存储功能,便于分析事件发生的原因。LCD 能最大限度地向消防值班员提供信息。FACP 盘除了具有 LCD 显示功能外,还有易于理解的 LED 灯和开关按钮组合,以帮助消防值班员在紧急情况下执行系统命令和救灾命令。同时在各城市轨道交通车站设置消防联动控制柜,联动控制柜通过控制电缆与重要消防设备的控制回路相连,联动柜上有各种自锁按键,用于在火灾时自动控制系统失灵的情况下手动控制各种消防设备。紧急供电装置为火灾报警控制器的专用 UPS,电池容量可以维持系统 24 小时的正常运作。

3. 火灾自动报警系统现场设备

图 6-13 所示为火灾自动报警系统现场设备网络图。

1）火灾探测器

在城市轨道交通运营范围内均设有带地址码的火灾探测器(图 6-14),如车站内各设备管理用房、站厅及站台公共区和通道等区域均设置有智能型感烟探测器,以便进行火灾探测。

2）手动火灾报警按钮

在站厅层、站台层、出入口通道和设备区等区域设有带地址码的手动火灾报警按钮(图 6-15)。报警区域内每个防火分区,应至少设有一个手动火灾报警按钮。从一个防火分区内的任何位置到最近的一个手动火灾报警按钮的步行距离,不大于 30 m。

在上述区域中若设有消火栓箱,则手动火灾报警按钮宜安装在靠近消防栓箱处的明显和便于操作的部位。

3）感温电缆

站台板下的电缆廊道设感温电缆,感温电缆按电缆桥架分层,以蛇行走向布置。

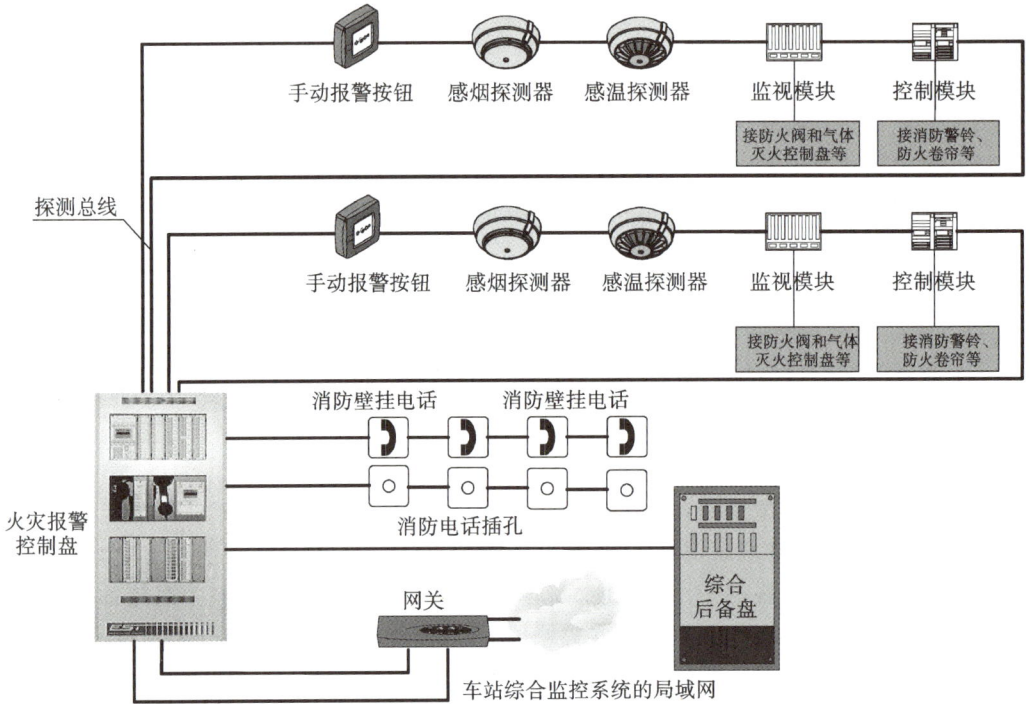

图 6-13　FAS 系统现场设备网络图

图 6-14　火灾探测器

图 6-15　手动火灾报警按钮

4）红外光束感烟探测器

在大空间的库房设有红外光束感烟探测器。

5）探测模块

探测模块是带地址码的，用于接收气体自动灭火系统控制盘上的火灾预报警信号、火灾确认信号、系统故障信号、气体释放信号和手动/自动状态信号，以及车站内防火阀和感温电缆的动作信号。

6）控制模块

控制模块是带地址码的，用于控制防火卷帘的降落。同时，根据车站防排烟系统的火灾运行模式,一种模式对应一个控制模块,火灾时,根据不同的着火区域自动启动相应的火灾运行模式。

4. 消防广播通信系统

1) 消防广播

城市轨道交通车站内一般设有消防广播。消防广播不单独设置,与车站广播系统合用;平时为车站广播用,火灾时,能在消防控制室将广播音响强行切转到火灾事故广播状态,火灾事故广播具有优先权。

2) 消防通信

消防指挥中心设专用电话,用于向公安消防部门报警。

FAS 系统在车站内设有消防报警电话插孔,在区间隧道,消防报警电话则与轨旁电话系统合用,并结合有线和无线通信系统的使用,实现消防指挥通信系统的全部功能。

在有线通信系统中,消防指挥中心设置调度电话总机,各消防控制室设置调度分机。消防指挥中心调度员可对设于各消防控制室的分机进行单呼、组呼、全呼;分机可对中心调度员进行一般呼叫和紧急呼叫。

FAS 系统与行车调度员等共用一套闭路电视监视系统。在消防指挥中心设置切换装置和监视终端,在各车站控制室宜与行车管理员等共用一套切换装置和显示终端。图 6-16 是火灾自动报警流程图。

二、固定灭火设施

用于城市轨道交通地面、地下、高架车站的固定灭火设施有以水为介质的消火栓灭火系统、自动喷水灭火系统和水喷雾灭火水系统,以及气体自动灭火系统。

(一) 消火栓灭火系统

消火栓在地面、地下和高架车站都是主要的消防灭火设备,除气体灭火外,消火栓以水作为灭火介质,是一种既及时又有效的灭火工具。消火栓灭火系统由消防给水设备即消火栓部分(包括给水管网、加压泵、水枪、水带等)和电控部分(包括启动按钮、防灾报警器启泵装置及消防控制柜)组成。

为保证水压,需要采用加压设备。常用的加压设备有消防水泵和稳压给水装置两种。一般采用消防水泵,在每个消火栓内设置消防水泵启动按钮,灭火时,击碎按钮上的玻璃小窗,按钮弹出,通过控制电路启动消防水泵,达到灭火效果。

消火栓灭火系统与消防报警系统一般通过智能型控制模块和反馈模块连接,同时可与输入/输出模块连接。消防水泵的启动与消防报警主机自动或手动状态无关。

每个消火栓灭火系统必须配备两台消防水泵,一台设置在自动位置,另一台设置在备用位置,即处于热备状态。系统必须配有手动启泵按钮,启动信号将反馈到消防值班室报警控制主机。

(二) 自动喷水灭火系统

自动喷水灭火系统是一种在发生火灾时,在火警信号驱动下自动打开喷头喷水灭火的消防设施。自动喷水灭火系统由洒水喷头、报警阀组、水流报警装置、管道和供水设施等组成。自动喷水灭火系统分为闭式系统、雨淋系统、水幕系统和喷水-泡沫联用系统。

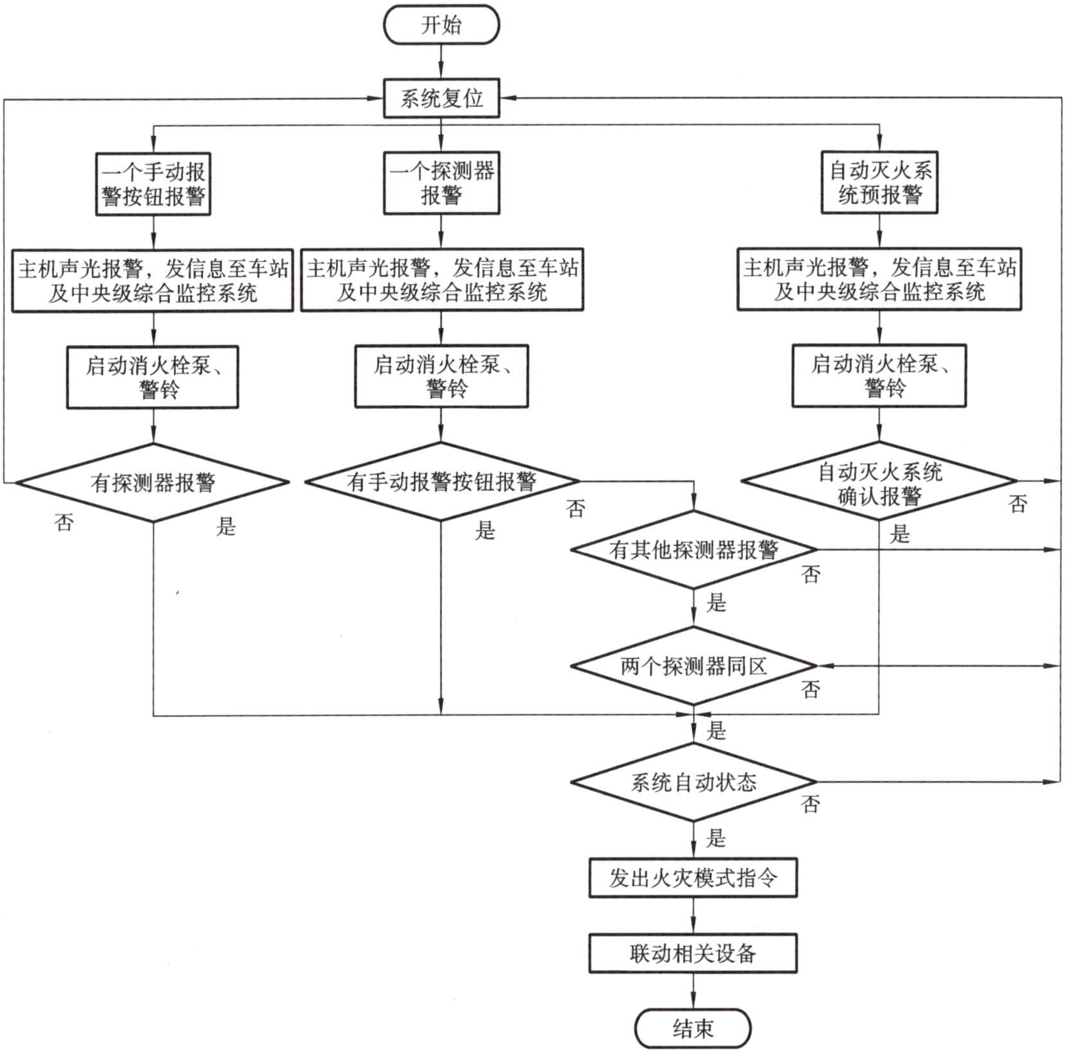

```
                        ┌──────┐
                        │ 开始 │
                        └──┬───┘
                           │
                    ┌──────┴──────┐
         ┌──────────┤  系统复位   ├──────────┐
         │          └──────┬──────┘          │
         │                 │                 │
 ┌───────┴───────┐ ┌───────┴───────┐ ┌───────┴───────┐
 │  一个手动报    │ │  一个探测器    │ │  自动灭火系    │
 │  警按钮报警    │ │  报警          │ │  统预报警      │
 └───────┬───────┘ └───────┬───────┘ └───────┬───────┘
 ┌───────┴───────┐ ┌───────┴───────┐ ┌───────┴───────┐
 │主机声光报警，发│ │主机声光报警，发│ │主机声光报警，发│
 │信息至车站及中央│ │信息至车站及中央│ │信息至车站及中央│
 │级综合监控系统  │ │级综合监控系统  │ │级综合监控系统  │
 └───────┬───────┘ └───────┬───────┘ └───────┬───────┘
 ┌───────┴───────┐ ┌───────┴───────┐ ┌───────┴───────┐
 │  启动消火栓泵、│ │  启动消火栓泵、│ │  启动消火栓泵、│
 │  警铃          │ │  警铃          │ │  警铃          │
 └───────┬───────┘ └───────┬───────┘ └───────┬───────┘
```

一个手动报警按钮报警 → 主机声光报警，发信息至车站及中央级综合监控系统 → 启动消火栓泵、警铃 → 有探测器报警（否 / 是）

一个探测器报警 → 主机声光报警，发信息至车站及中央级综合监控系统 → 启动消火栓泵、警铃 → 有手动报警按钮报警（否 / 是）

自动灭火系统预报警 → 主机声光报警，发信息至车站及中央级综合监控系统 → 启动消火栓泵、警铃 → 自动灭火系统确认报警（否 / 是）

有其他探测器报警（否 / 是）

两个探测器同区（否 / 是）

系统自动状态（否 / 是）

发出火灾模式指令

联动相关设备

结束

图 6-16　火灾自动报警流程图

1. 自动喷水灭火系统构成

自动喷水灭火系统由喷洒泵、湿式报警阀组、喷头、报警止回阀、水力警铃、压力开关（安在干管上）、水流指示器、管道系统、供水设施、报警装置及控制盘等组成。喷洒泵安装在车站的消防泵房内，每个车站设有两台喷洒泵，在日常运行管理中，其中一台设置在自动位置，而另一台设置于备用位置，由双切电源箱控制。

车站一般不设消防水池和高位水箱。平时报警阀的上下管道内始终充满压力，系统压力由稳压装置维持。水通过湿式报警阀导向杆中的水压平衡小孔保持阀板前后水压平衡，由于阀芯的自重和阀芯前后所受水的总压力不同，阀芯处于关闭状态。

2. 自动喷水原理

当发生火灾时，环境温度升高，使得火源上方的喷头开启、喷水，管网压力下降，报警阀后压力下降使阀板开启，接通管网和水源，供水灭火。管网中设置的水流指示器感应到水流动时，发出电信号，管网中的压力开关在管网压力下降到一定值时，也发出电信号，启动水泵供水,消防主机同时接到开泵信号。

（三）气体自动灭火系统

1. 气体自动灭火系统组成

气体自动灭火系统选用 IG541 灭火剂,由管网系统和控制系统组成,如图 6-17 所示。

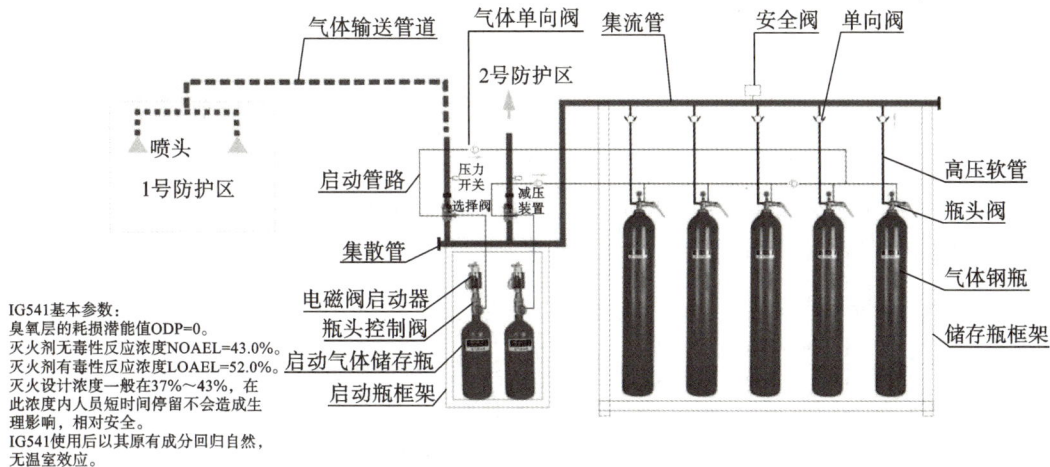

IG541基本参数:
臭氧层的耗损潜能值ODP=0。
灭火剂无毒性反应浓度NOAEL=43.0%。
灭火剂有毒性反应浓度LOAEL=52.0%。
灭火设计浓度一般在37%～43%,在此浓度内人员短时间停留不会造成生理影响,相对安全。
IG541使用后以其原有成分回归自然,无温室效应。

图 6-17　IG541 气体灭火系统示意图

1）管网系统

管网系统由气体钢瓶及瓶头阀、就地手动启动器、电磁阀启动器、高压软管、集流管、安全阀、单向阀、减压装置、选择阀、压力开关、喷头和气体输送管道等组成。

2）控制系统

控制系统由灭火控制器（控制盘）、继电器模块、备用电池（蓄电池）、警铃、声光报警器（蜂鸣器及闪灯）、气体释放指示灯、手拉启动器、紧急止喷按钮、紧急释放按钮、手动/自动转换开关、24V DC 辅助联动电源,以及感烟、感温探测器等部分组成。

2. 系统的主要功能

在正常状态下,监视防护区状态;在发生火灾事故时,能自动报警,并按预先设定的控制方式启动自动灭火装置,释放气体灭火剂,迅速扑灭防护区内的火灾,以保证城市轨道交通的正常运营。

3. 系统的操作方式

系统的操作方式有三种:自动、手动和应急机械手动。

1）自动方式

将气体灭火系统控制盘上的运行状态按键拨到"自动"档时,气体灭火系统自动完成防护区内的火灾探测、报警、联动控制及喷气灭火整个过程。防护区内的单一探测回路探测到火灾信号后,控制盘启动设在该防护区域内的警铃,同时向 FAS 系统提供火灾预报警信号。同一防护区内的两个回路都探测到火灾信号后,控制盘启动设在该防护区域内、外的蜂鸣器及闪灯,并进入延时状态。在延时过程中,控制盘输出信号关闭防火阀等。延时结束,控制盘输出有源信号至钢瓶及选择阀上的电磁阀,气体通过管道进入防护区。压力开关将信号传至 FAS 系统和控制盘,由控制盘启动防护区外的释放指示灯。防护区域门内、外的蜂鸣器及闪灯在灭火期间将一直工作,警告所有人员不能进入防护区域,直至确认火势已经扑灭。

2)手动方式

在有人值班的情况下,应将手动/自动挡拨到手动挡,可自动接收火灾信号,发出相应的报警信号,人为启动灭火系统进行扑救;这种手动控制实际上还是通过电气方式的手动控制。手动启动系统后,系统将不经过延时而被直接启动,释放灭火剂。

3)应急机械手动方式

在发现火灾后,系统自动、手动两种启动方式均失效的情况下,站务人员可在气瓶间内实行应急机械手动方式,人为开启启动装置,进行灭火。应急机械手动操作实际上是机械方式的操作,此时可通过操作设在钢瓶间的气体钢瓶瓶头阀上的应急机械启动器和区域选择阀上的应急机械启动器来开启整个气体灭火系统。

三、防排烟设备

城市轨道交通地下车站有防火、防烟、排烟系统。在消防联动控制系统中,报警主机应集中控制所有层面的防火门、防火阀、防火卷帘、排烟机、送风机、排风机及空调、通风设施。

防烟设备的作用是防止烟气侵入疏散通道,排烟设备的作用是消除烟气,防止烟气大量积累并扩散到疏散通道。防烟、排烟设备及其系统的设计是车站消防系统的必要组成部分。

防烟措施还包括正压送风机、排烟风机、送风阀及排烟阀,以及防火卷帘、防火门等设备与消防控制主机的联动功能,在消防主机上显示各设备的运行情况,可进行联锁控制和就地控制;根据火灾情况打开有关排烟通道上的排烟口,启动排烟风机,降下有关防火卷帘及防烟设备,打开安全出口的电动门,关闭有关防火阀及防火门,停止有关防烟分区的空调系统,同时打开送风口、关闭送风机等。

(一)防火阀

在火灾发生时,防火阀能够自动关闭,能实现运行工况调节。按控制方式的不同,防火阀可分为消防报警系统控制的防火阀、手动关闭防火阀。城市轨道交通地下车站通风及空调系统的防火阀一般都与报警主机联动,依据火灾工况不同,通过编程来控制防火阀的关闭。

(二)防火卷帘门

防火卷帘门主要用来阻隔火势扩散或蔓延,一般安装在商场与车站的过道处,或车站与车站间的疏散通道处。疏散通道上的防火卷帘门两侧应设置火灾探测器及其报警装置,且两侧应设置手动控制按钮。疏散通道上的防火卷帘门按程序自动控制下降,感烟探测器动作后,卷帘下降至距地面 1.8 m 处;感温探测器动作后,卷帘下降到底。火灾探测器动作后,用作防火分隔的防火卷帘应下降到底。感烟、感温火灾探测报警信号及防火卷帘的关闭信号应送到消防控制主机。

(三)防火门

车站的防火门一般安装在设备用房的走廊与车站的进口处,气体保护用房也必须安装防火门。防火门有常开和常闭两种,可根据现场需要设置,对其材料有特殊要求。防火门任一侧的火灾探测器报警后,防火门应自动关闭,防火门关闭信号应送到消防报警控制主机。

▶ 6.4　环境控制系统

城市轨道交通地下环境的空气质量与地面公共场所有较大的差异,为了打造安全、舒适的候车环境,为工作人员提供良好的工作环境以及满足设备的工艺要求,必须在车站内设置完善的通风、空调及排烟等环境控制设备,简称为环控系统。

一、环控系统的功能

通过合理的空气处理手段,环控系统能为乘客和工作人员创造一个舒适的环境,并保证设备的正常运行。环控系统主要有以下功能。

(1)在城市轨道交通正常运营时,排除车站内余热、余湿,为乘客创造一个往返于地面和列车间的过渡性舒适环境,并为工作人员创造一个舒适的工作环境。

(2)满足车站设备和管理用房工艺和功能要求,提供设备正常运行所需的温、湿度条件。

(3)列车因阻塞停留在区间隧道时,向隧道提供一定的新风并排走列车空调散发的热量,以维持乘客短时间内能接受的环境条件。

(4)发生火灾、易燃气体泄漏、有毒气体泄漏等紧急情况时,能迅速提供有效的排烟、排气手段,向乘客输送必要的新风,以及引导乘客向安全区域疏散。

二、环控系统的组成

城市轨道交通的环控系统一般分为四大子系统:环控大系统、环控小系统、环控水系统和隧道通风系统。

给车站站厅、站台公共区制冷、供热、通风(兼排烟)的通风空调装置组合称为环控大系统;给车站管理及设备用房制冷、供热、通风(兼排烟)的通风空调装置组合称为环控小系统。环控大、小系统结构如图 6-18 所示。

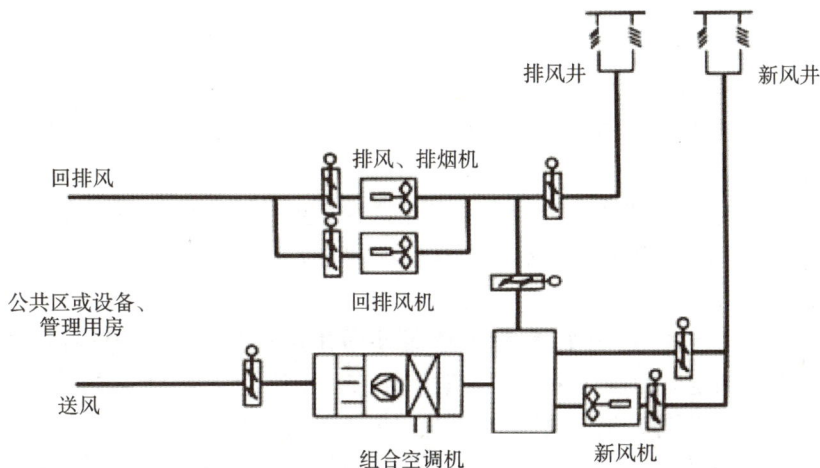

图 6-18　环控大、小系统结构示意图

（一）环控大、小系统的主要设备

环控大、小系统一般采用集中式全空气系统，个别采用风机盘管系统。环控大、小系统的基本设备主要有组合式空调机组（小系统也称吊式空调器）、风机盘管、回排风机、新风机、专用排烟风机、各种风阀、防火阀、消音器、风道及风口等。大系统结构形式比较简单，但是与车站的土建结构形式密切相关，每一个系统的结构及设备的数量、型号、规格都不尽相同。根据系统服务区域大小、冷负荷大小、排烟需要等，系统中的设备数量会有所增减。

环控系统的结构形式虽多种多样，但是对空气的处理过程是一样的，室外的新风经新风井进入系统循环，在混风室与回风混合后经组合空调机组的过滤器过滤尘埃，经表冷器冷却后由组合空调机组内的风机加压送到服务区域。服务区域内的空气经排风口、风道进入排风机加压，一部分经排风井排到室外，另一部分经回风道进入混风室内进行循环送风。

环控小系统服务于设备区内有不同工艺需求的房间，对于需设空调的设备房，采用全空气双风机一次回风系统或风机盘管加新风系统的方式；对于气体保护房间，它们的进出风管上均设置了防烟防火阀；部分独立分散且需要通风换气的设备管理用房设置独立通风；当单个房间面积大于 50 m² 时（气体保护房间除外）设置机械排，面积小于 50 m² 的房间只在进出房间通风管道上设防火阀，以隔断火源和烟气；当设备管理用房内走道超过 20 m 时，应设有机械排烟设施。

在新修建的城市轨道交通车站中，环控系统均增设了杀菌功能，目前较成熟的杀菌技术有高压静电吸附、光催化、紫外灯及光触媒等。

（二）环控大、小系统的运行管理

环控大系统正常运行时，根据室外气温情况分不同的运行模式，以广州地铁为例，有空调季节小新风、空调季节全新风和非空调季节全通模式，模式转换由机电设备监控系统根据站内外空气温度及空气焓值控制。车站公共区气流组织一般采用上送上回方式，站厅、站台都按均匀送风设计。事故模式分为站厅火灾模式和站台火灾模式，发生火灾时，设置在站厅/站台上的烟感、温感探测器报警，机电设备监控系统接收火灾报警信号后，进入站厅/站台火灾模式，开启排烟风机，进行排烟。如果是站台发生火灾，隧道通风系统启动站台火灾模式协助排烟，对于安装站台门的车站，在启动隧道通风系统时需要根据火灾位置，开启相应侧的站台门后再启动风机。此外，在隧道内发生火灾或者列车在隧道内发生火灾时，根据隧道排烟方向，隧道两端车站的大、小系统为了配合排烟和防止设备房及公共区发生串燃，均执行停机命令。

小系统的运行模式根据不同功能需求而有如下设置。

（1）大部分设备及管理用房的小系统运行模式与大系统相同，在车站运营期间开启小系统设备，进行正常通风。

（2）部分特殊的设备用房（如通信、信号、供电等用房），需持续保持房内温、湿度在要求范围内，应保证空调全天运行，以确保房内设备正常工作。

（3）非气体保护用房发生火灾时，小系统按工艺要求切换为排烟模式运行。

（4）气体保护房间发生火灾时，保护用房的送、排风管路上的防烟防火阀接收气体灭火系统发出的 DC 24V 电信号后关闭，保证气体灭火时的密闭性。同时小系统内的设备停止运行，待灭火后切换为通风模式，排气 0.5 小时后恢复正常运行模式。

三、环控水系统

负责给大、小系统提供冷、热源的冷水机组、水泵及管路等制冷装置的组合称为环控水系统,环控水系统结构如图 6-19 和图 6-20 所示。

图 6-19 独立式冷站水系统结构示意图

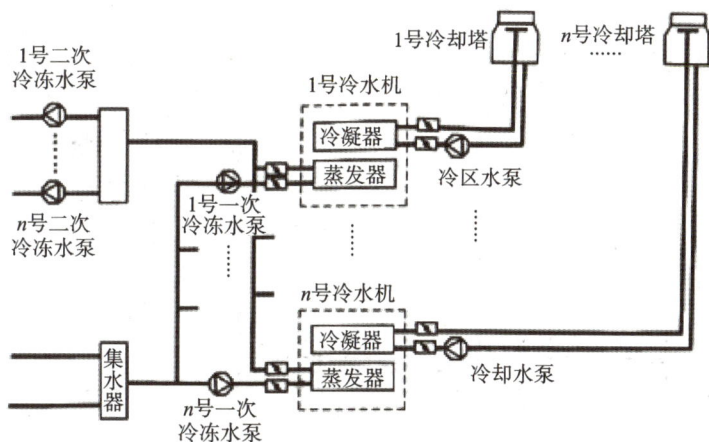

图 6-20 集中式冷站水系统结构示意图

(一) 环控水系统的主要设备

环控水系统的主要功能是给环控大、小系统提供冷、热源,一般采用水(冷冻水、冷却水)作为传输介质。环控水系统按供冷范围可分为独立式冷站水系统和集中式冷站水系统,供热系统一般在北方较冷的地方才设置,且以集中供热为主。

独立式冷站水系统一般在每个车站内独立设置两台及以上的冷水机组(有水冷式离心机、活塞机和螺杆机组,个别车站还采用了冷量较小的风冷式冷水机组),通过冷冻水泵将二次冷源供给车站大系统空调或车站小系统空调,空调末端采用大组合空调柜、小空调柜及风机盘管等设备。

集中式冷战水系统一般在某一地方集中设置制冷机组、联动设备及其他辅助设备,通过室外管廊、地沟架空、区间隧道敷设冷冻水管,用二次水泵将冷冻水长距离输送到车站空调大系统末端,以满足多个车站所需的冷量。

（二）环控水系统的运行管理

环控水系统根据冷水机组配置台数设定不同的运行模式，以满足不同冷负荷工况下的运行和机组轮换开启的需要，例如某独立冷站配置两台冷水机组，分别为 1 号机和 2 号机，冷站运行模式就有开 1 号机、开 2 号机和 1 号、2 号机全开三种模式。冷水机组台数越多，模式就越多、越复杂，一般情况下，环控水系统的模式控制需要自动控制系统辅助完成。

四、隧道通风系统

城市轨道交通系统的隧道一般采用活塞通风，但是为满足区间隧道正常及紧急状态下通风及排烟的需要，在地下区间隧道仍需设置通风能力强大的隧道通风系统，以保障区间隧道的行车安全。隧道通风系统结构如图 6-21 所示。

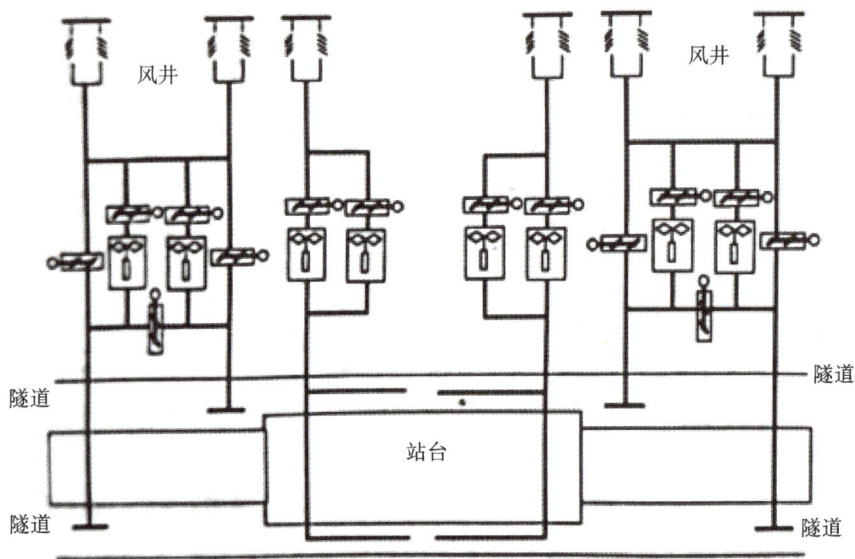

图 6-21　隧道通风系统结构示意图

（一）隧道通风系统的主要设备

隧道通风系统包括区间隧道通风系统和车站隧道通风系统两部分。

1. 区间隧道通风系统

区间隧道通风系统的主要功能是在列车停在区间隧道内时对隧道进行通风换气，并在发生火灾时进行排烟，其主要由隧道风机、单向推力风机、双向推力风机、射流风机及相关的电动风阀、风道等组成。所有风机均采用风量较大的轴流式风机。隧道风机一般采用双向风机（风机反转效率 90% 以上），并能够在 150 ℃工作环境下保证能够运行 1 h 以上，通常设置在车站两端的隧道入口处，个别超长（2 km 以上）的区间，一般应在中间加设区间风井。推力风机及射流风机一般设置在隧道结构特殊部位，以对气流起到诱导作用，利于隧道内的气流组织。

2. 车站隧道通风系统

车站隧道通风系统的主要功能是将列车停在站台时空调冷凝器散发的热量及时排到外界，以减少对隧道及车站空调系统的影响，并在车站站台轨行区或站台发生火灾时作为主要的排烟设备。其主要设备有轨道排风机、电动风阀和防火阀、风道等。轨道排风机是车站的主要消防排烟设备，其重要技术要求之一是在 280 ℃工作环境下保证能够运行 30 min 以上。另外，车站轨道排风机仅用于排风、排烟，一般情况下采用单向轴流风机。目前个别城市轨道交通的隧道通风系统已经采用区间隧道通风系统与车站隧道通风系统合并设计的方式，通过对运行模式的控制，使隧道风机既能满足隧道通风的需要，也能满足车站轨道排风及排烟的需要。

（二）隧道通风系统的运行管理

为保证列车能在隧道内安全运行且保证列车上乘客的舒适，对隧道温度要求有统一的标准：列车没有设置空调时不得高于 33 ℃，列车设置空调时不得高于 35 ℃，列车设置空调且车站设置站台门时不得高于 40 ℃。炎热高温天气，一旦隧道内温度超过标准，则需要立即启动隧道通风系统，进行强制通风。

地下区间隧道是一个狭长的空间，列车运行时会产生较强的活塞效应，并形成活塞风，一般情况下，区间内的空气流动方向与列车运行方向保持一致。另外，由于空气流动的惯性作用，控制区间隧道内的气流组织十分困难，因此，隧道通风系统的运行模式控制必须按制定好的标准严格执行。

当某区间发生阻塞时，隧道通风系统将按与行车一致的方向进行纵向通风。在系统设计时，按同一区间的左右线同一时间只发生一侧阻塞考虑，若出现同一区间左右线同时发生上下行阻塞的情况，则左右线的送风方式应以先阻塞区间作为参考，进行纵向通风，即此时左右线均按同一方向进行纵向通风。

当列车在某区间发生火灾时，应尽量驶向前方车站，在前方车站疏散乘客、排烟和灭火；当列车发生火灾且被迫停在区间隧道内时，应严格按列车所处区间位置和列车火灾位置执行预先设计的火灾运行模式。区间隧道内火灾运行模式的设计原则如下。

（1）一旦出现列车发生火灾且停在区间隧道内的情况，应立即启动相应的火灾运行模式。

（2）隧道通风系统应按与多数乘客疏散方向相反的方向送风。

（3）列车中部着火时，列车靠近车站的一端排烟，远端送风，若列车位于区间隧道中部，按与行车一致的方向送风。

一般区间内列车发生火灾且被迫停在隧道内时，主要六种情况的送风方向及疏散方向如图 6-22 所示。

由于城市轨道交通发展迅速，线路的规划已经延伸到城市的郊区及临近的卫星城市，站与站之间的距离越来越远，并出现了数千米长的长大区间。为满足隧道通风能力，通常会将区间划分为数个排烟分区，并在隧道中间设置一个或数个中间排风机井及排烟设备，从而使得列车在隧道内发生火灾时送风及疏散的情况更加复杂。

(a) 情况1：列车中部着火且停在近前方车站

(b) 情况2：列车头部着火且停在区间任意位置

(c) 情况3：列车中部着火且停在区间中部

(d) 情况4：隧道内的一切情况均不清楚时，按与行车一致的方向送风

(e) 情况5：列车尾部着火且停在区间任意位置

(f) 情况6：列车中部着火且停在近后方车站

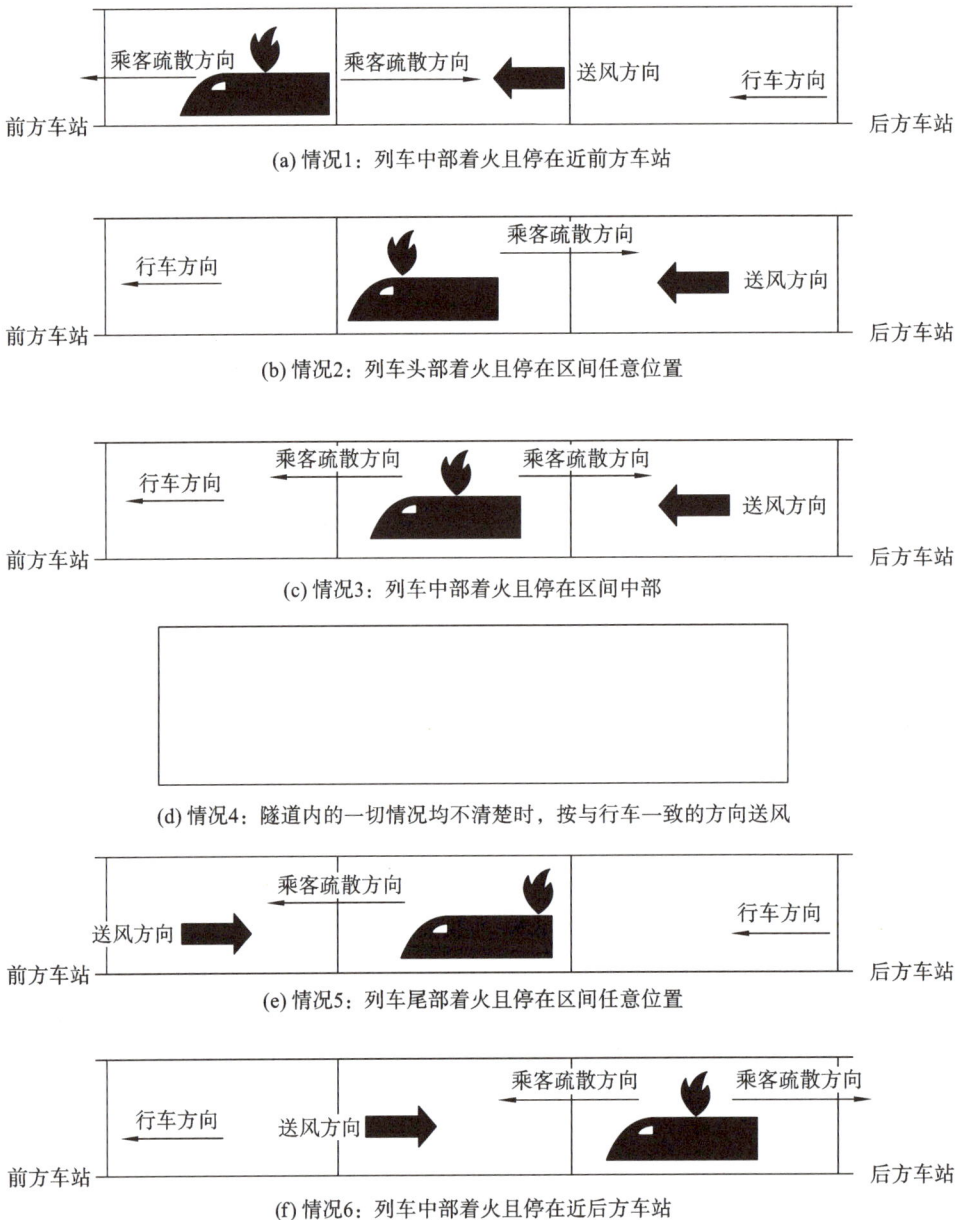

图 6-22　六种情况的送风方向及疏散方向

6.5　环境与设备监控系统

为了给乘客创造安全、舒适的乘车环境，车站及地下区间隧道内设有各种正常运营保障设施（通风空调设备、给排水设备、照明设备、导向设备、自动扶梯等）和事故及紧急情况下防灾救灾设施（水消防系统、自动灭火系统、防排烟系统、事故照明系统等）。为实现对以上设施的集中监控与管理（其中自动灭火系统的控制子系统由 FAS 监视），需要设置环境与设备

监控系统(building automatic system,BAS)。

BAS 是本着"安全、可靠、节能"的原则进行设计的,目的是以现代计算机技术、网络技术、自动控制技术、软件技术实现对车站各类机电设备的智能化控制,使得系统更安全、可靠,节省人力、物力,降低运营成本。

一、BAS 的功能

BAS 具有中央级、车站级和就地级三级监控功能。

(一) BAS 的主要功能

1. 环境检测

BAS 通过布置在公共区、有人值班的管理用房及对环境有要求的设备用房的温度和湿度检测设备,实现环境温度和空气湿度的检测。

2. 机电设备监控

BAS 可实现对全线通风空调、防排烟设备、公共区照明、导向灯箱、给排水设备等机电设备的实时或定时监控,监视电梯、自动扶梯的运行状态。紧急情况下,可控制自动扶梯紧急停止,使电梯上升或下降到安全层。

3. 水位监测及报警

BAS 监视车站和区间排水泵房水位,接收水位报警信号,具有对废水泵的远程控制功能。

4. 优化控制与节能

BAS 通过对环境参数的检测以及相关计算,自动将通风空调系统调控在最佳运营状态,一方面可提高轨道交通整体环境的舒适度,另一方面可实现节能控制,降低运营成本。

5. 防救灾

接收车站 FAS 火灾模式控制指令,将车站防灾设备转为火灾控制模式;在 FAS 与 BAS 之间通信中断的情况下,接收车站综合监控系统火灾模式控制指令,将车站防灾设备转为火灾控制模式;接收综合监控系统区间火灾模式控制指令,执行隧道排烟模式;接收列车区间阻塞信息,执行阻塞通风模式。

6. 数据管理

BAS 具有对受控设备运行参数分类存储、统计报表、自动生成系统设备维修维护报表和自动打印的功能。

(二) 中央级 BAS 主要功能

中央级 BAS 对全线通风空调、防排烟设备、公共区照明、导向灯箱、给排水设备、自动扶梯等机电设备进行监视和控制。

(1) 监视全线环控设备的运行状态,检测、记录各车站站厅、站台和管理设备用房的温度、湿度等环境参数。根据通风空调系统提供的环控工艺要求,向车站级 BAS 下达模式控制指令,对通风系统设备进行模式控制,包括正常模式、火灾模式及区间阻塞模式。

(2) 监视全线 BAS 监控下的其他设备的运行状态,接收系统报警信息,记录各种操作,实现实时数据和历史数据的分类存储、报表统计等。

(3) 向车站级 BAS 下达时间表控制指令。

（三）车站级 BAS 主要功能

车站级 BAS 对全站通风空调、防排烟设备、公共区照明、导向灯箱、排水设备、电梯、自动扶梯等机电设备及管辖区间排水设备进行监控。

（1）监视车站环控设备的运行状态，监测、记录车站站厅、站台和管理设备用房的温度、湿度等环境参数。根据通风空调系统提供的环控工艺要求，对通风系统设备进行模式控制，包括正常模式（节能控制）、火灾模式及区间阻塞模式。

（2）监视全站 BAS 监控下的其他设备的运行状态，接收系统报警信息，记录各种操作，实现实时数据和历史数据的分类存储、报表统计等。

（3）将本站 BAS 所有信息上传中央级 BAS。接收中央级 BAS 下发的时间表控制信息和模式控制指令。

（4）接收时钟同步信号，具有与中央主时钟同步的功能。

（四）就地级 BAS 主要功能

（1）对单台设备进行就地控制，满足设备的现场调试要求。

（2）实现对现场信号的采集、信号的转换和控制信号的输出。

（3）接收 FAS 的火灾信息，执行火灾模式控制指令。

（4）主控制器通过现场总线同具有智能通信接口的其他受控设备连接，实现数据通信。

（5）就地级设备具有脱离全线网络系统独立运行的功能，控制器的存储容量满足监控数据的存储需要。

二、BAS 的构成

（一）中央级 BAS 设备

中央级 BAS 设备由设在控制中心的综合监控系统配置，图 6-23 所示为 BAS 全线网络图。

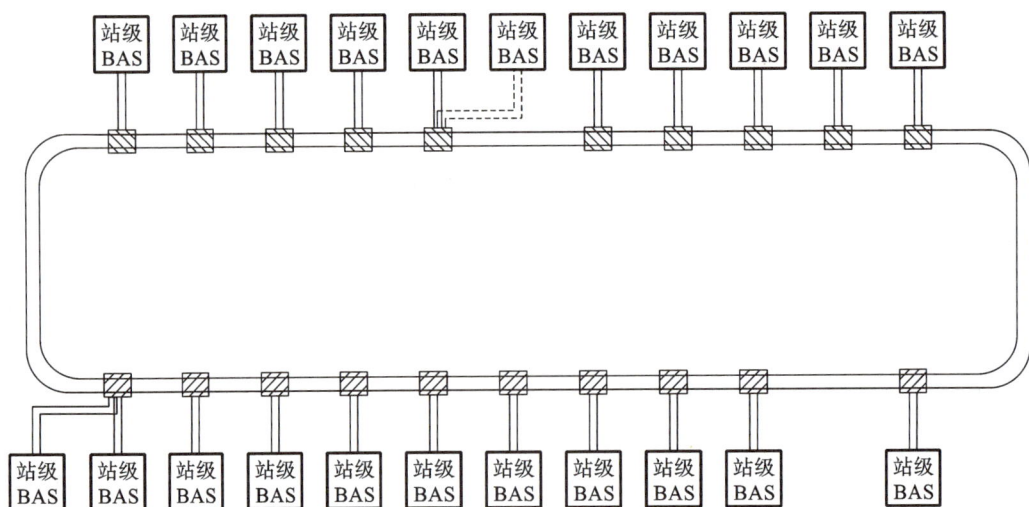

图 6-23　BAS 全线网络图

（二）车站级 BAS 设备

车站级 BAS 采用分层分布式结构，由 PLC 控制设备、现场传感器及 UPS 电源等组成。

监控对象包括隧道通风系统、车站防排烟系统、车站通风空调大系统和小系统、空调水系统、车站给排水设备、区间给排水设备、自动扶梯、电梯、车站公共区照明、导向系统、事故电源、应急照明、广告照明等。图 6-24 所示为 BAS 车站级控制方框图。

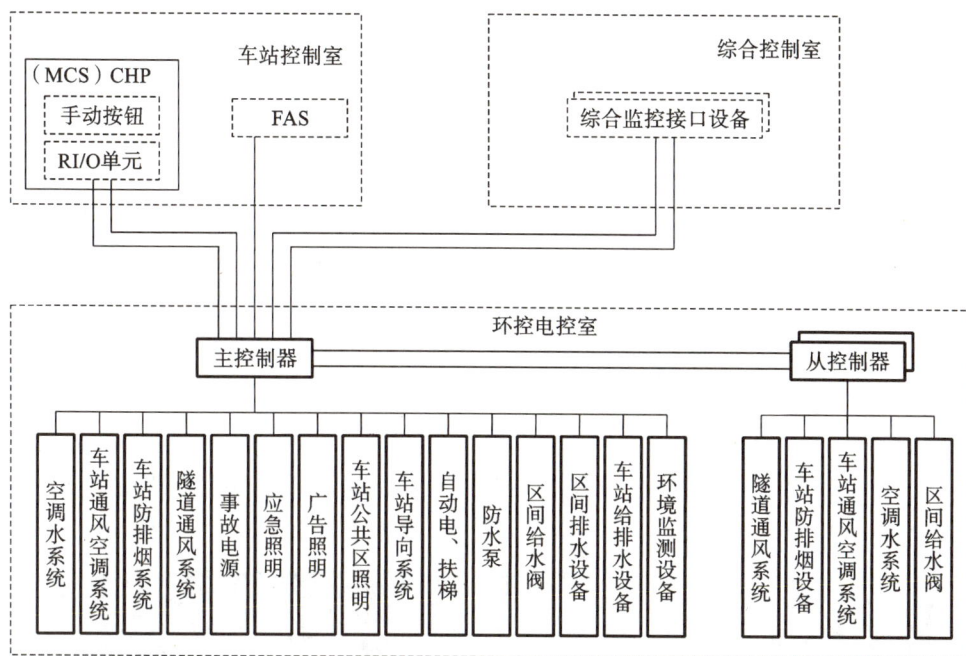

图 6-24　BAS 车站级控制方框图

（三）就地级 BAS 设备

就地级 BAS 设备包括就地控制箱、传感器、二通调节阀等。

1. 就地控制箱

在环控机房、照明配电室、水泵房、出入口等地方设置就地控制箱。在环控机房的就地控制箱内设置远程 I/O(RI/O) 模块，用来采集空调管路上的温湿度参数，监控水系统二通阀。在照明配电室的就地控制箱内设置 RI/O 模块，用来监测重要设备房、公共区环境参数，监控车站公共区照明、广告照明、导向标志等的回路状态。在水泵房的就地控制箱内设置 RI/O 模块，用来监测水泵的状态和报警。

2. 传感器

（1）室内温度、湿度传感器分别安装在站厅和站台墙壁或立柱、设备管理用房墙壁上。

（2）风管式温度、温湿度传感器安装于各类风道和风室内。

（3）水管式温度传感器安装在各类水管上。

（4）流量传感器、压力传感器、压差传感器安装在相关的设备及管道上。

3. 二通调节阀

二通调节阀安装在相关的水管上。

4. 通信通道和网络

BAS 控制器与相连的就地控制器或 RI/O 模块采用屏蔽双绞线连接。传输方式采用工业级现场总线技术，数据传输速率不小于 1 Mbps。两设备之间的距离超过 1000 m 时，采用光纤连接。

▶ 6.6 站 台 门

站台门系统（platform screen doors，PSD）是安装于轨道交通车站站台边缘，将列车运行区域与乘客候车区域隔开，在列车到达和出发时可自动开启和关闭，用以保障乘客乘车安全、改善乘客候车环境的一套机电一体化的设备系统。

一、站台门的分类

站台门按其功能可分为闭式站台门和开式站台门。开式站台门即通常所说的安全门，又分为全高开式站台门（简称全高安全门）和半高开式站台门（简称半高安全门或安全门）。

（一）闭式站台门

闭式站台门（图 6-25）将候车空间与隧道空间完全隔开，两者间无空气流通，门体结构高度一般为 2800～3200 mm。这种形式的站台门一般应用于设有空调系统的地下车站，主要作用是保证乘客乘车的安全性，还可以降低能耗，提高城市轨道交通的经济效益。

图 6-25 闭式站台门

（二）全高开式站台门

全高开式站台门（图 6-26）同闭式站台门一样，是一道自上而下的玻璃隔离墙和活动门，沿着车站站台边缘和两端头设置，能把站台候车区与列车进站停靠区隔开，只在顶端处留一缝隙，允许轨道与站台间有空气对流通道。全高开式站台门除具有保证乘客安全的功能外，还能消除列车进站的气流对乘客的影响,节约能源以及降低噪音。这种形式的站台门多用于没有空调系统的地下车站。

图 6-26　全高开式站台门

（三）半高开式站台门

半高式开式站台门(图 6-27)是一道上不封顶的玻璃隔离墙和活动门,门体结构高度一般为 1200～1500 mm,主要安装在地面车站及高架车站,或顶部无安装条件的地下车站。它主要起隔离的作用,保障站台候车乘客的安全,同时能起到一定的隔音降噪作用。

图 6-27　半高开式站台门

二、站台门主要设备及功能

站台门系统的主要设备包括门体结构、门机系统、控制系统、电源与绝缘设备等。

（一）门体结构

1. 支撑结构

支撑结构包括底部支撑部件、门梁、立柱、顶部伸缩装置等构件，能承受站台门的垂直载荷、隧道通风系统产生的风压、列车运行时形成的正负水平压力、乘客挤压等荷载。

2. 门槛

门槛包括固定门门槛和滑动门门槛。固定门门槛承受固定门的垂直荷载，滑动门门槛承受乘客荷载。门槛结构中有滑动导槽，配合滑动门滑动。

3. 框架玻璃门

框架玻璃门包括滑动门、固定门、应急门、端门，如图 6-28 所示。

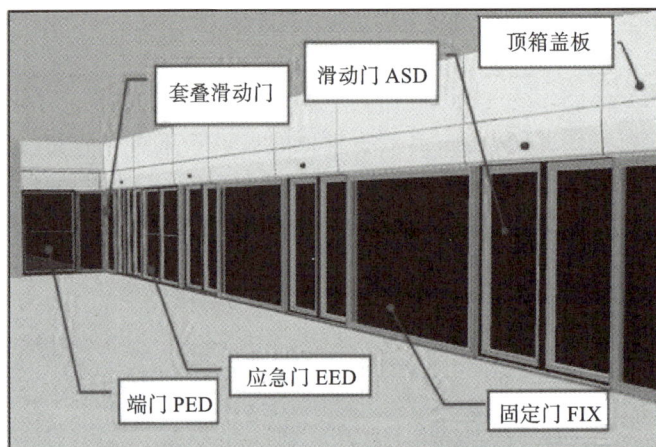

图 6-28　滑动门、固定门、应急门、端门

滑动门设在与每列车车门一一对应的位置。每个门有两个门扇，在门机驱动下向两侧滑动打开和关闭。滑动门打开时，为乘客提供上、下列车的通道；关闭时，作为车站站台公共区与隧道区域的屏障；在车站隧道区域发生火灾或故障时，作为乘客的疏散通道。

固定门设置于滑动门与滑动门之间，滑动门与端门之间，在站台公共区与隧道区域间起隔离作用。

应急门除起屏蔽作用外，在列车进站停车后由于故障无法将车门与滑动门对准时，为乘客疏散提供应急通道。在轨道侧设有开门把手，紧急情况下乘客可从轨道侧按压开门杠杆解锁，向站台侧旋转 90° 推开应急门；站务也可以在站台侧用钥匙打开应急门。

每侧站台门的两端设有端门，向站台侧旋转 90° 开启。端门的设置主要有以下三种功能：在车站宽度方向上将站台公共区与轨行区隔开，起到了屏蔽作用；列车在区间发生火灾且无法驶入车站停车的情况下，乘客可从端门疏散到车站站台；站务或维修人员可从端门进入站台设备区和区间隧道。

4. 顶箱

顶箱包括铝合金型材(用于安装门机部件)、门楣、前后盖板、密封胶等。

(二)门机系统

(1)门控单元(DCU)。现代的 DCU 采用微处理器控制电子式门控单元,能与维护计算机连接,可进行测试、组态编程维护,实现了信息化、智能化及集成网络控制。

(2)电动机与减速箱组件。采用直流无刷伺服电动机、直流伺服电动机等微特电动机,带有霍尔传感器或光电编码器;由 DCU 采用脉宽调制(PWM)驱动。减速箱用于减速及提高输出驱动力矩。

(3)传动副。它是电动机与减速箱组件输出轴至门扇的传动机构,一般采用传动带/齿轮式和螺杆式结构。

(4)门锁紧装置。门锁紧装置包括闭锁检测开关、手动解锁检测开关、解锁电磁铁、凸轮、门锁支架。

(5)应急门检测开关。应急门检测开关用于检测应急门开关状态,输入至 DCU,以及构成门单元的关闭与锁紧信号。

(6)金属电缆槽。金属电缆槽包括通信线路线槽、控制线路线槽、供电线路线槽,位于顶箱之上。

(三)控制系统

(1)站台门主控制器(PEDC)能实现系统内部信息的收发、采集、汇总和分析,并实现与系统内部 PSL、PSA、DCU 各单元之间以及系统外部 EMCS 或 MCC、信号系统之间的信息交换。

(2)站台操作盘(PSL)用于实现站台级控制。

(3)站台门监视器(PSA)经双路 RS485 与 PEDC 连接,用于监视站台门状态、诊断站台门故障状态、运行记录下载、软件重载等。

(4)控制回路。它包括控制继电器、火灾模式控制回路、控制变压器、CAN 总线、LonWorks 网络、RS485 通信线等。

(四)电源与绝缘设备

(1)驱动电源。它采用 UPS 为门机提供门头电源,当外部供电中断时,能为断电后的站台门提供一定开关门次数的驱动能量,为车站人员提供应急处理的时间。

(2)控制电源。它采用 UPS 为系统控制线路提供电源。当外部供电中断时,能为站台门控制回路提供不少于 30 min 的后续能量,为车站人员提供应急处理的时间。

(3)系统配电柜(PDP 柜)。它包括本系统总开关、主隔离变压器、门单元分路负荷开关、各控制回路工作电源开关、车站低压配电接地保护等。

(4)绝缘设备。上、下安装支架设有绝缘套,使站台门金属构件(包括门槛、立柱、门机铝箱、盖板、门楣、滑轨、门扇框架等)与车站结构绝缘。站台门金属构件通过地线与轨道连接,金属构件与列车车体等电位。站台侧靠站台门边缘 2 m 范围内设有绝缘地板。

三、控制模式

站台门系统有系统级、站台级、人工操作(手动操作)三种控制模式。系统级控制是执行信号系统命令的控制模式;站台级控制是执行站台 PSL 发出命令的控制模式;手动操作是指站台工作人员在站台侧用专用钥匙解锁或由乘客在轨道侧推动解锁装置打开滑动门(图6-29)。此外,站台门系统设有火灾控制模式,在火灾模式下,车站值班人员可于车站控制室的 IBP 盘上操作站台门紧急开关,打开滑动门。上述控制模式的控制优先权从高到低依次为人工操作模式、火灾控制模式、站台级控制模式、系统级控制模式。

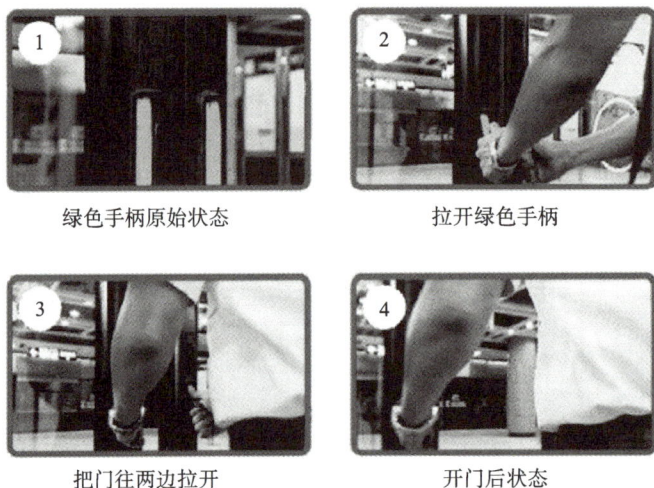

绿色手柄原始状态

拉开绿色手柄

把门往两边拉开

开门后状态

图 6-29　手动操作控制模式

6.7　电梯系统

电梯系统由垂直电梯、自动扶梯及楼梯升降机组成,是城市轨道交通系统的一个重要的组成部分,担负着运送大量客流的任务。其对客流的及时疏散起到了至关重要的作用。

一、垂直电梯

一般车站按无障碍设计为残疾人设置垂直电梯(图6-30),地面至站厅之间设一部,站厅至站台之间,岛式站台设一部,侧式站台设两部。

站厅至站台垂直电梯设于付费区内,地面至站厅垂直电梯井道结合出入口进行设计,出地面部分井道及候梯厅与周围建筑规划相协调,造型美观且方便管理。

二、自动扶梯

自动扶梯是由一台特种结构形式的链式输送机和两台特殊结构形式的胶带输送机组合

而成的,用来在建筑物的不同层高间运载人员上下的一种连续输送机械(图6-31)。一系列的梯级与两根牵引链条连接在一起,在按一定线路布置的导轨上运行,即形成自动扶梯的梯路。牵引链条绕过上牵引链轮、下张紧装置并通过上、下分支的若干直线、曲线区段构成闭合环路。这一环路的上分支中的各个梯级(也就是梯路)应严格保持水平,以供乘客站立。上牵引链轮(也就是主轴)通过减速器等与电动机相连以获得动力。扶梯两旁装有与梯路同步运行的扶手装置,以供乘客扶手之用。扶手装置同样由上述电动机驱动。为了保证自动扶梯上乘客的绝对安全,要求自动扶梯装设多种安全装置。由于自动扶梯是连续工作的,因此,在人流集中的公共场所、商店、车站、机场、码头、大厦及地下铁道车站等处,可在较短时间内输送大量人流。

采用自动扶梯较采用间歇工作的垂直电梯具有如下优点:①生产率(即输送能力)大;②人流量均匀,能连续运送人员;③自动扶梯可以逆转,能向上和向下运转;④当停电时或重要零件损坏需要停车时,可作为普通扶梯使用。

自动扶梯与垂直电梯相比有一些缺点:①自动扶梯结构中有水平区段,有附加的能量损失;②人员在大提升高度自动扶梯上的停留时间长;③造价较高。

自动扶梯的发展趋势是:结构紧凑,减少空间占用;减轻设备自重;减少阻力,降低能耗;造型美观,可兼做建筑物的装饰;运转平稳,减少噪声。

自动人行道也是一种运载人员的连续输送机械,它与自动扶梯的不同之处在于,梯路始终处于平面状态。自动人行道主要用于输送,也能进行一定角度的($\alpha = 12°$)的倾斜输送,同样适用于人流集中的公共场所。

三、楼梯升降机

楼梯升降机(图6-32)是一种架设在有扶手楼梯上的升降设备,使用者可以通过呼叫工作人员启用。

使用者坐上楼梯升降机后可以由楼体顶部攀爬下降到楼体底部或者沿相反方向运动。主要使用者为腿部残障人士。

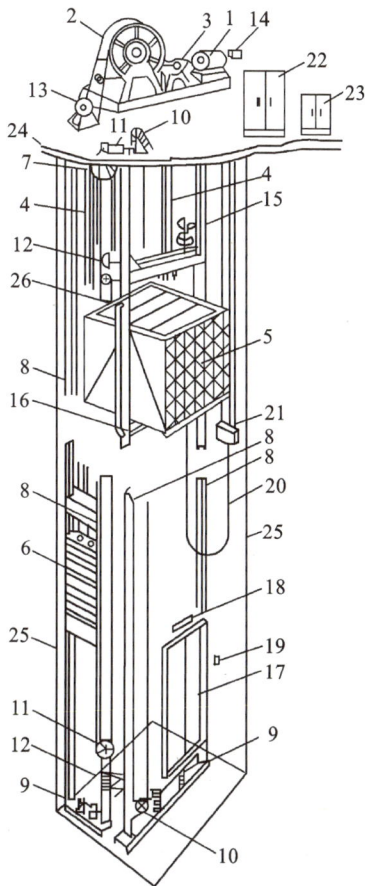

图 6-30　垂直电梯结构图

1—主传动电动机;2—曳引机;3—制动器;
4—牵引钢丝绳;5—轿厢;6—对重装置;
7—导向轮;8—导轨;9—缓冲器;
10—限速器(包括转紧绳轮、安全绳轮);
11—极限开关(包括转紧绳轮、传动绳索);
12—限位开关(包括向上限位、向下限位);
13—楼层指示器;14—球形速度开关;
15—平层感应器;16—安全钳及开关;17—厅门;
18—厅外指层灯;19—召唤灯;20—供电电缆;
21—接线盒及线管;22—控制屏;23—选层器;
24—顶层地坪;25—电梯井道;26—限位器挡块

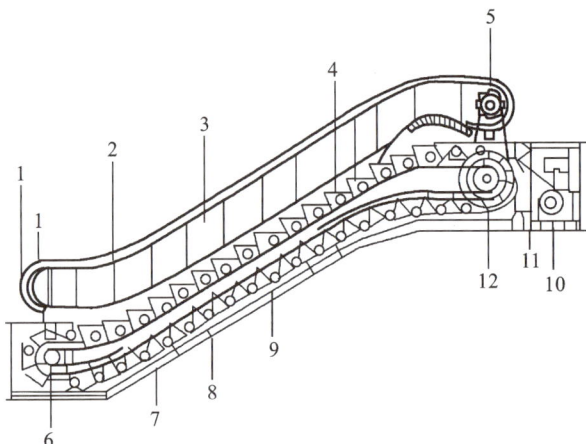

图 6-31   自动扶梯结构图

1—扶手传动滚轮;2—扶手带;3—栏板;4—铝合金梯级;5—扶手驱动瓣轮;6—从动张紧瓣轮;
7—金属构架;8—牵引轴;9—牵引瓣条;10—动力装置;11—机房盖板;12—梯级牵引瓣轮

图 6-32   楼梯升降机

6.8   综合监控系统

综合监控系统是一个高度集成的自动化监控系统,其目的主要是通过集成城市轨道交通多个主要弱电系统,形成统一的监控层硬件平台和软件平台,从而实现对各被集成系统的集中监控和管理功能,实现对列车运行情况和客流统计数据的关联监视功能,并对通信系统和设备进行统一的监控,最终实现相关各系统之间的信息共享和协调联动功能。通过综合监控系统统一的用户界面,运营管理人员能够更加方便、更加有效地监控整条线路的运作情况。

一、综合监控系统的构成

城市轨道交通监控和调度指挥采用两级制,即中央级监控和车站级监控模式,正常情况下以中央级监控为主。综合监控系统的监控对象为行车和行车指挥、防灾和安全、乘客服务等相关内容,服务对象是各调度员和值班站长。为了满足两级制监控和调度指挥的需求,综合监控系统采用两级管理、三级控制的分层分布式结构。两级管理分别是中央级和车站级,三级控制分别是中央级、车站级和现场级。现场级控制是指在被控对象附近的就地控制,现场级控制功能由各相关系统来完成。综合监控系统结构框图见图 6-33。

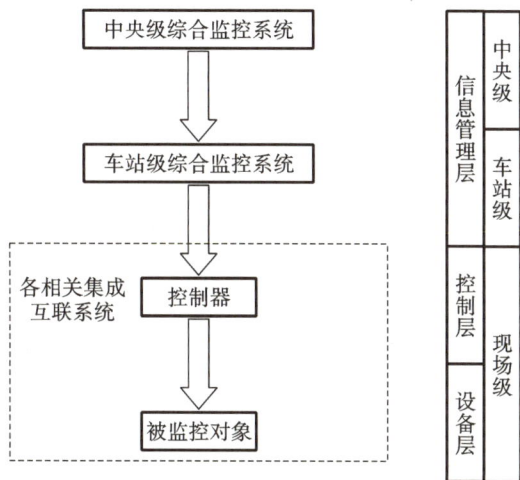

图 6-33　综合监控系统及其接入系统层次划分示意图

(一)中央级综合监控系统

中央级综合监控系统对全线重要监控对象的状态、性能等数据进行实时收集及处理,并通过各种调度员工作站和大屏幕以图形、图像、表格和文本的形式显示出来,供调度人员参考和使用。此外,根据一定的逻辑关系自动向分布在各站点的被监控对象或系统发送模式、程控、点控等控制命令,或由调度员人工发布控制命令,从而完成对全线环境、设备和乘客的集中监控。

(二)车站级综合监控系统

车站级综合监控系统包括各车站、控制中心大楼和车辆段等车站级监控系统。独立的主变电所和集中冷站接入就近的车站级综合监控系统。车站级综合监控系统通过分布在车站范围内的站级局域网络,将车站各有关机电系统集成在一起,并与 PA、CCTV、DLT 等系统互联,使它们协调工作。车站级综合监控系统通过值班员工作站、打印机等设备实时地反映监控对象的状态信息变化并形成报表,同时记录相关信息,更新相关数据。

（三）现场级控制系统

现场级控制系统由变电所综合自动化系统（PSCADA）、环境与设备监控系统（BAS）、火灾自动报警系统（FAS）、防淹门（FG）、站台门（PSD）、门禁系统（ACS）等系统及其所监控的现场设备组成。以上系统直接连接各种现场设备，同时与综合监控系统的车站级或中央级进行数据通信。

二、综合监控系统中的集成及互联系统

（一）集成系统

子系统的集成是指接入子系统的全部信息都由综合监控系统传输，子系统车站级和中央级功能由综合监控系统实现。子系统没有自己单独的信息传输网络。集成系统包括PSCADA、BAS、FAS、FG、PSD、ACS等子系统。

（二）互联系统

子系统的互联则是指子系统具有自己单独的信息传输网络，是一个独立的系统。综合监控系统与它们在不同的网络级别接口，接入综合监控系统所需的信息，实现对这些子系统的监控功能。互联系统包括PIDS、AFC、PA、CCTV、DLT、CLK、SIG、TEL/ALARM、TIS等子系统。

三、综合监控系统主要功能

中央级综合监控系统一方面必须实现被集成系统已有的主要功能，另一方面必须按照系统工作模式实现必要的联动功能。

（一）正常工况下的功能

正常工况下，综合监控系统进入正常工作模式，即综合监控系统的日常监控管理模式，OCC监管着全线各车站、各有关系统的运作情况。

（二）灾害时的功能

当车站、控制指挥中心的现场探测设备探测到火灾报警信息，并经FAS自动确认或人工确认后，综合监控系统自动启动相关灾害模式。此时综合监控系统将综合现场报警、列车位置等有关信息，使各有关系统协调工作。

当列车在站台、隧道区间受阻时，综合监控系统自动进入阻塞模式。OCC大屏幕显示进入阻塞模式的信息，报警体系在OCC和各车站车控室提醒操作员进入阻塞模式，各有关系统也将协调互动。

（三）PSCADA系统功能

在控制中心，综合监控系统应能对变电、牵引网等系统设备的运行状态和运行参数进行数据采集，并对相关开关、自动装置、主变压器分接头以及微机保护装置进行实时监控和保护复归，实现PSCADA系统的遥控、遥信、遥测和遥调功能。

车站级综合监控系统对变电所设备、牵引网设备运行状态和运行参数进行实时监视，对

0.4 kV 开关柜进线开关、母联开关、三级负荷总开关及主要馈线回路断路器实施监控。

（四）BAS 系统功能

在控制中心或车站监视各车站所辖区域的通风与空调系统、给排水系统、空调水系统、自动扶梯、照明系统、导向标志、车站事故照明电源等系统的运行状态；监控集中供冷站的运行状态；监视、记录各车站站厅、站台和管理设备用房的温度和湿度等环境参数。

根据通风空调系统提供的环控工艺要求，对区间隧道通风系统设备进行正常模式控制及灾害模式控制，对机电设备进行模式和时间表控制。

（五）FAS 系统功能

在车站或控制中心接收并储存本站或全线火灾报警信息，显示报警部位，并具有火灾确认的功能；接收并储存火灾自动报警系统四类设备（即探测设备、模块、火灾报警控制盘和电源）的主要运行状态。

（六）FG 系统功能

监视防淹门的工作状态（包括开、关和故障等）及区间水位（指防护区间预报警及以上水位信息，正常水位信息由 BAS 监视）。

（七）PSD 系统功能

监视各站站台门的工作状态（包括开、关和故障等）以及对每个车站、每个门单元的运营统计等。

（八）ACS 系统功能

监视门禁系统的工作状态和故障信息，并实现对门禁系统的授权管理。

（九）PIDS 系统功能

综合监控系统负责将 ATS 信息、时钟信息和编辑好的文本信息通过网络接口下传到 PIDS 中央设备。PIDS 负责画面合成，然后将播出信号通过通信系统的传输通道传送到各车站 PIDS 设备进行显示。

（十）AFC 系统功能

监视 AFC 系统提供的客流信息和 AFC 主要设备故障信息，提醒调度员注意车站的运营组织。

（十一）PA 系统功能

在控制中心可以多种模式对全线的广播进行控制。在车站可以多种模式对本站的广播进行控制。

（十二）CCTV 系统功能

在控制中心可自动或手动切换全线各站 CCTV 的画面。在车站可自动或手动切换本站 CCTV 的画面等。

（十三）DLT 中央级功能

反映全线所有调度电话的分布图、调度电话的工作状态和故障状态，能实现通话拨号、选叫、录音等功能。

（十四）CLK 系统功能

在 OCC 综合监控系统接收时钟系统信息，可使综合监控系统及其集成或互联系统同步工作，并可向接入综合监控系统的各相关系统提供时钟信息。

（十五）SIG 系统功能

接收信号系统传来的列车实时的运营图信息，实现进站列车自动广播、车站信息显示；同时接收并显示信号系统重要故障信息，可供维修调度等了解行车设备的状态。

（十六）TEL/ALARM 系统功能

该系统将通信系统中各子系统的有关告警信息进行集中收集，显示在综合监控系统的维修调度终端上，可实现不同等级故障的分级显示，对全线通信设备故障及时告警，具有声光告警功能，并能显示、记录和打印告警信息，以期迅速组织力量进行维修，确保通信畅通和功能恢复正常。

（十七）TIS 系统功能

综合监控系统接受 TIS 上传的在线车辆状态信息，并在综合监控系统用户界面显示。同时，综合监控系统将车载显示信息下传给 TIS 进行显示。

（十八）大屏幕显示功能

在 OCC 实现大屏幕显示全线各相关系统运作状况。

思政案例

2010 年 7 月 5 日晚 6 点 16 分许，上海地铁 2 号线中山公园站往浦东方向的 209 号列车正在关门作业，列车警示用蜂鸣器同步响起。突然，一名中年女性乘客在车门即将关上之际，将手伸进门中，欲强行上车，致使手腕被夹。站台服务员发现后，立即上前向外拽拉该乘客但未果，此时列车启动，并带动该乘客，造成该乘客与安全护栏撞击并跌落在站台上。事发后，车站立即拨打 120 急救电话，将该乘客送医院抢救，后经抢救无效死亡。

通过案例分析，应认识到生命至高无上，安全责任为天。我们应提高危机意识和忧患意识，培养良好的岗位安全意识和职业素质，熟练掌握各类规章规则，严格执行工作程序、工作规范、工作标准和安全操作规程，将突发事件带来的负面影响降到最低。

复习思考题

1. 简述低压供电系统组成。
2. 简述车站照明系统供电方式。
3. 简述 AFC 系统基本架构及功能。
4. 简述闸机的工作方式。
5. 简述 TVM 运行模式。

6. 简述火灾自动报警系统功能。

7. 简述气体自动灭火系统组成及主要功能。

8. 简述环境控制系统作用和分类。

9. 简述 BAS 系统的主要功能。

10. 简述站台门系统构成及控制方式。

11. 简述综合监控系统的构成及主要功能。

第 7 章
城市轨道交通信号系统

学习目标

1. 了解城市轨道交通信号设备的功能与组成；
2. 掌握联锁和闭塞的基本概念；
3. 了解列车自动控制系统的组成和功能。

素质目标

1. 培养刻苦学习、钻研的精神；
2. 养成严谨的科学态度。

城市轨道交通信号系统是指挥列车安全运行的关键设备，已经普遍采用基于计算机实时控制的列车运行自动控制（ATC）系统。近年来，基于无线通信的列车自动控制（CBTC）系统在城市轨道交通信号系统中得到使用，信号系统摆脱了传统轨道电路和地面信号，真正实现了列车行车自动化。

7.1 城市轨道交通信号一般概念

城市轨道交通信号是指挥列车运行和调车作业的命令。

一、城市轨道交通信号的作用及意义

城市轨道交通信号的作用，是保证列车运行和调车作业安全，提高运输效率，改善行车工作人员的劳动条件。城市轨道交通信号系统利用信号的不同显示，向列车或调车车列发出指示运行条件、线路状况等的信息，以便司机和其他行车人员确认，指挥列车通过、进站、出站或停车。城市轨道交通信号是指挥列车运行及调车作业的命令，有关行车工作人员必须严格执行，不得臆测行车，以免酿成行车事故。

二、城市轨道交通信号的种类

从广义上讲，城市轨道交通信号可分为视觉信号和听觉信号两大类。
信号装置属视觉信号的范畴，一般可分为信号机和信号表示器两类。
视觉信号按其性质可分为固定信号、移动信号、手信号、信号表示器、信号标志等。

　　固定安装在一定位置的信号装置所显示的信号叫固定信号；在施工地点临时设置的信号装置所显示的信号叫移动信号；手持信号装置（手信号灯、信号旗等）或直接用手臂显示的信号叫手信号。

　　信号表示器分为道岔、脱轨、进路、发车、发车线路、调车表示器。信号标志有警冲标、站界标、预告标等。

　　听觉信号包括号角、口笛、响墩发出的音响以及机车和轨道车的鸣笛声。

三、信号表示及基本含义

视觉信号采用三种基本色，两种辅助色。

（一）基本色

红色：停车信号，禁止越过该信号机（信号熄灭或显示不明时，也应视为停车信号）。

绿色：允许信号，信号机处于正常开放状态，可按规定速度通过该信号机。

黄色：允许信号，信号机处于有限开放状态，要求列车注意或减速运行。

（二）辅助色

月白色：用于指示调车作业时，表示允许越过该信号机调车。

蓝色：用于指示调车作业时，表示禁止越过该信号机调车。

四、信号显示

　　城市轨道交通信号系统中主要采用视觉信号。视觉信号是用信号的颜色、形状、位置及显示的数目来表示运行条件的。

（一）信号显示的基本要求

城市轨道交通信号是指示列车运行及调车作业的命令，因此对信号显示有如下要求：

（1）信号显示应简单明了，使行车人员易于辨认；

（2）信号显示要有适当的显示数目，以反映各种不同的运行条件，以确保行车安全和提高行车效率；

（3）信号应有足够显示距离，以便行车人员准确、及时地辨认，使司机有把握地驾驶列车；

（4）信号机应符合"故障-安全"原则，当信号设备发生故障时，信号机应能自动显示最大的限制信号。

（二）信号显示制度

1. 信号机定位

将信号机经常保持的显示状态作为信号机的定位。信号机定位的确定，一般应考虑保证行车安全、提高运输效率及信号显示自动化等因素。

除采用自动闭塞时通过信号机以显示绿灯为定位外，其他信号机一律以显示禁止信号（红灯或蓝灯）为定位。

2. 信号机关闭时机

除调车信号机外，其他信号机当列车第一轮对越过后自动关闭。调车信号机在调车车列全部越过后自动关闭。

3. 停车信号

信号机的灯光熄灭、显示不明或显示不正确时,均视为停车信号。

4. 信号显示距离

各种地面信号机及表示器的显示距离应符合下列规定:

(1) 行车信号和道岔防护信号应不小于 400 m;

(2) 调车信号和道岔状态表示器应不小于 200 m;

(3) 引导和道岔状态表示器以外的各种表示器应不小于 100 m。

各种地面信号机及表示器的显示距离为无遮挡条件下的最小显示距离。

五、信号及发车表示器

(一) 信号表示器

信号表示器是反映信号设备位置的装置,自身并没有信号意义。

(1) 道岔表示器:表示道岔的位置及其开通的方向。

(2) 警冲标:表示列车停车位置。

(3) 进路表示器:表示股道上进路开通的方向。

(二) 发车表示器

发车表示器设置在车站站台上列车发车始端位置,向司机表示能否关车门及发车的时机。一般有两种形式:一种是灯,另一种是计时器。

发车表示器平时不亮灯,列车停靠后其灯光显示如下:白色闪光提示司机关车门;白色稳定灯光表示可以发车;无显示表示不能关车门和发车。

列车发车计时器设备设于各站,为列车运行提供车站发车时机、列车到站晚点情况的时间指示,提示列车按计划时刻表运行。正常情况下,在列车整列进入站台后,列车发车计时器按系统给定站停时间倒计时显示距计划时刻表的发车时间,为零时指示列车发车;若列车晚点发车,则增加停站时间的计时。在特殊情况下,若实施了站台扣车控制,列车发车计时器将给出"H"显示;若有提前发车命令,则列车发车计时器立即显示零。列车通过车站时列车发车计时器显示"="。

7.2 信号基础设备

城市轨道交通信号基础设备主要包括继电器、信号机、转辙机、轨道电路、计轴器、应答器(信标)等。

一、继电器

继电器是自动控制系统中常用的电器,具有开关特性,它利用不同触点的组合,完成不同电路的连通和断开,用以发布控制命令和反映设备状态,以构成自动控制和远程控制电路。继电器主要由线圈、铁芯、衔铁、拉杆、中簧片、前接点、后接点等组成。

继电器的结构如图 7-1 所示。

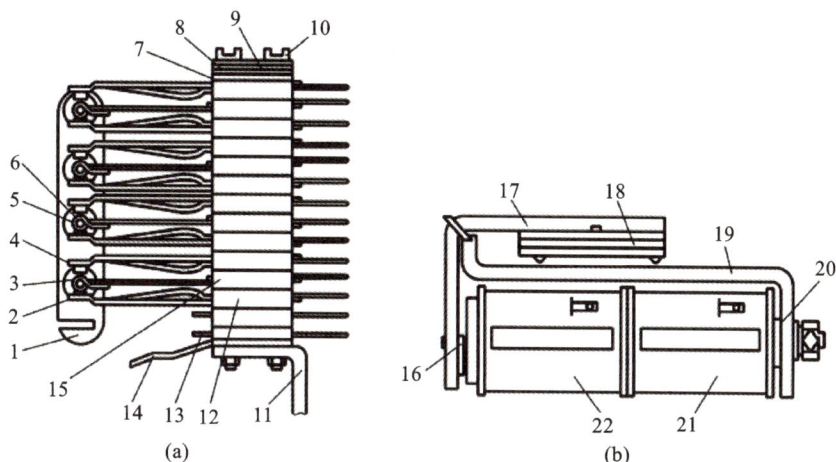

图 7-1　继电器的结构

1—拉杆；2—后接点；3—动接点；4—前接点；5—动接点轴；6—绝缘轴；7—绝缘垫；8—下压片；9—上压片；
10—螺钉；11—接点架；12—静接点单元；13—电源片；14—下止片；15—动接点单元；16—止片；
17—角形衔铁；18—重锤片；19—L 形扼铁；20—铁芯；21—后圈；22—前圈（线圈）

当继电器励磁线圈通电时衔铁被吸向铁芯，拉杆升起，中簧片连接前接点，该组触点连接电路接通。

当继电器励磁线圈断电时，衔铁由于重力作用落下，拉杆下落，中簧片连接后接点，连接该组触点电路，同时断开前组触点电路。

二、轨道电路

为使行进中的列车直接获取传输信号，从而达到固定的地面信号向车载信号传输显示的目的，利用两根钢轨和绝缘构成电气回路，该电路回路称为轨道电路。相邻轨道电路段之间用绝缘节进行隔离。

（一）轨道电路的组成与工作原理

轨道电路由送电端、接受（受电）端、传输线、电源、轨道继电器等组成，图 7-2 所示是直流闭路式轨道电路及其工作原理。

如图 7-2(a)所示，当轨道上无车占用且钢轨完好无损时，电路形成通路，轨道电路继电器励磁线圈有电通过，衔铁吸起，中簧片连接前接点，绿灯或黄灯亮，表示该段轨道上无车占用，列车可进入该区段运行，这时称轨道电路处于"调整状态"。

如图 7-2(b)所示，当轨道上有车占用时，因轮对电阻值低，形成短路，使得轨道继电器励磁线圈失去电流，从而使衔铁落下，中簧片断开前接点，连通后接点，绿灯灭，红灯亮，表示该轨道段上有车占用，列车不准进入该区段（停车在区段防护信号外）。此时，称轨道电路处于"分路状态"。当轨道电路发生钢轨断裂时，轨道电路形成断路，轨道继电器同样失去电流，导致亮红灯，从而形成了保护作用。

（二）轨道电路作用

轨道电路的作用主要表现在以下两方面。

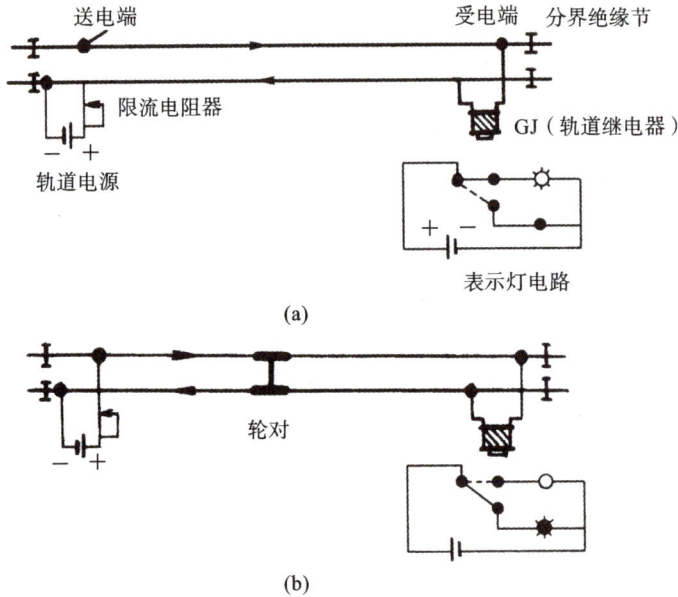

图 7-2　直流闭路式轨道电路及其工作原理图

1. 检测列车是否占用轨道区段

利用轨道电路监督列车在正线或列车和车辆在车辆段等线路的占用状态。

2. 向列车实时传递行车信息

例如数字编码式音频轨道电路中传输的行车信息,为信号系统直接提供控制列车运行所需的前行列车位置、运行前方信号状态、线路条件等信息。

三、计轴系统

(一)计轴系统构成

1. 室外设备

室外设备由安装在钢轨上的车轮检测器(传感器)和轨旁电子检测设备构成。其作用是检测钢轨上走行的列车轮对,并对其进行计数;现场信号采集处理,转换后将信息传送到室内计轴主机进行运算。

2. 室内设备

室内设备由计轴主机(运算单元)、计轴电源和防雷单元三部分构成。其作用是对轨旁电子设备传送来的信息进行运算,给出相应区段的占用条件或接收区段复位的条件。

3. 传输通道

传输通道连接室内外设备,并连接两站间设备。

(二)计轴系统工作原理

计轴系统中的传感器由发送传感器和接收传感器构成(见图 7-3),对应安装在轨腰旁。车轮经过时切割发送磁头产生的磁力线。接收磁头端根据感应到的磁力线分布变化情况判断是否有轮轴经过。无车轮时,Φ_1 大于 Φ_2,V_R 与 V_T 同相;有车轮时,Φ_1 小于 Φ_2,V_R 与 V_T 反相。

列车经过计轴检测点时,传感器会记录每一个车轮的轮轴信号,再通过电子检测器

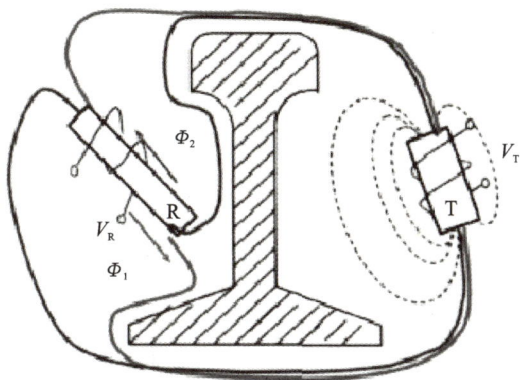

图 7-3　计轴室外传感器示意图

Φ—磁通量；V—感应电动带；T—发送传感器（发送磁头）；R—接收传感器（接收磁头）

（EAK）调制转换处理后传入室内 CPU 处理器，CPU 接收到信息后，结合运行方向记录轴数，进行统计分析和比较。

当列车驶入，车轮进入轨道传感器作用区时，轮对经过传感器磁头时向驶入端处理器传送轴脉冲，驶入端处理器开始计轴，驶入端处理器首先判定列车运行方向，确定对轴数是进行累加计数还是递减计数。列车进入轨道区段，驶入端计轴器对轮轴进行累加计数，并发出区段占用信息，同时，驶入端处理器经传输线向驶出端处理器发送驶入轮轴数，列车全部通过驶入端计轴点时，停止计数。当列车到达区段驶出端计轴点时，驶出端计轴器进行减轴运算，同时传送给驶入端处理器。列车全部通过后，两点的微机同时对驶入区段和驶出区段的轮轴数进行比较运算，两站一致时，证明进入区段的轮轴数等于离开区段的轮轴数，认为区段已经空闲，发出区间空闲信息表示，当无法证明进入区段的轮轴数等于离开区段的轮轴数时，认为区间仍处于占用状态。

（三）计轴系统的作用

计轴系统具有判断区段占用与空闲情况的功能，它采用轨道传感器、电子单元和计轴运算器来记录并比较驶入和驶出轨道区段的轴数。作为检查区段空闲状态的设备，其作用和轨道电路等效。在采用基于无线通信的列车运行控制系统的城市轨道交通线路，当无线传输设备发生故障时，可用计轴设备检查列车的位置，构成"降级"信号。

（四）计轴复位

计轴经常容易受扰，受扰的原因包括"掉电"、电磁干扰、磁头处划过金属物等，因此计轴系统的轴数往往出现差错，导致系统故障，此时，需要人工进行计轴复位，所谓复位，即让计轴区段的轴数清零。实际上计轴复位是一个安全作业程序，在计轴系统故障状态下使用。在车站控制室，计轴复位按钮盘上设有计轴复位按钮，由车站值班员按压计轴复位按钮，计轴主机采集到计轴复位按钮的按下状态后，做出相应的处理。目前，计轴复位有无条件复位、有条件复位、预复位、带确认的预复位等四种方式。

四、信号机

城市轨道交通的地面信号机是列车运行的辅助信号，平时地面信号都由轨旁 ATC 子系统自动控制,它根据列车运行时刻表和列车实时信息自动运作;只有在人工控制的情况下,才能由调度员或行车值班员排列进路,开放信号。

(一)信号机设置原则

(1)正线有岔站为了防护道岔和实现联锁关系,应设置地面信号机,一般中间站(无岔站)都不设信号机;信号机一般设置于运行线路的右侧;地面信号机地下部分一般安装在隧道壁上。在特殊情况下,可以设置在列车运行方向左侧或其他位置。

(2)折返站的折返线出、入口都设置防护信号机。

(3)一般情况下,正线区间都不设通过信号机。

(4)停车场的出入库线应设置出入库地面信号机,指挥列车出入库。

(二)信号机

常用的固定信号机有以下几种。

1. 防护信号机

防护信号机设置在道岔处或进路的始端,对通过道岔的列车显示信号,如图 7-4 所示。

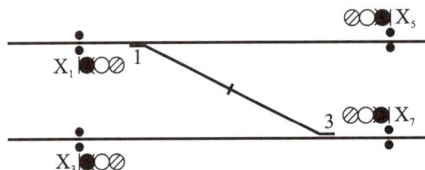

图 7-4 防护信号机设置示意图

防护信号机有四种显示信号:

一个绿色灯光:表示该信号机所防护进路的道岔开通区间,准许列车按规定速度越过该防护信号机进入区间。

一个白色灯光:表示所防护的道岔开通折返线,准许列车按规定速度越过该信号机,运行至折返点。

一个红色灯光:不准越过该信号机(该道岔开通的进路无空闲)。

一个白色灯光加一个红色闪光:表示所防护的区间要求列车以不超过 20 km/h 的速度越过该信号机,有条件进入区间。

2. 调车信号机

调车是列车在车站内有目的的移动过程。

调车信号机设置在有联锁车站调车作业的进路始端,用来保障调车进路的安全可靠,指示列车能否进入调车进路进行调车作业。

3. 车辆段(停车场)的信号机设置

在车辆段入口处设进段信号机,在车辆段出口处设出段信号机。

在线路尽头设阻挡信号机。阻挡信号机一般设在尽头线的终端,表示列车停车位置。

五、转辙机

转辙机可以可靠地转换道岔位置,改变道岔开通方向,锁闭道岔尖轨,反映道岔位置。转辙机是重要的信号基础设备,它对于保证行车安全、提高运输效率、改善行车人员的劳动强度,起到了非常重要的作用。

(一)对转辙机的基本要求

(1) 作为转换器,应具有足够大的拉力,以带动尖轨做直线往返运动;当尖轨受阻不能运动到底时,应随时通过操纵使尖轨回复原位。

(2) 作为锁闭器,当尖轨和基本轨不密贴时,不应进行锁闭;一旦锁闭,应保证不致因车通过道岔时的震动而错误解锁。

(3) 作为监督器,应能正确反映道岔的状态。

(4) 道岔被挤后,在未修复前不应再使道岔转换。

(二)转辙机的传动机构

转辙机的传动机构有齿轮传动和液压传动两类。

1. 齿轮传动机构

采用齿轮传动时,必须使用摩擦连接器,因为当尖轨转换完毕,电机还不能立即停转,需要利用摩擦连接器克服电机的转动冲击。此外,当尖轨在转换过程中受阻而不能继续动作时,摩擦连接器进入摩擦状态,电机能够继续转动而不致烧毁。

2. 液压传动机构

液压传动机构是由电动机来驱动油压泵,加压的液体注于储能油罐中,使罐内空气压缩,储存一定能量。在转换道岔时,电动机工作,同时将控制油路的阀门打开,使受压的油液注入油缸中,借助活塞与油缸的相对运行推动油缸,带动动作杆,使道岔尖轨转换。

3. 转辙机辅助机构

道岔转辙机在轨间还设有连接杆、尖端杆、密贴调整杆和表示杆等设备。典型的 ZD6 型电动转辙机如图 7-5 所示,它由电动机、减速器、摩擦连接器、主轴、动作杆、表示杆、移位接触器、外壳等组成。

(a) 基本型

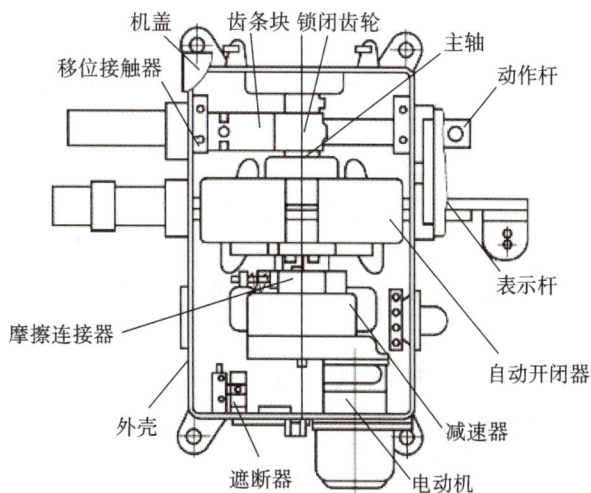

(b) 内部结构

图 7-5　ZD6 型转辙机及结构图

六、应答器

应答器也称为信标，它也是信号系统的基础设备，随着 ATC 系统的普及，应答器在城市轨道交通系统中得到了广泛应用。不同应答器应用于不同的信号制式，称呼也不相同；而且有"有源应答器"和"无源应答器"之分，也可以称为"有源信标"和"无源信标"。

（一）应答器构成

应答器系统包括地面设备和车载设备，如图 7-6 所示。地面设备主要指地面应答器，车载设备包括车载查询器主机和车载查询器天线。

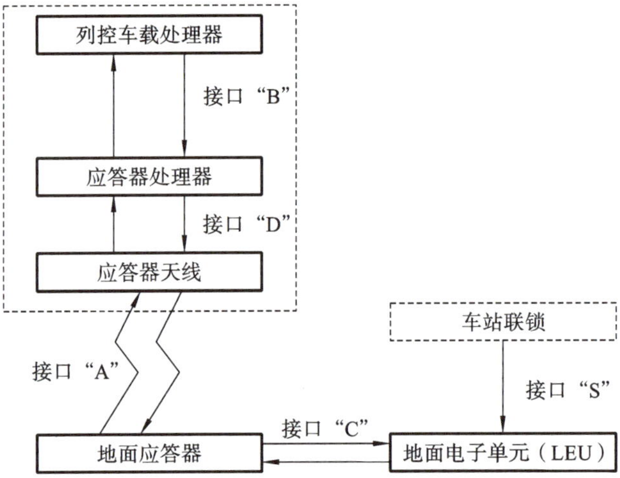

图 7-6　地面应答器系统框图

1. 地面应答器

地面应答器是一个信息编码调制器，其电源由查询器感应而生，其功耗要求非常严格。

当列车上的查询器通过地面应答器时，应答器被查询器瞬态功率激活，从而进入工作状态，并向查询器连续发送存储于应答器中的行车数据。

当安装在列车底部的查询器与地面应答器之间的磁场强度达到规定的范围时，应答器线圈感应查询器发出的功率信号，应答器电源电路通过变换器、检波和电压调节，输出系统工作所需的电压，系统进入工作状态。波形变换电路从感应线圈谐振频率信号中提取系统工作时钟，同时供给编码器和调制电路。编码器读取预置在系统 flash 中的信息，并给调制器输出编码条件。调制器从系统时钟获得产生 FSK 调制信号的上边频 f_1 和下边频 f_2。调制完成的 FSK 信号要经低通滤波器整形之后放大，由天线发射出去。整个过程需要 $3\sim5$ ms，见图 7-7。

2. 车载设备

车载设备比地面应答器复杂许多，但由于车载设备由车载电池供电，没有功耗要求，因此可以有多种实现方法。车载查询器的主要功能是接收应答器发来的信号，解调出数据信号，解码后再通过串行输出送至车上设备。车载查询器原理框图如图 7-8 所示。

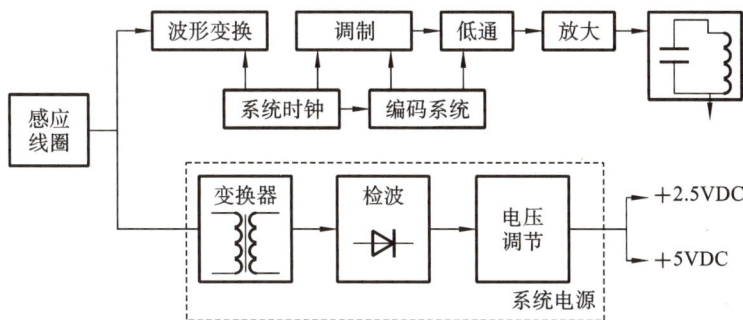

图 7-7 地面应答器基本工作原理

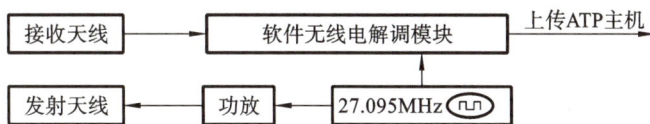

图 7-8 车载查询器原理框图

（二）应答器的作用

应答器的作用如下。

1. 列车定位信标

列车定位设备存在着测量误差，列车经过长距离运行后，这个误差会不断地积累，直接影响列车定位的精度，因此，在线路上每隔一段固定距离应安装一个地面应答器设备，当列车经过应答器时，通过检测该定位点，可获知列车的确切位置，消除定位设备所产生的累计误差。

2. 线路地理信息车-地通信的信道

地面应答器可以把一些固定的地理信息，如列车运行前方的弯道曲线率及长度等固定信息和位置信息一起存储在应答器中，传输到列车上。在采用轨道电路作为 ATC 控制信息传输通道的线路上，查询应答器的使用可大大降低轨道电路需传输的信息量，降低 ATC 信号的传输频率，增加信息传输距离。

3. 临时限速信息的传输通道

当进行施工作业或出现其他紧急情况时，会临时影响列车运行速度，由控制中心通过轨道电子单元 LEU 将临时限速信息传送给地面应答器（通常为有源应答器），当列车经过时传递给车载设备，实现对列车速度的控制，保证行车安全。

⁜ 7.3 联锁及联锁设备

一、联锁的概念

进路是由道岔的位置所决定的。所谓建立进路，就是把进路上的道岔扳到进路所要求的位置上。为了保证行车安全，在进路、道岔和信号机之间应建立一种互相制约的关系，我们把这种互相制约的关系叫"联锁"关系。联锁是指通过技术方法，使信号、道岔和进路必须按照一定程序并满足一定条件，才能动作或建立起来的相互关系。

二、联锁的内容

(一)联锁基本内容

(1)防止建立会导致机车车辆相冲突的进路,必须使列车或调车车列经过的所有道岔锁闭在与进路开通方向相符的位置,必须使信号机的显示与所建立的进路相符。

(2)进路空闲才能开放信号。

(3)检查道岔位置是否正确,信号开放后,道岔应锁闭。

(4)敌对信号未关闭,本信号不能开放。

(二)道岔、进路和信号机之间的基本联锁

下面分析存在于道岔、进路和信号机之间的基本联锁的内容。

1. 道岔、进路间的联锁

道岔有左位和右位两个工作位置,进路则有锁闭和解锁两个状态。道岔位置正确,进路才能锁闭,进路解锁后,道岔才能改变其工作位置。这就是存在于道岔和进路之间的基本联锁关系,如图7-9所示。

进路号	进路名称	道岔
1	Ⅰ股道下行接车进路	(1)
2	Ⅱ股道下行接车进路	1

图 7-9　道岔与进路之间的联锁关系

图7-9中进路1是Ⅰ股道下行接车进路,进路2是Ⅱ股道下行接车进路。进路1要求1#道岔在左位,进路2要求1#道岔在右位。图右侧的表中,带括号的"1"代表道岔在左位,不带括号的则表示道岔在右位,意思是,进路1与1#道岔之间有左位联锁关系,即1#道岔不在左位,进路1就不能锁闭,反过来进路1锁闭后,把1#道岔锁在左位位置上,不准许1#道岔再变位。进路2与道岔亦存在如上的联锁关系。

2. 道岔与信号机之间的联锁

因为进路是由信号机防护的,故道岔与进路之间的联锁也可以用道岔与信号机之间的联锁来描述。如图7-10所示,信号机X防护着两条进路:一条是Ⅰ股道下行接车进路,要求1#道岔在左位;另一条是Ⅱ股道下行接车进路,要求1#道岔在右位。

信号机	信号机名称	道岔
X	下行进站信号机	1,(1)

图 7-10　道岔与信号机之间的联锁关系

右、左位锁闭就意味着1#道岔在右位时,允许X信号机开放;1#道岔在左位时,也允许X信号机开放。那么是否可以不锁闭1#道岔呢?这是绝对不允许的。因为道岔除了右位和左位以外,还有一种非正常状态,即道岔既不在右位,又不在左位的状态,如道岔不密贴或道岔被挤等。也就是说,道岔如在不正常状态,信号机是不允许开放的。

3. 进路与进路之间的联锁

进路与进路之间存在着两种不同性质的联锁关系:一种是抵触进路,另一种是敌对进路。

1）抵触进路

如图 7-11 所示，下行接车进路有三条，即进路 1、进路 2 和进路 3，这三条进路要求道岔位置各不相同，而且在同一时间只能建立起一条进路，我们把这样互相抵触的进路叫抵触进路。抵触进路不能同时建立，抵触进路之间不需要采取锁闭措施。

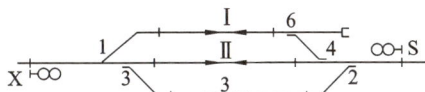

进路号	进路名称	敌对进路	抵触进路
1	Ⅰ道下行接车	6	2,3
2	Ⅱ道下行接车	4,5,6	1,3
3	3 道下行接车	4,5,6	1,2
4	3 道上行接车	2,3	5,6
5	Ⅱ道上行接车	2,3	4,6
6	Ⅰ道上行接车	1,2,3	4,5

图 7-11 进路与进路之间的联锁关系

2）敌对进路

用道岔位置不能区分的两条进路，能够同时存在，如有两列车在两进路上运行时会发生冲突事故，我们称为敌对进路，如图 7-11 所示，进路 5 和进路 2 是敌对进路，进路 5 是上行Ⅱ道接车进路，进路 2 是下行Ⅱ道接车进路。它们是同一股道不同方向的接车进路，不能用道岔位置间接控制，允许同时接车有危险，所以这两条进路为敌对进路是很明显的。同理，进路 3 和进路 4，进路 1 和进路 6 也是敌对进路。

敌对进路就是同时行车会危及行车安全的任意两条进路，属于敌对进路的情况有：

①同一到发线上对向的列车进路与列车进路。

②同一到发线上对向的列车进路与调车进路。

③同一咽喉区内对向重叠的列车进路或调车进路。

④同一咽喉区内对向重叠或顺向重叠的列车进路与调车进路。

三、正线联锁设备

城市轨道交通正线车站联锁系统在进路控制方面与传统铁路电气集中系统存在很多不同。

（一）进路的组成

进路一般由三部分组成，分别为主进路、保护区段和侧面防护。

1. 主进路

主进路是指进路上从始端信号机至终端信号机通过的路径，包括道岔、信号机、区段等要素。城市轨道交通信号系统中的联锁设备不检查全部区段，只检查一部分区段，这些被检查的区段叫作监控区段。

2. 保护区段

保护区段是指终端信号机后方的一至两个区段。根据保护区段设置的时机，分为不延时保护区段和延时保护区段。当一条进路中可以运行一列以上的列车时，才具有延时保护区段的概念。排列有延迟保护区段的进路时，该保护区段不与进路同时排出，只有当列车接近终端信号机、占用特定的区段时，才排列保护区段。

3. 侧面防护

侧面防护是为了避免其他列车从侧面进入进路,与列车发生侧向冲突。因为城市轨道交通的道岔全部采用单动控制,不设双动控制道岔,所有的渡线道岔均按单动控制处理,也不设带动道岔,所以必须靠采取侧面防护来防止列车的侧面冲突。

侧面防护共有两级。道岔为一级侧面防护,信号机为二级侧面防护。排列进路时先找一级侧面防护,再找二级侧面防护。无一级侧面防护时,则将信号机作为一级侧面防护。

(二)联锁设备

1. SICAS 型计算机联锁系统的构成

1)系统结构

计算机联锁设备普遍分成五层,见图 7-12(a),分别为操作显示层、联锁逻辑层、执行表示层、设备驱动层以及现场设备层。对应的西门子联锁设备分别为:LOW(现场操作工作站)、SICAS(联锁计算机)、STEKOP(现场接口计算机)、DSTT(接口控制模块)以及现场的道岔、轨道电路和信号机,见图 7-12(b)。

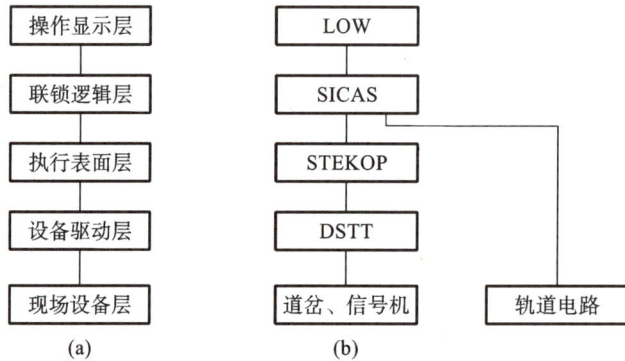

图 7-12　SICAS 型计算机联锁系统总体结构

①操作显示层。操作和显示功能是通过具有 VICDSOC 101 操作控制系统的人机接口来完成的。操作和显示的部件与联锁逻辑之间的通信经由一个统一的数据处理接口进行。

②联锁逻辑层。联锁逻辑层的主要功能是联锁逻辑运算,通过它完成操作员具体的命令,实现进路的排列、锁闭、监督、解锁,防止同时排列敌对进路。

③执行表示层。执行表示层负责控制、监视室外设备,并记录室外设备(信号机显示、道岔位置等)的状态和故障信息(信号灯故障、电缆损坏等)。

④设备驱动层。设备驱动层经由统一的数据处理接口连接到相应的系统中,完成列车自动选路、列车自动跟踪、列车指示等功能,纳入列车自动控制系统。

此外,还有与列车自动控制(ATC)系统和其他联锁(继电联锁)的接口。

2)联锁主机的结构及组成

联锁主机主要采用两种冗余方式,二取二热备方式或者三取二方式,用于保证设备安全和提高设备可用性。

2. 室外主要设备

(1)信号机。一般采用三灯四显示信号机。

(2)道岔转换设备。

①道岔位置定义为左位和右位,具体分辨方法是人站立于岔尖前方,面对岔尖,道岔开通左边则为左位,道岔开通右边则为右位。

②单动道岔控制。全部道岔采取单动道岔控制技术。

③道岔交错控制。防止几个道岔同时启动、同时转换,避免道岔转换电源的负载瞬间过大,以 200 ms 的间隔依次启动道岔。

(3)轨道电路。根据情况采取适当方式。

(三)LOW(现场操作工作站)

1. 设备组成

LOW 是信号系统的区域终端设备,每个联锁站都有一套 LOW 设备,由一台电脑和一台记录打印机组成。SICAS 型计算机联锁系统的本地操作和表示是通过 LOW 来完成的。联锁等设备和行车状况(轨道占用、道岔位置和信号显示等)在彩色显示器上以站场图形式显示,使用鼠标和键盘,在命令对话窗口上可以实现常规命令及安全相关命令的联锁操作。

2. 屏幕显示

LOW 的屏幕显示由三部分组成,自上而下为:

(1)基本窗口。系统启动后第一个出现的窗口为基本窗口。

(2)主窗口。启动 LOW 进入主窗口(图 7-13),显示整个联锁区线路、信号等设备状态,能选择元件操作。

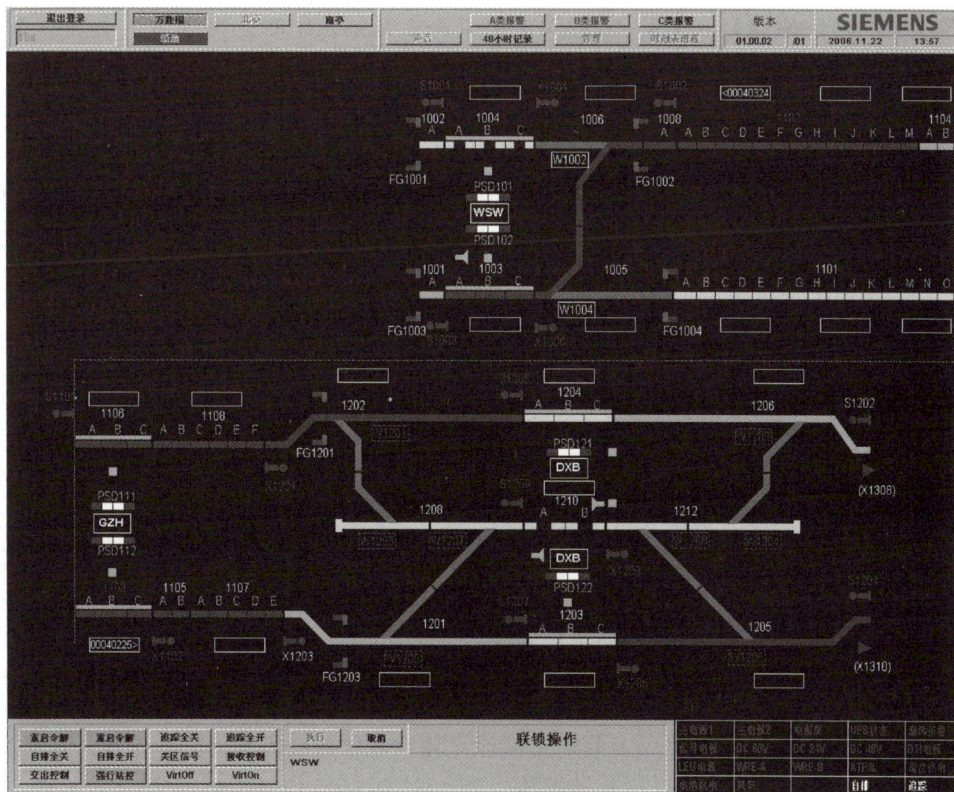

图 7-13　LOW 主窗口

（3）对话窗口。对话窗口由命令按钮栏、执行按钮、取消按钮、记事按钮以及综合信息显示栏组成。

四、车辆段联锁设备

国内车辆段联锁设备采用 6502 电气集中联锁设备或国产计算机联锁设备。车辆段设一套联锁设备，用以实现车辆段的进路控制，并通过 ATS 车辆段分机与行车指挥中心交换信息。

（一）集中联锁的主要技术要求

1. 进路的锁闭

进路有建立和未建立两种状态。进路的锁闭是为实现联锁关系而将所排进路上的道岔限制于规定位置。进路的锁闭按时机分为进路锁闭和接近锁闭。

集中联锁以道岔区段为锁闭对象，进路锁闭由构成该进路的各道岔区段的锁闭组成。

2. 进路的解锁

进路解锁指解除对进路的锁闭。进路的解锁也是构成该进路的各区段的解锁。按不同情况，进路的解锁分为正常解锁、取消解锁、人工解锁、调车中途返回解锁和故障解锁。

3. 信号的开放和关闭

防护进路的信号机（除引导信号）只在其防护的进路空闲（包括限界检查）、有关道岔位置正确、进路锁闭、未施行人工解锁、敌对进路未建立且被锁闭时方可开放。当某一条件不成立时，信号机自动关闭。

4. 道岔的操纵和表示

联锁道岔应能实行单独操纵，或根据需要实现进路选动，单独操纵优先于进路选动。联锁道岔一般有进路锁闭、区段锁闭和其他联锁锁闭，在任何一种锁闭状态下，道岔不得启动。

（二）联锁设备与其他设备的结合

1. 与 ATS 系统的结合

联锁系统可通过标准数据接口与 ATS 设备互联，以便于向 ATS 中央系统提供车辆段信号机状态、道岔位置、轨道区段状态等信息。

2. 与试车线设备的结合

试车线装设有与正线相同的 ATP、ATO 地面设备及相应的试验设备，能对车载信号系统进行各种功能的动态测试。

3. 与正线联锁设备的结合

在车辆段入段信号机外设转换轨（归属正线管辖），车辆段与正线车站间的接口电路能够显示防护信号机的状态、转换轨的占用状态。

（三）联锁设备组成

国内城市轨道交通车辆段大多数采用国产计算机联锁设备或 6502 电气集中联锁设备，下面重点介绍 DS6-K5B 型计算机联锁系统。

DS6-K5B 型计算机联锁系统所有涉及安全信息处理和传输的部件均按照"故障-安全"原则采取两重系结构设计。DS6-K5B 计算机联锁系统主要设备分为室内设备和室外设备。

1. 室内设备

DS6-K5B 型计算机联锁系统室内设备由控显子系统、电务维护子系统、联锁机、输入/输出接口、电源五个部分组成,如图 7-14 所示。

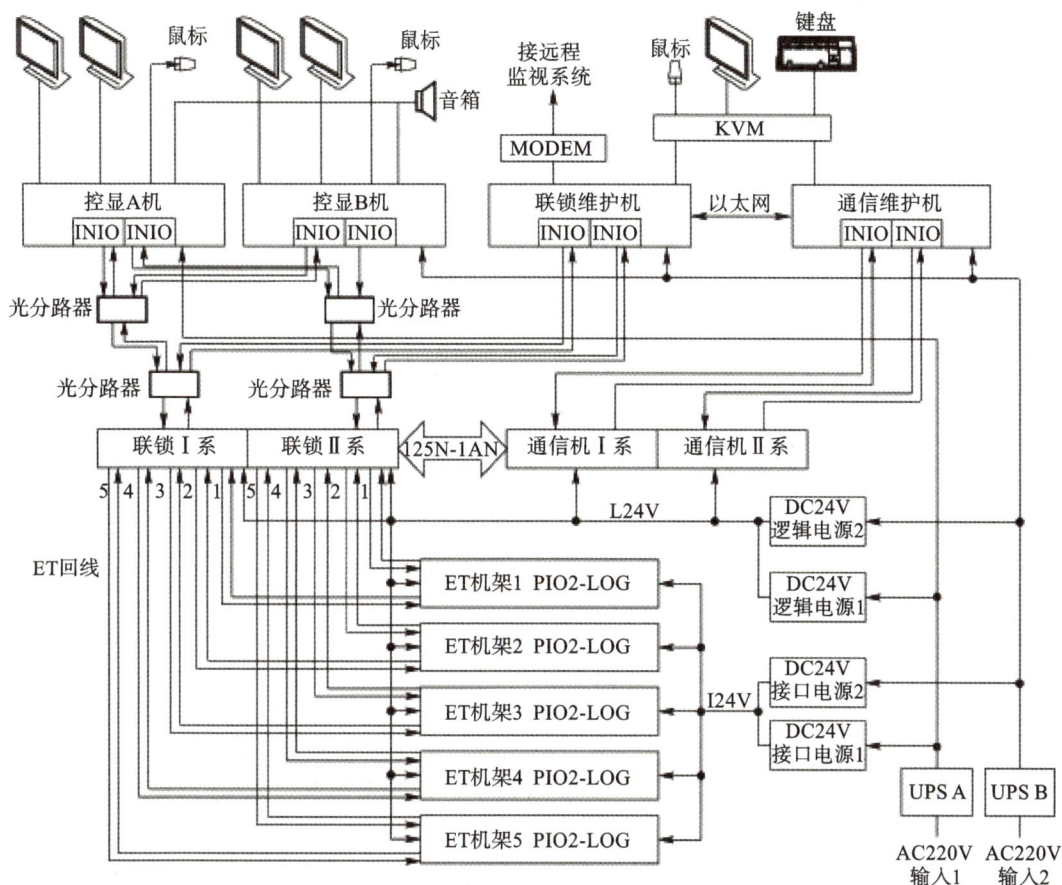

图 7-14　DS6-K5B 计算机联锁系统配置

（1）控显子系统。控显子系统由控显双机、值班员办理行车作业的操作设备和表示设备等组成。

（2）电务维护子系统。电务维护子系统设备包括维护机、键盘、显示器、打印机。

（3）联锁机。联锁机由两重系组成,以主从方式并行运行。两系之间通过 VME 总线建立的高速通道交换信息,实现两重系的同步和切换。联锁机每一系各用一对光缆经过光分路器与控显双机相连,使联锁的每一系都能够分别与两台控显机通信。

（4）输入/输出接口。输入/输出接口采用电子终端(简称 ET),电子终端电路具有两重系。两重系的输入电路从继电器的同一组接点取得输入信号,分别发给联锁两重系。

（5）电源。电源由一套 UPS 和两路直流 24 V 稳压电源组成。

2. 室外设备

（1）色灯信号机是设置在各进路规定位置的固定信号机,如进段、出段、调车、复示信号机等。

（2）电动或气动道岔。配置电动转辙机的电动道岔或配置气动装置的气动道岔均可实

198 | 城市轨道交通概论 ● ● ●

现远程集中操纵、监督、控制。

（3）轨道电路可用于监督进路是否空闲，传输相关信息。如当进路空闲时，显示屏上该进路的表示光带无灯光显示；当进路有车占用时，显示屏上该进路的表示光带亮红色。防护该进路的信号机也会因轨道电路呈"分路状态"而关闭。

（4）室外导线分为信号电缆、道岔电缆、轨道电缆，均采用地下电缆方式布置。

▶ 7.4　闭塞及闭塞设备

一、闭塞

为了保证列车在区间内的运行安全，轨道交通系统采用时间间隔法和空间间隔法两种不同的运行方法来保持列车之间有一定的距离。

时间间隔法是用一定的时间间隔将前后两列运行列车隔开，即同方向运行的前一列车出发后，间隔一定的时间，再发后一列车。如果前一列车在中途停车或中途缓行，则后一列车就有追上前一列车的可能。随着列车行车密度不断增大，速度逐渐提高，这种运行方法不能保证行车安全，所以原则上不使用。

空间间隔法是以站间区间（图7-15）或闭塞分区（图7-16）作为列车运行的间隔。为使列车安全运行，在一个区间（或闭塞分区）的同一时间内只允许一列列车运行。保证列车按空间间隔法运行的技术方法，称为闭塞。实现按空间间隔法行车的信号设备，称为闭塞设备。

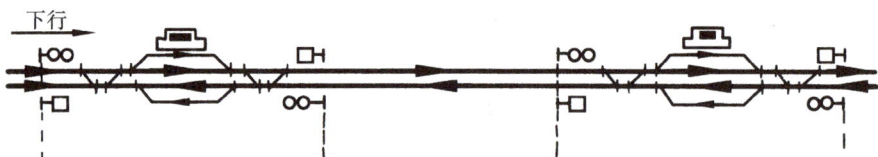

图 7-15　双线站间区间

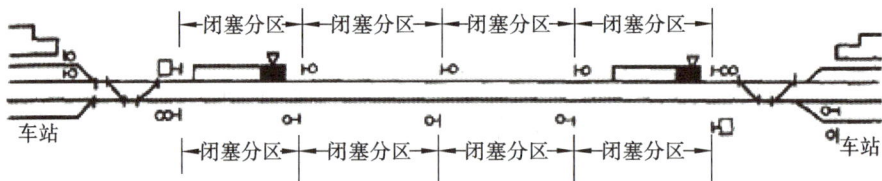

图 7-16　双线自动闭塞分区

我国城市轨道交通采用的行车基本闭塞方法有固定闭塞、准移动闭塞和移动闭塞。

二、站间自动闭塞

当基本闭塞法因故不能使用时，大多数城市轨道交通系统使用站间自动闭塞系统作为后备系统，也称为后退模式。"自动"是指出发信号随着列车的运行自动开放和关闭，"站间"是指同一站间区间在同一时间内只有一列列车。

（一）设备组成

站间自动闭塞系统由计轴器、计轴主机和信号机组成,如图 7-17 所示。

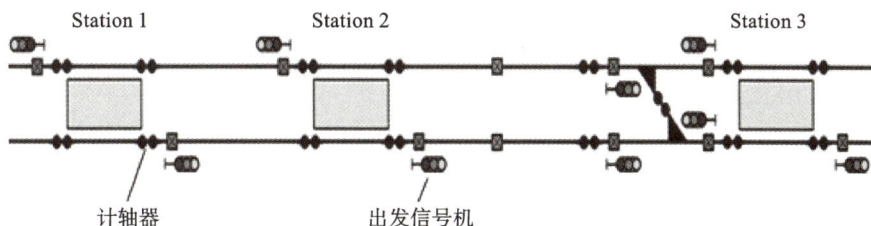

图 7-17　自动站间闭塞系统示意图

1. 计轴器

在检测轨道区段的入口处和出口处分别设置计轴器,它采用轨道传感器、电子单元和计轴核算器来记录并比较驶入和驶出轨道区段的轴数。

2. 计轴主机

计轴主机根据该轨道区段驶入点和驶出点所记录轴数的比较结果,确定该区段的占用(输入轴数大于输出轴数)或空闲(输入轴数等于输出轴数)状态。

3. 信号机

车站出站方向设置出发信号机,根据区间状态,给出相应显示。

绿灯:开通直向允许越过,前方至少有两个闭塞分区空闲。

绿黄灯:禁止越过,前方仅有一个闭塞分区空闲。

黄灯:开通侧向允许越过,前方有一个闭塞分区空闲。

红灯:禁止越过。

（二）工作原理

通过设置计轴器将线路划分为若干个闭塞区段,两个相邻计轴器间为一个闭塞区段。当列车进入信号机对应的计轴区段时,信号机自动关闭,当列车出清区段,即列车尾部最后一个轮对经过区段末端计轴器后,区间空闲,后方防护闭塞区段信号机自动开放。

三、基于传统的音频轨道电路的固定闭塞 ATP 系统

固定闭塞又称分级速度控制方式或台阶式速度控制模式,其特点是采用固定划分区段的轨道电路,提供分级速度信息,实施台阶式的速度监督,使列车由最高速度逐步降至零。列车超速时由设备自动实施最大常用制动或紧急制动,使列车安全停车。这种控制模式只需获得轨道电路提供的速度信息即可完成列车超速防护,其制动安全性由合理安排自动闭塞分区长度来保证。

（一）系统构成

固定闭塞 ATP 系统由 ATP 系统、轨道电路、阻抗联结器等构成。

1. 阻抗联结器

阻抗联结器用于向轨道电路发送"列车检测"信息、"目标速度"信息、ATS"调度"信息,接收轨道电路的列车检测信息。

2. 轨道电路

轨道电路检测线路状态,为列车提供线路空闲或占用信息。

3. ATP 系统

ATP 系统接收轨旁设备信息,根据收到的信息控制列车运行速度。

(二)工作原理

这种方式需要传输的信息量少,对应每个闭塞分区只能传送一个信息代码,即该区段所规定的最大速度码或入口/出口速度命令码,系统构成简单,设备也不复杂,因此成本较低。列车速度监控采用的是闭塞分区入口/出口检查方式。

1. 出口检查方式(ATP)

在闭塞分区入口给出列车限制速度值,监控列车在本闭塞分区不超过限制速度,采取人控优先的方法,控制列车在出口的速度不超过下一闭塞分区的限制速度,如超速,即强迫制动,如图 7-18 所示。

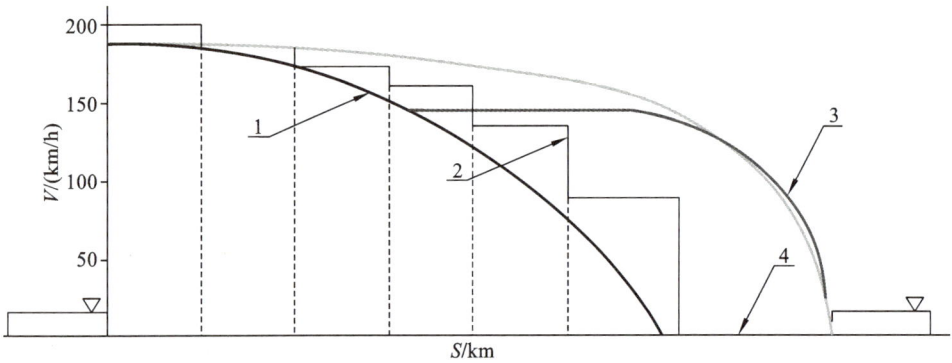

图 7-18　ATP 台阶式分级速度控制图(出口检查)

1—司机操作常用制动曲线;2—基于常用制动的台阶式限制速度曲线;
3—超速后设备动作的最大常用制动曲线;4—保护区段

采用这种控制方式,列车速度的调整主要依靠司机,只有在司机操作失误时设备才起作用。

2. 入口检查方式(ATC)

在自动闭塞分区入口处给出列车限制速度值,控制列车到出口时不超过限制速度,如图 7-19 所示。

(三)系统优缺点

1. 系统优点

(1)设备构成简单。

(2)投资成本低。

(3)性能可靠。

2. 系统缺点

(1)抗干扰能力差。

(2)ATC 系统控制精度不高。

(3)不易实现列车优化和节能控制。

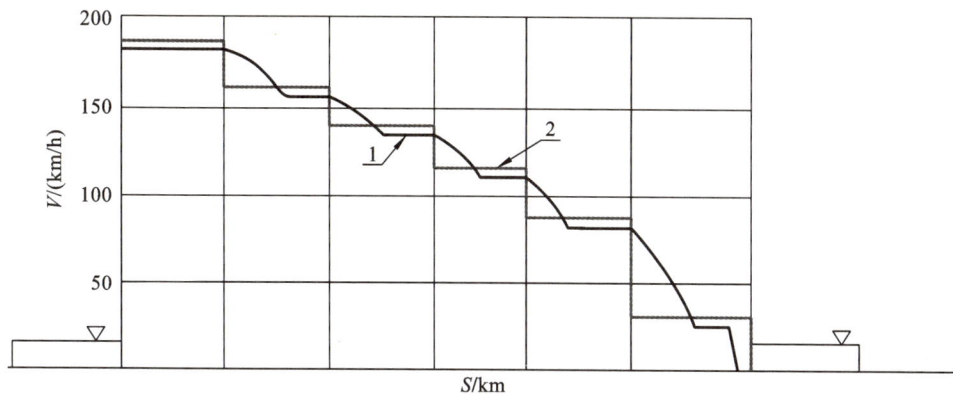

图 7-19　ATP 台阶式分级速度控制图(入口检查)
1—设备自动制动速度曲线图;2—台阶式入口检查速度曲线

(4) 限制了行车效率的提高。

四、准移动闭塞

基于准移动闭塞的 ATC 系统是随着计算机技术尤其是单片机技术和数字信号处理技术的快速发展而发展起来的。

(一) 系统构成

准移动闭塞系统由数字式音频无绝缘轨道电路(音频无绝缘轨道电路＋感应电缆环线或计轴＋感应电缆环线)和 ATP 系统构成。

(1) 数字式音频无绝缘轨道电路(音频无绝缘轨道电路＋感应电缆环线或计轴＋感应电缆环线)作为列车占用监测和 ATP 信息传输的媒介,具有较大的信息传输量和较强的抗干扰能力。

(2) ATP 系统通过音频轨道电路的发送设备向车载设备提供目标速度、目标距离、线路状态(曲线半径、坡道等)等信息,ATP 车载设备结合固定的车辆性能信息计算出适合本列车运行的速度/距离曲线,保证列车在速度/距离曲线下有序运行,提高了线路的利用率。

(二) 工作原理

准移动闭塞仍需对线路进行闭塞分区的划分。准移动闭塞的 ATC 系统根据列车前方目标距离、线路状况、列车性能等因素确定速度控制曲线,实现对列车的控制。

这种控制方式仍以闭塞分区为列车最小安全行车间隔,但可根据目标速度和目标距离随时调整列车间隔。为保证列车正常运行,前后列车之间至少隔开一个轨道区段加一个制动距离和保护区段,如图 7-20 所示。

准移动闭塞对前、后列车的定位方式是不同的。前行列车的定位仍沿用固定闭塞方式,而后续列车的定位采用连续的或移动的定位方式。

由于准移动闭塞同时采用移动和固定两种定位方式,因此它的速度控制模式既具有无级(连续)的特点,又具有分级(阶梯)的性质。若前行列车不动而后续列车前进,则其最大允许速度是连续变化的。当前行列车前进,其尾部驶过固定区段的分界点时,后续列车的最大速度将按"阶梯"跳跃上升。

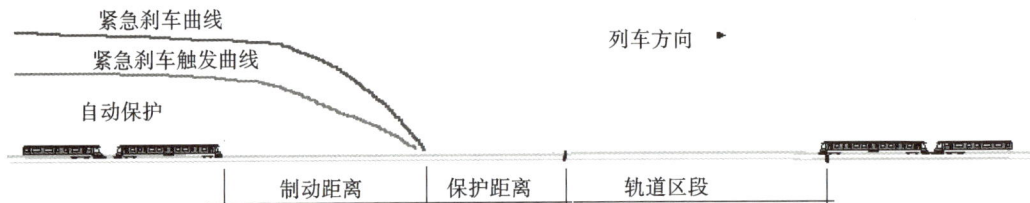

图 7-20　准移动闭塞列车追踪示意图

（三）系统优点

（1）抗干扰能力强。

（2）列车的控制精度及行车效率得到了提高。

（3）提高了节能效果和乘坐舒适性。

（4）减轻了列车驾驶员的工作强度。

五、移动闭塞

移动闭塞是指前、后两列车都采用移动的定位方式，列车之间的安全追踪间距随着列车的运行而不断移动且变化。

（一）系统构成

典型无线移动闭塞系统的系统结构如图 7-21 所示。该系统以列车为中心，其主要子系统包括区域控制器、车载控制器、列车自动监控（中央控制）系统、数据通信系统和司机显示等。

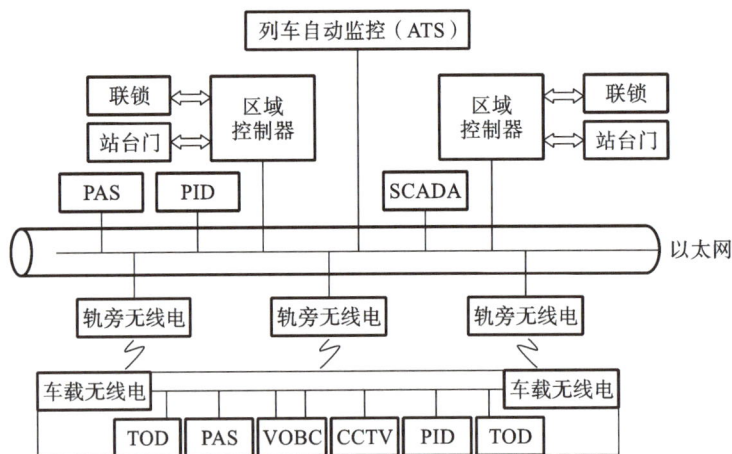

图 7-21　典型无线移动闭塞系统的系统结构

CCTV—闭路电视；PAS—公共广播系统；PID—乘客向导系统；SCADA—电力监控系统；

TOD—司机显示；VOBC—车载控制器

1. 区域控制器（ZC）

区域控制器即区域的本地计算机，与联锁区一一对应，通过数据通信系统保持与控制区域内所有列车的安全信息通信。ZC 根据来自列车的位置报告跟踪列车并对区域内列车发布移动授权，实施联锁。区域控制器采取 3 取 2 的检验冗余配置。冗余结构的 ATS 可实现与所有列车运行控制子系统的通信,用于传输命令及监督子系统状况。

2. 车载控制器(VOBC)

车载控制器与列车一一对应,实现列车自动保护(ATP)和列车自动运行(ATO)的功能。车载控制器也采取 3 取 2 的冗余配置。车载应答器查询器和天线与地面的应答器(信标)进行列车定位,测速发电机用于测速和对列车定位进行校正。

3. 司机显示(TOD)

司机显示提供司机与车载控制器及 ATS 的接口,显示的信息包括最大允许速度、当前速度、到站距离、列车运行模式及系统出错信息等。

4. 数据通信系统

数据通信系统实现所有列车运行控制子系统间的通信。系统采用开放的国际标准,即以 802.3(以太网)作为列车控制子系统间的接口标准,以 802.11 作为无线通信接口标准。这两个标准均支持互联网协议 IP。

(二)移动闭塞工作原理

移动闭塞与固定闭塞的根本区别在于闭塞分区的形成方法不同,如图 7-22 所示,移动闭塞系统是一种区间不分割,根据连续检测先行列车位置和速度进行列车运行间隔控制的列车安全系统。该系统把先行列车的后部看作假想的闭塞区间,这个假想的闭塞区间随着列车的移动而移动,所以叫作移动闭塞。

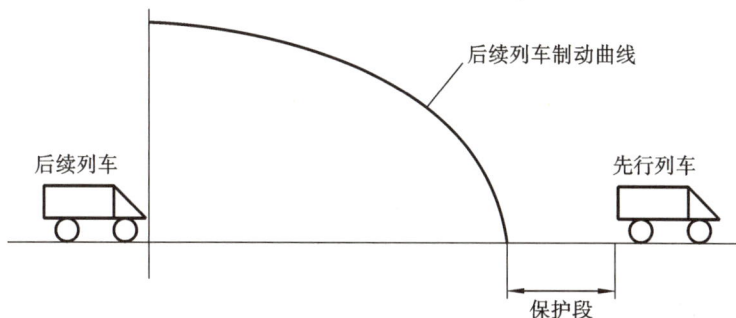

图 7-22　移动闭塞原理示意图

无线移动闭塞系统主要包括无线数据通信网、车载设备、区域控制器和控制中心等。其中,无线数据通信网是移动闭塞实现的基础。通过可靠的无线数据通信网,列车不间断地将其标识、位置、车次、列车长度、实际速度、制动潜能和运行状况等信息以无线的方式发送给区域控制器。区域控制器追踪列车并通过无线传递方式向列车发送移动授权,根据来自列车的信息计算、确定列车的安全行车间隔,并将相关信息(如先行列车位置、移动授权等)传递回列车,控制列车运行。车载设备包括无线电台、车载计算机和其他设备(如传感器、查询器等)。列车将采集到的数据(如机车信息、车辆信息、现场状况和位置信息等)通过无线数据通信网发送给区域控制器,以协助完成运行决策;同时对接收到的命令进行确认并执行。

移动闭塞的线路取消了物理层次上的闭塞分区的划分,将线路分成若干个通过数据库预先定义的线路单元,每个单元长度在几米到十几米之间。移动闭塞分区便由两定数量的单元组成,单元的数目可随着列车速度和位置的改变而变化,分区的长度也是动态变化的。线路单元以数字地图的矢量来表示。

7.5 正线信号系统

一、系统功能及构成

正线信号系统主要由 ATP 子系统、ATO 子系统、ATS 子系统和联锁子系统构成。

（一）ATP 子系统

列车自动防护（ATP）子系统的主要功能是监督及控制列车在安全状态下运行。ATP 子系统一般由轨旁设备和车载设备两部分组成。

1. ATP 轨旁设备

ATP 轨旁设备主要由 ATP 轨旁单元和发送（接收）设备组成。发送（接收）设备有信标、无线通信等。ATP 子系统一般分区域进行控制，各区域的 ATP 轨旁单元通过总线进行连接。ATP 轨旁单元安装在室内，主要由 ATP 计算机组成。为保证 ATP 系统的安全性，ATP 轨旁单元中的计算机设计采用二取二故障-安全或三取二故障-安全技术。

2. ATP 车载设备

ATP 车载设备由 ATP 车载单元、测速装置和接收（发送）装置组成。设备配置方式有单套和双套独立两种。

（二）ATO 子系统

列车自动驾驶（ATO）子系统是自动控制列车运行的系统。在 ATP 子系统的保护下，ATO 子系统根据 ATS 的指令实现列车的自动驾驶，能够自动完成对列车的启动、牵引、巡航、惰行和制动的控制，确保达到设计间隔及旅行速度。ATO 子系统由车载设备和轨旁设备组成。

1. 车载设备

车载设备由 ATO 模块（一台数字式计算机）速度发生器、停车标接收器组成。

2. 轨旁设备

轨旁设备由地面线圈及站台定位天线组成。

（三）ATS 子系统

列车自动监控（ATS）子系统是中央列车监控系统，在 ATP 子系统的支持下完成对全线列车运行的自动管理和监控。

ATS 子系统由控制中心 ATS 和车站 ATS 分机组成。控制中心设备属于 ATS 子系统，是正线信号系统的核心。集中联锁站设有一台 ATS 分机，是 ATS 子系统与 ATP 地面设备和 ATO 地面设备的接口，用于连接联锁设备和其他外围系统，采集车站设备的信息，传送控制命令，使车站联锁设备能接受 ATS 系统的控制，以实现车站进路的自动控制。

（四）联锁子系统

在有道岔车站和车辆段里，联锁设备是实现道岔、信号机、轨道电路间的正确联锁关系及进路控制的安全设备。联锁设备是自动化信号系统的重要环节，是 ATP 子系统的重要组成部分，是确保行车安全的基础设备，必须符合故障-安全原则及必要的设备冗余。

二、列车驾驶模式

一般而言,正线列车的驾驶模式分为以下几种。

(1) ATO(自动驾驶)模式。在 ATP 子系统的保护下,ATO 子系统自动控制列车运行。

(2) ATP 保护下的人工驾驶模式。在这种模式下,提供完整的 ATP 保护功能,列车由司机按照机车信号的显示进行人工控制。

(3) ATP 限制速度下的人工驾驶模式。这是一个受限制的人工"谨慎前进"驾驶模式,列车由司机根据线路的轨旁信号机来驾驶,但最高运行速度受 ATP 限制(如 15 km/h)。

(4) 无 ATP 保护的非限速人工驾驶模式。此模式用于无 ATP 保护情况下的列车运行,列车运行的速度完全由司机控制。

(5) 折返模式。折返模式分为 ATO 驾驶无人自动折返、ATO 驾驶有人自动折返、ATP 监督下的人工驾驶折返(驾驶模式 SM)。

三、阿尔卡特 SelTrac S40 型 ATC 系统

(一)主要设备

阿尔卡特 SelTrac S40 型 ATC 系统主要由系统管理中心(SMC)、车辆控制中心(VCC)、车载控制器(VOBC)、车站控制器(STC)、轨旁设备等设备组成。

1. 系统管理中心

SMC 执行的是列车控制系统中 ATS 的功能。主要的 SMC 设备位于运营控制中心。另外,在车辆段、试车线及各个车站设有远程工作站。

2. 车辆控制中心

VCC 位于运营控制中心(OCC),主要负责系统的安全运行,特别是对列车运行和道岔转动的安全负责。VCC 同时能实现基于通信的列车控制移动闭塞系统的中央 ATP、ATO 和联锁功能。在 SMC 系统要求时,VCC 将发出列车分隔命令、速度命令、进路以及道岔控制命令。VCC 还能对车载 ATC 设备(车载计算机)和轨旁设备(车站控制器)进行控制。

3. 车站控制器

STC 是列车 ATC 系统的安全性轨旁子系统,沿线布置在车站设备室。STC 在站内主要连接以下设备:站台紧急停车按钮、站台无人驾驶折返按钮、防淹门(如有)、驶离区、轨旁信号机、计轴系统(联锁站)、对位线圈、转辙机、局控盘、站台屏蔽门。每个 STC 都可以通过控制本地 SMC 工作站来访问。这一接口的设置将允许本地值班员在 ATC 中央系统失效的情况下,直接向 STC 子系统发出命令。

4. 轨旁设备

感应环线通信设备位于设备室和轨旁。感应环线通信系统是 VCC 和 VOBC 之间交换信息的媒介。感应环线通信系统由馈电设备(FID)、入口馈电设备(EFID)、远端环线盒(远程终端盒和远程馈电盒)、感应环线电缆组成。

5. 车载控制器

VOBC 提供车载 ATC 系统的所有功能。每列三节编组的列车两端各配备一套车载控制器(VOBC)。在运营期间,一套 VOBC 处于主动控制状态,而另一套处于热备状态。在热备状态,VOBC 继续监视列车的行动,并随时准备在需要的时候自动接管列车的控制权。在

主控车载设备任一部分故障的情况下,列车将把所有的控制权转换到原来备用的 VOBC,列车继续运行。

(二)系统的主要功能

1. 列车自动防护(ATP)子系统

该系统包含了 ATC 系统中负责列车安全运行的功能。在 SelTrac 系统的 ATC 系统结构中,ATP 子系统是集成的列车控制系统的一部分。ATP 子系统的作用是通过车辆控制中心、车载计算机以及车站控制器系统来实现的。

ATP 子系统的主要作用是:防止列车相对移动造成的冲突;防止道岔错误转动或错误设置造成的冲突;防止因车门意外打开、列车倒溜等造成的乘客伤害;防止因列车超过线路允许速度或指令速度而造成对线路的损害;通过车地双向通信系统连续不断地监测列车在整个系统中的位置;使列车间以所需的安全距离进行分隔,安全距离根据线路限速、车辆和 ATC 特性进行计算;按照安全行车和线路限速的要求对列车进行限速;监测整个系统内的列车运行方向;监测列车无人驾驶运行状况,监测列车倒溜状况;车轮空转/滑动补偿;检测列车运行方向中的障碍物;提供车门及屏蔽门控制的安全联锁;对中央和站台紧急停车按钮的监督管理;提供对各种列车运营模式以及对各个模式间的切换的安全监督;列车完整性检测和列车控制线监测,在后退模式中,通过计轴器轨道区段来监测列车,按照轨旁信号机的指示保证列车按站间闭塞安全行驶;系统有 24 小时内的操作命令及故障记录,并能打印输出。

2. 联锁

SelTrac 系列的 ATC 系统使用 VCC 和 STC 子系统执行联锁功能,基本的联锁功能包括:确保当列车接近或通过道岔时,该道岔不会转动,只有当确认道岔已排列好并锁闭在正确位置时,列车才可以进入该道岔区段;排列、锁闭进路并监测列车在进路汇合或分歧处的运行状态;采集站台无人自动折返按钮的信息;后退模式下使用计轴区段检测列车;信号机的显示控制;在后退模式中,按照轨旁信号机的指示,保证按站间闭塞法进行列车的分隔;在后退模式中提供保证运营需要的足够的进路,并保证在系统转为后退模式时进路和信号机的可控性;在后退模式中,通过司机输入运行线路获得列车运行目的地后,STC 根据列车位置自动地排列固定的基本进路和列车折返进路;提供与站台屏蔽门、防淹门控制系统的安全联锁接口;提供与联络线、车辆段出入段线、试车线与车辆段联锁设备的接口;提供与车站 IBP 盘、紧急停车按钮的接口。

在自动模式包括 VCC 控制模式下,ATC 系统的联锁作用主要由 VCC 实施。VCC 设置进路、命令道岔,监测道岔位置,而且只有在进路锁闭和道岔均锁好的条件下,才允许列车前进。VCC 还提供接近和过岔锁闭功能。

VCC 通常响应来自 SMC 的进路要求,设置进路的道岔。但是根据调度员的指示,VCC 也可以单独操纵道岔。VCC 对道岔和进路可以进行强制联锁防护,任何对进路道岔扳动的请求,都需要由 VCC 联锁功能进行评估,然后才可以执行。如果请求可能导致非安全情况,该请求会被拒绝。

在后退模式下,VCC 如失去功能,该系统就使用 STC 的联锁功能。车站控制器是一个安全型联锁单元,它通过计轴设备监督列车位置,并用轨旁信号机指示列车。

3. ATO 子系统

ATO 子系统能够在 ATP 子系统的限速范围内调整列车运行时间和/或列车速度,并在满足乘客乘坐舒适度的前提下控制、调整列车行驶速度;此外,能实现车载广播触发、无人自动折返、车站精确停车、车门的开关、报警监控和报告,以及向 ATS 子系统传输数据等功能。ATO 命令总是从属于 ATP 监督功能。

4. ATS 子系统

ATS 子系统能够起到中央线路全局显示,中央设备、车辆、通信环线和轨旁设备报警,运行图编译/调整,列车识别号(ID)生成、跟踪、传递和显示,运行间隔调整,运行性能监视等作用。

(三) 系统控制方式

ATC 系统可提供下列正常、降级及后退模式下的功能。

(1) SMC 控制模式。此模式是系统的正常控制模式,提供了全部的系统功能且系统是自动运行的。

(2) VCC 控制模式。SMC 发生故障(或 SMC 至 VCC 的通信通道故障)时,系统自动降级为 VCC 控制模式。此模式提供了降级的系统功能,但系统仍然是自动运行的。

(3) ATC 后退模式。当 VCC 发生故障时,系统自动转为 ATC 后退模式。此模式包括 SMC 正常情况下的后退模式和 SMC 故障情况下的后退模式。此模式能够为在正线上按照轨旁信号机显示运行的人工驾驶车辆提供降级使用的列车分隔防护。对于 SMC 正常情况下的后退模式,经司机在车上输入运行线后,系统能自动排列与运行线相对应的固定的列车基本进路和折返进路。

四、基于无线通信的 CBTC 系统

基于无线通信的 CBTC 系统是指通过无线通信方式,来确定列车位置和实现车-地双向实时通信,自动控制列车运行的信号系统。

(一) CBTC 系统结构

CBTC 系统的主要组成部分有 ATS(列车自动监控)子系统、DSU(数据库存储单元)、ZC(区域控制器)、VOBC(车载控制器)、DCS(数据通信系统,包括骨干网、网络交换机、无线接入点、车载移动无线设备)等,如图 7-23 所示。

1. 车载控制器(VOBC)

车载控制器通过检测轨道上的应答器,从数据库中检索所收到的数据信息,建立列车的绝对位置;车载控制器测量应答器之间的距离,并测量自探测到一个应答器后,列车所行驶的距离。

车载控制器具备列车自动防护(ATP)子系统和列车自动运行(ATO)子系统的所有功能。车载控制器会主动发起与区域控制器(ZC)的通信,这意味着当列车进入区域控制器的控制区域时,无论是刚刚进入系统,还是从一个区域转移至另一个区域,列车都会向区域控制器发送信息,表示列车已经进入该区域控制器的管辖区域。车载控制器通过数据通信系统与控制中心 ATS 子系统直接通信。由车载控制器实现列车自动防护(ATP)和列车自动运行(ATO)的功能。

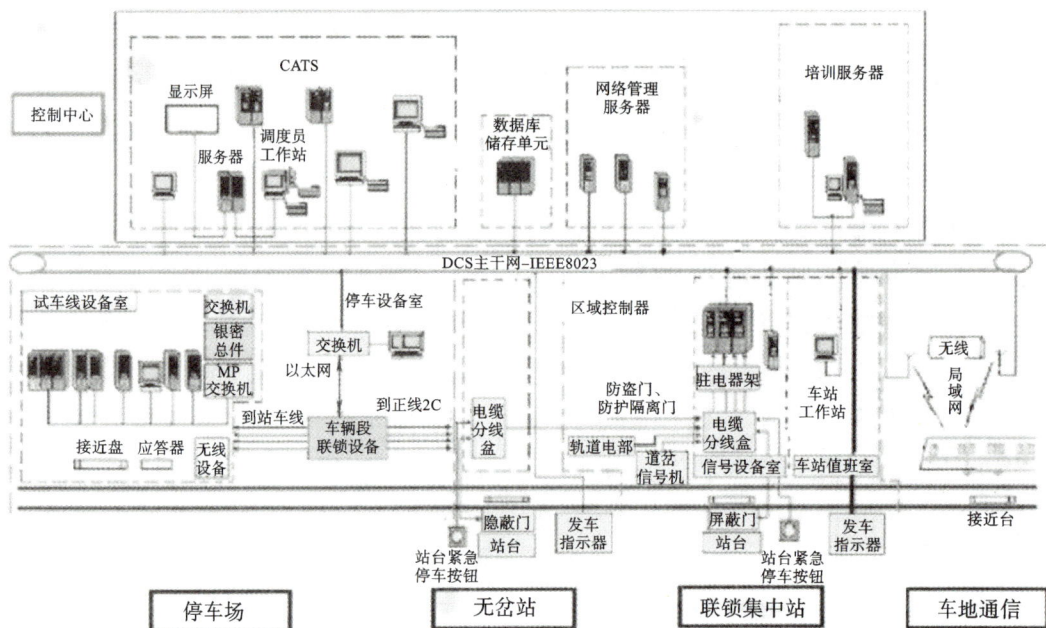

图 7-23　CBTC 系统示意图

2. 区域控制器（ZC）

区域控制器接收其控制范围内列车发出的所有位置信息；根据控制中心列车自动监控子系统的进路请求，控制道岔、信号机，完成联锁功能；根据所管辖区域内轨道上障碍物位置，向所管辖区域的所有列车提供各自的移动授权。区域控制器还负责对相邻 ZC 的移动授权请求做出反应，完成列车从一个区域到另一个区域的交接。

区域控制器是故障导向安全的轨旁子系统。每个联锁区设置一个区域控制器，且以三取二的冗余配置。由区域控制器实现与所控制区域内所有列车的安全信息通信，完成联锁功能，并向所管辖区域内的每列车发送移动授权。区域控制器功能示意图如图 7-24 所示。

3. 数据库存储单元（DSU）

数据库存储单元是一个安全型设备，它包含了其他列车控制子系统使用的所有数据库和配置文件。区域控制器和车载控制器之间使用一个安全的通信协议，从数据库存储单元下载线路数据库。线路数据库都有一个版本号，在每个区域控制器和数据库存储单元之间，每隔一定时间就会对版本号进行交叉检测。当列车第一次进入系统时，以及之后每隔一定时间，在车载控制器和区域控制器之间也会进行相同的检测。

4. 列车自动监控（ATS）子系统

列车自动监控（ATS）子系统是一个非安全子系统，它为控制中心调度员提供人机界面。ATS 子系统的线路显示屏上显示线路状态、信号设备状态、各列车位置、列车工作状态；同时具备提供调度员的各种调度命令的功能，如临时限速、车站"跳停"、关闭区域等。

ATS 子系统还具有远程控制系统所具有的设备诊断功能，包括列车的车载 ATC 设备的状态检测。ATS 子系统发出排列列车进路指令，它向区域控制器发送对应于每列车的排列进路指令，排列进路的指令必须和列车所接收的进路相一致。如果排列的进路不正确（如列车 A 分配到列车 B 的进路），相应的车载控制器将会检测到道岔设置和本列车的运行进

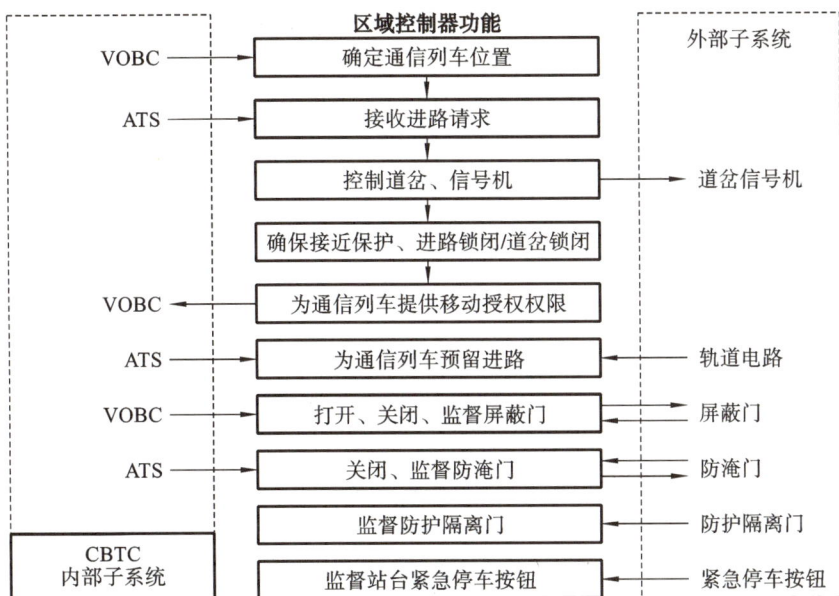

图 7-24　区域控制器功能框图

路不符,从而阻止列车通过该道岔。

中央 ATS(CATS)设备位于控制中心。车站 ATS(LATS)设备位于区域控制器所在的联锁集中站的信号设备室。

5. 数据通信系统(DCS)

与数据通信系统相连的任何两个节点之间可以相互通信。

(二)子系统的功能

图 7-25 所示为列车运行控制(CBTC)系统的基本原理图,由图可以看出控制中心 ATS 子系统、区域控制器、数据库存储单元、车载控制器之间基本的信息流。

1. ATS 子系统功能

ATS 子系统为中心调度员提供用户操作界面,ATS 子系统的功能主要包括:显示全线线路及系统设备状态,显示列车运行轨迹;时刻表的生成和执行;列车进路的自动分配;调整列车间隔,调整时刻表;不同运行类型的速度曲线选择;站台或者线路区域封锁;为发车指示器设置停站时间,执行临时限速;设置乘客信息系统,记录事件以及生成报告等。

2. ATP 子系统功能

ATP 子系统的主要功能包括:基于车-地间无线"通信",连续地检测整个系统内的列车位置;根据必要的最小安全停车距离,控制列车间的安全间隔;在证实道岔位置正确且已锁闭的前提下,才允许列车进入该道岔区域;根据安全运行要求,按驾驶模式规定的速度,限制列车运行速度,也可以临时进行速度限制;对位停车点的核准和"零速"检测;实现制动和牵引的联锁,提供车门安全联锁,实现屏蔽门和列车门的联锁;监督所有列车的运行方向;监督列车的倒溜,监督车辆非预期的运动;列车完整性监督;轮径校准,空转/打滑检测和补偿;防淹门和防护隔离门监督;紧急停车按钮监督;关键报警和事件的记录。

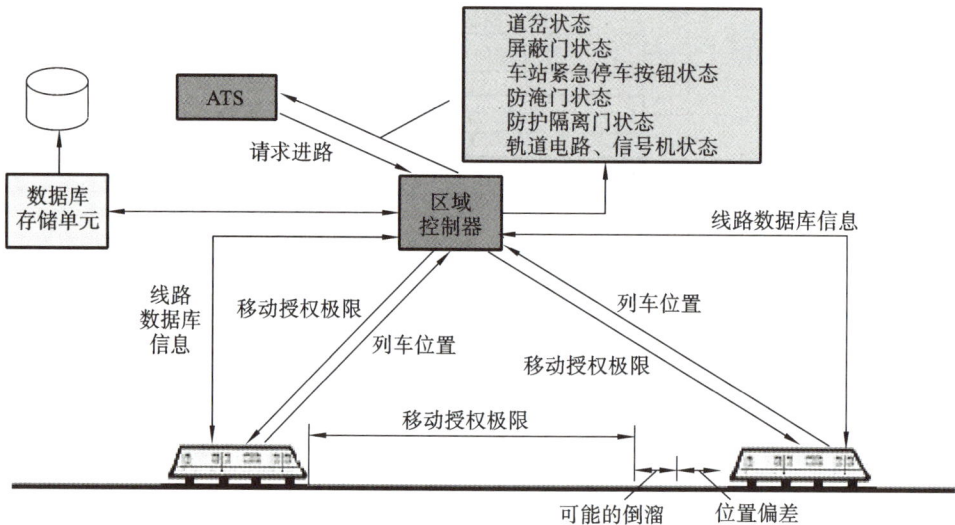

图 7-25 列车运行控制(CBTC)系统基本原理图

3. ATO 子系统功能

ATO 子系统的主要功能包括:根据 ATS 子系统所提供的运行类型,提供符合乘客舒适度标准的列车运行速度;为列车在区间运行提供相应的速度曲线;确认启动坡度;实现车站"跳停";当车站"扣车"功能启用时,驾驶员可以开/关列车门;实现车站程序对位停车,使停车精度达到±0.25 m,并提供列车将会打开哪侧门的信息;确保只有在列车停于对位停车点,并且施加了停车制动的条件下,才能打开车门;关列车门;给司机显示单元(TOD)发送信息;"报警"信息的监控并向 ATS 报告。

思政案例

"最美铁路人"——刘博

刘博,男,中共党员,1982 年 9 月出生,2002 年 7 月参加工作,中国铁路沈阳局集团有限公司锦州电务段锦州车载车间车载信号工。

他刻苦钻研技术,获得第四届全国技能大赛机车信号项目总冠军。他编制了数据转接、机车装载、添乘核实等工作流程、作业指导书,摸索总结了"四核对五确认"数据模拟检验工作法。在 2017 年的 LKJ 维护工作中,他做到了设备检修"零故障"、机车检测"零违章"、数据维护"零差错"。他组织"刘博铁路信号工技能大师工作室"成员开展技术攻关,培训技术骨干 560 余人,培养局级以上技术能手、状元 10 人。曾获得全国技术能手、辽宁省劳动模范、铁路工匠等荣誉,享受国务院政府特殊津贴。

通过案例分析,我们能直观感受到现实中轨道交通人的工作生活方式,体会到铁路人的奋斗精神,产生共鸣。我们应该培养奋斗精神,未来走上工作岗位时,要时刻做到勤劳奉献。

复习思考题

1. 简述轨道交通信号种类。
2. 简述轨道电路的组成与工作原理。
3. 简述计轴系统的作用。
4. 简述车站联锁基本内容。
5. 简述城市轨道交通正线车站联锁系统进路组成。
6. 简述 ATC 系统组成。
7. 简述 CBTC 系统的工作原理。
8. 简述基于无线通信的 CBTC 系统结构。

第 8 章
城市轨道交通通信系统

学习目标

1. 了解城市轨道交通通信传输系统；
2. 掌握各种通信设备的功能和作用；
3. 了解各种通信设备的组成。

素质目标

1. 培养高度的安全和责任意识；
2. 培养团队合作意识；
3. 养成严谨的科学态度。

▶ 8.1 传 输 系 统

城市轨道交通通信主干网是一个基于光纤的传输系统，它是城市轨道交通通信系统中最重要的子系统之一。传输系统为城市轨道交通各系统提供丰富的接口类型。除了传输通信系统所需的语音、数据图像等信息外，传输系统还为电力监控（SCADA）系统、自动售检票（AFC）系统、列车自动监控（ATS）系统、防灾报警系统（FAS）、机电设备监控系统（EMCS）、门禁系统（ACS）、办公自动化（OA）系统等其他专业系统提供传输通道。

一、传输系统的制式

国内城市轨道交通公司采用的传输制式不尽相同，主要采用 SDH、OTN 和 SDH＋ATM 等制式。

（一）SDH 传输制式

SDH 是同步数字体系（synchronous digital hierarchy）的简称，它是一种将复接、线路传输及交换功能融为一体，并由统一网管系统操作的综合信息传送网络。SDH 可提高网络资源利用率，降低管理及维护费用，实现灵活、可靠和高效的网络运行与维护，因此是当今世界信息领域在传输技术方面的主流，也是全球传输领域应用最广泛、技术最成熟、性价比最高的一种制式。

（二）OTN 传输制式

OTN（open transport network，开放传输网络）是新一代专用通信网络（见图 8-1）。OTN 系统内涵与特点可按其缩写简释如下：

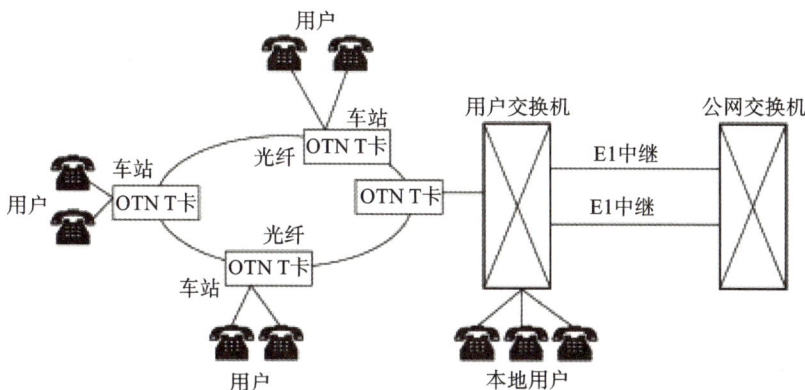

图 8-1　OTN 系统连接模式示意图

开放（open）——采用接口模块，可方便地处理各种既有的物理接口标准及相关通信协议。

传输（transport）——完全透明地传输各种不同类型的信息（包括语音、数据、数字视频和 LAN），具有很高的可用性。

网络（network）——采用光纤双环路方式，组网灵活，易于扩展，具有更佳的带宽/距离性能比和更高的可靠性。

OTN 具有特定的帧结构，其主要设备由比利时 ATEA 公司独家生产，已在国内轨道交通等领域的专用通信网络中广泛应用。OTN 以多波长传送、大颗粒调度为基础，综合了 SDH 的优点及 WDM 的优点，可在光层及电层实现波长及子波长业务的交叉调度，并实现业务的接入、封装、映射、复用、级联、保护、恢复、管理及维护，形成一个以大颗粒宽带业务传送为特征的大容量传送网络。它的主要特点是，采用一次复用机制，在占用较少开销比特数的情况下，综合不同的网络传输协议，集成多种用户接口，实现低速和高速信息的接入和传输一体化。OTN 传输设备的缺点在于它所建立的是一个相对封闭的网络，不具备系统的开放性，即只实现了用户侧接口的开放，但无法直接与其他通信网络高速互连，此外，其设备只具有两个方向的线路光口，不支持多方向的光路传输。

（三）SDH＋ATM 传输制式

传输系统只提供传输的通道，根据轨道交通的业务需求、功能定位等可配置相关的接口，满足所承载的业务需求。根据业务的不同需要，在一条线路上同时构建多个传输系统也是一种可行的方案，如在部分线路中，采用固定带宽 ATM（异步传输模式）传输图像信息，而语音及信息传输采用 SDH。随着技术的发展及成本的下降，轨道交通传输系统将进行制式调整和整合，并逐步过渡到新一代 SDH 标准。

二、SDH 传输系统的构成

典型的 SDH 传输系统的基本构成和组网方式如图 8-2 所示，利用 IP over SDH 技术，构建轨道交通通信系统的光纤传输平台，实现光传输网络的全透明传输。系统以 2.5 Gbit/s

同步光数字传输系统组建骨干环网。在沿线各车站停车场均设置一套同步分插复用设备（ADM）；在控制中心设置两套相对独立的同步分插复用设备（ADM），分别组成两个 2.5 Gbit/s 光同步数字传输骨干环网。低速数据接入采用脉冲调制编码 PCM，图像接入采用视频编解码设备，高速数据采用以太网接入方式。

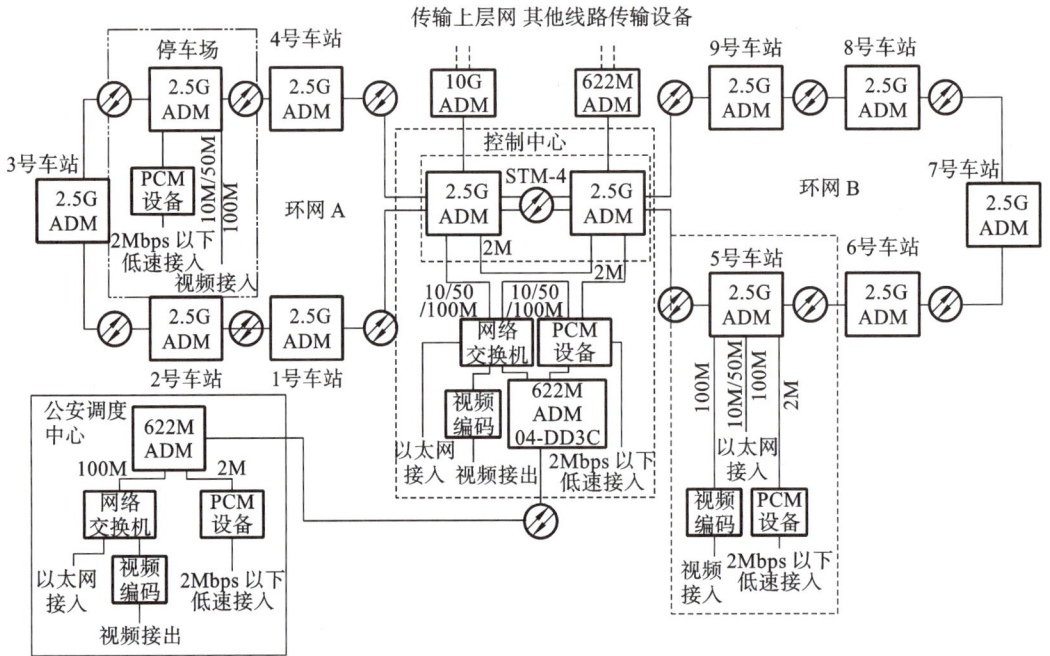

图 8-2　传输系统组网示意图

注：1. 环网 A 与环网 B 均为 2.5G ADM 双向复用段倒换、通道保护光环网；
　　2. 环网 A、B 中各站点拓扑停车场外均同 5 号车站。

（一）分插复用器（ADM）概念及功能

分插复用器（ADM）位于 SDH 传输网的沿途，它将同步复用和数字交叉连接功能综合于一体，具有灵活地分插任意支路信号的能力，在网络设计上有很大灵活性。例如，对于 155 Mbit/s 的数据流，STM-1 分插复用器（见图 8-3）利用软件可分插出各类低比特速率的支路信号，十分简便。ADM 有如下具体功能。

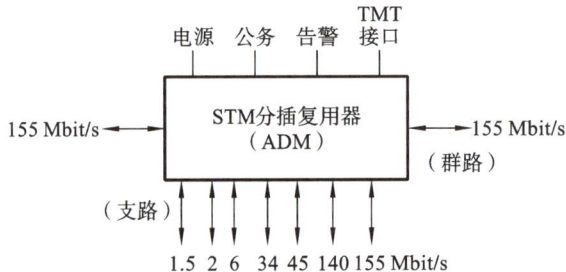

图 8-3　STM-1 分插复用器

（1）ADM 具有支路与群路、群路与群路的连接能力和光/电（电/光）转换功能。
（2）ADM 具有数字交叉连接功能。

除了分插复用器外还有终端复用器，它们是 SDH 网中最重要的两个网络单元。由终端复用器和分插复用器组成的典型网络有点对点网络、线型网络、枢纽网和环形网等结构形式。城市轨道交通通信系统主要应用点对点网络及环形网结构形式，上层网以枢纽网形式为主。

除分插复用器外，SDH 传输系统中还有一些基本网络单元，如终端复用器（TM）、再生中继器（REG）和数字交叉连接设备（SDXC）等。

（二）PCM 概念及功能

1. PCM 的概念

脉冲编码调制（PCM）是实现模拟信号数字化的一种方式。模拟信号数字化是对模拟信号在时域和幅度域上进行处理，然后把离散的幅度值变换为数字代码信号。处理过程分为输入信号、抽样、量化、编码、传输、解码、平滑滤波、输出信号等步骤。

2. PCM30/32 路系统的功能

PCM30/32 路系统的功能为将模拟信号变为数字信号，或将数字信号反变换为模拟信号。

（三）视频编码/解码器概念

视频编码器是对输入的模拟视频信号进行数字化处理后，将数字信号传送至网络上的专用设备。视频解码器的工作过程是编码器的反向操作，输入的数字信号经数字解码，转化为模拟图像信号，再由监视器输出。通过视频编码/解码器，闭路监控系统可实现远程实时监控的目的。随着全数字化闭路监控系统的出现，视频编码/解码器将逐步淡出。

（四）SDH 系统保护

采用 ADM 组建两个"二纤双向"复用段保护倒换环，这种系统保护方式下的光纤"路由"具有自愈功能，当主用"路由"的光缆或其终端单元出现故障时，系统能自动切换为备用"路由"，切换时间小于 50 ms，切换时不会影响正常工作。当某个 SDH 节点出现故障时，除受故障影响的节点外，其他 SDH 节点设备仍能正常工作。当某一相关模块发生故障后，不会使"点对多点"业务长时间中断。另外，各网点关键设备（包括交叉连接盘和时钟盘）都采用双重热备份，发生故障时具有自动切换和路由选择功能。

（五）传输系统提供的各种通道

SDH 同步传输系统为线路提供各类通道接口。100 M 以太网通道用于运营视频、公安视频、AFC、BAS；50 M 以太网通道用于乘客导乘、CADA；10 M 以太网通道用于广播数据下载、电源监控、数字电话通道、PCM 网管、录像回放、SCADA。

2 M 通道与 PCM 连接，为公务/专用电话系统提供 64 Kbit/s 通道、为广播系统提供 128 Kbit/s 通道，为闭路电视监控系统、无线消防系统、时钟系统提供 RS422/RS485 控制信号传输。

8.2　电话系统

电话系统主要为城市轨道交通管理、运营及维修人员提供语音通信。电话系统由公务电话系统和专用电话系统组成,其中专用电话系统又包括调度电话子系统和站内、站间及轨旁电话子系统。

一、公务电话系统

城市轨道交通公务电话系统相当于企业的内部电话网,采用程控数字交换机组网,并通过中继线路接入当地市话网。一般利用城市轨道专用传输网的部分带宽资源组成承载网络,连接远端的车站小交换机或远端模块,此种组网方式称为中继组网方式。在用户接入网中,各车站配置 PCM 用户接口架,并由该接口架的模拟用户接口和数字用户接口接续各车站的模拟用户话机和数字用户话机。

(一)公务电话系统网络结构

典型公务电话系统的网络结构为网状网结构,这是一种经济性较差的网络结构,但这种网络的冗余度较大。随着轨道交通的发展,线路不断增加,网状网结构已不再适应大容量、多层次的电话系统的需要,所以网状网结构将演进为星形网结构,如图 8-4 所示。

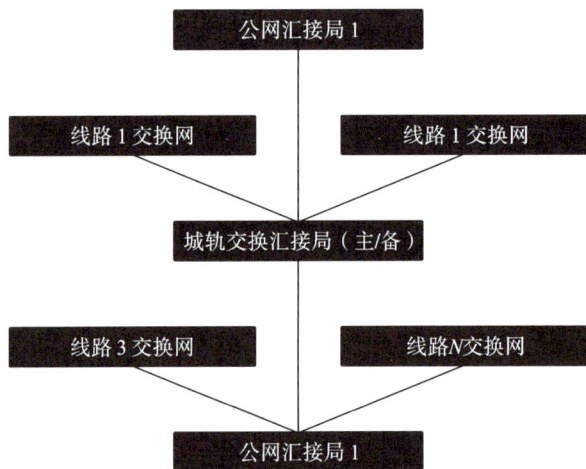

图 8-4 多线公务电话交换网互联(星形网结构)

星形网结构的中心节点是汇接局,周围节点是交换分局。汇接局采用主/备方式或负荷分担方式工作。采用主/备方式时,两台交换机中一台正常工作,另一台处于实时待命状态,并与主交换机完全同步。采用负荷分担方式时,两台交换机均正常工作,同时所有汇接任务被均匀分配到两台交换机上,当一台交换机出现故障时,其汇接任务退出服务,另一台交换机将承担所有汇接任务。

(二)公务电话系统功能

1. 子系统功能

子系统功能包括电话交换功能、计费功能、非话业务功能、复原控制功能、号码存储和译码功能、电路选择和释放功能、维护管理功能、过压过流保护与抗干扰功能。

2. 业务功能

业务功能包括缩位拨号、热线服务、呼叫限制、免打扰服务、转移呼叫、三方通话、电话会议、叫醒服务、缺席用户服务、遇忙回叫、恶意呼叫追查、呼叫等待、强插强拆等。

（三）公务交换机信号方式

信号方式是通信网中各个交换局在完成各种呼叫接续时所采用的一种通信语言。为了保证通信网的正常运行,完成网络各部分之间的信息正确传输和交换,以实现任意两个用户之间的通信,必须要有完善的信号方式。

（四）公务交换机的网同步

数字程控交换机组成一个数字网,它们通过数字传输系统互相连接。为提高数字信号传输的完整性,必须对这些数字设备中的时钟速率进行同步。所谓网同步,是通过适当的措施使全网中的数字交换系统和数字传输系统工作于相同的时钟速率。

二、调度电话子系统

（一）调度通信的特点

1. 通信关系明确

各调度台之间互相透明,具有同样的呼叫状态、呼叫提示等信息显示,每个调度台可进行相同或不同的调度呼叫。

2. 双向呼叫一键拨号

调度实时性高、操作简单,只需在按键式键盘或触摸屏上进行"单键直呼""一键多号"的按键操作即可实现自动呼叫,无须记忆对方电话号码。

3. 双向呼叫畅通无阻

调度工作的重要性要求调度呼叫可靠、畅通,可以通过"呼叫排队"、"监听"、"强插"或"强拆"等功能来实现。

4. 会议功能

将参加会议的成员编成会议组,且可随时对会议组成员进行编辑。需要召开某组会议时,只需按会议组号与会议键即可呼叫该组所有成员召开会议,并进行会议录音。

5. 通信状态显示直观

调度系统具有主叫号码及相关资料的显示功能、引导操作的显示功能、会议显示功能以及用户中继状态显示功能等,使得调度指挥简便易行。

（二）调度电话子系统构成

调度电话子系统主要分为调度交换机、调度台、调度分机三部分,通过传输系统或相应的通信缆线连接而成,其系统构成如图 8-5 所示。

1. 调度交换机

调度交换机是调度电话子系统的核心部分,由具有交换功能的交换机或交换模块组成,它可以组成 7 个以上独立的调度系统(如行调、电调、环调、维调等);用户板与传输系统一般以数字接口对接;配置维护终端一套,负责各类维护管理任务;还配置数字录音设备,已完成调度业务的实时录音及话音文件的存档。

2. 调度台

调度台设在线路控制中心(OCC)。它是调度业务的操作控制台,一般配备按键式话机,有的也配备液晶触摸屏,可实现菜单式操作,同时配置两个手柄式话筒。

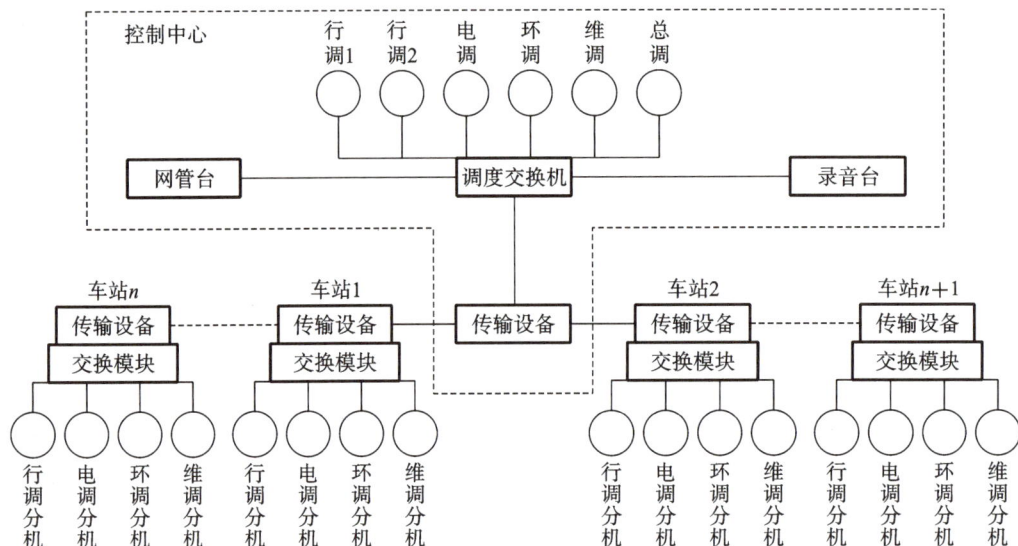

图 8-5　调度电话子系统构成图

3. 调度分机

调度分机为普通电话机,总机与分机通过传输系统提供的点对点专用音频话路连接。调度分机呼叫调度台,按热线功能键,无须拨号,举机即通。调度分机对调度台的呼叫可分为一般呼叫和紧急呼叫。紧急呼叫时,调度台上发出相应信号,以表示发生紧急呼叫。

调度交换机可以采用在公务电话子系统交换机内嵌入硬件模块的方式,或设置独立数字交换机的方式实现其功能。

(三) 调度电话子系统功能

1. 通话功能

控制中心调度员与各站(段)相应系统的分机用户、控制中心调度员之间可直接呼叫通话,但各分机用户之间不允许通话。

2. 选叫功能

调度台呼叫分机时,可单呼、组呼、全呼;分机呼叫调度台时,分一般呼叫和紧急呼叫。

3. 会议功能

调度台可以召集电话会议,会议参加方由调度台设置;调度员可指定会议成员发言,会议成员也可向调度员提出发言请求。

4. 录音功能

调度员与分机的通话或调度员之间的通话,能以数字方式自动记录在多信道录音设备上,平均每信道记录时长不小于规定小时数;录音设备记录的通话文件一般保存在计算机硬盘上;录音设备记录的话音信息可转录,以便长期保存。

三、站内、站间和轨旁电话子系统

(一) 站内电话

在车站内配置相对独立的电话交换系统,配置方式一般有两种,即小型交换机配置方式与交换机远端模块配置方式,目前主流方式为交换机远端模块配置方式(图 8-6)。

图 8-6　车控室值班桌上的电话布置

1. 站内电话子系统的通信建立方式

站内电话子系统的通信建立方式有以下几种可供选择：

（1）普通拨号方式。

（2）热线方式。站内值班台与各站内分机电话采用热线通话方式，分机之间通话需由站内值班台转接，这是最常见的一种方式。

（3）延时热线方式。分机摘机后等待数秒钟不拨号即呼叫站内值班台；若在摘机后数秒内拨了其他分机的号码，则可自由地与其他分机通话。该通信建立方式是上述两种方式的折中。

2. 站内电话子系统功能

（1）供车站（停车场）内重要部门有关人员直接通话。

（2）站内值班台与相邻车站或其他相关站内值班台以及大区间站内值班台之间的双向热线通话（图 8-7）。

（3）提供乘客或车站工作人员在紧急情况下使用的紧急电话，每台紧急电话都设置成热线方式，用户摘机即连接至站内值班台，各车站的站台两侧设置多台紧急电话。

（4）轨旁作业人员与邻近车站值班员的直接通话。

（5）使用拨号方式可进入城市轨道交通公务电话系统，与其他公务电话进行语音通信。

（二）站间电话

站间电话是供相邻两车站值班员之间联系有关行车事务的直通电话，即电话机双方的任何一方摘机即可与对方通话。这种直通电话终端设备可独立设置，也可利用车站交换机的双向热线电话功能来实现。

站间电话通过城市轨道交通专用传输通道和 PCM 接口构成的模拟话音通道互连；同时，利用隧道中多芯同轴电缆的一对芯线作为备用通道。

（三）轨旁电话

轨旁电话(如图 8-8)安装在地面或高架线路两旁或地下隧道里。轨旁电话可作为司机或维修工作人员与相邻车站值班员及相关人员进行电话联系的一种手段。

图 8-7　站内值班台电话

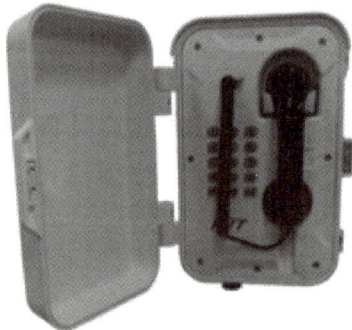

图 8-8　轨旁电话

轨旁电话一般通过充油市话电缆连至最近的车站交换机。一般每隔 150～200 m(地面或高架线路每隔 200～500 m)通过分支电缆安装一台轨旁电话。轨旁电话应具有防尘、抗冲击、防潮、防鼠噬、防雷击等特性。轨旁电话可通过插座或开关进行站内电话与公务电话间的转换。考虑其使用的特殊性，采用同线并接 3～4 部相同公务/站内分机号码的轨旁电话，通常以区间中心为分界点，两边的轨旁电话分别连接左、右车站的交换机。

▶ 8.3　无 线 通 信

城市轨道交通的无线集群通信系统为控制中心调度员、停车场调度员、车站值班人员等固定用户与列车司机、抢险人员、维护人员、防灾人员、公安等处于移动状态的工作人员之间提供语音及数据通信手段。无线集群通信系统在保证行车安全及处理紧急突发事故方面有着不可替代的作用，因此系统必须满足安全运行、应急抢险的需要，并具有与固定电话及公网系统互联互通的能力。

一、无线集群通信系统制式及特点

（一）无线集群通信系统制式

城市轨道交通无线调度通信曾采用模拟集群，但随着技术不断进步，数字无线集群系统已成为首选制式。数字无线集群系统目前主要的技术制式有 TETRA(terrestrial trunked radio，陆上集群无线电)系统、iDEN、GoTa、GT800、GSM-R。

TETRA 系统目前主要用于政务网、公安网、城市公共交通网；iDEN 系统主要用于公众专用集群网，如保安、出租车行业等。目前，国内城市轨道交通系统主要采用 TETRA 体制。

（二）无线集群通信系统特点

与公众移动通信系统相比较，无线集群通信系统具有以下主要特点。

(1) 呼叫接续速度快(300～500 ms)。

（2）以组呼为主，同基站群组内用户共享下行无线频率。

（3）采用按键讲话（PTT）方式，进行单工或半双工呼叫。在数字集群系统中支持双工通信方式，但只有在频率资源宽裕条件下才会采用双工通信方式。

（4）支持私密选呼与群组呼叫。

（5）组内呼叫和讲话时，同组被叫不需要摘机即可直接接听。

（6）按使用部门进行优先权排队，当业务信道全部被占用时，优先权级别高的呼叫可中断优先权级别低的通话，以保证调度作业的正常进行，并确保紧急情况下指挥和调度有序。

（7）具有紧急呼叫功能，紧急呼叫的优先权高于所有的呼叫。

（8）控制中心调度员可插入列车广播，对列车乘客进行选呼广播和全呼广播。

（9）控制中心调度员可监听部门调度用户的通话，并可以对所有通话自动录音。

（10）控制中心的无线调度核心网设备具有呼叫记录功能，存储主呼和被呼号码、位置、类型和日期等信息。

（11）系统选择 800 MHz 工作频段，具体频点与数量需经当地无线电管理委员会批准。

（12）整个系统由位于中心的核心网设备、位于车站的无线接入（基站）设备、固定或移动终端设备和传输通道等组成。

（13）调度台等终端设备均可采用单工、半双工和双工的通话模式。单工指单向通信模式，即一方发送，一方接收。半双工指通信双方都可以收发，但在同一时间点，仅有一方可以发送，如果一方正在发送，便不能接收。全双工指通信双方可以同时收发信息。

二、TETRA 数字集群通信系统网络构建

TETRA 是由欧洲电信标准化协会（ETSI）推荐的一个数字集群标准。它采用时分多址技术，将一个 25 kHz 带宽分为 4 个时隙（信道），可采用大、中、小区覆盖方式。TETRA 系统集调度、移动电话、移动数传和短消息业务于一体，非常适合专网无线调度使用。

（一）TETRA 的网络结构

1. 网络结构及设备

TETRA 标准定义了一组 TETRA 网络功能设备之间的接口。TETRA 网络结构如图 8-9 所示。

TETRA 网络的核心部分称为交换和管理基础设施（SwMI）。在一个大型 TETRA 网络中，SwMI 可分为核心网与无线接入网两部分，由多个基站、传输链路、交换控制设备、数据库等组成。其核心网部分可采用电路交换技术，也可采用 IP 交换技术。

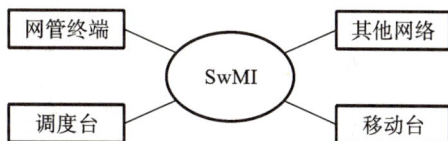

图 8-9　TETRA 网络结构

小型 TETRA 网络可以只有一个基站和通过一条链路连接的调度台。

TETRA 用户通过移动台（MS）或调度台接入 TETRA 网络。网络管理提供控制、配置、警告指示和搜集有关 TETRA 网络设备和单元运行的测试数据与统计资料的功能。

2. 交换和管理基础设施（SwMI）

TETRA 标准未定义 SwMI 的内部设备，以及内部设备之间的接口。根据 SwMI 与外部设备和通信网络之间的接口要求，可确定需要哪些内部功能单元。一个典型 TETRA 系

统的 SwMI 内部包含核心网与无线接入网两部分。SwMI 内部功能模块（图 8-10）介绍如下。

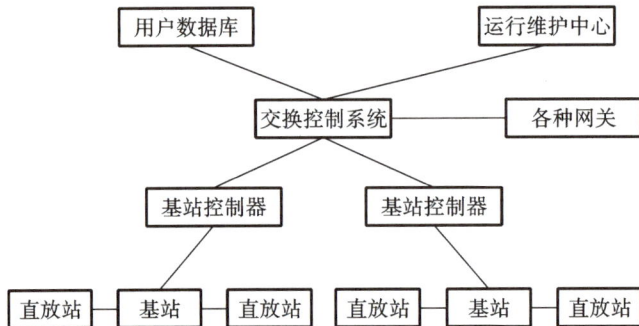

图 8-10　SwMI 内部功能模块

（1）基站。基站(BS)由基站控制器、无线收发信机、无线分合路平台等组成。基站配置一个主用基站控制器及一个备用基站控制器,当主用控制器发生故障时,备用控制器能自动替换主用模块,且不影响通话。基站控制器的作用是操作、维护和管理基站,通过链路与交换控制中心进行语音及数据交换。无线收发信机负责一个无线电载波的接收与发送,以及基带处理等任务。每个基站根据网络规划的信道数要求,配置若干收发信机。无线分合路平台用于将多个上行信号合路发送到天馈设备,将多个下行信号分路发送到相应接收模块。

（2）直放站。直放站属于同频放大设备,是在无线通信传输过程中起增强信号作用的一种无线电发射中转设备。直放站通过光纤与基站连接,将上、下行数字信号放大后发送给基站和移动台,故又称为光纤中继站。其缺点是频率资源利用率低,可靠性较低,存在多径干扰的可能性较大,因此在重要线路或重要场点一般选用基站。

（3）交换控制系统。根据 TETRA 标准的 SwMI 技术规范,允许不同制造厂商采用不同的技术设计交换控制系统。交换控制系统可以是只连接少量基站的小型交换设备,也可以是组建蜂窝移动通信的大型交换设备。

（4）数据库。在 TETRA 标准中描述了两种类型的数据库,即归属数据库(HDB)和访问数据库(VDB)。HDB 可以是集中或式分布式数据库,该数据库存储本网用户的身份码、权限、业务、位置与安全信息;VDB 仅在系统支持漫游时才需要,该数据库存储漫游用户所归属 HDB 中的部分用户信息。

（5）网关。网关(GW)用于 TETRA 网络与其他通信网络的互联。其中一种网关用于 TETRA 网络之间的互联;另一种网关用于核心网与远端网管终端或调度台的互联,还有一些网关用于与固定电话网、移动电话网、IP 专网、互联网等的连接。

（二）无线场强覆盖

城市轨道交通数字集群通信系统的无线场强覆盖范围包括城市轨道交通数字运行线路全线各车站的站台、站厅、区间隧道及高架线路,以及整个停车场地面区域、车库及信号楼等建筑物内部。

（1）沿线隧道、地面、高架运行线路及沿线地下车站的站台区主要采用漏泄同轴电缆辐射方式进行场强覆盖。

（2）沿线地下车站站厅区(含部分出入口通道)主要采用吸顶低廓天线进行场强覆盖。

（3）停车场主要采用室外全向天线进行场强覆盖，停车库、检修库等建筑物内主要以定向天线或低廓天线进行场强覆盖。

（三）降级备用设备

降级备用设备包括控制中心设备和车站设备。车站设备称为降级备用台，其配置数量与地点与基站一致，有基站的地方就配置有备用台，控制中心则配置一台备用中心控制机。降级备用台通过城市轨道交通数字传输网与控制中心的备用中心控制机连接。启用降级备用模式后，所有网内成员都将被并入一个大组，称为降级备用组。进入降级备用状态指令由调度员发出，当系统主用设备恢复正常后，仍需要调度员发出指令来退出降级备用状态。

（四）终端设备

1. 车载台

城市轨道交通数字列车前后两端驾驶室各安装一台车载台。该车载台主要由无线收发信机、控制接口及电路、控制面板、话筒及天线等组成。其中天线一般安装在车体顶部。无线收发信机、控制接口及电路安装在一个固定的机壳内，放置于司机室内。控制面板和话筒安装在司机驾驶台面。司机可以通过操作控制面板的按键，发出通信请求，并通过话筒和扬声器与人员进行通信。通过系统与 ATS 的连接，控制面板显示屏上会显示当前列车位置与车次。

2. 车站固定台

车站固定台配置在每个车站的车控室。车站值班站长可通过固定台与行车调度员进行联系，经行车调度员转接后可与司机通话。

3. 移动台

移动台主要配备给站务人员、维修人员、公安等不固定地点的工作人员，使他们可与相关调度员通话或进行组内通话。

4. 调度台

调度台主要配置给调度人员使用，一般设置在控制中心、停车场信号楼等区域。调度员可登录账号对调度台进行管理，账号不与调度台硬件捆绑，调度员输入账号、密码后可从任一调度台登录操作。调度台某个账号的作业权限由总调度员设置。

（五）用户组

无线集群通信系统主要采用组呼方式进行列车运行和调度指挥作业，因此用户组别（通话组）的配置是否合理，将影响到调度指挥的有效性和及时性。下面以一个常用的城市轨道交通数字用户配置为例进行说明。

在城市轨道交通数字集群通信系统中，可以组成行车调度网、停车场调度网、维修调度网、环控调度网、公安调度网等五个互相独立的调度专网。这些调度专网是按线路进行划分的，每条线路均配置五个调度专网。

在行车调度网中具有行车调度台，以及该调度台所隶属的正线运营列车车载台、车站固定台、车站人员移动台、工程车司机移动台等用户。

在停车场调度网中具有停车场调度台，以及该调度台所隶属的列车车载台、停车场人员移动台、工程车司机移动台等用户。

在维修调度网中具有维修调度台，以及该调度台所隶属的维修人员移动台用户。

在环控调度网中具有环控调度台,以及该调度台所隶属的环控人员移动台用户。

在公安调度网中具有公安调度台,以及该调度台所隶属的公安人员移动台用户。

这些用户的配置是针对各个调度员的调度指挥对象类别来定义的,实际上调度员与这些用户的通信是通过呼叫这些用户的组别来实现的。

1. 移动终端用户组别配置

无线集群通信系统终端除了有自己的身份号外,还有一个或多个编组号。用户组是集群通信区别于公网无线通信的一大特点,其功能是将不同移动设备进行人为分割,并根据需要进行群体通话,从而满足了调度的各种需求。移动终端设备分别根据各自功能群被划入不同的固定身份组。组群按线路进行划分,再按不同的功能组进行分配。固定身份组有列车小组,一列列车为一个小组,包括车载台、车载移动台,都被编入该组。调度员选择时,可选择列车 1 组……列车 N 组,可以单独呼叫一列列车。

车站小组:一个车站为一个小组,包括车站固定台、车站人员的移动台,都被编入该组。调度选择时,可选择车站 1 组……车站 N 组,可以单独呼叫一个车站。

工程车组:一辆工程车为一个小组,工程车车载台及移动台被编入该组。

车辆组:车辆检修人员使用的移动台全部被编入该组。

工务组:工务检修人员使用的移动台全部被编入该组。

触网组:触网检修人员使用的移动台全部被编入该组。

通信组:通信检修人员使用的移动台全部被编入该组。

信号组:信号检修人员使用的移动台全部被编入该组。

总调组:总调管理人员使用的移动台全部被编入该组。总调组移动台具有所有组的身份组别号,以便随时监听其他组呼叫。

在无线网络瘫痪后,调度将启用降级备用模式,在该模式下,各移动终端设备只有在降级备用组才能收到调度指令并进行通话。

2. 用户组别的转换

由于列车行车区域分为正线段和停车场,当列车行驶在不同区域的时候,与其联系的调度员会有不同要求。为保证列车正确接收到调度指令,必须在列车通过停车场与正线的分界点时进行管理权交接,即列车在行车调度网与停车场调度网中的切换,这种切换是以列车车载台的转组来实现的。用户组别的转换有两种方式,即自动转组和人工转组。

1)自动转组

当列车在行车调度台和停车场调度台之间转换时,为实现调度员对列车指挥权的移交,车载台的转换必须与为行车指挥服务的 ATS 系统保持一致。

列车在进出正线与停车场,通过正线与停车场的转换轨时,ATS 系统发出信息给无线集群通信系统,无线集群通信系统的服务器将处理和记录该信息,自动触发车载台的自动转组,实现列车车载台在停车场调度台和行车调度台之间的转换。

2)人工转组

为防止 ATS 系统向无线集群通信系统无法正常发送信息或发送错误信息,必须在系统功能中增加人工转组功能。人工转组与自动转组无优先级别的限制,可相互切换。人工转组分为调度员主动转组和司机请求转组两种情况。

当调度员发现列车当前运行位置与列车车身号码在调度台列车列表中的显示不对应

时,可在调度台上进行操作,把已离开自身管辖范围的列车进行转组。当司机发现车载台上的组别显示错误时,可以通过操作车载台向调度台发出请求转组信息,调度员在收到请求后,人工进行调度转组。

三、TETRA 系统功能

TETRA 系统主要为无线用户、调度员和网络管理员提供服务。其中调度台均通过以太网接入系统,移动台与基站之间通过 TETRA 空中接口进行通信。系统功能包括系统主要功能、系统扩展功能、系统数据功能、系统调度台功能、移动台功能、网络管理系统功能。

(一) 系统主要功能

系统主要功能包括组呼、通播组呼叫、选呼、私密呼叫、全呼及紧急呼叫、强插和强拆功能、内部通话、电话互联、区域选择、广播、动态重组、直通模式(DMO)。

1. 组呼

组呼允许调度台或移动台与一组用户(通话组)进行一点对多点的通信。移动台缺省状态是工作在组呼模式下,且可以方便地发起和接收组呼。组呼服务一般采用半双工模式。

用户可以简单地选择进入某一个通话组,亦可根据需要随时进入另一个通话组。移动台可以显示当前进入通话组的组别号。一旦选择好某一个通话组,移动台无须任何操作,便可自动接收该组的呼叫。要发起一个呼叫,用户仅需按下 PTT 键。

组呼可以中断式或等待式两种模式建立,由系统设定,中断式是强拆组内正在呼叫的组呼,迅速建立新的呼叫;等待式是等组内所有通话组结束通信后再建立呼叫。

2. 通播组呼叫

通播组呼叫可以扩大组呼的范围,每个通播组包含多个通话组,这一功能极大地增强了系统操作的灵活性。通播组包含哪些通话组可由系统管理员进行配置。每个通话组只能被编入一个通播组,每个通播组最多支持 128 个通话组。系统对通播组的数量不做限制。通播组呼叫的一个关键优势是,它可经过配置,在功能上等同于广播呼叫,是对组呼服务的一种延伸。

3. 选呼

TETRA 系统支持移动台之间或调度台与移动台之间的选呼,当处于选呼状态时,仅通话双方可以听到通信内容。在半双工选呼状态下,每次 PTT 结束后,系统启动信道保留定时,如果通话的任何一方在信道保留时间内均未发送信息,系统将终止呼叫,这样可以保护系统资源不被浪费。当整个选呼通话的过程超过最大允许时间时,系统也将中断此次呼叫。

4. 紧急呼叫

紧急呼叫是一种具有最高优先级的组呼。当系统忙时,紧急呼叫亦可被启动并抢占正在进行中的最低优先级的呼叫信道,所需资源被立即分配给紧急呼叫。紧急呼叫还支持"热麦(hot mic)"功能,当用户按下紧急呼叫键后,移动台麦克风自动打开,用户无须按 PTT 键即可讲话,允许调度台和通话组其他成员监听该移动台用户和周围环境的声音。在紧急情况下只需按下移动台上的紧急呼叫按键即可发起当前所在通话组的紧急呼叫。只有调度台或发起紧急呼叫的移动台才可以操作退出紧急呼叫模式。调度台接收到紧急呼叫后,发出声光报警,促使调度员立即处理这次呼叫。

5．强插和强拆功能

调度员可以插入已建立的通话或通话组，若插入通话组，则组内所有用户均可听到调度员的声音。调度员可以强行拆除低优先级用户之间的通话。

6．内部通话

在调度台之间提供内部通话功能，调度员之间可直接联络。

7．电话互联

系统可实现授权的移动台与外部电话用户之间的全双工通信。哪些用户能发起和接收电话互联呼叫由系统设定。车载台不能与系统外部的有线电话直接通话，若要通话，需要调度台进行转接。其他用户终端之间以及用户终端与有线电话之间的连接可以自动转接，亦可以通过调度员转接。

8．区域选择

调度员可选择一个区域的用户终端组成一个用户组，以实现组呼功能。针对车载台，可以根据 ATS 所提供的位置信息，通过动态重组功能选择某一特定区域内的车载台进行通话。针对其他移动终端设备，则可通过基于基站的注册信息，发起某一基站无线覆盖范围内所有移动用户终端的呼叫。

9．广播

广播功能是指行车调度员可通过列车车载台接入车载广播系统，实现调度员远程对列车车厢的广播。

10．动态重组

动态重组，即临时把需要进行通话的用户组成一个通话组。该功能对城市轨道交通的应急抢险、动态作业非常有用。

11．直通模式（DMO）

移动台的直通模式就是将移动台变成了对讲机，它有两个好处：一是提供了系统覆盖外的工作能力；二是在系统覆盖区内提供脱网对讲的私密性。这种操作模式同样提供了在本地基站故障时的通信能力。

（二）系统扩展功能

系统扩展功能为主要功能的补充功能。系统扩展功能主要有：优先呼叫，自动重拨，遇忙排队和回叫，迟后进入，新近用户优先，全部启动与快速启动，优先监视，预占优先呼叫，动态基站分配，建立关键站点、有效站点，呼叫显示，呼叫提示，缩位寻址，呼叫限制，电话互联限制，二次拨号，发射关闭，移动台遥毙/复活，超出服务区指示。

（三）系统数据功能

1．短数据服务

此功能类似移动网络中的短消息业务，TETRA 的短数据传送服务（SDTS）允许最多140 个字节的短信传送，可支持的服务包括文本消息发送、数据库查询、AVL（自动车辆定位）和遥控遥测。

2．状态信息

此功能类似于移动网络中的预存短消息，用户向调度员发送简单的状态信息，比如"执勤"等时，TETRA 提供 STS（状态传送服务），允许状态信息简单地从移动台发送到调度员。

（四）调度台功能

调度台子系统具有强大的功能调度台,除具有语音呼叫、短数据传输等基本通信功能外,还可运行相关应用软件,支持动态重组、遥毙/复活等功能。

（1）通话组监听:调度台配置有两个扬声器,一个用来监听当前组的通话,另一个用来监听可管理的所有组的通话混音。调度员可随时将希望监听的通话组切换为当前组,并进行监听和插话。

（2）通播呼叫:调度台可以根据权限,对授权的通播组用户发起通播呼叫。

（3）系统全呼:调度台可以根据权限,对系统基站范围内的用户发起全呼。

（4）环境监听:系统支持调度员对移动台的环境进行监听,即调度员可遥控开启移动台的麦克风,可监听到移动台周围环境的声音。

（5）通话组多选:调度台可以一次多选若干个通话组进行通话。调度员讲话各组均可听见,各组之间的通话调度员亦可听见,但各通话组之间不能听到各组之间的通话。

（6）系统互联功能:调度台可通过接口设备与其他无线系统互联。

（7）通话组派接:调度台可以一次派接若干个通话组,调度员讲话各组均可听见,各被派接在一起的通话组也均可听见相互间讲话,派接功能相当于将若干通话组合并成一个通话组。

（8）紧急调度预案:系统网络管理人员可事先设置紧急调度预案,每个调度预案最多可设置 4 个动态重组通话组,每个动态重组最多可派接 100 个通话组。

（9）调度台操作记录显示即调度台状态显示。调度台操作界面有一个专门用来显示调度员操作记录（包括操作类型、呼叫号码、操作时间等）的窗口。

（10）调度台设有一个存储堆栈以显示调度台的状态,能够滚动显示调度台管理的所有组的呼叫信息,包括主叫号码、组号、发起时间等。超出堆栈后自动溢出。

（五）单站集群功能

TETRA 系统基站能在系统核心网设备故障或通信链路中断时自动进入单站集群状态,它与简单的故障弱化有着本质的区别。此时基站仍然工作在集群方式下,基站用户仍然进行单基站内的组呼,且通话状态和编组不发生变化,并支持新的系统用户登记;当故障排除后,系统自动恢复到正常运行状态。单站集群由于跟交换中心失去联系,故无法与调度员保持通信,也无法与其他基站下的组员进行联系。

▶ 8.4　视频监控系统

视频监控系统（简称 CCTV 系统）的主要作用是使控制指挥中心调度管理人员、车站值班员、站台工作人员等能够以实时监控或事后察看的方式监控到所管辖车站客流、列车出入站及旅客上下车等情况,以确保车站、乘客安全和合理进行客流组织。

一、系统组成

视频监控系统主要由中央级视频监控系统和站级视频监控系统两部分组成。中央级视频监控系统通常位于运营线路控制中心的通信设备室,站级视频监控系统设备则安装在各车站的通信设备室。系统外围设备如摄像机、监视器等,则分布在各站站厅、站台等区域。

1. 中央视频监控设备

中央级视频监控设备分为机柜设备和外部设备。机柜设备主要由交换矩阵、视频输入/输出模块、光纤接收单元、电源等几部分组成;外部设备主要有监视器(含控制键盘)和录像机。

2. 站级视频监控设备

站级视频监控设备包括机柜设备和外部设备。机柜设备主要由交换矩阵、视频输入/输出模块、均衡器、视频分配器、光纤传输单元、电源等几部分组成;外部设备包括摄像机、监视器(含控制键盘)和录像机等。

二、系统工作原理

(一)车站内视频信号的传输过程

目前多采用视频基带传输方式进行车站内视频信号的传输。视频基带传输方式是指从摄像机到控制设备之间传输的视频信号完全是视频模拟信号,输入、输出采用 $75\ \Omega$ 不平衡方式。为了与整个系统的阻抗匹配,传输线也采用 $75\ \Omega$ 的同轴电缆。当摄像机输出的视频信号通过同轴电缆传输到设备机柜相应接口面板后,首先送到同轴电缆均衡器(站台视频信号还要送到画面分割器或分屏单元),然后送到交换矩阵。所有这些视频信号经过交换矩阵的切换后,传送到车控室的监视器,车站人员可通过监视器的控制键盘完成视频信号的切换;而要传送到控制中心的视频信号,经矩阵的输出端传送到传输单元,通过光纤传输系统送到控制中心。

(二)由车站级到中心级的视频信号传输

车站交换矩阵输出的来自分屏单元的图像(站台分屏图像)和站厅的图像,通过机柜内的传输单元传输到OCC。要求每个站的图像要持续、实时地传送到OCC。从车站到OCC的图像传输,由于距离过远,通常采用光纤传输方式。各站传来的图像信号经过光纤接收单元转变为视频信号,再传送给交换矩阵,由交换矩阵输出到监视器上去;而控制键盘可以控制输入与输出之间的连接。视频信号由OCC的光接收单元转变为电信号,经分组器转变为各路高频电信号,再经解调器的解调还原为图像信号,输入到OCC的视频交换矩阵中去。

(三)系统功能

1. 中央级功能

中央级视频监控设备接收来自各车站的视频信号,经过一定的处理后,在控制中心大屏上显示。在控制中心,调度人员通过观看大屏显示的图像可监视轨道交通全线的运营情况,包括列车的运行情况、客流情况、控制范围内的异常情况等。

以广州轨道交通1号线为例,控制中心设置有行调、环调、电调和维调等岗位,通常行调和环调需要监视全线各站的情况。由各站传送来的图像,经过中央机柜设备处理后,通过专用控制键盘的控制,以不同的方式显示在相应的监视器上,达到监视的目的。而图像的显示方式,可根据不同用户的使用情况做不同的设置。另外,行调可使用配置的录像机选择记录紧急情况,或需事后查看的现场情况;不同的调度可通过各自的控制键盘根据需要调看不同的图像。

2. 站级功能

通过分布在站台、站厅的摄像机,将全站的图像统一送到站级视频监控机柜,经均衡放大等处理后,再传送到车站人员使用的监视器上,供其监控车站情况。车站人员可通过控制键盘切换监视器上的图像,通常显示方式有两种:一种是单幅图像切换方式,即根据需要选择相应的单幅图像显示在监视器上;另一种是分组轮流显示方式,即将图像进行分组,然后选择要观看的一组图像轮流显示在监视器上,组内的图像采用轮流扫描的方式,其时间间隔可设置。除了提供本站的图像给车站人员外,站级设备还通过光纤传输单元将本站图像上传到中央级视频监控设备,以供控制中心的调度使用。

▶ 8.5 广 播 系 统

城市轨道交通的广播系统是行车管理的专用设备,它的主要作用有:对乘客进行广播,通知列车到站与离站、线路换乘、时间表的变更、列车的误点、安全状况等信息;播放音乐,以改善候车环境;在遇到突发或紧急情况时,对乘客进行及时有效的疏导,组织、指挥事故抢险、防灾,提高应急响应能力;对运营人员进行广播,发布有关通知信息,协调工作,提高服务质量。

一、系统功能

目前的广播系统可实现多音源选区的广播方式,即在不同区域可同时选择不同音源的平行广播功能,音源可选择人工、线路、预存语音等。

广播系统采用控制中心广播和车站广播采用两级控制的工作方式,控制中心的广播信息通过传输网络提供的语音和数据通道传送到相关车站,实现控制中心调度员遥控选择功能;车站广播只对本站进行广播;停车场和列车的广播则相互独立。此外,对于广播系统的操控,控制中心调度员的优先级高于车站值班人员;而且根据防灾抢险的需要,控制中心的环控调度员具有最高优先级。

(一)总体功能

广播系统可实现控制中心和车站/停车场两级广播控制要求。控制中心级的行车调度员、环控(防灾)调度员均可通过相应的广播控制台对全线、所选车站和所选区域进行广播,并对广播内容进行录音。车站/停车场级的用户(车站值班员)可通过设置在车控室的广播控制台对车站辖区范围进行选区广播,并能对任一广播区域进行监听。根据需要,可在站台值班室设置广播盒,必要时可插入本站广播系统,对本站台进行定向广播。广播系统用户的优先级从高到低的顺序为:控制中心环控调度员、控制中心行车调度员、车站值班员、站台站务员。

(二)中心级广播功能

(1)能实现全线任意车站和任意广播区的组合,并向已设定的固定组合广播区域进行广播。

(2)能向全线任意一个车站的任一区域、多个区域、全部区域进行广播。

（3）可选择不同音源对车站进行广播。

（4）可通过人工方式对车站广播的编组、语音合成信息键位与内容进行设定等。

（5）可显示控制中心占用状态，全线各车站及广播区的工作、空闲及故障状态。

（6）控制中心调度员可选择监听全线车站的任一广播区的广播内容，监听音量可调。

（7）正常时，控制中心广播控制功能由中心主控（MCS）的控制台实现，当主控系统控制台故障时，可以采用后备控制台实现广播控制功能。

（三）车站级广播功能

（1）能向站内的任一区域、多个区域、全部区域进行广播。

（2）可选择不同音源对车站进行广播，合成语音可存 0～99 个共 100 段不同内容。

（3）对站内广播区的编组、语音合成信息键位与内容、广播优先级别等进行设定。

（4）可选择对车站内任意区域的广播内容进行监听。

（5）可接收 ATS 信号的触发，自动对相应站台进行列车到达、发车时间的广播。在需要时，可用人工方式对车站站台自动广播模式进行开启或关闭。

二、系统设备与运行控制方式

（一）系统设备

广播系统设备主要分为控制设备和输入、输出设备。

1. 控制设备组成与功能

控制设备包括中央处理器、电子矩阵、输入/输出模块、数字传输模块等。

2. 输入设备

输入设备包括广播台、前置放大器、混合放大器、信号发生器等。

3. 输出设备

输出设备包括功率放大器、功放控制模块、线路分配器、音频监听模块、扬声器等。

（二）广播台

1. 控制中心智能广播台

控制中心智能广播台设置在控制中心，它具有语音信号处理能力，可供维调、环调、行调使用。在紧急情况下，调度人员既可对控制中心大楼进行广播，也可以对任何车站的任何区域进行广播。

智能广播台控制面板，设有 16 个自由编程键、报警和功能键、监听扬声器、麦克风、集成扬声器及导频音发生器等。通过键盘或预编程键，智能广播台可对车站编号、音源安排、预存信息和优先等级进行编程，最多可同时处理 99 个路径的预存播放内容。

2. 桌面广播台

桌面广播台分布在停车场范围内的信号楼、运转车库等，分别对停车场的道岔群、检修厂房、运转库进行定向广播。

（三）运行控制方式

广播系统的中心广播和车站广播，一般采用两级控制的工作方式。

1. 控制中心对车站广播实现方法

控制中心智能广播台输出的语音信号和控制信号，通过高品质语音卡提供的 RS422 接口接入传输系统,经传输系统传输到各站,再连接到车站广播设备,控制相应广播信道状态,并将语音信号送达被选择的广播区域,实现控制中心的远程广播组织和指挥(见图 8-11)。

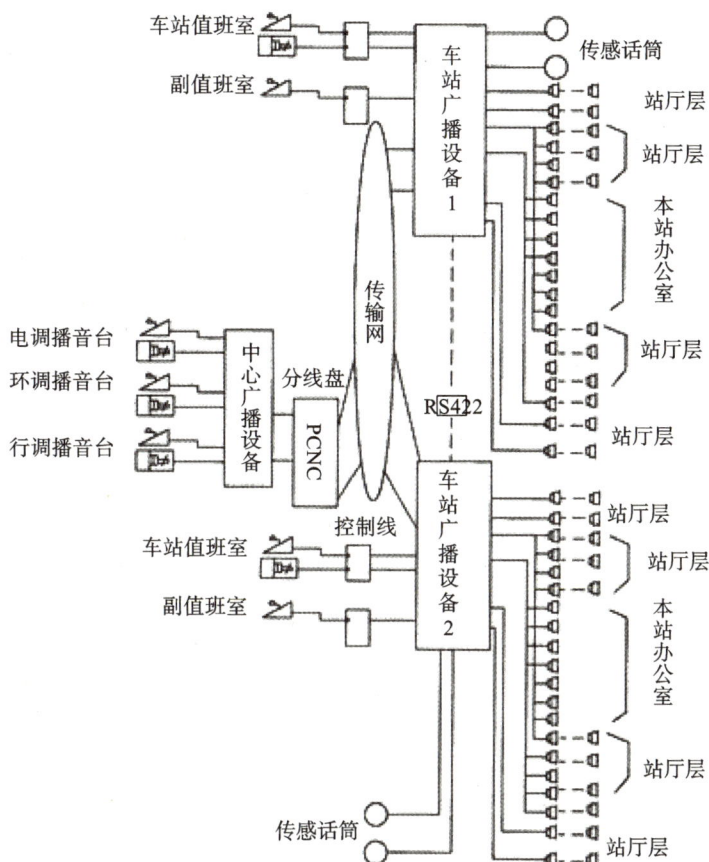

图 8-11　广播组网示意图

2. 组网连接方式

广播系统以中央主站为中心组成环形或线型网络,通过 RS422 接口进行互联传输。当其中一个子站故障时,系统可通过子站设备中的网络接口单元进行旁路控制,直接接通到下一个子站,从而保证网络畅通。

3. 广播的优先级

广播系统的控制,通常情况下以车站广播为主,若在事故抢险、组织指挥、疏导乘客安全撤离的情况下,则以控制中心防灾广播为主。因而广播系统应设置优先级,不仅不同的广播台要有不同的优先级,同一广播台的不同音源也要有不同的优先级,根据实际应用情况,优先级的高低可进行修改。根据防灾抢险的需要,控制中心的环控调度员具有最高优先级,通常情况下,调度人员按优先级由高到低的顺序依次为环调、行调、维调。控制中心调度人员的优先级高于车站值班人员,站长广播台的优先级高于站台广播台。

▶ 8.6 乘客导乘信息系统

乘客导乘信息系统(PIS)已成为城市轨道交通客运服务的新手段。乘客导乘信息系统指的是城市轨道交通采用成熟、可靠的网络技术和多媒体传输、显示技术,在指定的时间,将指定的信息显示给指定的人群的系统。在正常情况下,乘客导乘信息系统可提供列车时间信息、政府公告、出行参考、广告等实时多媒体信息;在火灾及阻塞、恐怖袭击等非正常情况下,提供动态紧急疏散指示。PIS 向乘客提供上述各类信息,为乘客安全、高效地乘坐城市轨道交通提供便利条件。

一、PIS 的功能及显示方式

(一) PIS 的功能

PIS 的功能包括紧急信息功能、显示信息功能、广播播出功能、定时自动播出功能等。

1. 紧急信息功能

(1) 预先设定紧急信息。

乘客信息系统可预先设定多种紧急灾难告警模式,方便地自动或人工触发进入告警模式。

(2) 即时编辑、发布紧急信息。

操作员通过设置在控制中心的工作站和设置在车站的工作站,可以即时编辑各种警告信息,并发布到指定终端。

2. 显示信息功能

(1) 显示列车服务信息。

(2) 显示时钟。

(3) 显示实时信息。

实时信息包括新闻、天气、通告等。通过车站操作员工作站或控制中心操作员工作站,操作员可以即时编辑指定的提示信息,并发布至指定的终端显示屏,提示乘客注意。

3. 广告播出功能

PIS 可为城市轨道交通引入一个多媒体广告的发布平台,通过广告的播出,可以为城市轨道交通运营企业带来更多的广告收入。

4. 定时自动播出功能

乘客导乘信息系统可以提供一套完整的定时播出功能。信息的播出可以采用播出表播出方式,系统可以根据事先设定好的播出列表自动进行信息播出。播出列表可以以日播出列表、周播出列表、月播出列表的形式定制。

(二) PIS 的显示方式

1. 广泛兼容终端显示屏

PIS 能良好地兼容多种显示设备,包括视频双基色 LED 屏、视频全彩色 LED 屏、双基色 LED 条屏、带触摸功能的 PDP 屏和其他各种 PDP 屏。

2．多区域屏幕分割显示

液晶或等离子屏幕可根据功能划分为多个区域，不同区域可同时显示各类不同的信息。播出的版面可以根据城市轨道交通的不同需要而随时进行调整，各子窗口可以独立指定时间表。

3．灵活多样的显示功能

所有车站的所有 PDP、LED 屏在整个 PIS 中都是相对独立的终端，因此中央操作员和车站操作员可以直接控制每块屏的显示内容，即根据需要可实现在同时间内所有的显示终端显示不同的信息。

4．信息显示类型

PIS 显示的信息可以分为紧急灾难信息、列车服务信息、乘客引导信息、一般站务信息和公共服务信息。

5．信息显示优先级

在乘客导乘信息系统的设计中，应充分考虑每一类信息的显示优先级。高优先级的信息优先显示，相同优先级的信息按先进先出的规则进行显示。按照这个要求，对信息显示的优先级规定如下：

（1）信息类型的优先级按照如下顺序递减：紧急灾难信息、列车服务信息、乘客引导信息、一般站务信息及公共信息、商业信息。

（2）高优先级的信息可以中断低优先级信息的播出，低优先级的信息不能打断高优先级信息的播出。发生紧急情况时，系统紧急中断当前信息的播出，进入紧急信息播出状态，其他各类信息自动停止播出。直到警告解除，才能进行其他各类信息的播出。

（3）同等优先级的信息按设定的时间播出列表顺序播出。

二、乘客导乘信息系统构建

从结构上，PIS 可以分为中心子系统、车站子系统、网络子系统、广告制作子系统。

从控制功能上，PIS 可分为信息源、中心播出控制层、网络传输层、车站播出控制层和车站播出设备五个层次，如图 8-12 所示。

（一）信息源

信息源主要负责外部信号输入，又分为数据信息源和视频信息源。数据信息源包括 ATS 数据信息、时钟信息、股市信息等。视频信息源包括 DVB-C 数字机顶盒输出的视频信息、DVD 视频信息、录像信息等。

（二）中心子系统

中心子系统主要负责外部信息流输入接口管理、播出版式的编辑、视频流的转换、播出控制和对整个 PIS 设备工作状态的监控以及网络的管理。

中心子系统主要设备有中心服务器、视频流服务器、中心操作员工作站、播出控制工作站、网络设备，它们构成了一个完整的播出和集中控制系统。同时，中心子系统通过多种接口方式与其他系统互联。

1．中心服务器

中心服务器主要负责创建数据并从车站子系统、广告中心子系统导入各种日志数据，包

股市信息机　ATS　时间系统　DVB-C数字机顶盒　DVD　录像机 —— 信息源

中心操作员工作站　单线监控网管　中心服务器　播出控制器　视频流服务器　广告编辑系统 —— 中心播出控制层

以太网交换机

城规骨干网 —— 网络传输层

车站操作员工作站　车站综合监控　以太网交换机　车站PIS服务器

LED屏控制器　站厅PDP控制器　上行站台PDP控制器　下行站台PDP控制器 —— 车站播出控制层

视频分配器　视频分配器　视频分配器

LED屏幕　站厅PDP控制器　上行站台PDP控制器　下行站台PDP控制器 —— 车站播出设备

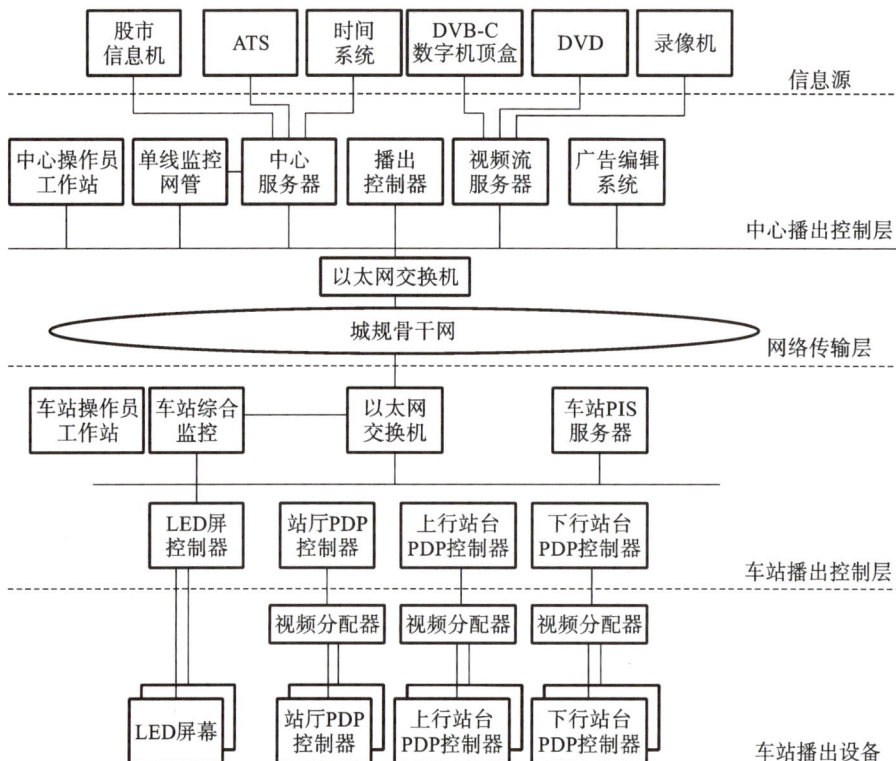

图 8-12　PIS 网络示意图

括告警日志、事件日志、用户操作日志、分类信息播放日志、外部系统导入/导出信息日志等。

2. 视频流服务器

视频流服务器是向整个 PIS 发放网络视频流数据的设备，能够同时提供标清、高清和 DVB ASI（编解码）功能，可存储超过 1000 小时的 MPEG-2 视频。用户可以从独立的存储服务器开始，简单地升级成共享网络化存储，支持多路视频通道和更大的视频存储量。

3. 中心操作员工作站

通过中心操作员工作站，具备超级管理员权限的操作员可以设置整个 PIS，包括各操作子系统的状态设置、各操作子系统工作站的设置、各车站子系统终端显示设置、终端显示设备分组管理。

在中心操作员工作站，具备超级管理员权限的操作员可以设置系统的用户账号，包括用户账号的添加、编辑、删除，用户账号权限的设置，用户组的管理，用户账号冻结、激活、重置等操作。

4. 播出控制工作站

播出控制工作站对本系统内的播出设备进行集中的播出控制管理。播出设备的开机、关机，播出列表的编辑和播出的启动都由控制中心的播出控制工作站通过网络进行统一的管理。通过播出控制工作站可对各个车站的播出设备进行集中控制，各个车站乘客导乘信息系统设备可实现无人值守运行，减少了人为操作失误造成的故障。

5. 网络设备

中心子系统是以太网为架构的，其网络的核心是一台具有三层交换功能的网络交换设备。

（三）车站子系统

车站子系统主要由车站服务器、车站播控服务器、车站操作员工作站、屏幕显示控制器、网络系统等构成。

1. 车站服务器

车站服务器包括车站数据服务器和车站播出服务器。车站服务器能从中心服务器、广告中心服务器接收控制命令，与中心服务器同步播出时间表、版式和数据，并集中转发至站内的终端显示设备控制器。车站服务器集中管理控制整个车站的所有车站操作员工作站、所有显示控制器和显示终端设备。

2. 车站操作员工作站

通过车站操作员工作站，操作员可以即时编辑指定的提示信息，并发布至指定的终端显示屏，提示乘客注意；可以进行整个车站的某组或全部终端显示设备的各种状态或工况（紧急告警状态或中心信息直播状态）的切换。

3. TS 流解码器

对于中心子系统下传的实时电视信号，每个车站子系统都具有相对应的 TS 流解码器，即信号源同时进入车站子系统，可根据需要在任意 PDP 屏和 LED 屏上播放，窗口模式和全屏模式均可。

4. PDP/LED 显示控制器

每一个或多个 PDP/LED 等离子显示屏配备一台显示控制器，以实现每一显示终端设备能可靠、自主地显示指定的内容，并能智能地处理各种异常情况。当网络发生故障时，播放实时更新信息的子窗口立即切换显示默认指定信息，原来播放本地缓冲文件内容（如广告节目）的子窗口则继续正常播放。

（四）网络子系统

网络子系统是城市轨道交通专用传输网提供给 PIS 的通道，该通道用来传输从 OCC 到各站的各种数据、控制及视频信号。

（五）广告制作子系统

PIS 的广告制作子系统主要提供方便、直观的用户界面，供业务人员/广告制作人员制作广告节目（如广告片、风光片和宣传片，并可承接城市轨道交通以外的一些广告），编辑广告时间表，控制指定的显示屏或显示屏组播放指定的时间表，并使制作完成且通过审核的素材经网络传输到控制中心和各车站播出。

思政案例

微信命令漏传事故

2019 年 12 月 6 日凌晨，中国铁路北京局集团有限公司（简称北京铁路局）天津电务段的两名职工，在上线施工期间不幸遭 G383 次高铁列车撞轧身亡。关注此事的公众，一方面为两名死者的遭遇感到悲痛与遗憾，另一方面无不愤怒于事故发生的原因——导致这两名职工罹难的，竟然是"车间内的一名干部用微信群发送推迟上线作业时间命令后,没有确认作业班组回复命令,导致命令漏传"。

北京铁路局的这次意外事故,给我们敲响了警钟。通过案例分析,我们应清醒地认识到,事故出于麻痹,安全来于警惕。我们应该认真检视和反省现有的工作信息传递流程——不仅是用微信传递重要工作信息的问题,所有可能造成隐患和风险的工作信息传递漏洞,都应得到充分的重视。我们要熟练掌握专业技能,更要具备高度的政治责任感和历史使命感,努力将自己培养成德智体美劳全面发展的创新型、复合型和应用型人才,适应城市轨道交通事业的发展需要。

复习思考题

1. 简述城市轨道交通通信系统组成。
2. 简述通信系统网络构架。
3. 城市轨道交通系统中属于有线通信的主要系统有哪些?
4. 简述电话系统的构成。
5. 简述闭路电视监控系统组成。
6. 简述广播系统设备与运行控制方式。
7. 简述乘客导乘信息系统的构建。
8. 简述无线集群通信系统制式及特点。

第 9 章
城市轨道交通行车管理

学习目标

1. 掌握城市轨道交通行车组织的主要工作；
2. 了解城市轨道交通乘务管理的相关要求。

素质目标

1. 培养高度的安全责任意识；
2. 培养团队合作意识；
3. 养成严谨的科学态度。

城市轨道交通行车管理是城市轨道交通生产组织最核心的组成部分，是综合运用各种专业设备，组织协调运输生产活动的技术业务。它采用先进的行车组织方法，充分发挥运输效能，保证列车安全、正点、优质、高效地完成乘客运送任务。

城市轨道交通行车管理工作为：首先确定列车运行计划，再编制列车运行图，最后由各部门组织列车运行。

9.1 列车运行计划

一、列车开行方案

城市轨道交通列车的开行方案是指确定列车运行区段、列车种类及开行对数的计划。城市轨道交通列车开行方案包括列车交路方案、列车编组方案、列车停站方案。

列车开行方案是日常运营组织的基础。列车开行方案的选取应遵循客流分布特征与运营经济合理兼顾的原则，实现既能维持较高的乘客服务水平，又能提高车辆运用效率的目标。

（一）列车交路方案

1. 列车交路

列车交路方案规定列车运行区段、折返站以及按不同交路运行的列车数量。列车交路分为长交路、短交路和长短交路三种。

1）长交路

长交路是指列车在线路的两个终点站间运行，图 9-1(a)是长交路列车运行的图解。从行车组织的角度，长交路的列车运行组织要较短交路简单，对中间站折返设备要求也不高，但在各区段客流量不均衡程度较大的情况下，会产生部分区段运能的浪费。

2）短交路

短交路是指列车在线路的某一区段内运行，在指定的车站折返，图 9-1(b)是短交路列车运行的图解。将长交路改为短交路，能适应不同客流区段的运输需求，运营成本也比较低，但要求中间折返站具有两个方向的折返能力以及具有方便的换乘条件。从乘客的角度，服务水平有所降低。

3）长短交路

长短交路是指列车在线路上的运行距离有长、短两种情形，图 9-1(c)是长短交路列车运行的图解。长短交路混跑的组织方案，既能满足运输需求，又能提高运营效益。因此，在线路各区段客流量不均衡程度较大的情况下，可以采用以长交路为主、短交路为辅的列车交路安排，组织列车在线路上按不同的密度行车。

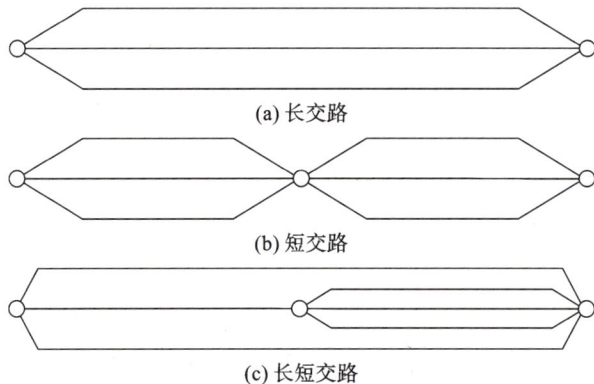

(a) 长交路

(b) 短交路

(c) 长短交路

图 9-1 列车交路

2. 列车折返方式

列车折返是指列车通过进路的改变由一条线路运行至另一条线路的方式。根据折返线的设置位置，主要有站前折返、站后折返和混合折返三种方式。

1）站前折返

列车利用站台前渡线进行折返作业称为站前折返，如图 9-2 所示。采用站前折返方式，列车空车走行少，折返时间较短；乘客上下车同时进行，能缩短停站时间；此外，站线和折返线相结合，能节省投资费用。站前折返的缺点是：出发列车与到达列车在敌对进路交叉，影响行车安全；列车进出站通过道岔，致使列车速度受限制和乘客有不舒适感；乘客上下车同时进行，在客流量大的情况下，站台秩序会受到影响。

2）站后折返

列车利用站台后渡线进行折返作业称为站后折返，如图 9-3 所示。站后折返方式有以下优点：出发列车与到达列车不存在敌对进路交叉，可保证行车安全；列车出站速度高，有利

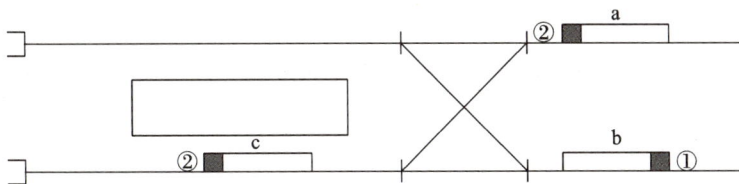

图 9-2　站前折返示意图

于提高旅行速度。因此,站后折返方式被广泛采用。站后折返方式的主要缺点是列车折返时间较长。

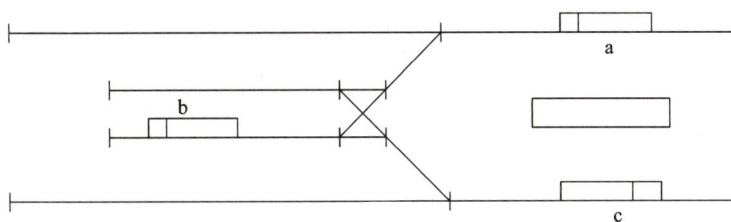

图 9-3　站后折返示意图

3）混合折返

站前、站后混合布置折返线如图 9-4 所示。采用混合折返方式的目的是提高列车折返能力与线路通过能力,它兼有站前折返和站后折返的特点。

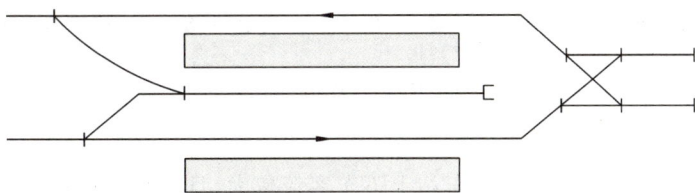

图 9-4　混合折返示意图

（二）列车编组方案

列车编组数量是轨道交通设计的主要参数,由此确定系统的车站长度、供电和通风设备的容量、系统运输能力,以及检修车库的长度等。

1. 大编组方案

大编组方案是指在运营时间内列车编组辆数固定且相对较多。

2. 小编组方案

小编组方案是指在运营时间内列车编组辆数固定且较少,如地铁列车采用 3 辆或 4 辆编组。

3. 大小编组方案

大小编组方案是指在运营时间内列车编组辆数不固定。大小编组方案有两种情形,一种是在客流非高峰时段列车编组辆数相对较少,在高峰时段列车编组辆数相对较多;另一种是在全日运营时间内采用大小编组。

（三）列车停站方案

城市轨道列车停站方案除了通常采用的站站停车方案外，还可以选用以下几种非站站停车方案。

1. 列车区段停车方案

区段停车方案在长短交路的情况下采用。长交路列车在短交路区段外每站停车作业，但在短交路区段内不停车通过；短交路列车则在短交路区段内每站停车作业，其中间折返站又是乘客换乘站，如图 9-5 所示。

图 9-5　区段停车方案示意图

2. 列车跨站停车方案

跨站停车方案在长交路的情况下采用。将线路上开行的列车分为 A、B 两类，全线的车站分为 A、B、C 三类，其中 A、B 类车站按相邻分布的原则设置，C 类车站按每隔 4 或 6 个车站选择 1 个的原则设置。A 类列车在 A、C 类车站停车，在 B 类车站通过；B 类列车在 B、C 类车站停车，在 A 类车站通过，如图 9-6 所示。

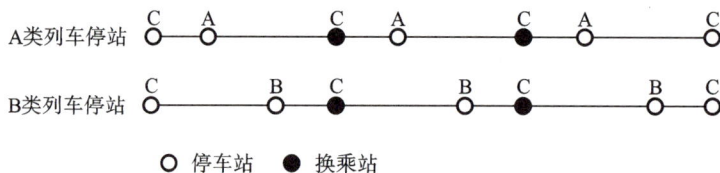

图 9-6　跨站停车方案示意图

跨站停车方案比较适用于 C 类车站上下车客流较大，且乘客平均乘车距离较远的情形。采用跨站停车方案的前提是长距离出行乘客节约的时间总和大于部分乘客增加的候车时间与换乘时间之和。

与站站停车方案相比，跨站停车方案的优点类似于区段停车方案。但是，由于 A、B 两类车站的列车到达间隔加大，在 A、B 两类车站上车乘客的候车时间有所增加；此外，在 A、B 两类车站间上下车的乘客需要在 C 类车站换乘，会增加换乘时间并带来不便。

3. 部分列车跨多站停车方案

部分列车跨多站停车方案是指线路上开行两类长交路列车，即普速、站站停车列车和快速、跨多站停车列车，快速列车只在线路上的主要客流集散站停车，在其他站则直接通过，如图 9-7 所示。

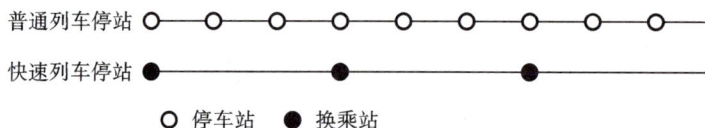

图 9-7　部分列车跨多站停车方案示意图

部分列车跨多站停车方案适用于连接市区和郊区的长距离市域快速轨道交通线路。

二、全日行车计划

全日行车计划是营业时间内各个小时开行的列车对数计划,它规定了轨道交通线路的日常运输任务,是编制列车运行图、计算运输工作量和确定车辆运用的基础资料。

全日行车计划根据营业时间内各个小时的最大断面客流量、列车定员人数和车辆满载率,以及希望达到的服务水平等编制。

(一)编制资料

1. 营业时间

根据有关资料,世界上大多数城市的轨道交通系统营业时间为 18~20 h,个别城市是 24 小时运营,如美国的纽约和芝加哥。适当延长运营时间,是轨道交通系统提高服务水平的体现。

2. 全日分时最大断面客流量

全日分时最大断面客流量可在求出高峰小时断面客流量的基础上,根据全日客流分布模拟图来确定。

3. 列车定员数

列车定员数是列车编组辆数和车辆定员数的乘积。

列车编组辆数的确定以高峰小时最大断面客流量作为基本依据。在客流量一定的情况下,为达到一定的运能,除可采用增加列车编组辆数的措施外,也可采用缩短行车间隔时间的措施。但在行车密度已经较大时,为满足增长的客流需求,往往选用增加列车编组辆数的措施。此时,轨道交通系统保有的运用车辆数是增加列车编组辆数的限制因素之一,其他限制因素包括车站站台长度和车辆段停车线长度等。

车辆定员数的多少取决于车辆的尺寸、车厢内座位布置方式和车门设置数。一般来说,在车辆限界范围内,车辆长宽尺寸越大,载客越多,车厢内座位纵向布置较横向布置载客要多,车厢内车门区较座位区载客要多。

4. 线路断面满载率

线路断面满载率是指在单位时间内特定断面上的车辆载客能力利用率。在实际工作中,线路断面满载率通常是指早高峰小时单向最大客流断面的车辆载客能力利用率,计算公式如下:

$$\beta = \frac{p_{\max}}{c_{\max}} \times 100\% \tag{9-1}$$

式中:β——线路断面满载率;

　　　$p_{\max}$——单向最大断面客流量(人次);

　　　$c_{\max}$——高峰小时线路输送能力(人次)。

线路断面满载率既反映了高峰小时开行列车在最大客流断面的满载程度,也反映了乘客乘车的舒适程度。为了提高车辆运用效率、降低运输成本和提高经济效益,在编制全日行车计划时,轨道交通系统可采取列车在高峰小时适当超载的做法。

(二)编制程序

(1)计算营业时间内各小时开行列车数。

（2）计算营业时间内各小时行车间隔时间。

（3）对各行车间隔进行微调。

在 9:00—21:00 的非高峰小时运营时间内,为保持一定的服务水平,不能一味追求车辆的满载而按计算的行车间隔时间作为开行列车数的标准,最终确定的行车间隔时间一般不大于 6 min,其他运营时间行车间隔时间也不宜大于 10 min。

（4）最终确定全日行车计划。

例如,表 9-1 是某城市轨道交通线路的全日分时最大断面客流量,根据客流量编制出全日行车计划,如表 9-2 所示。

表 9-1　全日分时最大断面客流量

营 业 时 间	单向最大断面客流量/人次	营 业 时 间	单向最大断面客流量人/次
5:00—6:00	7 200	14:00—15:00	25 600
6:00—7:00	16 800	15:00—16:00	28 800
7:00—8:00	40 000	16:00—17:00	34 400
8:00—9:00	29 600	17:00—18:00	25 200
9:00—10:00	19 600	18:00—19:00	17 600
10:00—11:00	20 800	19:00—20:00	11 600
11:00—12 :00	22 800	20:00—21:00	10 000
12:00—13:00	22 000	21:00—22:00	8 400
13:00—14:00	24 800	22:00—23:00	6 400

表 9-2　全日行车计划

营 业 时 间	列 车 对 数	行 车 间 隔	营 业 时 间	列 车 对 数	行 车 间 隔
5:00—6:00	6	10 min	14:00—15:00	16	3 min 45 s
6:00—7:00	11	5 min 25 s	15:00—16:00	18	3 min 20 s
7:00—8:00	20	3 min	16:00—17:00	18	3 min 20 s
8:00—9:00	18	3 min 20 s	17:00—18:00	16	3 min 40 s
9:00—10:00	12	5 min	18:00—19:00	11	5 min 25 s
10:00—11:00	13	4 min 35 s	19:00—20:00	10	6 min
11:00—12:00	14	4 min 15 s	20:00—21:00	10	6 min
12:00—13:00	14	4 min 15 s	21:00—22:00	6	10 min
13:00—14:00	15	4 min	22:00—23:00	6	10 min

编制完毕的某城市轨道交通线路全日行车计划为:全天开行列车 234 对,其中早高峰小时开行列车 20 对,行车间隔时间为 3 min,晚高峰小时开行列车 18 对,行车间隔时间为 3 min 20 s。全日客运量按早高峰小时全线各站乘车人数总和占全日客运量的一定比例估算,比例系数一般取值为 0.15～0.2,也可通过客流调查来确定。

三、车辆运用计划

（一）车辆运用

为完成乘客运送任务,轨道交通系统必须保有一定数量的车辆。车辆按运用上的不同可分为运用车、检修车和备用车三类。

1. 运用车

运用车是为完成日常运输任务而配备的技术状态良好的车辆,运用车的需要数与高峰小时开行列车对数、列车运行速度及在折返站停留时间各项因素有关。

2. 检修车

检修车是指处于定期检修状态的车辆。车辆的定期检修是一项有计划的预防性维修制度。车辆经过一段时间的运用后,各部件会产生磨耗、变形或损坏,为保证车辆技术状态良好和延长使用寿命,需要定期对车辆进行检修。

3. 备用车

为了适应客流变化,确保完成临时的紧急运输任务,以及预防运用车发生故障,必须保有若干技术状态良好的备用车辆。备用车的数量一般控制在运用车数量的10%左右。备用车原则上停放在线路两端终点站或车辆段内。

（二）车辆运用计划的编制

车辆运用计划在列车运行图和车辆检修计划的基础上进行编制。车辆运用计划包括以下四个方面:

（1）排定车辆出入段顺序和时间。

（2）铺画车辆周转图。

（3）确定对应各出段顺序的车辆(客车车底)。

（4）配备乘务员。

四、列车运行图

列车运行图是利用坐标原理,对列车轨迹进行描述的一种图解形式,如图 9-8 所示。

（一）列车运行图的作用

1. 列车运行图是组织列车运行的基础

列车运行图规定了各次列车占用区间的顺序、列车在车站到达和出发(或通过)的时刻、列车在区间的运行时分、列车在车站的停站时分、折返站列车折返作业时间及电动列车出入场时刻等。列车运行图在保证城市轨道交通各运营部门的相互配合和协调动作上起到了重要的组织作用。

2. 列车运行图是运行组织的一个综合性计划

运营系统是一个统一的整体,涉及城市轨道交通运营的各业务部门都需要根据列车运行图的要求来安排工作。例如,车站根据运行图所规定的列车到达和出发时刻,安排本站行车组织工作和客运组织工作;车辆维修部门每天运营前要整备好满足运营需求的列车数,车

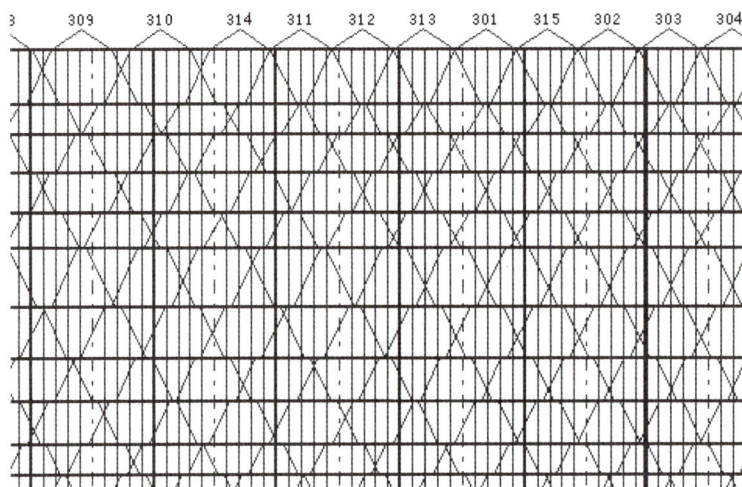

图 9-8　列车运行图

辆运转部门要根据列车运行图的要求确定列车的派出时刻和乘务员的作息计划;工务、通信、信号、供电、机电等部门也要根据列车运行图的规定来安排施工计划和维修计划。因此,列车运行图是城市轨道交通运行组织的一个综合性计划。

(二)列车运行图格式

列车运行图的图解表示要素如下:

(1)横坐标:表示时间变量,按要求以一定的比例进行划分,一般城市轨道交通列车运行图采用 1 分格或 2 分格,即每一等分表示 1 分钟或 2 分钟时间。

(2)纵坐标:表示距离分割,根据区间实际里程,采用规定的比例,以车站中心线所在位置进行距离定点。

(3)垂直线:一组平行的等分线,表示时间等分线。

(4)水平线:一组平行的不等分线,表示各个车站中心线所在的位置。

(5)斜线:列车运行轨迹(径路)线,一般以上斜线表示上行列车,以下斜线表示下行列车。

(三)运行图组成要素及应用

列车运行图虽有各种不同的类型,但都是由一些基本要素所组成的。因此,在编制列车运行图之前,必须先确定组成列车运行图的各项要素。

列车运行图要素包括列车区间运行时分,列车在中间站的停站时间,机车在基本段和折返段所在站的停留时间标准,列车在技术站、客运站和货运站的技术作业过程及主要作业时间标准,车站间隔时间,追踪列车间隔时间等。

列车运行图由运营管理专业部门负责编制,其他部门根据各自作业的特殊要求,将列车运行图改编成适用于本专业的形式。

9.2 行车组织

一、行车调度

（一）调度指挥机构

为了有序组织运输生产活动和对运输生产活动进行统一指挥、有效监控，城市轨道交通系统需要设立调度指挥机构，即总调度所或控制中心，并根据运输生产活动的性质设置不同的调度工种，实行分工管理。在调度指挥机构的生产组织系统中通常设有行车调度员、电力调度员和环控调度员等调度工种，如图9-9所示。

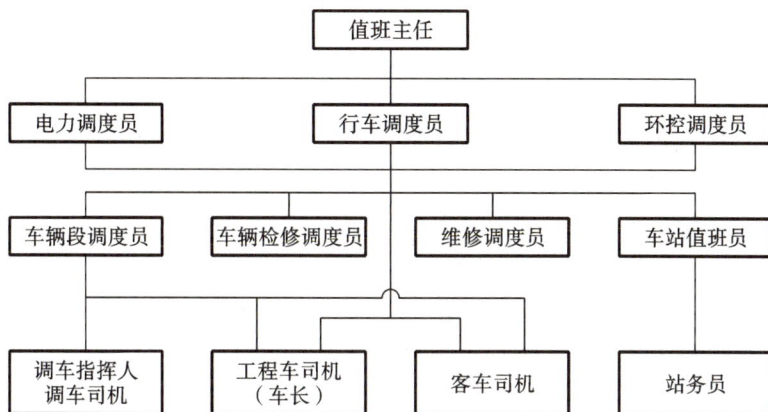

图9-9 调度指挥机构的结构

1. 指挥机构
运营指挥分为一级、二级两个层级，二级服从一级指挥。

一级指挥为行车调度员、电力调度员、环控调度员。

二级指挥为车站值班员、车辆段调度员、车辆检修调度员、维修调度员。

各级指挥要根据职责任务独立开展工作，服从OCC值班主任总体协调和指挥。

2. OCC、DCC、生产调度及车站的指挥工作关系
（1）正线行车工作由行车调度员统一指挥，车辆段行车工作由车辆段调度员统一指挥。列车由司机负责指挥，有车长时由车长负责指挥。"中控"模式时，有关行车工作由行车调度员直接指挥，但转为"站控"模式时，该联锁区域由集中站车站值班员统一指挥。

（2）行车设备发生故障时，报告处理流程按《运营总部生产管理规定》执行。

3. 行车调度员的职责
在值班主任的领导下，与电力调度员密切配合，共同完成运营组织工作；认真监视列车运行、设备运转状态，严格按运营时刻表和相关规章来组织列车安全正点运行，确保运营工作正常进行；根据运营时刻表及值班主任制定的列车调整方案，及时、准确地下达控制指令，监视列车运行及设备运转情况，记录列车到发时刻，铺画列车运行图；当列车运行秩序紊乱时，配合值班主任采取调整措施，尽快恢复列车运行秩序；听取设备状况报告，及时通报设备

故障情况,遇控制中心设备故障或其他原因不能实现中心控制时,须及时报控制中心主任,将控制权下放车站,控制权下放后,须监护车站办理情况;执行各类突发事件处置方案及施工组织方案;搜集、填写运营工作有关数据,总结每日运营生产工作质量。

4. 电力调度员的职责

电力调度员负责对变电所、接触网设备的运行状态进行实时监控和数据采集,完成监控范围内断电器、电力隔离开关的控制操作,完成对有关信息的采集、处理及报表统计等。电力调度员通过实时监控供电设备运行,掌握和处理供电设备的各种故障,确保实现对系统安全、可靠地供电。

5. 环控调度员的职责

环控调度员负责监控全线各车站典型区域的温度、温度、CO_2浓度等环境参数,并对各区域的水位进行监控,及时发出报警信号;监控全线各车站的通风、空调和给排水设备,以及屏蔽门、自动扶梯和防淹门的运行状况;根据具体情况制定环控要求,向车站下达区间隧道通风设备的运行模式。

(二)行车调度指挥模式

大多数城市轨道交通行车调度指挥有如下模式。

1. 行车指挥自动化

行车指挥自动化是在设备正常情况下,城市轨道交通常用的调度指挥模式。ATS 子系统是整个运行控制系统的核心,它通过信息采集设备,实时动态显示列车的运行状态和线路设备被占用状况,为列车调度人员和现场工作人员提供清晰真实的动态画面,供其对整个运行系统进行实时监督控制和记录运行图的执行情况,在列车因故偏离运行图时及时做出调整,辅助行车调度员完成对全线列车运行的管理。

2. 调度集中模式

当列车运行晚点超过一定范围,或其他原因造成行车指挥自动化无法实现时,ATS 系统降级到调度集中模式。

调度集中模式能够实现对列车的集中监视和控制,列车的确切位置、线路和信号设备的状态信息可以迅速地传递到调度所,再由调度集中设备集中发送控制命令。

3. 调度监督模式

当 ATC 系统只能对现场的设备进行监视而不能进行控制时,就只能采取调度监督模式。行车调度指挥必须通过调度电话和无线电话等通信系统完成。

4. 电话指挥模式

电话指挥模式以调度电话作为主要通信工具。调度员通过调度电话呼叫区段内任意一个车站的值班员或者同时呼叫所有的值班员,下达列车运行计划和调度命令,车站值班员也利用调度电话呼叫调度员,报告列车到、发和通过车站的时间(报点)及其他有关事宜。

这四种模式的降级顺序为:行车指挥自动化→调度集中模式→调度监督模式→电话指挥模式。根据设备状况不同采用不同的模式。

(三)正常情况下的行车调度指挥

正常情况下,列车运行控制由 ATC 系统自动完成。列车进路按 ATS 系统的指令,由车站联锁设备自动排列,列车按 ATS 系统的指令,在 ATP 系统的防护下,由 ATO 系统实现自动驾驶。行车调度员主要监控列车运行。

列车运行调整有自动调整和人工调整两种。当列车早晚点偏差在一定范围内，列车会自动调整运行等级和停站时间，实现列车正点运行。当列车早晚点偏差超出范围时，必须由行车调度员进行人工调整，可以组织列车跳停、扣车、修改停站时间、修改运行等级等。

（四）非正常情况下的行车调度指挥

1. ATS 设备故障时

1）本地 ATS 设备故障

当一个集中站一套 ATS 设备出现故障时，可由另一套备用 ATS 设备接替管理，不影响使用。当一个集中站双套 ATS 设备出现故障时，OCC 失去该集中站车站的站场显示，并显示"CATS 服务器与 LATS 服务器连接断开"；该集中站联锁功能仍正常，可自动转为紧急站控模式，该站时刻表功能不可用。故障发生后具体处理措施为：

①行车调度员（简称行调）与故障集中站相互通报与确认故障，故障集中站进路由行车值班员设置为自动通过进路、自动折返进路或者由行车值班员人工排列有关进路。

②OCC 及时通报维修部门进行处理。

③在 CBTC 模式下，在本集中站范围内，已采用 ATO 模式驾驶的列车仍然可以继续运行到下一站台，出站时 ATO 模式将无法使用，行调与司机相互通报与确认故障，要求司机采用 MCS 模式。

④原则上行调无须铺画列车运行图，各站无须报点，但故障区域及相邻车站应记录各次列车的到发时刻并及时填记行车日志。

2）中心 ATS 设备故障

当一套 ATS 设备出现故障时，可由另一套备用 ATS 设备接替管理，不影响使用。当中心双套 ATS 设备出现故障时，OCC 失去所有车站的站场显示；在所有集中站显示"LATS 服务器与中心连接断开"，所有集中站可自动转为站控模式，车站时刻表功能可用，进路可自动办理。故障发生后具体处理措施为：

①行调与集中站相互通报与确认故障，要求各集中站确认是否处于站控状态，监督与控制好本集中站管辖范围内进路排列与列车运行情况，发现异常情况及时汇报行调处理。

②OCC 及时通报维修部门进行处理。

③在 CBTC 模式下，在全线范围内，已采用 ATO 模式驾驶的列车仍然可以继续运行到下一站台，出站时 ATO 模式将无法使用，行调与司机相互通报与确认故障，要求司机采用 MCS 模式。

④原则上中心 ATS 故障初期（30 分钟内）行调无须铺画列车运行图，各站无须报点，但各站应记录各次列车的到发时刻并及时填记行车日志；故障发生 30 分钟后，各集中站须向行调报点，行调铺画运行图以掌握和控制列车运行间隔。

2. ATP 设备故障时

（1）当客车在区间运行发生紧急制动时，若司机明确发生紧急制动的原因，在确认前方进路安全的情况下，先转换或 RM 模式驾驶列车运行，再向行车调度员报告。当以 RM 模式运行未能在规定的范围内恢复 SM 或 ATO 时，应继续以 RM 模式运行到前方车站。若司机不明确发生紧急制动的原因，则应向行车调度员报告，按行车调度员指示执行。

（2）当 ATP 轨旁设备发生故障时，行车调度员通知有关司机以 RM 模式驾驶列车运行。出清故障区段，经过两个轨道电路还未恢复 ATO 模式时，司机报告行车调度员，行车调度员指示司机以 RM 模式驾驶列车至前方车站或终点站。当 ATP 轨旁设备发生故障影响范围较大时，由值班主任决定该区段是否采用 URM 模式驾驶列车或以电话闭塞法组织行车。

（3）当 ATP 车载设备故障时，行车调度员命令司机以 URM 模式驾驶列车至前方终点站后退出服务。

（4）行车调度员应随时注意 ATP 车载设备故障的列车运行情况，严格控制列车与列车之间的最小间隔在两个区间以上。

（5）列车在运行中因道岔显示故障造成紧急停车（停在岔区）时，车站报告行车调度员，维修调度员通知信号检修人员；行车调度员指派站务人员现场确认道岔开通位置正确（尖轨密贴）后，通知司机限速 15 km/h 离开岔区，并及时安排人员带钩锁器到现场将道岔锁定。

（6）客车在站台收不到速度码时，司机报告行车调度员，在得到行车调度员同意后方可使用 RM 模式动车。

3. ATO 设备故障时

ATO 设备故障时，列车改为 ATP 防护下的人工驾驶模式。列车在区间运行速度按 ATP 速度码执行。

4. 车站联锁设备故障时

车站联锁设备故障时，应停止采用基本闭塞法，按电话闭塞法组织行车。

5. 特殊情况下的列车运行

1）列车反方向运行

列车反方向运行应按下列规定办理：

①CBTC 模式下客车反方向运行按正常列车办理，行车凭证为目标点和速度码，在反方向运行前，行车调度员应以口头指示的形式将列车运行的经路传达给相关车站和司机；

②非 CBTC 模式下客车反方向运行按电话闭塞法组织行车或采取区间封锁方式运行；

③组织反方向运行时，行车调度员应密切监控列车运行，适时扣停对向列车，确保列车运行安全；

④列车反方向运行时，车站及列车司机应做好乘客广播工作，维持列车及站台乘客秩序；

⑤工程车需在明确行车计划和进路排列好的情况下方可反方向运行。

2）列车退行

列车退行按下列规定办理：

①列车因故在区间停车需要退行时，司机在得到行车调度员的命令后方可退行，司机换端采用牵引方式运行；

②列车退行时，行车调度员应及时通知有关车站，车站做好乘客广播，维持站台秩序；

③列车退行进入车站时，列车在进站站台端外必须一度停车，按规定速度进站，站台人员负责乘客安全；

④退行列车到达车站后，司机应及时向行车调度员报告。

3）救援列车开行

在接到司机救援请求后，如果确定由在线列车担当救援任务，行车调度员应尽可能根据"正向救援"原则，指派后续列车救援，及时向担当救援任务的司机下达调度命令，向有关行车值班员下达封锁区间的调令。

在线列车担当救援任务时，原则上应先清客，后救援。有关车站应根据救援命令，适时进行扣车，准备进路，做好客运组织工作。

4）封锁区间列车运行

①由于施工、调试或试验项目需要，列车在同一区段多次往返运行时，应采用封锁区间的方式组织列车运行；

②列车凭调度命令进入封锁区间；

③封锁区间内的所有道岔应保持开通于列车运行方向，且不允许扳动。

（五）行车调度质量分析

行车调度质量分析可以分为日常分析、定期分析和专题分析。

1. 日常分析

日常分析应每日进行，在班工作或日工作终了时，对日班计划的执行情况及运输中的先进经验和存在问题进行简要的分析。对运输中存在的问题应查明情况及原因，以便采取措施。

2. 定期分析

在日常分析的基础上，搜集和积累有关资料，建立必要的台账和报表，如运营日报、故障报告等，对一定时期的运输生产和运营指标完成情况等进行比较全面的分析，包括旬分析和月分析。按时做出旬、月分析报告，总结经验，发现问题，提出改进意见。

3. 专题分析

对某一方面或某一指标做出专题分析，并提出改进意见和措施，以改进运输工作。

二、车站行车组织

车站按是否具有站控（即车站控制）功能分为集中站和非集中站。集中站也称为联锁站，是指具有站控功能的车站，通常是有道岔的车站。非集中站是指不具有车站控制功能的车站，通常为无岔车站。车站行车组织是指在调度控制中心的统一指挥下，合理运用车站的各项技术设备，完成车站行车控制、施工管理等一系列作业的总称。

（一）车站控制模式

车站控制模式有中控和站控两种。

1. 中控

1）控制中心自动控制模式

在控制中心自动控制模式下，列车进路命令由 ATS 进路自动设定系统发出，其信息来源是时刻表及列车运行自动调整系统。控制中心调度员可以对列车运行自动调整系统进行人工干预，使列车运行按调度员意图进行。

2）控制中心自动控制时人工介入控制

控制中心调度员也可关闭某个联锁区或某个联锁区内部分信号机或某一指定列车的自

动进路设定,直接在控制中心的工作站上对列车进路进行控制。在关闭联锁区自动进路设定时,控制中心调度员可发出命令,利用联锁设备准备进路,组织行车工作。

2. 站控

行车调度员可将控制权下放给联锁集中站行车值班员,使其对所管辖区段的列车集中进行控制,也可以设置自动通过信号和自动信号,自动触发列车进路。

（二）中控时车站行车组织

每日车站投入运营前,按照行调的指令进行运营前的准备工作,各车站须认真组织当班员工进行运营前检查,车站运营前检查作业按规定的流程进行。各联锁站行车值班员通过LOW工作站监视本联锁区列车运行情况。各站行车值班员根据列车运行情况,对照当日运营时刻表上列车的到发时刻,通过CCTV监控列车进出车站,监视站台乘客候车秩序,确保站台安全。

（三）站控时车站行车组织

车站联锁设备正常时,车站行车值班员使用车站工作站准备进路;当车站联锁设备失效时,车站以人工扳道、人工加锁方式准备进路,站间行车按电话闭塞相关规定组织列车运行,列车折返凭人工显示"道岔开通手信号"进行。

（四）车站施工管理

为了使施工作业能够安全有序地进行,需要建立严密的作业流程。车站值班员、施工管理人员和施工作业人员均需要按照规定的流程来组织和开展检修施工作业。

车站检修施工作业在车控室登记,经行车值班员签字确认后方可进行。对影响运营的检修施工作业,必须得到控制中心同意后方可进行。

三、车辆段行车组织

（一）车辆运用

1. 列车出车作业

列车出车作业包括编制发车计划、乘务员出乘、列车出库与出段三部分。

发车计划由信号楼调度员根据列车运行图、运营检修用车安排、车辆段线路存车情况等编制。编制发车计划时,应注意避免交叉发车和保证列车出库顺序无误。

乘务员应在充分休息的情况下出勤,按规定时间、在规定地点办理手续,领取相关物品。

列车启动前应确认信号开放与库门开启正常,并注意平交道是否有人员、车辆穿越。正常情况下,列车经由出段线出段。列车出段凭防护信号机的显示,在出段线的有码区按人工ATP方式运行,在出段线的无码区按限速人工驾驶方式运行。

2. 列车正线运行

乘务员在值乘中应集中注意力,严禁违章行车。在发现异常、紧急情况时,乘务员应根据有关规章、应急预案,及时采取措施排除故障或险情,确保行车安全与乘客安全。

3. 列车收车作业

列车收车作业包括列车入段与入库、库内作业两部分。

正常情况下,列车经由入段线入段。列车入库按调车作业有关规定进行,进入车库前应在车门外一度停车。有人接车时按入库手信号进入车库;无人接车时,乘务员应下车确认库门开启正常、接触网送电后方能进入车库。

列车进入车库停稳后,乘务员应对列车进行检查,在确认列车无异常后,携带列车钥匙、司机报单及其他相关物品办理退勤手续,然后向乘务组长汇报当日工作情况,并听取次日工作安排与注意事项。

4. 列车整备作业

列车整备作业包括列车清洗、列车检修和车辆验收三部分。

列车清洗包括车辆内部的清扫、清洁和车身清洗等,根据清洗计划进行。列车回库停稳、收车后,如无列车清洗等其他作业,信号楼调度员应及时与车辆检修部门办理车辆交接手续。信号楼接到车辆检修部门移交的车辆后,应指派专人对车辆技术状态进行检查,确认车辆技术状态符合正线运行要求后方能接收、投入使用。

(二)调车作业

在调车作业过程中,信号楼值班员应掌握列车运行图规定的列车出入段时刻,防止因调车作业影响出入段列车运行。如调车作业影响列车出入段运行,必须得到行车调度员的批准。

调车组由调车长(可由副司机担任)、调机司机和调车员组成。在调车作业前,调车长除布置清楚调车作业计划和有关注意事项外,还应督促和带领调车人员做好作业前准备工作;调车组人员应穿戴好防护用品,准备好信号旗或信号灯,确认对讲机等无线通信设备性能良好。

在调车作业中,调车长应正确、及时地显示信号,指挥调车作业进行,组织调车人员按计划安全地完成调车任务。为了明确调车长和调机司机的职责,根据作业所处的位置和所具备的瞭望条件,规定在牵引车辆运行时,前方进路的确认由调机司机负责;在推进车辆运行时,前方进路的确认由调车长负责。如调车长所处位置确认前方进路有困难时,可指派参加调车作业的其他人员确认。

调车作业必须按照防护信号机或调车手信号的显示要求进行,没有信号,调机司机不准动车。在调车作业中,调机司机要时刻注意确认信号,不间断地进行瞭望,认真执行呼唤应答制,按信号显示要求进行作业;如遇信号显示不清,调机司机应立即停止调车,严禁臆测作业。

调车手信号显示种类包括停车信号,减速信号,指挥列车或车辆向显示人方向来的信号,指挥列车或车辆向显示人反方向去的信号,三、二、一车距离信号,连挂作业信号等。调车手信号的显示,昼间使用信号旗,夜间使用信号灯,地下站按夜间办理,使用信号灯。调车手信号在对方回示后就可停止显示,但停车信号在列车或车辆停车后方可收回。

在进行车辆连挂时,应根据停留车位置,向调机司机显示三、二、一车距离信号。调机司机应注意确认三、二、一车距离信号,并鸣笛回示,然后按信号显示要求进行挂车作业。没有三、二、一车距离信号,调车司机不准挂车。调机司机没有鸣笛回示,调车长应立即显示停车信号。当因天气不良、照明不足或地形地物的影响,调车长确认停留车位置有困难时,应派人在停留车的连挂一端显示停留车位置信号。车辆连挂前要一度停车,车辆连挂后应先试拉,确认连挂妥当后方可启动。

在进行调车作业时,应准确掌握调车速度。在瞭望条件困难或气候条件不良时,应适当降低调车速度。调车作业结束后,调车组应使列车或车辆停于线路警冲标内方,对暂不移动的列车或车辆应按规定采取防溜措施。

（三）试车作业组织

为确保车辆技术性能符合正线运行的要求,车辆在定期检修后应进行调试,包括车场内调试和正线上调试。车场内调试又分为试车线试车、股道试车与非进路试车三种情形。

1. 试车线试车

由车辆检修部门向运转值班室提出试车申请,运转值班员通知信号楼值班员布置进路,列车按调车信号驶入试车线进行调试。

2. 股道试车

股道试车是指车辆在库内线路上进行小范围的动态调试。车辆检修部门向运转值班室提出试车申请,运转值班员派出司机配合试车。

3. 非进路试车

非进路试车是指车辆在车场线路上进行大范围的动态调试。车辆检修部门向运转值班室提出试车申请,运转值班员派出司机配合试车。

▶ 9.3 乘务管理

城市轨道交通乘务员一般是指电动列车驾驶员,电动列车驾驶员的主要工作是从事城市轨道交通电动列车的驾驶、应急故障处理,部分城市的电动列车驾驶员还负责电动列车在检查、维修、调试等过程中的列车操纵作业。

电动列车驾驶员是城市轨道交通行车组织的关键工种之一。列车运行时,电动列车驾驶员负有确保列车和乘客安全的重要责任,所以,对于电动列车驾驶员而言,掌握规范的作业标准尤为重要。

一、乘务组织

在乘务组织方面,合理选择乘务方式,优化配备驾驶员,对提高乘务管理水平和企业经济效益具有显著意义。

城市轨道交通的乘务方式有轮乘制和包乘制两种。

1. 轮乘制

轮乘制是指列车的值乘驾驶员不固定,由各个驾驶员轮流值乘。采用轮乘制有利于合理安排驾驶员作息时间,以较少的驾驶员完成乘客输送任务。但驾驶员对车辆性能、状态的熟悉程度和对车辆保养的责任心可能不强,因此需要建立制度、加强教育,明确驾驶员的职责,提高车辆保养质量。

目前,大多数城市轨道交通线路采用轮乘制,这里面既有提高劳动生产率的考虑,也有车辆可靠性不断提高的因素。

2. 包乘制

包乘制是指列车的值乘驾驶员固定,由若干个驾驶员包乘包管。采用包乘制便于驾驶员掌握车辆性能、状态,有利于增强驾驶员对车辆保养的责任心。但与轮乘制相比,采用包乘制时驾驶员劳动生产率较低,对车辆运用计划的编制要求较高。

3. 驾驶员配备

驾驶员配备数与列车上值乘驾驶员数、折返站替换休息驾驶员总数、轮班循环天数及驾驶员备用系数有关。一般来说，包乘制比轮乘制增加定员 20% 左右。

二、驾驶员行车作业

驾驶员在驾驶列车驶入正线时，必须确认各类行车信号，严格按照信号指示驾驶列车；同时必须坐姿正确，目视正前方，遇到危及行车安全的状况时应及时采取有效的应对措施，尽量避免人员及财产的损失。

（一）驶入正线前的工作

列车在驶入正线前，驾驶员必须对列车进行一次出乘检查作业。

1. 出勤

驾驶员作为服务于一线的员工，必须树立良好的个人形象，规范着装不仅可提升企业形象，也是岗位识别的重要标志。因此，驾驶员在上岗前必须按规定穿着识别服，并佩戴有关标志、标识。

（1）库内出勤。

①驾驶员根据运行图出车计划，提前到运转值班室出勤，出勤时，应穿着指定的乘务人员识别服，并佩戴好工号牌或其他规定的标识；

②驾驶员的身体状况及心理状况需符合驾驶列车的要求；

③驾驶员应认真听取和阅读当日运行注意事项和通知，有必要时做好记录；

④驾驶员应了解发车车次、车号及停放股道；

⑤驾驶员出勤时，应携带电动列车钥匙、驾驶证、驾驶员保单及相关工具。

（2）正线出勤。

驾驶员在正线交接班时，必须在线路上指定的地点进行，接班应提早出勤，认真听取行车注意事项及通知，了解接车车次、车号和发车时间，按时上线接车。交接班时，需办理以下内容：

①下班的驾驶员，应将延续有效的行车命令、通知及注意事项向接班的驾驶员说明；

②下班的驾驶员，应将本列车技术状况向接班的驾驶员交代清楚；

③驾驶用品、驾驶员报单及电动列车钥匙必须当面点清；

④其他必须说明的事项。

2. 列车检查

驾驶员在列车出库前，必须做好检查工作，这是确保列车安全载客运营的前提，列车重点检查部位如下：

①确认列车在股道的送电情况，线路上无异物侵入限界；

②列车车体无倾斜、无明显变形；

③列车自动车钩外观良好，钩舌位置正确，对中装置开启；

④列车转向架、构架无裂纹，悬挂装置功能良好，制动机及闸瓦安装牢靠，接地线及传感器安装连接良好；

⑤列车车底架设备吊挂良好,设备箱关闭到位;

⑥列车空气管路无泄漏,阀门开启位置正确;

⑦列车各车辆之间的车钩连接良好,折篷无破损变形;

⑧列车客室内清洁,座椅、扶手、地板无破损,照明及通风格栅安装牢固,上部盖板及设备柜箱盖锁闭良好;

⑨列车驾驶室内切除开关、旁路开关及空气断路器位置正确,仪表及显示屏外观良好、无破损。

3. 静、动态试验

列车静、动态试验是指列车在受电的条件下,驾驶员对列车操作性能、舒适性能及牵引、制动工况的综合测试,该测试结果需满足列车上线运营的要求。具体试验步骤如下:

①接通列车蓄电池,确认蓄电池电压在规定范围内;

②接通列车控制电路,确认司机显示屏启动,仪表及指示灯显示正常;

③闭合列车受流器,确认受流器到位,牵引电压在有效范围内;

④检查列车辅助逆变器及空压机的启动情况;

⑤打开列车客室照明及通风设备,确认客室照明全部点亮,通风设施工作正常;

⑥确认列车雨刷、鸣笛功能良好,头尾灯、标志灯有效;

⑦确认列车两侧客室车门开启及关闭性能良好,关门延时同步且在规定范围内;

⑧确认列车无线通信设备、客室广播、报站器性能良好;

⑨缓解列车停放制动,接通牵引回路,分别对前进位及后退位点试牵引,确认列车能全部缓解;

⑩通过制动压力表,确认列车常用制动及快速制动压力正常,且全列车制动有效。

4. 出库驾驶

①列车在车库内行车时,一般限速为 5 km/h,图 9-10 为车库。

②列车在动车前,驾驶员必须确认:

列车底部及限界范围内无人员、物品侵入;

列车驾驶台上无任何禁止动车标牌,调车信号开放。

③列车在车库内行驶时,驾驶员应加强瞭望,注意行人及其他车辆的动态,必要时应采取紧急停车措施。

④列车头部出车库时,应在平交道处一度停车,确认出库大门开启并锁牢,无行人及其他车辆穿越,且调车信号开放后出车库,图 9-11 为平交道及调车信号机。

5. 出停车场驾驶

①列车在停车场内的行车限速一般为 20 km/h;

②驾驶员在停车场内驾驶途中,应确认信号开放正确,道岔进路排列正确,发现异常情况时,应立即采取紧急停车措施,并与信号楼联系;

③需出停车场的列车,驾驶员必须在出场信号机前一度停车,根据出场信号机显示的开通信号,驶出停车场,图 9-12 为出场信号机及一度停车牌;

④驾驶员应在规定地点停车,将驾驶模式转换为正线驾驶模式,见图 9-13。

图 9-10　车库

图 9-11　平交道及调车信号机

图 9-12　出场信号机及一度停车牌

图 9-13　转换轨

（二）正线驾驶

1. 正线驾驶要求

（1）驾驶员在正线驾驶列车时,应做到思想集中,瞭望不间断,并严格按运行图指定的时间运行。

（2）驾驶员在手动驾驶列车时,右手按下警惕按钮,并紧握手柄,左手靠近"鸣笛"按钮。

（3）手动驾驶列车时,驾驶员应以"二分之一"的方式逐步增加牵引力,在保证一定加速度的前提下,平稳启动列车,待速度接近 ATP 限制速度时,将主手柄回零,尽量做到一次牵引。遇线路前方有上坡时,驾驶员可在车速下降前适当增加牵引力,以保持车速,遇下坡时,应提早制动,控制好车速,以防止列超速保护系统动作。

（4）在采用 ATO 驾驶模式时,驾驶员右手接近"蘑菇按钮"处放置,左手靠近"鸣笛"按钮处。

（5）在区间运行时,驾驶员应不间断瞭望,确认线路、信号、道岔及列车受电装置情况。

（6）在地面区段运行时,驾驶员应加强瞭望,以防有人或异物侵入限界。

（7）在紧邻楼房的线路上运行时,驾驶员应加强瞭望,以防有异物侵入限界及高空坠物,无特殊情况,严禁鸣笛。

（8）遇大风、大雨、大雪、浓雾等恶劣天气或在曲线半径较小、瞭望条件不理想的线路上运行时，驾驶员应适当减速。

2. 进站时驾驶

（1）在手动驾驶列车进站前，驾驶员应提早做好制动准备，制动时，主手柄以"二分之一"的方式递减或递增，进站过程中严禁将主手柄回零，防止列车冲出站台或使用快速制动停车，进站限速一般为 40 km/h。

（2）列车必须带制动进站，严禁采用接近停车位置一把闸制动方式停车，遇钢轨涂油或轨面湿滑时，应提前减速，防止列车越过停车位置。

（3）列车进站时，驾驶员应注意观察站内及站台情况，以防有人或异物侵入限界，发现异常情况时，应鸣笛示警，有必要时，采取紧急停车措施。

3. 车站停车及开关门

（1）列车进站后，驾驶员应在规定停车地点（停车牌）处停车。

（2）列车停稳后，驾驶员应先走出驾驶员室，再打开靠站台侧所有客室车门，时刻监护乘客上、下车情况及发车信号显示。

（3）在收到发车信号后，驾驶员应根据乘客上、下车情况，掌握关闭客室车门时机，尽量做到一次关门成功，如遇客室车门未全部关闭，驾驶员应进行再开门作业。

（4）列车关门后，驾驶员必须确认客室车门全部关闭，无夹人夹物情况，遇客室车门未全部关闭或瞭望不清时，驾驶员不得上车，待确认后方可上车。

（5）在弯道车站，驾驶员无法观察列车后部客室车门情况时，需确认车站相关人员的关门良好手信号后再发车。

（6）装有屏蔽门或安全门的车站的开关门作业要求：

①手动驾驶列车时，驾驶员须按照停车牌规定地点停车；

②驾驶员在打开列车客室车门的同时，注意确认屏蔽门（安全门）是否同步打开，如屏蔽门无法开启，驾驶员应将屏蔽门控制盘上的自动挡切换为手动挡，打开屏蔽门，并将故障情况及时向行车调度员报告；

③列车客室车门关闭时，驾驶员应注意屏蔽门是否同步关闭，且对屏蔽门和车门之间是否有人或物进行有效确认，发现异常情况，及时进行开门处理；

④在弯道车站，屏蔽门安装红外或散光监控装置，驾驶员在关门后，应加强对监控终端报警情况的确认；

⑤当屏蔽门关闭后，列车未收到速度码无法发车时，驾驶员在确认列车客室车门全部关闭后，可以通过操作屏蔽门控制盘进行"互锁解除"，待收到速度码后继续运行。

4. 出站

（1）列车出站前，驾驶员应确认出站信号机开放正确，在有岔站确认道岔防护信号机开放及道岔位置正确后，方可启动列车。

列车出站时，驾驶员应控制好牵引力，平稳启动列车。

（2）对于安装 CCTV 监视器的列车，驾驶员应通过监视器观察站台情况，若发现异常情况，立即采取紧急停车措施。

5. 列车折返

（1）列车到达终点站，清客完毕后，驾驶员应迅速关闭客室车门，确认前方道岔防护信号及进路开放正确后,方可驶入折返线。

（2）列车在折返时一般限速 30 km/h,驾驶员在手动驾驶列车进入折返线中段时,应做好制动准备,降低车速,做到距离过半,速度减半。

（3）列车在规定地点(折返停车牌)处停车,停车后,驾驶员应迅速关闭主控制器钥匙并在司机室等候;司机室转换成功且列车启动后,将列车驶入折返线的驾驶员在离开驾驶室前,应关闭车窗、锁闭驾驶室车门及客室通道门。

（4）返线端驾驶员进入驾驶室后,应打开两侧驾驶室门锁,并检查驾驶室内所有开关位置是否正确。

（5）驶入折返线的驾驶员,应主动将列车状况及注意事项告知折返端驾驶员。

（6）折返端驾驶员在确认前方道岔防护信号机及进路开放正确后,方可驶出折返线。

6. 广播报站

（1）列车在终点站发车前,驾驶员应设置好列车报站器。

（2）列车在车站启动后,驾驶员应及时打开报站器报站。

（3）用报站器报站时,驾驶员应加强监听,当发现报站错误时,应及时更正。

（4）当列车报站器发生故障无法使用时,驾驶员应及时通过人工广播进行报站,人工报站必须使用普通话,做到声音清晰、用语规范。

（5）当驾驶员遇列车故障、清客等特殊情况时,应通过人工广播及时向乘客说明情况。

（三）退出正线驾驶的工作

1. 进停车场驾驶

（1）驾驶员应在规定地点停车,将驾驶模式转换为停车场驾驶模式。

（2）列车在驶入停车场前,驾驶员应确认入场信号机及进路开放正确。

（3）列车在驶入停车场后,驾驶员应加强瞭望,确认调车信号机及进路开放正确,一般限速为 20 km/h。

（4）列车在停车库前平交道处应一度停车。

2. 进库驾驶

（1）列车在驶入车库前,驾驶员应确认车库库门开启良好,安全销插好,库内无人或异物侵入限界。

（2）列车进车库时的行车限速一般为 5 km/h,在接近停车位置时,驾驶员应控制好速度,至停车点停车。

3. 列车检查及收车

（1）列车驶入车库停车后,驾驶员应巡视客室内部,发现乘客及不明物品时,应报告运转值班员。

（2）驾驶员离开列车前,应将有关行车记录填写完毕,并记录驾驶室内的列车走行千米数。

（3）驾驶员根据运转值班员命令收车。

4. 退勤

（1）在停车场内退勤的驾驶员,应到运转值班室退勤。

（2）在正线上退勤的驾驶员,应到规定地点退勤。

（3）驾驶员在退勤前,应与运转值班员或接班驾驶员做好移交手续,移交内容包括电动列车钥匙、驾驶员报单、所交接列车的技术状况及当日列车运行情况等。

三、应急处置

驾驶员如遇突发列车应急故障，应及时汇报行车调度员，服从行车调度员指挥，并运用合理的方法处置列车应急故障；如列车自身不能运行，需要动用其他列车配合实施救援。

1. 处置列车应急故障的方法

列车应急故障是影响列车正常运营秩序的主要原因之一，随着列车设备的老化，以及由于原有设计的不合理等诸多因素，列车在载客运营中因故障掉线、清客、救援的现象时有发生，给正常的运营组织带来混乱。列车故障形成的原因主要包括下列几种情况：设备老化、欠修、维修保养不当，驾驶员操作不当，人为损坏等。

1）故障恢复法

驾驶员通过司机室显示屏或仪表指示灯的显示内容确定故障发生的部位，并检查相关设备有无异常。如空气断路器断开、供气阀门关闭等，可对其进行复位处理，恢复其功能，以达到排除故障的目的。

2）故障切除法

有些列车设备发生故障会直接影响列车的驾驶性能及安全性能，因此在电路设计中对重要设备安装了监控系统，该设备一旦发生故障，遵循设备故障导向安全这一设计原则，列车控制系统会采取限速运行或停止运行等手段来确保列车安全。驾驶员必须通过故障现象准确查找故障原因，通过切除故障设备的方法来维持列车运行，以减小故障设备对运营的影响。如发生单扇客车门关闭不到位时，驾驶员可以采取切除该扇车门的方法，继续载客运行。

3）旁路法

列车监控系统发生故障会影响列车驾驶功能，导致列车无法牵引，此时驾驶员必须按故障情况严格区分故障产生的原因，也就是判断是否是监控系统本身原因导致的故障。在这种情况下，驾驶员可尝试使用旁路相关监控设备，以维持列车运行。如监测列车空气制动是否缓解的压力传感器发生故障时，会出现全列车无法牵引的现象，驾驶员应先确定列车制动已真正缓解后，再使用旁路制动监控电路的方法排除故障。

4）重启法

二十世纪九十年代末引进的电动列车基本采用计算机控制，控制信号或通信信号出现误差会造成信息显示紊乱，严重的会影响列车某些设备的正常使用（或出现死机）。在这种情况下，最好采用重新启动列车或重新启动相关设备的方法，以激活故障设备，恢复列车功能。如上海轨道交通阿尔斯通 C 型列车车门死机后，驾驶员可通过关闭、再开启 EDCU 的方法，重新激活车门控制系统，以排除故障。

2. 列车救援处置

当需要进行列车救援时，一般遵循正向救援原则，即由后续列车对故障列车实施救援。

（1）列车因故障无法继续运行时，驾驶员经处理无效后，应及时向行车调度员提出救援请求。

（2）故障列车驾驶员在得到救援命令后，及时打开客室车门进行清客，清客完毕后将方向手柄或模式开关打至后退位，点亮尾部头灯进行防护。

（3）故障列车驾驶员按下停放制动按钮，做好防溜措施，并逐个关闭客室中的制动缸阀门，回到瞭望端驾驶室待命。

（4）救援列车驾驶员在得到救援命令后，在指定车站清客，清客完毕后以 ATP 手动方式行驶至救援地点。

（5）救援列车应在距离故障列车不小于 300 m 处一度停车，救援列车驾驶员下车，确认双方列车的自动车钩状态是否良好，并根据连挂车辆技术条件决定是否进行电器连挂。

（6）救援列车与故障列车连挂完毕后，由救援列车驾驶员进行试拉，确认连挂良好后与故障车驾驶员进行联系，通知故障列车驾驶员，缓解故障列车所有制动。

（7）故障列车驾驶员缓解停车制动（关闭剩余的制动缸阀门）后，将方向手柄或模式开关打到向前位，救援列车即可牵引运行。此时采用的是推进运行模式，由故障列车驾驶员负责瞭望，救援列车驾驶员进行驾驶，一般限速 30 km/h。

思政案例

2010 年 9 月 27 日 14 时 37 分，上海地铁 10 号线两列列车在豫园站至老西门站下行区间百米标 176 处发生追尾事故，295 人到医院就诊检查，还有 70 人住院和留院观察，无人员死亡。经事故调查组认定，事故的直接原因是：地铁行车调度员在未准确定位故障区间内全部列车位置的情况下，违规发布电话闭塞命令；接车站值班员在未严格确认区间线路是否空闲的情况下，违规同意发车站的电话闭塞要求，导致地铁 10 号线 1005 号列车与 1016 号列车发生追尾碰撞。

事故原因：

（1）接车站值班员在未严格确认区间线路是否空闲的情况下，违规同意发车站的电话闭塞要求。

（2）发车站值班员在未严格确认区间线路是否空闲的情况下，违规向发车站闭塞要求。

（3）行车调度员在未准确定位故障区间内全部列车位置的情况下，违规发布电话闭塞命令。

通过案例分析，应认识到安全与遵章同在，事故与违规相随。我们应该提高危机意识和忧患意识，爱岗敬业、恪尽职守，养成良好的岗位安全意识，提升职业素质，熟练掌握各类规章规则，严格执行工作程序、工作规范、工作标准和安全操作规程，将事故发生的概率降到最低。

复习思考题

1. 简述列车交路方案。
2. 简述列车编组方案。
3. 简述列车停站方案。
4. 简述列车运行图的概念。
5. 简述列车运行图的图解表示要素。
6. 简述城市轨道交通的乘务方式。
7. 简述处置列车应急故障的方法。

第 10 章
城市轨道交通客运管理

📖 学习目标

1. 掌握城市轨道交通客运组织的主要内容；
2. 了解城市轨道交通的票务管理；
3. 掌握城市轨道交通客运服务基本原则和要求。

📖 素质目标

1. 培养刻苦学习、钻研的精神；
2. 养成严谨的科学态度。

城市轨道交通客运管理是为乘客出行提供便捷、舒适、有序流动的乘车环境，基本内容包括客运组织和客运服务等。

10.1 客 运 组 织

一、客运组织工作

（一）城市轨道交通客运组织的概念

城市轨道交通客运组织是指通过合理布置客运有关设备、设施，对客流采取有效的分流或引导措施来组织客流运送的过程。

客运组织工作是城市轨道交通运营生产的重要组成部分，客运组织工作必须实行统一领导、分级管理的原则，控制指挥中心统一领导全线的客运组织工作，而车站的具体客运组织工作由车站站长和值班站长负责完成。车站是轨道交通企业对乘客服务的窗口，车站客运工作组织的好坏，直接关系到市民对轨道交通服务的满意度，也反映了轨道交通运营企业的管理水平。

（二）城市轨道交通客运组织的宗旨

1. 安全

为保证乘客安全乘车，要制定并严格执行各项安全制度，采用先进的安全控制系统，对所有的运营设备定期检查，保证设备处于良好状态。

2. 准时

运营生产各部门相互配合,严格按照列车运行图组织工作,列车按运行图规定的时间运行。

3. 迅速

运营生产各部门相互配合,提高列车运行速度,缩短列车间隔时间,减少设备故障,确保乘客安全、快捷地到达目的地。

4. 便利

站内、外导向标识明显,地下通道、出入口与其他交通工具衔接紧密,方便乘客换乘。

5. 优质服务

客运服务工作人员应严格遵守职业道德规范,礼貌待客,耐心、正确地解答乘客的问询,主动、热情地为乘客服务。

(三) 客运组织工作的基本特点

城市轨道交通客运组织工作是城市轨道交通运营工作的核心,是直接反映城市轨道交通运营管理水平的标志之一。其特点是:

(1) 客运组织服务的对象是市内交通乘客,不办理行李包裹托运服务。

(2) 全日客流分布在时间上有较为明显的高峰(一般为早、晚高峰)和低谷之分。

(3) 全年客流分布在时间上按季、月、周、节假日有较大起伏。

(四) 客运组织工作的基本要求

客运组织工作主要在车站完成,车站客运作业包括售检票作业、乘客问询、客流疏导、站台服务等。车站客运组织工作的基本要求如下。

1. 站容整洁

车站内、外应明亮、整洁,各种设备和设施摆放整齐、有序,站台、站厅、通道及出入口墙壁光洁,地面无痰迹和废物,卫生间清洁、卫生。

2. 导向标识清晰完备

车站内、外应有清晰、完备的导向标识系统,为乘客全过程、不中断地提供导向信息,车站外应有明显标识引导乘客进站,在车站出入口应设置醒目的城市轨道交通标识,乘客进站后应有指示客服中心、进站方向、紧急出口等各方向的引导标识,在站台应设置列车运行方向、换乘方向等的导向标识。此外,还应设置示警性和服务性导向标识,如轨道交通运营线路图、列车运行时刻表、票价信息、卫生间、公共电话、车站周边公交线路与公共设施指南等。

3. 优质服务

客运服务人员应遵守职业道德,文明礼貌地为乘客提供服务。对老、弱、病、残、孕等需要帮助的乘客,应主动、热情地提供协助,耐心、正确地回答乘客的问询,帮助乘客解决疑难问题;应经常征询乘客的意见,及时完善服务细节,不断提高客运服务水平。

4. 遵章守纪

客运服务人员应认真执行各项客运规章制度,服从命令,听从指挥。执行客运工作任务时,客服人员应按规定着装并佩戴标志,仪表整洁,体现良好的精神风貌。

5. 掌握客流规律

分析客流统计资料,掌握车站客流在时间、空间上的分布与变动。对可预见的大客流做好充分的准备工作,及时应对。

6. 与其他部门紧密配合

客运作业人员应与城市轨道交通控制指挥中心、列车司机、故障维修部门、公安、消防等有关部门加强联系,密切配合,协同工作,确保列车按运行图运行,保障行车安全与乘客安全。

二、客流组织原则和内容

(一)城市轨道交通客流组织原则

城市轨道交通客运工作的核心是保证客流运送的安全,保持客流运送过程的畅通,减少乘客出行时间,避免拥挤,保证大客流发生时及时疏散。为此,在进行客流组织时应遵循以下原则。

(1)合理安排车站售检票、出入口及楼梯的位置,行人流动路线简单明确,尽量减少客流交叉、对流。

(2)完善车站内外乘客导向系统设置,使乘客快速分流,减少客流聚集和过分拥挤现象。

(3)乘客能够顺利地换乘其他交通工具。换乘过程中人员行进与车流行驶的路线要严格分开,以保证行人的安全和车辆的行驶不受干扰。

(4)满足乘客换乘方便、安全、舒适的基本要求,如设置适宜的换乘步行距离、恶劣天气下的保护设施、全天候的连廊系统、专门为残疾人设计的无障碍通道、适宜的照明、开阔的视野以及突发事件应急系统等。

(二)城市轨道交通车站客流组织的原则及内容

1. 车站客流组织原则

城市轨道交通车站客流组织、客流疏导工作应以"流量服从安全"、"客流有序、秩序可控、疏散有力"以及"路网限流、区域联动、节点控制"为原则,以车站的实际客流状况为出发点,采取适当的疏导措施,合理组织客流,保障客流平稳有序。

2. 车站客流组织内容

城市轨道交通车站客流组织的主要内容是:经过对车站设备、设施和空间的分析,根据车站某个时间段的进、出车站乘客数量进行预测,制定符合城市轨道交通车站实际情况的乘客进站、乘车/换乘、下车、出站的疏导、指引方案,以及根据方案进行车站行车、票务和服务人员的组织。

3. 乘客乘车流程

如图 10-1 所示,乘客乘坐轨道交通的基本流程为:乘客从入口进入车站,先到站厅层购票,然后在进站闸机处刷卡验票,进入付费区,后到站台层候车,待列车到达后上车,到达目的车站下车,下车后从站台层到达站厅层,在站厅层出站闸机处验票出闸,根据导向标志的指引选择正确的出口出站。

4. 车站客流流线

车站客流流线按照方向不同分为进站和出站两大流线。客流流线在普通车站的规律性比较强,但在城市综合交通枢纽(如火车站等换乘车站),客流流线较复杂,客流流线的规划、疏解是车站客流组织的关键。

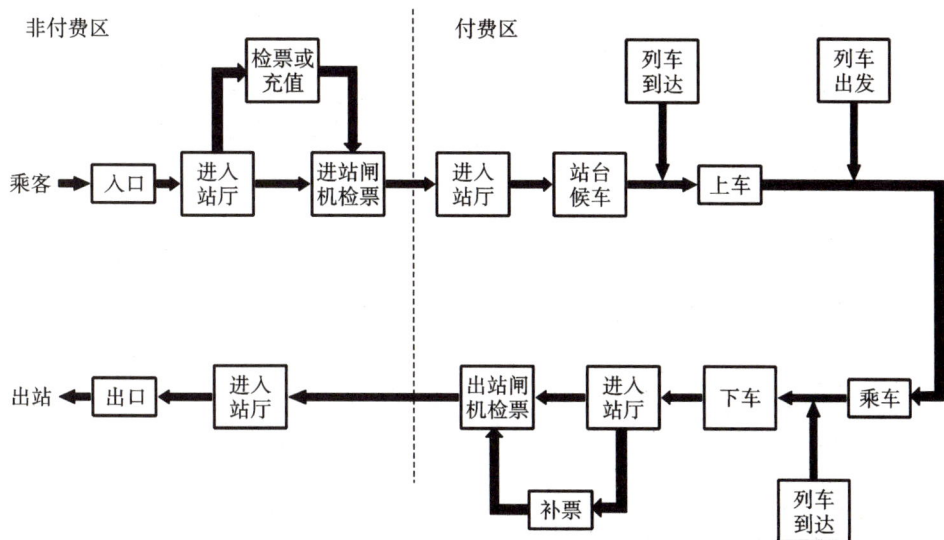

图 10-1　乘客乘车流程图

三、车站日常客流组织

城市轨道交通车站日常客流组织主要包括车站出入口客流组织、售票组织、检票组织、乘降组织、限流组织和雨雪天气的客流组织等内容。

1. 车站出入口客流组织

车站出入口的客流组织应结合实际的客流状况，当车站设施能够满足客流需求时，采用正常的客流组织方法，必要时可在出入口处或楼梯上设置分流设施(图 10-2)，保证进出站客流不相互干扰，不发生客流冲突。当客流较大时，可在通道内进行排队组织。当客流过大时，需在出入口外进行限流组织。遇到降雨或降雪天气，应及时启动"城市轨道交通运营车站防汛预案"或"城市轨道交通运营车站雪天预案"。

2. 售票组织

车站的售票工作主要通过自动售票机或半自动售票机完成，应组织乘客有序排队购票、充值。当排队乘客较多时，可利用导流带等设施进行排队组织，排队方向应以不影响其他乘客通行为宜。单程票售票量较大的车站，可在低峰时段预处理车票(如准备足够数量的预制票)，高峰时可直接售票，减少发售车票的时间。

3. 检票组织

车站检票作业主要包括闸机设备监护、人工检票和现场票务处理等内容。在进行检票组织时，应遵循出站优于进站的组织原则。双向闸机可根据客流状况进行调整，调整时须保证优先满足出站客流需求，同时尽量减少进出站客流的交叉，提高通行能力。

4. 乘降组织

站台站务员在站台巡视并组织乘客乘降时，应时刻关注乘客的动向，尤其是有异常行为的乘客，维护站台正常候车秩序，提醒或制止乘客的不当行为，请乘客遵守城市轨道交通运营管理规定，安全乘车。

图 10-2　出入口分流设施

四、乘客进出站组织

（一）乘客进站组织

（1）乘客通过与站厅相连的出入口、通道，经电扶梯、楼梯（或电梯）进入站厅层非付费区。

（2）乘客到非付费区后需购票，购票后检票进闸；持储值票乘客可直接检票进闸，需充值或验票的可分别在自动充值机、验票机上办理相关业务后再进闸。

（3）持有效票的乘客进闸后进入站厅付费区，再通过楼梯、电扶梯（或电梯）进入站台层。

（4）乘客到站台后通过乘客信息显示系统或站内广播了解列车到达情况。

（5）列车进站停车后，乘客等屏蔽门/安全门、车门依次打开后按先下后上的顺序上车。

（二）乘客出站组织

（1）乘客下车后到站台，经楼梯、电扶梯（或电梯）进入站厅层付费区。

（2）乘客通过出站闸机，单程票被收回，进入非付费区，经出入口出站。

（3）无票或车票有问题的乘客需到客服中心办理相关票务手续后再检票出闸和出站。

五、换乘客流组织

换乘站的结构复杂,客流量大,客流流向较多,换乘站客流组织的优劣已成为评价城市轨道交通服务水平的关键。

(一)换乘站客流组织特点

换乘站是城市轨道交通线网的重要节点,连通着两条以上的轨道交通线路,客流以该节点作为始发站、中转站或到达站。由于换乘站规模较大,客流组成复杂,客流流向纵横交错,其客流组织具有如下特点。

(1)客流流线复杂,容易产生进站客流、出站客流和换乘客流交叉、对流,甚至各流线间严重干扰,导致客流组织效率不高,服务水平难以提高。

(2)对客流导向及服务设施的要求较高,若自动售票机、闸机、限流栏杆等设备设施布局不合理,突发大客流情况下易引发拥堵。

(3)大型换乘站的通道有时会与地下商场连通并兼做社会通道,非乘客客流(如过街、参观或购物客流)的组织和引导易被忽视。

(4)在紧急情况下客流疏散困难。

(二)换乘站客流组织原则

(1)随时掌握客流变化规律,经常统计分析客流量,监视客流的骤变,同时密切关注乘客的安全状况。

(2)合理设计乘客流动路线,在站台、楼梯、大厅处尽量减少客流交叉和对流,并设计标线,要求乘客在楼梯和扶梯上尽量靠右行走和站立,有序上下。

(3)在客流容易混行的区域,如大厅或楼梯等处,需设置必要的安全线或栅栏,以免流向不同的乘客互相干扰。

(4)引导乘客在换乘通道内单向流动,以免双方向大客流相互冲击。

(5)完善统一导向标识系统,准确、快速地分散客流,避免乘客交叉聚集和拥挤。

(6)应尽量为乘客提供方便,减少进出站、换乘的时间及距离。

(7)应有站内空气、温度调节设备,并设置无障碍通道。

(8)应建立完善的突发事件应急客流组织和统一的调度指挥系统。

六、大客流组织

城市轨道交通车站是客流的重要集散点,会不定期遇到大客流,大客流持续时间虽然并不很长,但大客流的冲击往往会对客流组织造成较大压力。为了保证乘客的安全和正常的运营秩序,城市轨道交通运营公司应制定大客流应急预案,城市轨道交通车站必须在预案指导下,通过合理的客流组织方式尽快疏散客流。

(一)大客流的定义

大客流是指车站某一时段集中到达的,超过车站正常客运设施或客运组织措施所能承担的客流量时的客流。

(二)车站大客流的组织原则

车站发生大客流时,应遵循客流三级控制的原则,合理组织安排,缓解车站压力,避免发生意外。

（1）坚持"由下至上（地下站）、由内至外"的客流控制原则。在车站出入口、进站闸机、站厅与站台的楼梯、电扶梯处，重点控制进站客流，组织乘客上车。

（2）坚持点控和线控的原则。控制指挥中心（OCC）负责城市轨道交通全线的客流控制，车站站长或值班站长负责本站的客流控制。

（3）坚持集中领导、统一指挥的原则。车站在实施三级客流控制之前，需向行车调度员报告。

（三）车站大客流的组织措施

（1）增加列车运能。

可根据预测客流量，提前编制针对大客流情况的列车运行图，从运能上保证大客流的运营组织。在大客流发生时，根据大客流的方向，利用就近的折返线、存车线组织列车运行。增开临时列车，保证大客流的疏散。增加列车的运能是大客流组织的关键。

（2）提高售检票能力。

售检票能力差是大客流疏散的主要障碍，车站在设置售检票设备位置时应考虑提供疏散大客流的通道。当可预见大客流情况发生时，可事先做好相应的票务服务准备工作。

（3）做好进站客流组织工作。

（4）做好出站客流组织工作。

（5）采取临时疏导措施。

在大客流组织中，临时、合理的疏导是限制客流方向的一项很重要的组织措施，主要包括车站出入口、站厅层的疏导，手扶电梯以及站台层的疏导。车站出入口、站厅层的疏导主要根据临时售检票设备的位置，引导、限制客流方向，临时售检票设备宜设置在站外或站厅层较空旷的位置，应为排队购票的乘客留出充分的空间，确保通道的畅通和出入口、站厅客流秩序的平稳有序。手扶电梯以及站台层的疏导主要是为了保证乘客均匀上、下扶梯和尽快上、下车，保证站台候车的安全，站务人员应在靠近楼梯、扶梯处立岗并分别在站台前、中、后部疏导乘客，采取的疏导措施主要有设置临时导向标志、设置警戒绳或隔离栏杆、采用人工引导及通过广播宣传引导等。

（6）客流三级控制措施。

当地下车站遭遇特大客流时，应遵循"由下至上、由内至外"的客流控制原则，采取站台客流控制、站厅付费区客流控制、出入口（站厅非付费区）客流控制三级客流控制方法。

① 第一级控制站台客流，控制点可设在站厅与站台的楼梯（或电扶梯）口处，站务人员应分散在站台的各部，维持候车、出站秩序，协助司机开关车门，确保乘客安全上、下车。

② 第二级控制站厅付费区客流，控制点可设在进站闸机处，站务人员确保有序、快捷的进站秩序，及时处理票务问题。

③ 第三级控制站厅非付费区客流，控制点可设在车站出入口处，可在站外设置迂回的限流隔离栏杆，延长进站时间，最大限度地缓解站台层客流压力。

遭遇特大客流时，应严格执行上述三级客流控制方法，以确保乘客安全和车站秩序。

10.2　客运服务

一、城市轨道交通客运服务

1. 服务及服务特征

服务是指为他人做事,并使他人从中受益的一种有偿或无偿的活动,不以实物的形式而以提供劳动的形式满足他人的某种特殊需要。服务也是一种商品,同样能创造价值并具有使用价值。

服务的英文"service"中,每个字母代表的含义实际上都是对服务人员行为的一种要求。

"s"——smile(微笑):以微笑待客。

"e"——excellent(出色):服务人员要将每项细微的服务工作都做得很出色。

"r"——ready(准备好):服务人员要随时准备好为客人提供服务。

"v"——view(看待):服务人员应该将每位客人看成需要对其提供优质服务的贵宾。

"i"——invite(邀请):服务人员在每次服务结束时都要邀请客人再次光临。

"c"——create(创造):服务人员要精心创造出使客人能享受其热情服务的氛围。

"e"——eye(眼光):服务人员要始终用热情友好的眼光关注客人,预测客人需求,及时提供服务,使客人时刻感受到服务人员在关心自己。

服务与实物产品相比具有如下特征:

1)无形性

服务和实物产品之间最基本的也是最常被提到的区别是服务的无形性,因为服务是由一系列活动所组成的过程,而不是实物。这就要求作为服务提供方的城市轨道交通运营企业必须增加服务的有形性,尽可能通过实物的方式来表现自身的服务水平,如整洁的车站环境、有序的客流组织、清晰明确的服务导向标志等。

2)异质性

服务是由人表现出来的一系列行动,而且员工所提供的服务通常是顾客眼中的服务。由于没有两个完全一样的员工,也没有两个完全一样的顾客,那么就没有两种完全一致的服务。

3)生产和消费的同步性

大多数商品是先生产,然后存储、销售和消费。而服务却是先销售,然后同时进行生产和消费。有些服务是很多顾客共同消费的,即同一个服务由大量消费者同时分享。

4)易逝性

服务的易逝性是指服务具有不能被储存、转售或者退回的特性。

2. 城市轨道交通客运服务特性

城市轨道交通客运服务作为服务中的一种,除了具有服务的特点,还有以下特性。

(1)城市轨道交通客运服务是服务机构向乘客乘车提供的服务产品。

(2)乘客乘车过程既是城市轨道交通运营企业提供服务的过程,又是乘客消费的过程。服务过程和服务质量一旦出现问题,通常无法改正,只能补救。

（3）客运服务机构通常会向乘客做出某种承诺（如首末班车时间等），承诺是衡量服务质量的重要标准。

（4）客运服务既提供有形的产品服务，如乘车设施、设备等，也提供迅速、准时、安全、礼仪、语言等无形的产品服务。

（5）乘客乘车过程不可储存，具有一次性和不可逆性，运营企业提供的服务不能超过其服务能力。

（6）乘客只能在接受服务的过程中凭感觉衡量服务的质量，衡量服务质量的最终决定权在乘客，这是制定服务质量标准的重要依据。

二、城市轨道交通客运服务基本程序

城市轨道交通客运服务属于过程服务，乘客出行过程也就是客运服务的基本流程，因此客运服务贯穿乘客乘坐城市轨道交通列车的始终。

（一）引导进站

车站是唯一能够满足乘客乘坐轨道交通需求的场所，有乘坐轨道交通需求的乘客首先需要寻找车站，在这一阶段，引导乘客进站就是满足乘客对客运服务的要求。

合理设置地面导向系统，指引乘客方便地找到车站是城市轨道交通运营企业实施导乘服务的常用手段之一。在车站外设置直观、醒目、指示方向明确的地面导向标志牌，可以为乘客提供有效的帮助。

（二）售检票服务

进入车站后的乘客需求已经从"引导进站"变为"购票、检票"的服务需求，即乘客需要购买车票，进入"凭票入内"的区域候车。"凭票入内"的区域一般也称为"收费区"。在车站内设置直观、便捷、醒目的导向系统和自动售票系统，辅以人工服务，基本能够满足乘客购票和检票进站的需求。

（三）楼层变换和登乘列车

城市轨道交通车站大多数采用售检票区域与候车区域分层设置的设计形式，因此乘客需要完成楼层间的转换，以实现登乘列车的愿望。

乘客通过楼梯、自动扶梯到站台区域，在导向系统的引导下，在站台候车安全区域等候进站列车，通过乘客信息显示屏获得列车信息；在安全线、屏蔽门的防护下以及人工服务下安全登乘列车；通过车厢广播、运行示意图的指引，到达目的车站。

（四）验票出站

列车到达目的地车站后，验票出站就是乘客新的服务需要。乘客到达目的地车站站台，通过楼梯、自动扶梯到达站厅区域，在完成出站闸机验票后，依车站周边交通示意图和导向系统的指引，选择所需出入口离开车站。

三、城市轨道交通客运服务技巧

城市轨道交通客运服务工作人员每天都会接触成千上万的乘客，要针对不同对象、不同情况、不同需要，使各种各样的乘客都能对服务满意，就必须掌握一定的服务技巧。

学会倾听、学会表达、学会使用肢体语言是客运服务人员所必须具备的能力。

（一）学会倾听

"听到"和"倾听"有着根本性的区别。

听到,只代表耳朵接收对方所说的事情。

倾听,更是一种情感活动,在接收对方所说的事情外,还能真正理解对方所说的意思。

在接待乘客,为乘客提供服务时,要学会站在乘客的角度考虑问题,将心比心地感受乘客的心情。只有带着这样的态度去听乘客讲述,才能真正听懂乘客心声,才能提供让乘客满意的服务。

（二）学会表达

在与乘客交流时,语气、语调相当重要。在语言学中,语调是指说话时语言高低轻重配置而形成的腔调,是说话者内心感受的表达。因此,语调往往成为语言表达正确与否的关键,同样一句话,不同语调能够反映出说话者不同的心情。错误的语调往往造成乘客的误解,造成乘客对服务质量的不满。

（三）学会使用肢体语言

服务人员除需要掌握"听与说"的技巧外,还要掌握与听、说相辅相成的肢体语言使用技巧。无论语调多温和,语言多动听,如果使用了和语言表达不一致的肢体语言,乘客都只会领会到一个意思——拒绝服务。因此,必须让肢体语言、表情和服务同步,以充分体现愿意真心为乘客提供服务的意愿。

四、车站客伤处理

（一）客伤事件

客运伤亡事件(简称客伤事件)是指在轨道交通范围内发生的城市轨道外部人员及非在岗作业的城市轨道员工发生的人身伤害及伤亡事件的总称。

客运伤亡事件按其伤害程度分为 3 种:轻伤、重伤、死亡。

重伤是指肢体残废、容貌损毁,视觉、听觉丧失其他及器官功能丧失,具体参照司法部颁发的《人体重伤鉴定标准》。轻伤的伤害程度不及重伤。

（二）客伤事件处理原则

（1）车站在处理客伤事件时,要以维护轨道交通企业形象、保护轨道交通企业利益为原则,以人为本,给予乘客以必要的帮助。

（2）车站在处理客伤事件时,要第一时间进行取证,尽可能得到旁证及当事人签字确认,以事实为依据,客观记录,充分留下原始资料。

（3）及时将(前期)处理结果报告相关部门,以备后续处理。

（三）处理程序及注意事项

1. 接待

（1）真诚待人。热情接待,了解客伤程度,做简易处理(包扎等)。

（2）适时安抚。理解乘客心情,语言温和,做好安抚解释。

注意事项:

①发生在其他车站或异地(车辆)的客伤事件的当事人仍需要接待。

②是否治疗应根据当事人需求确定,若伤(病)者伤(病)势很严重,不及时救治可能会有生命危险,车站应及时致电120急救中心。原则是先治疗,费用由乘客支付,待乘客治疗完毕后,再本着实事求是的原则由车站和乘客双方协商解决。

2. 了解

(1) 听取自述:事发时间、地点(计费区内或外,有票或无票)、原因、现场处理。

(2) 实地了解:事发地点、现场工作人员掌握情况、现场初始处理状况。

3. 取证

乘客本人笔录材料、现场工作人员笔录材料、车站调查笔录材料。

注意事项:

(1) 要求本人提供材料时,应视伤害程度来确定在治疗前或后做笔录,避免耽误时间、影响治疗。

(2) 如果乘客因自身原因不能书写,由车站站长代笔,乘客亲笔签名。

4. 判断

(1) 范围:车站所管辖的城市轨道交通运营区域,包括出入口、自动扶梯、地下通道等。

(2) 责任划分有3类,轨道交通运营公司、本人、其他。

5. 处理

(1) 了解乘客治疗过程,要求乘客提供医疗部门诊断的病史卡及单据、拍片资料,目前伤愈状况(无须再治疗)。

(2) 审核病症。

①查看病史卡,证实有关病史与治疗过程的记载与乘客的讲述是否对应。

②审核单据:凭证姓名与本人是否相符,单据与病史卡记载的治疗日期是否相符,用药是否合理恰当,统计金额,核对大小写。

(3) 听取乘客提出的处理要求,回应时有根有据。

(4) 分析事发原因。按《轨道交通管理条例》进行解释和宣传工作,包括车站所具备的各类防范措施,如乘客须知、警示牌、警示标志、车站及车厢内广播。

(5) 听取乘客意见,了解是否存在由轨道交通服务人员工作不尽责而引起的客伤情况。

(6) 了解乘客的具体状况(在职、经济、户口所在地、医保),有针对性地提出处理意见,与乘客协商,取得相互谅解,达成共识。

(7) 本着为乘客解决问题的态度与乘客协商,在协商时对不同的情况区别对待。

(8) 签订协议。

①甲方为轨道交通运营公司,乙方为当事人或委托代理人。

②概况:客伤事件发生的年、月、日,乘客姓名,事情的真实过程,医疗部门的诊断、治疗过程。

③协议内容:客伤事件发生原因、行车值班员、考虑因素、双方协商结果、最终处理方案、甲乙方签字。

④填写领款书:金额栏须正规填写,由甲方经办人与乙方领款人共同签字,注明日期。

6. 汇总资料

(1) 当事人自写或代笔材料(当事人签名)。

(2) 当事人身份证复印件,如委托代理需另附代理人身份证复印件。

（3）车站调查证实情况材料。

（4）门/急诊药费专用收据联，必要的拍片结论书。

（5）事故处理协议书及领款书。

（6）客伤事故报告表。

五、服务质量监控

（一）服务质量控制与监督

客运服务工作是反映城市轨道交通运营管理水平的重要标志，因此，服务质量的控制对提高城市轨道交通运营管理企业的服务及管理水平有着重要意义。

1. 服务质量控制

首先，要针对客运服务制定目标和各种规章制度及各岗位工作标准，目标直接影响客运服务的质量，决定客运服务质量的水准。其次，要对客运服务进行现场管理，这是客运服务质量管理实施、落实的有效手段。

服务质量控制是以满足乘客出行需要和精神需求为目的的，也就是说，要尽可能满足乘客对功能性、经济性、安全性、时间性、舒适性和文明性的要求。为了满足这些要求，就要对人、设备、环境等因素进行控制。可以从几个方面来开展服务现场的质量管理工作。

1）安全管理

对于任何一个行业，安全问题都是最根本的，离开了这个前提来谈服务质量就毫无意义。因此，必须把安全管理纳入服务质量管理的范畴中。

2）操作管理

车站服务主要是通过服务人员的现场操作来体现的。服务人员的操作水平直接反映服务质量，所以操作管理显得格外重要。

3）设备管理

设备管理的好坏与服务质量的高低密切相关。

4）卫生管理

卫生水平对车站来说是十分重要的，卫生管理的好坏直接影响到企业的形象。

最后，要对客运服务质量进行跟踪检查，这是提高车站客运服务质量的有效手段。虽然现场管理可以在一定程度上保证服务质量，但从客运服务的整体流程来看，还需要建立一种有效机制，全面考察服务质量的整体状态。

2. 服务质量监督

服务质量监督分为内部监督和外部监督。

1）内部监督

建立明确的服务质量监督检查制度。加强内部的检查、监督，形成自查、互查、他查的检查制度，发现问题及时纠正、改进。

2）外部监督

接受社会各界监督，改进服务质量。针对不同时期服务特点、问题，采取定期、不定期发放调查问卷的方式征求乘客意见。设立乘客投诉处理机构，接受乘客监督，设立监督电话并对外公布监督电话号码。聘请服务质量监督员，定期收集监督员意见。

3．服务质量评价

客运服务以乘客为中心，应当及时掌握乘客对运营服务的评价和满意程度。

（1）将服务质量评价纳入日常工作的评价和考核体系中，形成制度。

（2）服务质量评价指标。

服务质量评价指标一般分为自我测评指标和委托第三方测评指标两种。比较常用的指标有乘客投诉率、乘客投诉回复率、乘客满意度指数。

①乘客投诉率，指一定时期内乘客投诉的发生数与客流量之比。

②乘客投诉回复率，指在受理乘客投诉后三个工作日内处理完毕并回复乘客的执行率。

③乘客满意度指数，是运用计量经济学的理论处理多变量的总体，全面、综合地度量乘客满意程度的一种指标。通过委托第三方机构进行满意度指数测评，能够客观、全面地了解服务情况。

（二）投诉处理

1．乘客投诉的定义

当乘客乘坐轨道交通时，对出行本身和企业提供的服务质量、服务设施、服务环境等都抱有良好的愿望和期盼，如果这些愿望和要求得不到满足，就会失去心理平衡，由此产生"讨个说法"的行为，这就是乘客投诉。

2．乘客投诉的分类

1）按投诉的影响范围、程度划分

按投诉的影响范围、程度分类，乘客投诉可分为一般投诉、重大投诉。

一般投诉是指乘客对轨道交通运营服务质量、服务设施、服务环境进行的投诉，经查实为运营方人为责任的事件。

重大投诉是指乘客对轨道交通运营服务质量、服务设施、服务环境进行的投诉，经查实为运营方人为责任，造成严重后果的事件，或被媒体曝光，造成较大社会影响，经了解情况属实的事件。

2）按投诉的性质划分

按投诉的性质，乘客投诉一般可分为无责乘客投诉和有责乘客投诉两大类。

3．投诉处理原则

（1）乘客投诉的调查处理工作要及时、客观、公正。

（2）贯彻"投诉无申辩"的原则，贯彻"谁主管，谁负责"的原则，贯彻"一级对一级负责"的原则。

（3）处理乘客投诉应按"四不放过"原则，即投诉原因分析不清不放过，责任人和其他员工没有受到教育不放过，没有制定防范整改措施不放过，领导责任没有追究不放过。

（4）处理投诉必须牢固树立"乘客至上，服务为本"以及双赢的思想。

（5）正确处理投诉首先应遵循先处理情感后处理事件的原则，即做到站在乘客的角度加以理解，站在第三者的角度加以评价，站在企业的角度加以讲解。

（6）在受理投诉的时候，做到态度亲切，语言得体，依章解释，按时回复。

4．投诉处理期限及有关规定

（1）对于一般投诉，原则上在三天内处理完毕。

（2）对于较大、重大投诉，原则上在五天内处理完毕。

（3）对所有投诉都要答复，严格执行"来信必复，来电必答"的工作原则。

5. 投诉处理职责分工

城市轨道交通运营企业对投诉的处理应该有明确的职责分工。

（1）公司领导对重大投诉的处理应进行指导并批示。

（2）运营部负责组织处理重大投诉和涉及多部门的投诉，并对相关部门的投诉处理工作进行指导、协调、监督和检查，收集各种信息，进行调查核实，落实责任，做出处理和现场反馈；接到乘客投诉时，对于需立即处理的投诉，负责将投诉内容及时传递至相关部门，对于一般投诉，填写"电话投诉记录单"并转相关部门处理；负责解释各种故障引起的乘车延误和因各种硬件设施维修不当引起的乘客投诉。

（3）车站负责对站内、售票处、轨道交通现场的乘客投诉进行处理。

（4）其他相关部门负责处理本部门的投诉，及时处理上级或相关部门转来的与本部门相关的投诉和本部门范围内的投诉，并建立记录，调查原因，进行处理；此外，对投诉归类分析，制定和实施相应的纠正措施。

6. 乘客投诉处理程序

乘客的投诉可由车站值班站长及相关部门进行处理。

在处理乘客投诉时，一般分三个阶段、七大步骤。

（1）处理情绪阶段。

①接受。不要把投诉看成对个人的指责，用平和的语气对乘客表达解决问题的诚意，用恰当的语言化解乘客的怒气。

②道歉。对乘客造成的不便表示诚心道歉。

③确认。重视乘客的感受，请求乘客谅解并对乘客表示愿意帮忙。

（2）解决问题阶段。

①分析。专心聆听乘客的投诉，搜集和分析资料，通过询问了解事情的来龙去脉。

②解决。在职权范围内寻求解决方法和建议，若乘客不接受，尝试其他解决方法。

③协议。重新确定乘客已协定的解决方案。

（3）最后阶段。

向乘客表达关心，并表示愿意帮忙，同时感谢乘客提出的投诉。

▶ 10.3　票 务 管 理

一、车票票种和适用范围

轨道交通车票主要有单程票、储值票、员工票、纪念票、出站票、测试票、纸票、团体票等不同票种（图 10-3）。

（一）单程票

单程票是指乘客以一定金额购得一次服务承诺，只可进行一次进站和出站行为的车票。目前国内城市轨道交通票务系统中，常见的单程票从外形上可分为薄卡型和筹码型两种；从

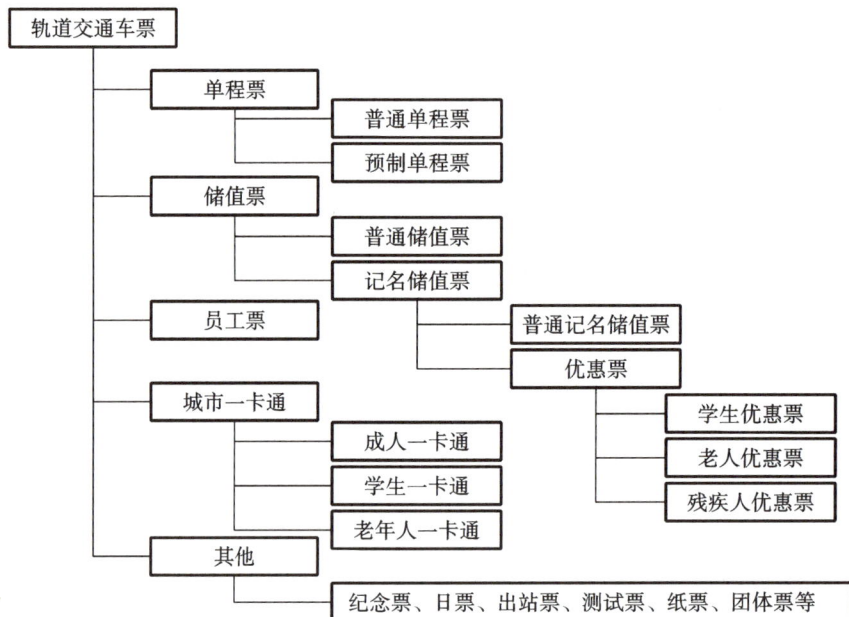

图 10-3　轨道交通车票票种图

应用角度出发,又分为普通单程票和预制单程票,而预制单程票又分为限期预制票和不限期预制票。

（二）储值票

储值票内预存一定资金,可多次使用,每次使用时根据费率扣除乘车费用,出站不回收。储值票一般分为普通储值票和记名储值票。

（1）普通储值票:票面上没有持票人的个人信息,使用后如无污损可以将车票退还给轨道交通公司重新发行使用,票卡不能挂失,不能享受信用消费和信用增值服务。

（2）记名储值票(卡):卡内保存持卡人的个人信息,如持卡人的姓名、性别、身份证号等,卡面可根据需要印刷持卡人的姓名、性别、身份证号和照片等;记名储值票可以挂失,可以享受信用消费和信用增值以及其他特殊服务;表面印有个人信息的记名储值票不允许转让使用,也不能退还。

（三）员工票

员工票与记名储值票类似,只是在进出轨道交通检票设备时具有更多的选择,即可通过AFC中心系统设置为采取扣钱方式,或采取计次方式,或采取不做任何交易记录的方式等。当员工离开轨道交通公司时员工票一般收回销毁。

（四）纪念票

纪念票有计次纪念票和定值纪念票两种。

（1）计次纪念票出站时不计里程,只减次数。

（2）定值纪念票与储值票的外形和适用范围基本相同,出售时票面金额固定。

纪念票不回收,不能退还,也不能增值,卡的成本将计入票价。

（五）测试票

测试票涵盖所有类型的车票,只允许在测试状态下使用。单程测试票由闸机自动回收,并清除标志。

（六）出站票

出站票是一种专用于出站的车票,与单程票完全相同。当乘客的车票被损坏或丢失时,乘客将无法通过出站闸机,在此情况下,乘客必须到半自动售票机领取(车票自然损坏)或购买(车票丢失或被人为损坏)一张出站票出站。

（七）日票

日票是城市轨道交通运营企业为方便旅游、出差人士推出的票种,有一日票、三日票、五日票、七日票等。乘客自购票之日起,在车票有效时间内,可不限里程、不限次数使用,使用时检查进出站次序。日票不回收、不充值、不退还,卡的成本计入票价。

（八）团体票

达到城市轨道交通公司规定人数以上的团体可到各车站办理团体票业务。团体票出售后不予退换,只能在购票站通过边门进站乘车,只能进、出站一次,且当天有效。

（九）纸票

BOM、TVM 全部故障或大客流需要时,可在客服中心(或临时售票亭)出售纸票。纸票通常是固定面值,发售时需由车站人员盖上站名章和日期章。

（十）城市一卡通

城市一卡通是利用先进的计算机、通信、信息处理、IC 卡技术及安全保密等技术手段建立的以售卡、充值、结算为中心业务的服务平台,该系统采用非接触式 IC 卡作为支付介质,应用于市政、公共交通等领域。

二、车站车票管理

（一）车票管理流程

城市轨道交通车票管理流程如图 10-4 所示。

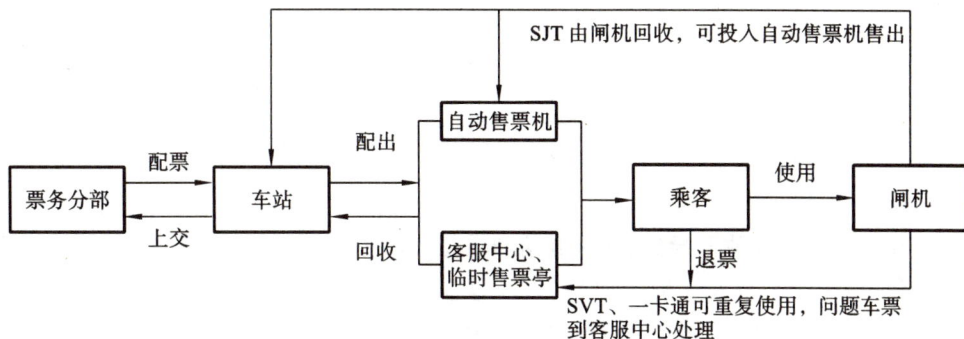

图 10-4　城市轨道交通企业车票的管理流程

（二）车票的保管

车票只能存放于票务室、TVM、GATE/AGM、客服中心、车票回收箱。

（1）普通单程票和一卡通的保管。除为满足运营需要而放在 TVM 和客服中心的普通单程票和一卡通外，其他普通单程票和一卡通存放于票务室循环区专用的文件柜内，钥匙由当班客运值班员保管，每班做好交接。

（2）预制单程票的保管。预制单程票存放在票务室预制票区的保险柜或专用文件柜中，钥匙由当班客运值班员保管，每班做好交接。

（3）无效票、过期预制单程票及其他需上交收益及车票管理室的车票存放在票务室上交区专用文件柜内，钥匙由当班客运值班员保管，每班做好交接。

（4）乘车凭证的保管。乘车凭证存放在票务室预制票区专用文件柜中，钥匙由当班客运值班员保管，每班做好交接。

（三）车票的发售

（1）普通单程票的发售。车站正常运营时，普通单程票经车站 TVM 发售，乘客可自助购买。

（2）一卡通的发售。车站正常运营时，一卡通在车站客服中心发售。

（3）预制单程票的发售。

①车站全部 TVM 故障致使车站 TVM 无法出售单程票或车站出现大客流时，车站站长下达发售预制单程票指令（站长不在时，由值班站长下达指令）。

②车站严禁混淆不同票价、不同有效期的预制单程票。对于不同有效期的预制单程票，应先使用即将到期的预制单程票。

（4）计次票的发售。车站正常运营时，计次票在车站客服中心发售。车站根据要求组织计次票的发售，严禁私自停售或违规发售。

（5）日票的发售。车站正常运营时，日票在车站客服中心发售。车站根据要求组织日票的发售，严禁私自停售或违规发售。

（6）儿童票的发售。车站正常运营时，儿童票在车站客服中心发售。车站根据要求组织儿童票的发售，严禁私自停售或违规发售，严禁混淆不同票价的儿童票。

（7）团体票的发售。车站正常运营时，团体票在车站客服中心发售，团体票乘客由车站人员引导从边门进出车站。

（8）行李票的发售。车站正常运营时，行李票在车站客服中心发售，由乘客购买与车资等额的行李票（持儿童票乘客除外）。

（9）乘车凭证的发放。车站启动公交紧急接驳时发放乘车凭证。

（四）车票的封装

为避免车票零散存放而导致遗失、混淆和重复劳动等问题，车票在经相关工作人员清点并确认数量后，可按适当方式进行加封保管，以保证车票保管的安全、可靠。车票（包含票据）可用票盒、布袋、信封、砂纸加封，加封后必须保证一经破封无法复原，以确保加封的车票状态处于控制中。

（1）票盒加封。车票放入票盒后，用砂纸在票盒中间部位进行"一字形"缠绕后加封，在封条粘贴封口处加盖加封人员名章，并在封条上注明加封内容（包括车票类型、票种、数量、金额等,预制票尚需注明售出期限,下同)、加封车站和加封日期。

(2) 布袋加封。车票放入布袋后,将布袋口用绳子缠绕扎紧后用封条缠绕加封,封条上注明加封内容、加封车站、加封人和加封日期。

(3) 信封加封。车票放入信封后,将票务信封口封住,再用封条将信封背面的接缝处封住。在票务信封的正面注明加封内容、加封车站、加封人和加封日期,并在信封背面的封条骑缝处及封面上盖加封人员名章。

(4) 砂纸加封。主要用于直接加封一些票面面积较大、便于用砂纸缠绕的车票,如纸票。将车票用砂纸(扎把带)十字形缠绕后加封(不需装入信封),并在封条上注明加封内容、加封车站、加封人和加封日期。

(五) 车站上交车票的清点

车站上交收益及车票管理室车票管理组的车票,由车票管理组和票务稽查共同拆封,车票管理组在票务稽查的监督下,清点车票数量,核查车票信息,与票务稽查一起对清点结果进行确认。

(六) 车站车票需求的提报

(1) 车站向收益及车票管理室提报任何时间的车票需求,须提出书面申请,写清所需车票票种、数量、到位时间,由车站站长签名确认(如果是预制单程票,需写清金额)。

(2) 车站提报当日(工作日)下午或明日的普通单程票需求,可在当日(工作日)上午传真书面需求至收益及车票管理室。

(3) 车站提报预制单程票需求,须提前 2 个工作日传真书面需求至收益及车票管理室,黄金周等节假日期间需提前 1 天提报。

(4) 站务室须在黄金周等节假日来临前 20 个工作日汇总各车站的预制单程票需求,上报收益及车票管理室。

(5) 车站申请配发的预制单程票,应尽量在预制单程票有效期内发售完毕。

(七) 车站自制预售单程票的管理规定

(1) 车站如需自制预售单程票,须以书面形式提报收益及车票管理室审批。

(2) 车站发售自制预售单程票时,应做到账实相符,出现短款由当事人补齐。

三、票务政策

城市轨道交通运营企业对车票有效期、乘车时限、乘车限制、超程等方面的规定不完全一致,但也有其通用性,现介绍票务通用政策如下。

(一) 车票有效期

(1) 单程票、团体票、纸票通常限发售当站、当日使用,过期视为无效票回收;

(2) 储值票、免费票、员工票有效期通常为若干年,到期后须按规定办理延期后方能继续使用;

(3) 纪念票、日票有效期以发行公布的有效期为准,车票到期后不可延期;

(4) 城市一卡通车票的有效期由一卡通公司确定,到期后需要到一卡通公司指定机构办理延期手续后方可继续使用。

（二）乘车时限的规定

当乘客在付费区逗留的时间超过城市轨道交通公司规定的乘车时限时，称为滞留超时，简称超时。对滞留超时的乘客，公司会收取一定金额的超时车费。

各城市轨道交通公司会根据当前线网允许的最远乘车里程、列车的速度及乘客候车、换乘所需的合理时间确定乘车时限。

（三）超程的规定

当乘客所使用的车票不足以支付所到达车站的实际费用时，视为该车票超程。城市轨道交通公司通常规定，乘客须补交超程车费，更新车票后，方能持票出站。

（四）既超时又超程的规定

当乘客既超时又超程时，各城市轨道交通公司的处理规定不同。如武汉和广州均按两者中较大费用收取；北京和深圳则按两项费用之和收取。

（五）优惠乘车的规定

（1）现役军人、革命伤残军人、伤残人民警察和军队离退休干部、退休士官、伤残民兵民工凭有效证件免费乘车。

（2）下肢残疾人和盲人、重度听力/言语残疾人、贫困残疾人持有效证件免费乘车。

（3）普通一卡通可享受一定折扣优惠，如持武汉一卡通搭乘轨道交通目前可享受 9 折优惠。

（4）一卡通学生卡享受的优惠折扣通常比普通一卡通更高，如武汉一卡通学生卡目前可享受 7 折优惠。

（5）乘客可以免费带领一名身高 1.3 米（部分城市 1.2 米）及以下的儿童乘车，超过一名的按超过人数购票。无成年人带领的学龄前儿童不得单独乘车。

（六）车票数据更新规定

（1）进站次序错误（即乘客在非付费区）。若乘客持车票在车站进闸机刷卡后未及时进闸，20 分钟以内则免费对乘客车票进行数据更新，20 分钟以上则须交付费用。例如武汉轨道交通公司规定，验票超过 20 分钟未进站的乘客，须付 2 元费用更新储值票、一卡通。

（2）出站次序错误（即乘客在付费区）。若乘客持车票未通过进闸机刷卡就进入付费区，车票在出闸时会显示出站次序错误，则根据乘客反映的进站车站免费对车票进行数据更新。

（3）过期车票的数据更新。过期轨道交通储值票、免费票需要到车站客服中心或票亭免费进行数据更新，免费票更新时需出示持卡人有效证件。

（七）无票乘车的规定

乘客在付费区内遗失车票、无票或持无效票，通常需要按线网（或本站）最高单程票价补交车费后出闸。

（八）乘客携带品的规定

各城市轨道交通公司对乘客携带的物品都有各自的规定，大部分轨道交通公司对乘客免费携带品的重量和体积都有明确要求，超过规定的物品须加购行李票一张；若乘客所携带的物品重量过重、体积过大，则不得进站乘车；还有些物品会对城市轨道交通安全、设备或其他乘客产生不良影响,也不得携带进站乘车。

(九) 押金规定

每张轨道交通储值票、免费票通常收取车票押金 20 元。

(十) 车票回收规定

(1) 单程票在出站时由出闸机回收,储值票、免费票、纪念票等不回收。

(2) 过期单程票、无效票等须由客服中心工作人员回收,轨道交通普通储值票、单程票的所有权属于轨道交通运营公司。

(十一) 退票规定

(1) 各种纪念票售出(赠出)后,概不办理退票、不退余值。

(2) 单程票的退票规定大致有两种:有些城市的轨道交通公司规定单程票一经售出,概不退票(轨道交通公司设备故障等方面原因除外);有些城市的轨道交通公司规定符合一定条件可以退票。

(3) 轨道交通普通储值票、免费票的退票规定:未损坏的票卡,全额或收取一定折旧费后将押金退还乘客;已损坏的票卡押金不予退还。

四、AFC 系统紧急模式和降级模式票务处理

(一) 降级模式设置时机

(1) 列车故障模式的设置时机:轨道交通发生运营故障,需在某站进行清客时;列车晚点,要求退票的乘客超过一定人数(如 10 人)时。

(2) 进出站次序免检模式设置时机:车站的进站闸机全部故障且无法立即修复,或者由于车站出现乘客拥挤,大量由本站进站的乘客未通过进站闸机。

(3) 时间免检模式设置时机:由列车延误或时钟错误等轨道交通公司方面的原因导致乘客手中的车票超时。

(4) 日期免检模式的设置时机:由轨道交通公司方面的原因导致乘客手中的车票过期。

(5) 车费免检模式的设置时机:在接到行调有关"列车越站"的通知时。

(6) 紧急模式的设置时机:车站出现危及乘客生命安全、需要及时疏散乘客出站的紧急情况时。

(二) 降级模式下的设备表现

当自动售检票系统设为降级运营模式时,设备主要表现如下:

(1) 中央计算机系统工作站上会明显地显示该车站名称及模式,如字体或颜色闪烁等,以便进行监控。

(2) 设置了该模式的车站计算机系统会在显著位置用明显的文字或符号显示所设置的模式,并用明确的文字或符号显示车站内的哪些设备已经进入该模式。

(3) 在收到车站计算机系统下达的命令后,车站终端设备按模式要求进入相应的状态,按模式要求对车票进行处理。

（三）降级模式下的车票处理

1. 列车故障模式

在此模式下,已购票进站的乘客和列车清客后的乘客可持票通过出站闸机出站。单程票不回收,返还乘客;储值票及其他车票中的金额或乘次不扣。

模式结束后,对于乘客留存的单程票,若选择继续使用,可以在一段时间内在系统中的任一车站继续使用,重新通过进站闸机进站;对于不准备继续使用单程票的乘客,可在规定时限内(如 7 天)到客服中心办理退票。储值票等其他车票可在规定时限内到任一车站客服中心免费更新。

2. 进出站次序免检模式

当车站的进站闸机全部故障且无法立即修复或车站出现大客流冲击时,允许乘客不通过进站闸机进站。此模式下对车票的处理如下:

（1）设置此模式的车站,所有进站闸机及边门开放,不检验任何车票,乘客可直接进站。

（2）无进站信息的车票在其他车站或本站出站时,对于储值票/一卡通,系统均认为乘客是由指定车站进站的,出站闸机将自动扣除相应的费用,乘客从闸机出站;对于单程票,会检查购票车站,如果是指定车站,则不检查进出站次序,并回收,但票值必须相符,否则要补交相应的费用。

（3）若有大于两个车站设置该模式,则对所有无进站信息的车票都不检查进出站次序,出站闸机按最低车费进行扣费。具体的,储值票/一卡通扣除最短程车费;计次票扣除一个乘次;单程票不检查车票余值,直接回收。

3. 时间免检模式

如果由于城市轨道交通公司的原因,引起列车延误或者乘客进站后在系统停留的时间超过系统设置的乘车时间,为了使这部分乘客能正常离开车站,系统可设置"时间免检模式"。在这种情况下,出闸机不检查车票上的进站时间信息,但仍然检查车票的票值,所有车票按正常方式扣值。

4. 日期免检模式

若由城市轨道交通公司的原因导致乘客手中的车票过期,系统设置日期免检模式,此模式允许过期的车票继续使用,但仍然检查车票的票值、进站码等信息,所有车票按正常方式扣值。

5. 车费免检模式

如果某个城市轨道交通车站由于事故或者故障而关闭,导致列车越过该站后才停车,系统可将越站停车的第一个车站设置为"车费免检模式"。被设置"车费免检模式"的车站,其出站闸机将不检查车票的余值,回收所有的单程票,对于储值票/一卡通则扣除最少的车费。

6. 紧急放行模式

当车站出现危及乘客生命安全、需及时疏散乘客出站的紧急情况时,车站客运值班员或值班站长须立即通过车站控制室内的紧急按钮或车站计算机设置"紧急放行模式",由于紧急按钮的操作时间更短,因此优先选用紧急按钮操作设置,若紧急按钮设置无效,可通过车站计算机设置"紧急放行模式"。在"紧急放行模式"下,车站内闸机将不对车票进行处理,闸机的扇门全部打开,方便乘客紧急疏散,乘客不需使用车票,可直接快速离开车站。

在系统设置为紧急放行模式时,车站内的进站闸机都将显示"禁止进入"标志,同时所有的自动售票机自动退出服务;车站计算机将车站设置为紧急放行模式的信息传送到中央计算机,中央计算机将向其他车站广播这一信息,并记录车站设置为紧急放行模式的时间。在设置紧急放行模式期间,在该车站出站的所有车票,在下一次进站时进站闸机将自动更新车票上的进站标记,并不收取任何费用。

当故障消除后,设备自动向上一级系统报告,并进入正常运营模式或关闭非正常模式。车站计算机系统保存相关的故障和修复信息,并形成相关报表。

思政案例

在服务乘客的过程中,会遇到一些突发情况,在处理突发情况时,要有强烈的服务意识,站在乘客的角度上,急乘客之所急,想乘客之所想,妥善处理乘客的问题。

2021 年 4 月 25 日,地铁早高峰时,一名年轻女乘客在列车上突然晕厥,幸得热心乘客出手相助,将她扶下车后并及时向青鱼嘴站工作人员求助,工作人员立即拨打120,同时广播寻求从事医护工作的乘客参与急救。一场乘客、工作人员与 120 的爱心接力让该晕厥乘客安全脱离了险境。

我们应该形成"全心全意为乘客服务""乘客第一""乘客就是上帝"等尊重乘客的意识,端正服务态度,具有强烈的责任感,这样也能在工作中获得乘客的尊重,找到工作的价值。

复习思考题

1. 简述城市轨道交通客运组织的概念。
2. 简述城市轨道交通客运组织的宗旨。
3. 简述客运组织工作的基本要求。
4. 简述车站大客流的组织措施。
5. 简述城市轨道交通客运服务特性。
6. 简述城市轨道交通客运服务基本程序。
7. 简述城市轨道交通客运服务技巧。
8. 简述投诉处理原则。
9. 简述 AFC 系统紧急模式和降级模式。
10. 简述城市轨道交通车票管理流程。

参 考 文 献

[1] 操杰,陈锦生.城市轨道交通车站行车工作[M].北京:人民交通出版社,2016.

[2] 程钢,操杰.城市轨道交通运营组织[M].成都:西南交通大学出版社,2010.

[3] 何宗华,汪松滋,何其光.城市轨道交通运营组织[M].北京:中国建筑工业出版社,2003.

[4] 张国宝.城市轨道交通运营组织[M].上海:上海科学技术出版社,2012.

[5] 何静.城市轨道交通运营管理[M].3 版.北京:中国铁道出版社,2017.

[6] 何宗华,汪松滋,何其光.城市轨道交通通信信号系统运行与维修[M].北京:中国建筑工业出版社,2007.

[7] 徐金祥,冲蕾.城市轨道交通信号基础[M].北京:中国铁道出版社,2010.

[8] 操杰,应夏晖.城市轨道交通调度指挥工作[M].北京:人民交通出版社,2017.

[9] 孙章,蒲琪.城市轨道交通概论[M].北京:人民交通出版社,2010.

[10] 牛红霞.城市轨道交通概论[M].2 版.北京:化学工业出版社,2016.

[11] 顾保南,叶霞飞.城市轨道交通工程[M].3 版.武汉:华中科技大学出版社,2015.

[12] 谭复兴,高伟君.城市轨道交通系统概论[M].北京:知识产权出版社,2007.

[13] 阎国强,仇海兵.城市轨道交通概论[M].北京:人民交通出版社,2010.